교회를 위한 신학자
칼 바르트의 신학과 실천

이 책을
한국적 교역실천의 길로 인도해 주신
박근원 교수님께
바칩니다.

THEOLOGY AND PRAXIS
OF
KARL BARTH

by Shin Hyun-Bok

Achim Institute for Spiritual Direction
All Rights Reserved.
ⓒ 2011

이 책은 아침영성지도연구원이 새롭게 펴낸 것으로서,
신저작권법에 따라 한국 안에서 보호를 받는 책이므로
무단전재와 무단복제를 금합니다.

교회를 위한 신학자

칼 바르트의 신학과 실천

신현복 지음

들어가는 말

교회를 위한 신학자, 칼 바르트

신학이란 교회를 위한 학문이다. 다시 말해서, 신학이란 하나님의 말씀에 봉사함으로써 교회를 섬기는 학문이다. 실천신학은 특히 그렇다. 그렇다면 교회란 무엇인가? 교회가 이 땅에 존재하는 이유는 무엇인가? 교회가 이 땅에서 실천해야 할 역할은 무엇인가? 이 글은 이런 근원적인 질문에서 시작되었다. 그리고 이런 뿌리 깊은 질문들은, 실천신학 전공자의 눈높이에서 그 심층을 향해 파고들어 가다보면, 결국 '교역실천론'(Praxis of Ministry)이라는 분야와 맥이 닿아 있음을 발견하게 된다.

그래서 필자는 이런 교역실천론적 질문에 대한 해답의 실마리를 찾던 중에, 종교개혁 전통에 우뚝 서 있는 스위스 신학자 칼 바르트(Karl Barth, 1886-1968)의 '교역실천론'에 주목하게 되었다. 종교개혁자 루터와 칼빈의 신학을 20세기의 세계 상황에서 집대성한 신학의 거봉 칼 바르트는 이런 교역실천론적 질문에 대하여 매우 독창적인 길을 내보이고 있었다.

곧 교회가 이 땅에 존재하는 이유는 무엇인가? 그것은 예수 그리스도를 통하여 세상을 향해 펼쳐 가시는 하나님의 '화해'(和解, Versöhnung, Reconciliation) 때문이라는 것이다. 이것이 바로 칼 바르트가 말하는 교회의 존재이유다. 그는 자신의 방대한 교의학을 '교회'를 위한 책 곧 『교회교의학』[1]이라 칭하면서, 그 모든 것에 우선하여 '교회' 스스로를 예수 그리스도를 통한 하나님의 '화해' 실천 주체로 정립하고 있었다. 교회는 바로 이 화해를 위하여 부름 받은 공동체라는 것이었다. 그의 이런 신학적인 통찰에 비추어 볼 때, 교역실천론은 교회와 세계에서 성령과 말씀에 힘입어 이 화해를 어떻게 실천하느냐 하는 것을 다루는 것이 아닐까 하는 생각에 적잖은 흥분을 감출 수가 없었다. 이런 측면에서 필자는 '화해의 교역실천론' 내지 교역실천을 위한 화해론적 토대를 바르트 신학에서 찾아보려고 마음을 다잡지 않을 수가 없었다.

이런 학문적이고 실천적인 관심에서, 필자는 우리 그리스도교, 특히 에큐메니칼적인 개혁교회 전통에서 붙잡고 씨름해야 할 교역실천론의 본질을 심도 깊게 연구해 온 흔적이 우리 한국교회 주변에 어디 없을까 고심하며 꼼꼼히 살펴보았다. 그리고 적이 놀라지 않을 수 없었다. 아무리 뒤져보아도 한신대학교 교수 박근원의 외로운 고투가 거의 유일한 자료라고밖에 할 수 없었기 때문이다. 사실 그 옛날 그의 석

---

[1] Karl Barth, *Die Kirchliche Dogmatik* (Züich: Theologischer Verlag, 1989); 동 저자, *Church Dogmatics* (Edinburgh: T. & T. Clark, 1956-1974). 칼 바르트의 『교회교의학』(전13권)은 그리스도교 역사에서 불후의 대작으로 평가받고 있다. 분량만 해도 9,185쪽이다. 깨알 같은 글자가 많아 요즘 책으로 치면 2-3만 쪽은 족히 될 것이다. 그러나 더욱 놀라운 것은 그 방대한 양 속에 깃들어 있는 깊고 치밀한 신학구조와 누구도 흉내 낼 수 없는 신학언어의 아름다움과 몇 쪽에 걸쳐서 마침표 하나 구경할 수 없는 끈적끈적한 유럽신학의 정수다. 앞으로 이 글의 각주에 나타나는 약어 *KD*는 『교회교의학』 독일어 원서이고, *CD*는 영어 번역판을 가리키는 것임을 미리 밝혀둔다. 그리고 각주 상에서는 *CD*와 *KD*가 혼용되어 있으나 그 원본과 번역본의 뉘앙스 차이를 살리기 위하여 그대로 두기로 한다. 단, *CD*와 *KD*는 동일 저자의 원본과 번역본이므로 위아래 혼용해서 쓰더라도 저자 이름은 한 번만 밝히기로 한다. 또 각주에서 바로 위아래에 *CD* 또는 *KD* 가운데 동일한 책을 계속 인용하더라도, '위의 책'이라는 표현보다는 *CD*와 *KD*를 한 번 더 그대로 표기함으로써 이 글의 가장 중요한 참고도서임을 예외적으로 부각시키기로 한다.

사학위논문이 '자급교역'(Tent-Making Ministry)에 관한 것이었고,[2] 그의 박사학위논문이 '다원화교역'(Pluriform Ministry)에 관한 것이었다는 사실만 보아도,[3] 한국에서 교역실천론에 관한 박근원의 학문적인 에토스와 파토스는 일찍부터 거의 독보적인 수준이었음을 공감하지 않을 수 없었다.[4]

평생의 신학순례를 하는 동안, 그는 수많은 저작들을 통하여 그리스도교 교역실천론의 주요 쟁점들을 집요하게 연구해 왔다.[5] 서구의 교역실천론과 관련해서 세계적으로 유명한 저자들의 작품이 한국에 소개되어 꾸준히 읽히고 있는데, 이런 일의 핵심에도 늘 박근원의 오롯한 수고가 있었음을 확인할 수 있었다.[6] 종교개혁 전통에 서서 칼 바르트의 이러한 교역실천론을 실천신학 각 분야에서 이어받아 재조

---

[2] 박근원, "교회사 지평에서 본 자급 교역," 『오늘의 교역론』 개정증보판 (서울: 대한기독교서회, 2004), 94-110. 여기에서 박근원은 석사학위논문으로 사도 바울의 천막교역에서 시작된 자급교역의 부정적인 측면과 긍정적인 측면, 그리고 우리 한국 상황에서 자급교역의 적용 가능성을 매우 창조적으로 내보이고 있다. 참고로, 이 글에서는 특별한 설명이 없는 한 『오늘의 교역론』은 '개정증보판'을 의미한다는 것을 밝혀 둔다.
[3] 위의 책, 64-93. 여기에 보면 박근원의 박사학위논문 "세계교회와 다원화 교역론"이라는 글이 들어 있다. 이 글을 통하여 박근원은 초대교회에서는 교역이 다원화되어 있었는데, 교부시대부터 차츰 일원화 교역으로 변질되었다가, 최근 들어 다시 세계교회 속에 다원화 교역의 중요성이 부각되고 있음을 힘주어 말하고 있다.
[4] 위의 책, 3; 동 저자, "나의 신학순례기," 『한국교회와 신학실천』 (서울: 대한기독교서회, 1999), 20. 박근원은 『오늘의 교역론』 개정증보판 머리말에서 자신의 신학순례를 총결산하며 "내 평생 동안 그리스도교 '교역'을 위한 '신학실천'이 신학순례의 주요 관심사였다."라고 고백하고 있다. 또 정년퇴임 기념문집 맨 앞글 "나의 신학순례기"에서는 "내 실천신학 작업의 기본구조는 '교역론'(ministry)을 주축으로 종래의 실천신학을 해체하고 재구성해 보려는 것이다."라고 에큐메니칼 개혁신학자로서 자신의 신학적 선 자리를 분명히 못 박고 있다.
[5] 박근원, 『오늘의 교역론』 (서울: 대한기독교서회, 1982/2004); 동 저자, 『교회와 선교』 (서울: 종로서적, 1988); 동 저자 『현대신학신전론』 (시슬: 내한기독교서회, 1998); 동 저자 외, 『주님의 교회 일구기·가꾸기』 (서울: 아침영성지도연구인, 1999).
[6] 박근원이 소개하고 있는 주요 작품으로는 Ray S. Anderson, ed., *Theological Foundations for Ministry* (Edinburgh: T. & T. Clark, Ltd., 1979); John H. Armstrong, eds., *Reforming Pastoral Ministry: Challenges for Ministry in Postmodern Times* (New York: Crossway Books, 2001); Richard Niebuhr, eds., *The Ministry in Historical Perspectives* (New York: Harper & Row, 1983); James Newton Poling & Donald Miller, *Foundations for a Practical Theology of Ministry* (Abingdon Press, 1985) = 박근원 옮김, 『교역실천론』 (서울: 대한기독교출판사, 1987) 등이 있다.

명해 보려는 서구교회의 노력들도 박근원을 통하여 한국 땅에 끊임없이 실시간대로 소개되어 왔다는 사실도 분명히 알 수 있었다.[7] 박근원은 평생 동안 저마다의 교역실천 분야를 종횡무진하며 온 세계 신학의 안테나 역할을 수행하였고, 그 가운데서도 특히 칼 바르트의 교역실천론에 주목함으로써 끊임없이 대화를 시도해 왔으며, 개혁전통의 교역실천론이 장차 어떤 방향으로 나아가야 할 것인지를 소리 없이 외쳐왔던 것이다.

그러나 이러한 연구조사 결과, 한 가지 주목할 만한 사실이 발견되었다. 그것은 칼 바르트가 주장하는 '모임-세움-보냄'의 3차원적인 교역실천론에 관해서는 아직까지 그 누구의 손도 미치지 못한 채 여전히 미개척 분야로 남아 있다는 사실이었다. 무슨 말이냐 하면, 칼 바르트 신학의 핵심이 그가 집대성한 『교회교의학』, 특히 제Ⅳ권 '화해론'[8] 속에 들어 있다는 것 정도는 많은 이들이 알고 있으나, 대부분 칼 바르트의 이러한 신학적인 구조를 조직신학적 틀 속에서 반복하여 강조하고 있을 뿐, 그것을 통째로 교역실천론적으로 해체 재구성해서 밝혀내려는 노력은 거의 하지 않고 있다는 점이었다.

바르트가 교회를 위한 신학을 천명했음에도 불구하고, 그의 탁월한 신학적 고민들이 교회의 교역실천 현장으로 제대로 뿌리내리지 못하고 있다는 느낌도 지울 수가 없었다.[9] 유럽의 실천신학계,[10] 그 가운데

---

7) 예배론으로는 J. J. von Allmen, *Célébrer le Salut: Doctrine et Pratique du Culte Chrétien* (Geneve: Labor et Fides, 1984) = 박근원 옮김, 『구원의 축제』(서울: 도서출판 진흥, 1993), 설교론으로는 Rudolf Bohren, *Predgitlehre* (München: Chr. Kaiser, 1974) = 박근원 옮김, 『설교학 원론/실천론』(서울: 대한기독교서회, 1979/1980), 목양론으로는 Eduard Thurneysen, *Die Lehre von der Seelsorge/Seelsorge im Vollzug* (Zollikon-Zürich: Evangelischer Verlag A.-G., 1946/1968) = 박근원 옮김, 『목회학 원론/실천론』(천안: 한국신학연구소, 1975/1977)을 들 수 있다.
8) Karl Barth, *KD: Die Lehre von der Versöhnung* Ⅳ/1-3 (Zürich: Theologischer Verlag, 1989).

서도 저 옛날 1970년대 동독의 실천신학계[11]나 1980년대 서독의 실천신학계,[12] 그리고 미국의 실천신학계[13] 자료들까지 더듬어 가며 찾아보았지만, 필자의 한정된 시야 때문인지 교회 공동체의 존재양식(The Way of Being) 곧 '모임-세움-보냄'이라는 3중구조적 관점으로 연구된 흔적은 좀처럼 잡히지 않았다. 한국에서 출판되는 많은 바르트 연구문헌들에서도 아직은 바르트의 이런 3중구조적 통찰이 본격적으로 다루어지지 않고 있는 것 같았다.[14] 물론 종교교육이나 선교신학 분야에서 칼 바르트의 교회 공동체적 존재양식을 다루는 소중한 작품들이 눈에 띄어 많은 암시를 주기도 하였으나,[15] 그래도 아직 '모임-세움-

---

9) Geoffrey W. Bromiley, *An Introduction to the Theology of Karl Barth* (T. & T. Clark Publishers, 1991) = 신옥수 옮김, 『칼 바르트 신학개론』(서울: 크리스챤다이제스트, 1994); David L. Müller, *Karl Barth* (Hendrickson Pub, 1991) = 이형기 옮김, 『칼 바르트의 신학사상』(서울: 도서출판 엠마오, 1996); T. F. Torrance, *Karl Barth: Biblical and Evangelical Theologian* (T. & T. Clark Publishers, 1991) = 최영 옮김, 『칼 바르트』(서울: 한들출판사, 1997); Otto Weber, *Karl Barths Kirchliche Dogmatik* (Buchh. d. Erziehungsvereins, 1950) = 김광식 옮김, 『칼 바르트의 교회교의학』(서울: 대한기독교서회, 1992) 등.

10) 여기서 유럽 신학계의 '실천신학' 분류를 살펴볼 필요가 있는데, 그 이유는 박근원의 교역실천론이 루돌프 보렌(R. Bohren) 등 개혁교회 저명한 실천신학자들의 교역실천론을 수렴통합하여 발전시킨 것이고, 그 실천신학자들의 교역실천론 저변에는 칼 바르트의 교역실천론적 틀거리가 깊이 내재되어 있기 때문이다. 자세한 것은 Rudolf Bohren, hg., *Einfürung in das Studium der evangelischen Theologie* (Ch. Kaiser, 1964) = 박근원 외 옮김, 『신학연구총론』(한국신학연구소, 1975); Gerhard Ebeling, *Studium der Theologie: Eine enzyklopadische Orientierung* (Tübingen, 1975) = 박근원 옮김, 『신학연구개론』(대한기독교출판사, 1982)을 참고하라.

11) 그런데 같은 독일이라도 동서독 실천신학계의 흐름이 좀 다른 양상을 드러낸다. 다시 말해서, 동독 실천신학의 역사 속에서는 바르트의 『교회교의학』을 통째로 다루고 있으나, 서독 실천신학의 역사 속에서는 바르트의 『교회교의학』을 설교론 중심으로만 다루고 있다. 그 예로, 1970년대 동독에서 펴낸 3권짜리 『실천신학대전』에는 교회구조론, 목사론, 예배론, 교회행정론, 설교론, 교육론, 목양론, 사회복지론 등이 정리되어 있다[Band Ⅰ: Die Praktische Theologie(Einführung), Gestalt, Aufbau und Ordnung der Kirche, zur Person des kirchlichen Amtsträgers, Band Ⅱ: Der Gottesdienst, die kirchlichen Handlungen, die Predigt, Band Ⅲ: Die Unterweisung, die Seelsorge, die Diakonie, Praktische Theologie Christentum Theologie]. 여기에 참여한 실천신학자들로는 Heinrich Ammer, Jürgen Henkys, Gottfried Holtz, Hans-Hinrich Jenssen, Günther Kehnscherper, Ernst-Rüdiger Kiesow, Gottfried Kretzschmar, William Nagel, Eberhard Schmidt, Heinz Wagner, Eberhard Winkler, Friedrich Winter 등이 있다. 특히 제1권(Band Ⅰ), 33에는 실천신학의 역사를 정리하면서, "신학의 목적은 교회의 실천"(*KD* Ⅰ/1, 1)에 있으며, "신학은 교회 실천의 내용 자체"(*KD* Ⅳ/3, 1007-11)라고 한 바르트의 말을 언급하고 있다. 자세한 것은 Heinrich Ammer, u.a. (hrg.), *Handbuch der Praktischen Theologie*, 3 Bände (Berlin, Evangelische Verlagsanstalt, 1974-1978), 특히 Band Ⅰ, 33을 참고하라.

보냄'의 교역실천론적인 관점에서 직접적으로 접근한 결정적인 작품은 없는 것 같았다.

이런 현상들이 오히려 필자에게는 작으나마 한국교회를 위하여 기여할 수 있는 절호의 기회라고 여겨지게 되었다. 하나님께서 주신 기회라고 생각되어 소명으로 알고 감사드리지 않을 수가 없었다. 따지고 보면, 필자도 신학석사 논문에서 교역실천론에 관한 고민을 단편적으로 다룬 적이 있다.[16] 당시 논문 제목에는 '목회'라는 표현을 사용하였지만, 실제 내용은 사도 바울이 그리스도교 공동체를 어떻게 설립하고

---

12) 반면에, 1980년대 서독에서 펴낸 4권짜리 『실천신학대전』(본디 4권을 구상했으나 제1권은 미간행)에는 종으로는 개인(Band Ⅱ, Praxisfeld: Der Einzelne/Die Gruppe), 교회 공동체(Band Ⅲ, Praxisfeld: Gemeinden), 사회(Band Ⅳ, Praxisfeld: Gesellschaft und Öffentlichkeit) 등 세 부분으로 나누고, 횡으로는 앞의 세 부분을 저마다 그 책무라는 관점에서 설교를 맨 앞에 둔 채 선포와 전달(Verkündigung und Kommunikation), 교육과 사회화(Bildung und Sozialisation), 목양과 복지(Seelsorge und Diakonie), 행정과 조직(Leitung und Organization) 등으로 다시 나누어 정리하고 있다. 자세한 것은 Peter C. Bloth, u.a. (hrg.), *Handbuch der Praktischen Theologie*, 4 Bände (Gütersloh: Gütersloher Verlagshaus, 1981-1987)를 참고하라. 한편, 이 작업과 직접 관련은 없는 것 같으나, 이런 실천영역(Praxisfeld)을 감안하여 독일 실천신학을 집대성한 저작으로는 Dietrich Rössler, *Grundriß der Praktischen Theologie* (Berlin: Walter de Gruyter, 1994)를 참고하라. 이 책에서 뢰슬러는 실천신학의 구조를 개인(Der Einzele: Religion, Person, Diakonie, Amtshandlungen), 교회(Die Kirche: Kirche, Amt, Predigt, Gottesdienst), 사회(Die Gesellschaft: Institution, Beruf, Unterricht, Gemeinde)라는 세 가지 차원에서 접근하고 있다. 특히 이 책 45에서는 실천신학의 역사에서 "하나님 말씀의 3중 양식(계시·성시·신포)과의 관계에서 신학 전체가 실천적 의미를 지니고 있다"는 칼 바르트의 말을 언급하고 있다. 이렇게 볼 때 뢰슬러도 칼 바르트의 교역실천론적 구조로부터 어떤 암시를 받은 것은 아닐까 생각해 볼 수 있지만, 그것이 좀 더 확연하게 모임-세움-보냄의 교역실천론으로 방향을 틀지 못하고 있어 아쉬움을 느낀다.
13) 최근에 나온 Andrew Purves, *Reconstructing Pastoral Theology: A Christological Foundation* (Westminster/John Knox press, 2004)을 참고하라. 피츠버그신학대학원 교수인 앤드류 퍼브스도 이 책의 서론("Building a New Foundation")에서 칼 바르트 신학의 교역실천론적 자리에 서서 자신의 교역실천론적 근거를 밝히고 있다. 그러나 여기서도 모임-세움-보냄이라는 교역실천론적 구조가 직접적으로 분명하게 드러나지 않는다는 아쉬움이 여전히 남는다.
14) 한국에서 출판된 칼 바르트 관련 주요 작품들을 시대순으로 보면 다음과 같다. 박봉랑, 『신의 세속화』 (서울: 대한기독교서회, 1983); 오영석, 『신앙과 이해』 (서울: 대한기독교서회, 1999); 김재진, 『칼 바르트 신학 해부』 (서울: 한들출판사, 1998); 이신건, 『칼 바르트의 교회론』 (서울: 한들출판사, 2000); 최영, 『칼 바르트의 신학이해』 (서울: 민들레책방, 2005); 정승훈, 『칼 바르트와 동시대성의 신학』 (서울: 대한기독교서회, 2006); 김명용, 『칼 바르트의 신학』 (서울: 이레서원, 2007) 등.
15) 은준관, 『실천적 교회론』 (서울: 대한기독교서회, 1999); David Bosch, *Transforming Mission: Paradigm Shifts in Theology of Mission* (Maryknoll: Orbis, 1991).

조직하고 양육하였는지를 연구한 것으로서, 분명 교역실천론에 관한 것이었다. 칼 바르트가 자신의 교역실천론적 근거를 예수 그리스도와 사도 바울과 칼빈에게서 찾는 것을 볼 때, 이 글과 맥락을 같이하는 예비적인 연구가 아니었나 스스로 다행스럽게 여기며 하나님의 주도적인 섭리 앞에 고개를 숙이게 된다.

그리고 신학박사 과정을 거치면서, 박근원의 지도 아래, 칼 바르트의 교역실천론에 좀 더 깊숙이 접근해 보기도 하였다.[17] 또 오랜 시간 동안 박근원의 지도를 받아 칼 바르트의 교역실천론을 한국적인 상황에서 수렴통합하는 작업에 동참하기도 하였다.[18] 특히 필자는 나름대로 군대라는 특수한 교역현장을 섬기며 칼 바르트가 주창하는 화해의 교역실천을 위하여 '영혼의 치유' 문제에 깊이 천착해 왔다.[19] 이러한 노력의 결과로, 필자는 교역실천 현장에서 한국군 장병들의 자살예방을 위한 영혼의 치유 프로그램을 개발하여 전군에 보급하고 실천함으로써 죽어가는 생명을 살리는 데 작은 기여를 해왔다.[20] 따라서 필자의 이 글은 그런 노력의 연장선상에서 서구교회의 조직신학적인 틀을

---

16) 신현복, 『목회의 성서적 전통이해: 맬러비의 데살로니가 목회론을 중심으로』 (신학석사논문, 1990).
17) 신현복, "칼 바르트의 신학실천과 교역론: 개혁전통의 목회신학적 관점에서 바라본 '영혼의 치유' 교역," 『신학연구』 제49집 (서울: 한신학술원신학연구소, 2006; 동 저자, "설교비평의 본질과 기준: 칼 바르트와 루돌프 보렌의 설교비평론을 중심으로." 『신학연구』 제50집 (서울: 한신학술원신학연구소, 2007) 등.
18) 박근원 엮음, 『새로운 예배자료』 전5권 (서울: 도서출판 진흥, 1994); 동 저자 엮음, 『예배자료 21』 전5권 (서울: 대한기독교서회 1998); 동 저자 엮음, 『새천년 영성기도자료』 전5권 (서울: 대한기독교서회, 2001); 동 저자 엮음, 『교회력에 따른 에베의 설교자료』 전6권 (서울: 대한기독교서회, 1998-2003); 한국기독교장로회총회, 『희년예배서-교역자용』 (서울: 한국기독교장로회총회 출판부, 2006) 등.
19) 신현복, 『전빵: 성공적인 군생활 안내서』 (서울: 영일쿱, 1998); 동 저자, 『강하고 담대하라: 장병기도서』 (서울: 아침영성지도연구원, 2000); 동 저자, "가정 같은 군대이야기," 『새가정』 2001.2-2002.12월호 (서울: 도서출판 새가정, 2001/2002) 등.
20) 신현복 외, 『비전캠프』 (육군본부, 2003).

해체 재구성하여, 칼 바르트의 교역실천론을 한국교회 상황에 적중하도록 새롭게 수렴통합해 보려는 작은 몸부림이 결정적인 동기가 되었다고 할 수 있다.

화해의 교역실천가, 칼 바르트

첫째로, 이 연구의 가장 큰 목적은 무엇보다도 교역실천에 대하여 종교개혁 전통에서는 어떻게 말하고 있는지를 살펴보는 데 있다. 특히 칼빈의 신학을 이어받아 개혁신학의 대표적 봉우리를 형성하고 있는 칼 바르트에게서 그의 교역실천론이라고 할 수 있는 것이 무엇이 있는지를 실천신학적인 각도에서 들여다보고 그 광맥을 찾아 캄캄한 터널을 더듬더듬 탐사해 보려는 데 이 연구의 진정한 목적이 있다. 이러한 연구 목적을 달성하기 위해서는 무엇보다도 우리 스스로가 교역실천론의 기본적인 개념들을 바르게 인식하고 있을 필요가 있다. 곧 교회란 무엇인가, 교역이란 무엇인가, 그리고 교역실천이란 무엇인가 등 아주 본질적인 질문들이다. 이러한 개념을 어떻게 정의하느냐에 따라서 이 연구의 방향이 전혀 다르게 진행될 수도 있기 때문이다. 그래서 여기서 우선적으로 이 연구에서 사용될 교회, 교역, 그리고 교역실천 등 기본적인 개념들을 분명히 정의해 두고자 한다.

무엇보다도 '교회'(敎會, Church, Kirche)란 무엇인가? 본디 교회라는 말은 동북아시아에 그리스도교가 전파되면서 생긴 낯선 말이다. 교회란 한문 뜻대로 '가르치는 모임'이 아니다. 또 어떤 건물이나 종교 제도를 뜻하는 것도 아니다. 교회란 '그리스도를 믿는 사람들의 모임'이다. 곧 '신앙 공동체'라는 말이다.[21] 이들이 모여서 하나님을 예배하고 전수받은 진리를 가르치며 그 밖의 하나님 뜻을 위해서도 봉사해 왔다. 그런 의미에서 교회란 "예수 그리스도를 통하여 하나님을 예배하고 그 진리를 가르치며 그분의 뜻을 헤아려 섬기도록 부름 받은 사람들의 모임"이라고 할 수 있다. 성서에 있는 교회라는 말의 배경을 살펴보아도 그것은 분명히 드러난다.[22] 굴절과 분열을 거듭해 오던 교회는 최근 세속주의의 도전 앞에서 두 가지 자성의 기회를 맞이하게 되었다. 밖으로는 '세상'과 어떤 관계를 유지할 것인가 하는 반성과, 안으로는 온 교회가 어떻게 하나 될 수 있을 것인가 하는 에큐메니칼 운동이 그것이다.[23] 이 두 줄기 끈질긴 추구가 계속되면서 창조론적이고 종말론적인 교회론으로 새로운 전환이 일어나고 있다.[24] 그런데 여기서 우리가 미리 주목해야 할 사실이 하나 있다. 그것은 바르트가 내보이는 교회의 네 가지 본질에 관한 것이다. 곧 하나의,[25] 거룩하고,[26] 보편적이고,[27] 사도적인[28] 교회가 그것이다. 바르트는 그리스도의 몸인 교회는 니케야 신조(381)에서 교회의 규범으로 결정된 이 네 개의 요

---

21) Karl Barth, *CD* IV/3, 681-901. 칼 바르트는 교회를 '공동체'(Gemeinde)라는 관점에서 이해하고 있다. 『교회교의학』 영문판 번역에서도 공동체(Community)라는 말을 서슴없이 쓰고 있는데, 이것은 칼 바르트의 교역실천론을 이해하는 데 매우 의미심장한 대목이다. 칼 바르트는 단순히 한 개인의 조직신학을 집대성한 것이 아니라 그리스도교 교회 공동체의 교역실천론에까지 생각이 다다라 있었음을 알 수 있다. 이 부분에 대해서는 이 글의 제2장 "교회 공동체적 존재양식"에서 좀 더 자세하게 언급할 것이다.
22) 박근원, 『주님의 교회 일구기 · 가꾸기』, 22-23.
23) 박근원, 『교회와 선교』, 169-87. 그는 이 책에서 우리가 꿈꾸어야 할 교회의 모형들을 여러 가지로 내보이면서, 특히 '평화의 교회' 모형이 향후 이 땅의 교역실천 현장에서 쟁점으로 부각될 것이라고 내다보고 있다.
24) 현대 교회론의 전환에 대해서는 Jürgen Moltmann, *Kirche in der Kraft des Geistes: Ein Beitrag zur messianischen Ekklesiologie* (Mchn: Chr. Kaiser, 1975) = 박봉랑 외 옮김, 『성령의 능력 안에 있는 교회』 (천안: 한국신학연구소 1980); Peter Hodgson, *Revisioning the Church* (Philadelphia: Fortress, 1988) = 박근원 옮김, 『교회론의 새 지평』 (서울: 도서출판 진흥, 1997); 박근원, "그리스도교 교역론," 『현대신학실천론』, 188-91; 동 저자, 『주님의 교회 일구기 · 가꾸기』, 22-23; 동 저자, "세계교회의 신학과 신학교육의 전망," 『오늘의 교역론』, 249-73 등을 참고하라.
25) Karl Barth, *CD* IV/1, 669-72.
26) *CD* IV/1, 686-701.
27) *CD* IV/1, 702-703.
28) *CD* IV/1, 719-721.

소로 분석될 때 믿음 안에서 훨씬 더 잘 보일 수 있다고 주장한다.[29]

또 '교역'(敎役, ministry)이란 무엇인가? 어원상으로 그것은 성서에 나오는 '섬김'(diakonia)이라는 단어의 라틴말 표현이다. 역사적으로 교역에 대한 수많은 쟁점들이 있어 왔으나,[30] 변하지 않는 것 한 가지는, 리마문서(Lima Document)에서 밝히고 있는 대로, 예수 그리스도를 통한 하나님의 '섬김'과 교회에 맡겨주신 그 '섬김'의 전폭을 담아내는 표현이 바로 교역이라는 사실이다.[31] 그러므로 교역은 교회 전체의 기능을 나타내는 말로서, '목회'(pastoral ministry)나 '목양'(shepherding ministry)이나 '사목'(priestly ministry)처럼 전체 교역의 한 국면, 곧 회중을 돌보거나 교회를 위하여 일하는 교역자의 기능보다 훨씬 더 넓은 개념이다. 박근원은 지금까지 교역의 유형이 어떻게 변해 왔는가를 '교역자 중심의 교역→교회 공동체 중심의 교역→세계 중심의 교역→창조세계 중심의 교역'으로 도식화해서 설명하기도 한다.[32] 그는 이런 교역의 유형 변화가 '상황화, 다원화, 전문화' 현상으로 집약될 수 있다고 보고 있다.[33] 그리스도교 교역의 출발은 세상을 향한 하나님의 구원 행위이다. 그리고 세상을 향한 하나님의 구원 활

---

[29] 니케야 신조에 대한 칼 바르트의 폭넓은 분석은 *CD* IV/1, 650이하를 참고하라.
[30] 교역의 역사에 대해서는 Richard Niebuhr, eds., *The Ministry in Historical Perspectives* (New York: Harper & Row, 1983)을 참고하라. 또 박근원의 책, 『오늘의 교역론』, 41-110을 보면 교역의 역사를 한 눈에 꿰뚫을 수 있다. 특히 그 책 제2장 "개혁교회 전통의 교역과 그 직제"에 나오는 칼빈의 교역론은 우리 종교개혁 전통에 선 후예들이 펼쳐갈 교역실천론 형성에 매우 중요한 자료들을 제공해 주고 있다.
[31] 리마문서는 일명 'BEM 문서'라고도 한다. 그 안에 세례와 성만찬과 교역에 대한 세계교회의 합의사항이 담겨 있기 때문이다. 특히 그 첫 번째 부분이 교역에 관한 것인데, 거기에 보면 교역은 "하나님의 백성 모두의 소명"이라고 분명히 명시되어 있다. 더 자세한 것은 WCC, *Baptism, Eucharist, Ministry*, WCC Faith and Order Paper no. 111 (1982) = 박근원 옮김, 『세례 · 성만찬 · 교역』(서울: 한국기독교교회협의회, 1993)과, 그리고 이 문서의 수렴과정과 결과를 담은 WCC, *Baptism, Eucharist, Ministry: 1982-1990: Report on the Process and Responses*, WCC Faith and Order Paper no. 149 (1990)를 참고하라. 교역에 관련된 부분은 박근원, 『오늘의 교역론』, 318-44에도 부록으로 수록되어 있다.

동 그 정점에 예수 그리스도께서 계신다. 그리스도의 사건을 통하여 성부 하나님의 구원 의지와 역사, 그리고 그리스도 안에서 현재 일하고 계시는 성령의 활동도 알게 된다. 따라서 그리스도교 교역을 한 마디로 표현하면, 그리스도 중심의 삼위일체 교역이라고 말할 수 있다.[34]

그렇다면 '교역실천'(教役實踐, Praxis of Ministry)이란 무엇인가? 위에서 말한 교회 이해나 교역 이해를 가지고 접근한다면, 하나님 나라를 위해서 교회를 모으고 세우고 보내는 전체 그리스도교 실천이 바로 교역실천이다. 그런데 우리가 '교역실천'(Doing Ministry)이라는 말을 올바로 이해하려면 그보다 먼저 '신학실천'(Doing Theology)[35]이라는 말을 이해하고 넘어가야 하는데, 사실 '신학실천'이라는 말은 박근원이 처음으로 만든 말이다.[36] 이것은 어느 한 국면의 실천만을 다루는 '실천신학'과 달리, 교역 전체의 실천을 다루는 통전적인 실천신학을 말한다. 이것은 여러 분과 신학으로 분화되고 이론과 실천이 분리

---

32) 박근원, "그리스도교 교역론,"『현대신학실천론』, 188. 박근원은 이 책 380-81에서 위의 4단계 유형 변화 가운데 뒷부분의 두 단계를 하나로 통폐합하여 3단계 곧 '교역자 중심→교회 공동체 중심→하나님 나라 중심'의 유형 변화로 설명하기도 말한다. 아무튼 이 유형들 사이의 단절이 아니라, 신학적 사고의 변화가 일어나고 있다고 보는 것이다. 그런 뜻에서 오늘의 실천신학은 '관점'과 '과제'에 따라서 재구성되어야 한다는 것이다.
33) 위의 책, 189.
34) Ray S. Anderson, ed., *Theological Foundations for Ministry* (Edinburgh: T. & T. Clark, Ltd., 1979); 박근원,『오늘의 교역론』, 18-33. 박근원은 앤더슨의 삼위일체 교역론을 이렇게 소개한다. 우선 성부 하나님의 교역은 창조와 구원의 교역, 언약을 통한 교역이다. 성부 하나님의 교역 수단은 말씀, 약속, 은총, 안식일이다. 그리고 성자 예수 그리스도의 교역은 성육신을 통한 교역, 복음 선포와 십자가를 통한 교역이다. 성자 예수 그리스도의 교역 수단은 복음, 식탁, 학습, 치유이다. 마지막으로 성령 하나님의 교역은 약속과 선물의 교역, 현재 교회를 통해서 생명을 창조하는 교역이다. 성령 하나님의 교역 수단은 은사, 생기, 일치, 전망이다.
35) 박근원,『오늘의 교역론』, 15-18. 신학실천은 신학의 모형 변화이다. 신학실천은 신학 전체를 그리스도교 실천을 위한 행위로 보려고 한다. 따라서 신학실천은 모든 분과 신학들을 통전해서, 전체 신학을 그리스도교 공동체 형성 및 선교를 위한 실천 중심으로 재구성한다. 교역은 회중을 돌보거나 교회를 위하여 일하는 목회 및 사목을 포함해서 훨씬 더 넓은 실천 개념이다. 하나님 나라를 위해서 교회를 세우고 훈련하고 선교하는 전체 그리스도교 실천을 일컫는 말이다.
36) 박근원,『현대신학실천론』, 384-87. 여기에 보면 박근원이 왜 '신학실천'이라는 말에 그렇게 강조점을 두는지 그의 신학적 통찰의 깊이를 여실히 알 수 있다.

된 현대 신학으로부터 철저한 전환을 요구한다. 신학 자체의 실천지향적 전환을 통하여, '본래의 신학'(theologia)으로 회복됨으로써 그 본질에서 생명력의 자리(habitus)를 되살릴 수 있어야 한다는 말이다. 신학실천의 역할은 그 관점이나 주제에 요청되는 '실천적 지혜'(phronesis)를 제공하는 것이다. 역사적으로 '목회신학'은 교역자가 중심이 된 교회 내연적인 관점의 학문이었고, '실천신학'은 목회신학을 포함하여 신앙실천이 중심이 된 교회 외연적인 관점의 학문이었는데, 박근원은 이제 이 '실천신학'이라는 말도 생생한 교역실천 현장의 욕구를 다 담기에는 그 그릇이 작다고 보고 '신학실천'이라는 말로 재구성되어야 한다고 본다. 그리고 이렇게 재구성되어 갈 신학실천의 핵은 교회 공동체 곧 하나님의 백성이 중심이 된 '교역형성'(Ministrial Formation) 곧 우리가 이 글에서 화두로 삼게 될 '교역실천'이 되어야 한다고 힘주어 말한다. 그런 의미에서 교역실천은 교역자가 교회 공동체를 양육하여 하나님 나라를 향한 외연적인 섬김에 기여할 수 있도록 하는 일이다. 이렇듯 신학실천으로서 교역실천은 이론신학과 실천신학의 갈등관계를 넘어서서 실천적이다. 교역실천은 신학과 교회에 앞선 것이기 때문이다.[37] 또 교역실천은 전통과 혁신의 갈등을 넘어 그리스도교의 모든 개혁과 실천을 지향한다. 예수께서 안식일에 일하시고 "안식일이 사람을 위하여 생긴 것이지, 사람이 안식일을 위하여 생긴 것은 아니다."(마가복음 2:27)라고 하셨을 때, 예수께서는 생명의 날을 회복하기 위한 교역실천을 하신 것이다. 따라서 그리스도교와 관계된 모든

---

[37] 위의 책, 17. 박근원에 따르면, 교역실천을 위하여 신학과 교회가 있는 것이지, 그 반대일 수는 없다. 신학은 하나님의 교역실천인 이 창조와 구원을 설명하는 체계이고, 교회는 하나님의 교역실천을 받아 세상에서 이어가는 기관이다.

논의는 하나님의 교역과 그 실천성에서 조명을 받아야 한다. 또 교역 실천은 섬김 곧 디아코니아를 통하여 이루어진다. 하나님은 이 세상을 위하여 아들 예수 그리스도를 이 땅에 보내셨다. 그리스도가 이 땅에 오신 목적은 자신을 보내신 '성부를 위하여 세상을 향해' 일하기 위해서다.[38] 따라서 그리스도교 교역실천은 그리스도의 섬김을 통하여 절정을 이루는 하나님의 섬김이다. 이 섬김에서부터 그리스도교의 모든 신학과 교회 제도가 형성되어 하나님의 선교를 펼쳐 나간다.

둘째로, 이 연구의 주된 목적은 칼 바르트가 주장하는 것처럼 교회의 존재이유가 다름 아닌 '화해의 교역실천'에 있음을 분명히 하는 데 있다.

> 여러분이 전에는 하나님에게서 멀리 떨어져 있었는데, 이제는 그리스도 예수 안에서 그분의 피로 하나님께 가까워졌습니다……이방사람과 유대사람 양쪽 모두 그리스도를 통하여 한 성령 안에서 아버지께 나아가게 되었습니다……그리스도 안에서 여러분도 함께 세워져서 하나님이 성령으로 거하실 처소가 됩니다(에베소서 2:13-22).

위 성구처럼, 필자는 그리스도 중심의 삼위일체 하나님의 교역은 세상을 하나님과 가깝게 하는 화해에 그 무게중심이 실려 있다고 본

---

[38] 위의 책, 18. 박근원에 따르면, 예수 그리스도는 자신의 사명을 "인자는 섬김을 받으러 온 것이 아니라 섬기러 왔으며 많은 사람을 구원하기 위하여 치를 몸값으로 자기 목숨을 내어주러 왔다."(마가복음 10:45)는 말씀으로 전해 주셨다. 이 섬김을 제자들의 교역실천 모범으로 가르쳐 주시기 위해서 예수 그리스도는 제자들의 발을 씻기시며 "내가 너희에게 한 것 같이 너희도 이렇게 하라고 내가 본을 보여 준 것이다."(요한복음 13:15)라고 하셨다. 세상을 위하여 자신을 드러내시는 하나님의 계시는 곧 하나님의 행위를 통해서다. 이 하나님의 행동은 세상을 향한 섬김의 일로써 나타난다. 이런 섬김으로서 일우 '하나님이 선교' 노대다. 하나님은 다양한 섬김의 방법으로 오늘도 이 세계를 구원하신다.

다. 하나님과 멀어져 있던 세상도 하나님과 가까워질 뿐 아니라 종족과 종족, 곧 세상 피조물 사이도 가까워진다. 앤더슨은 하나님의 활동인 계시에 대한 우리의 응답을 화해로 보았다.[39] 교역실천의 목표인 이 화해는 하나님의 교역실천 결과 이루어지는 이 세계의 구체적인 생명 현실이다. 하나님은 자신의 백성들을 통하여 하나님과 화해한 증거를 삶으로 표현하고 누리게 해주신다. 주님께서 가르쳐 주신 기도에 "그 뜻을 하늘에서 이루심 같이 땅에서도 이루어 주십시오." 하였듯이, 하나님의 뜻과 다스림이 하나님의 백성들 삶 가운데 펼쳐지는 것, 그것이 바로 화해의 교역실천이다.

셋째로, 이 연구의 주된 목적은 그렇다면 오늘 이 땅에 있는 주님의 교회가 이 화해의 교역을 실천하기 위하여 구체적으로 무엇을 어떻게 해야 하는지를 살펴보는 데 있다. 바르트에 따르면, 오늘의 교회가 주님이 바라시는 화해의 교역을 실천하기 위해서는 '모이고, 세우고, 보내는'(Sammlung, Erbauung, Sendung) 존재양식이 필요하다고 하였는데, 이것이 무엇을 의미하는지 하나씩 살펴나가는 것도 이 연구의 목적이 될 수 있다. 바르트는 이것을 다름 아닌 '교회 공동체의 존재양식'이라고 힘주어 말하는데, 이 연구에서는 바르트가 내보이는 교회론적 구조를 차례로 탐구해 나가려고 한다. 이와 관련하여 우리의 주목을 끄는 성구가 있다:

---

39) Ray S. Anderson, ed., *Theological Foundations for Ministry* (Edinburgh: T. & T. Clark, Ltd., 1979), 9-12. 앤더슨에 따르면, 성서 안에서 이 화해의 표시들을 볼 수 있다. 곧 홍수 뒤에 하나님께서 하늘에 걸어두신 무지개(창세기 9:12-13), 이스라엘을 자신의 배경으로 삼으시고 주신 계명(신명기 5:1-22)과 할례(신명기 10:16), 그리고 교회에서 베푸는 세례(로마서 6:1-6)가 하나님과 화해한 표시들이다. 무엇보다 세례는 그리스도와 연합함을 통하여 하나님과 화해하는 성격의 의식임을 분명히 드러내 준다. 그러나 이 모든 표시보다 중요한 표시는 그리스도의 십자가이다. 할례와 같은 외적인 표시보다 중요한 것은 우리가 새롭게 창조되는 것인데, 그리스도의 십자가가 하나님께 이르는 길을 열어 주셨기 때문이다(갈라디아서 6:11-16).

그가 어떤 사람은 사도로, 어떤 사람은 선지자로, 어떤 사람은 복음 전하는 자로, 어떤 사람은 목사와 교사로 삼으셨으니 이는 '성도를 온전하게' 하여 '봉사의 일을 하게' 하며 '그리스도의 몸을 세우려' 하심이라(에베소서 4:11-12).[40]

여기서 화해의 교역실천을 위하여 '성도를 온전하게' 하는 일은 모이는 교회에서 '소명과 신앙과 생활'을 통하여 해야 할 일이고, '봉사의 일을 하게' 하는 일은 '선교와 복지와 증언'을 통하여 보내는 교회에서 해야 할 일이며, '그리스도의 몸을 세우는' 일은 '예배와 설교와 목양'을 통하여 말 그대로 세우는 교회에서 해야 할 일이다.

결국 이 3차원적인 교회 공동체의 존재양식을 전제로 하나님의 화해 역사를 실천하는 총체적인 프로젝트를 교역실천론의 관점에서 집대성해 보려는 것이 필자의 주된 목적이라고 할 수 있다. 다시 말해서, 칼 바르트가 주장하는 교회의 존재이유와 존재양식을 통전적으로 고찰해 보고, 그것이 한국 상황에서 어떻게 수렴통합될 수 있겠는지 그 교역실천론적인 DNA를 추적해 봄으로써, 향후 그리스도교 교역실천론의 향방을 새롭게 제시해 보려는 것이 이 글의 목적이다.

신학적 미학자, 칼 바르트

첫째로, 필자가 이 글에서 사용할 연구방법론을 굳이 한 마디로 표

---

40) 박근원, 『현대신학실천론』, 255-56. 이것은 개역개정판 번역이다. 전에 개역판 번역은 다음과 같았다: "그가 혹은 사도로, 혹은 선지자로, 혹은 복음 전하는 자로, 혹은 목사와 교사로 주셨으니 이는 성도를 온전케 하며 봉사의 일을 하게 하며 그리스도의 몸을 세우려 하심이라." 그런데 박근원은 이 밑줄 친 부분에 대한 개역판 오역이 한국교회에 오해를 불러일으킴으로써 교역실천론의 바른 정립에도 많은 어려움을 초래하고 있음을 지적, 대한성서공회로 하여금 개역개정판부터 이를 비로 잡게 한 장본인이다.

현하자면, 그것은 무엇보다도 먼저 '수렴통합적인 연구방법론'이라고 할 수 있을 것이다. 이것은 박근원의 평생에 걸친 학문방법론이기도 하다. 박근원은 한국적인 교역실천론 정립과 관련하여 이러한 신학연구방법론의 중요성을 최근 들어 더욱 힘주어 말하고 있다. 그래서 칼 바르트가 변증법적인(dialectical) 방법론을 사용하고, 폴 틸리히가 상관관계적인(correlational) 방법론을 애용하였듯이, 필자는 박근원의 수렴통합적인(convergent) 방법론에 착안하여 필자 나름의 창조적인 논리 전개를 시도해 보려고 한다. 칼 바르트가 주창한 모임-세움-보냄이라는 교회의 존재양식이 오늘 우리 한국적인 맥락에서 어떻게 수렴통합될 수 있을지를 방법론적으로 애써 고민해 볼 것이다. 다시 말해서, 교역실천론의 각 분야마다 칼 바르트 이전에는 어떤 역사적인 전통이 있었는지, 그리고 칼 바르트는 거기에 대하여 무엇이라고 말했는지, 그리고 그런 칼 바르트의 신학적인 유산이 유럽에서 어떻게 한국으로 전해졌는지, 또 그것이 미국으로 전해진 칼 바르트의 신학적 유산과는 어떤 차이가 있는지를 수렴통합적인 방법으로 탐구해 보려고 한다. 일종의 교역실천적인 맥 뚫기 작업이랄까! 특히 한국의 상황에서 칼 바르트의 교역실천론적 접목을 강조해 온 박근원의 신학실천적인 통찰들을 통전적으로 이해해 보려고 할 것이다. 그리고 나서 비록 서툴더라도 박근원 이후 우리 후학들이 관통해 가야 할 미래의 교역실천론을 조금이라도 짚어보려고 한다.

둘째로, 필자가 이 글을 연구하는 방법으로 또 하나 중요하게 생각하는 것은 칼 바르트의 삶 전체를 어떻게 '교역실천적인 연구방법론'으로 재구성해 보느냐 하는 것이다. 그 동안 우리는 칼 바르트를 너무 신학적인 자리에 올려놓고 갑론을박을 한 경향이 있다. 인간 없이 존재하는 하나님은 없다. 그런 의미에서 시대의 옷을 입지 않은 신학자는 하나도 없다. 바르트도 자신을 무작정 숭배하려고 하지 말고 이해해 달라고 말한 바 있다.[41] 그래서 여기서는 바르트를 그의 시대적인 교역현장과 관련시켜 교역실천론의 자리에서 새롭게 이해해 보려고 할 것이다. 그러기 위해 필자는 교역실천(Praxis of Ministry)이라는 큰 틀에서 우리 시대에 우리가 지향해 가야 할 교역(Ministry) 곧 교회의 역할이 무엇인지, 그리고 그것을 오늘 우리가 교회 현장에서 어떻게 실천(Praxis)해야 하는지를 칼 바르트 신학과 연계하여 탐구해 보려고 한다. 또 필자는 이와 관련하여 최근 강조되고 있는 신학실천(Doing Theology)이라는 말을 주목함으로써, 칼 바르트의 신학을 어떻게 실천적으로 재해석할 수 있겠는지를 살펴보려고 한다. 단순히 실천신학적인 논문이 아니라 신학 전체를 목회현장에 도움이 되는 신학실천의 도구로 삼을 수는 없겠는지 고민해 보려 한다.

셋째로, 필자가 이 글에서 새롭게 시도해 보고픈 연구방법론은 일명 '신학적 미학으로서 연구방법론'이다. 신학적 미학(Theological Aesthetics)이라는 말은 우리에게 매우 생소할 수도 있다. 그러나 칼 바르트와 모차르트의 관계를 생각하면 쉽게 이해가 될 법도 하다. 그래서 칼 바르트가 오스트리아의 작곡가 모차르트(Wolfgang Amadeus Mozart, 1756-1791)의 음악세계에 깊이 심취하여 신학적인 영감을 얻었듯이, 이 글도 그런 미학적인 접근을 통하여 칼 바르트의 교역실천론을 온몸으로 소화해 보려고 노력할 것이다. 이를 위하여 우선적으로 칼 바르트의 교역실천론적 생애를 미학적으로 탐구해 보고, 또 그가

---

41) 정승훈, 『칼 바르트와 동시대성의 신학』, 476-79.

평생의 작품을 통하여 말하고자 하였던 신학적 미학을 순서대로 분석해 보고, 마지막으로 그의 교역실천론적인 주제들을 서툴지만 미학적으로 전개해 보고자 한다. 이러한 미학적 운치를 살리기 위하여 음악의 3요소[42]인 리듬(Rhythm), 선율(Melody), 화음(Harmony)으로 이 장의 제목들을 꾸며볼 것이다.

이렇듯 신학적 미학의 감각을 익히기 위하여 논문의 착상부터 완성까지 줄곧 필자도 서재에 모차르트의 음악을 틀어놓고 바르트의 책을 읽어 가는 등 그 당시 그 음악과 신학의 양대 대가들이 느꼈던 하늘의 영광과 땅의 탄식을 함께 호흡하려고 서툰 시늉을 내보았다. 칼 바르트와 모차르트의 신학적 대화를 생각하며, 목차를 짤 때부터 모차르트의 오페라 구조를 따라 서곡(Overture), 제1막(Act 1), 제1장(Scene), 제1악장(The 1st Movement), 피날레(Finale) 등으로 음악적 구조를 염두에 두고 구상하였다. 그리고 각 장마다 모차르트의 대표적인 작품들을 들으면서 그 작품의 장르와 제목과 빠르기 등 음악적인 분위기를 떠올리며 바르트의 미학적 운치를 최대한 신학적으로 적용해 보려고 하였다. 아직은 미완성이다. 그러나 이것이 발화점이 되어, 좀 더 아름다운 신학적 미학으로서 바르트의 교역실천론을 완성해 보고 싶은 기도가 간절하다.

또 필자는 이런 신학적 미학이라는 관점에서 가능한 한 이야기식

---

[42] 여기서 음악의 3요소 가운데 리듬(Rhythm)은 여러 가지 길고 짧은 음과 쉼여림이 시간적으로 결합된 것으로서 음악의 기초와 토대를 이루는 가장 중요한 요소이다. 선율(Melody)은 여러 가지 높고 낮은 음과 길고 짧음의 시간적 배합으로서 인간의 감정을 나타내는 가장 중요한 구실을 한다. 화음(Harmony)은 높이가 다른 두 개 이상의 음이 동시에 울리는 상태로서 멜로디와 리듬의 배후에서 이들을 보강하여 음빛깔의 효과를 더하는 구실을 하며 이 화성으로 말미암아 음악은 더욱 폭이 넓어지고 깊어지며 또 풍부해진다. 인터넷자료, 『Classic Korea』(http://www.classickorea.co.kr)의 "스터디" 가운데 '음악의 요소' 참고.

논리 전개를 해보려고 한다. 딱딱한 논문투보다는 다소 어법에 무리가 따르더라도 미학적이고 직관적인 어투를 살려볼 생각이다. 하늘과 땅을 올렸다 내렸다 하며 전율케 하는 모차르트의 선율과 천둥번개 치듯 불호령이 떨어지는 칼 바르트의 필체를 상기하며, 실천신학 논문답도록 필자가 서 있는 교역현장의 실천사례를 곳곳에 반영해 보려고 할 것이다. 특히 몇몇 부분에서는 필자가 군대라는 교역현장에서 실천하고 있는 영혼의 치유 이야기를 가슴에 품고 전개하려고 하는데, 이것은 자칫 너무 현장감이 없는 실천신학 논문으로 끝나버리지 않도록 스스로를 채찍질 하고자 함이다.

감사하게도 때마침 이 글을 쓰는 도중에 뉴욕 필하모니 오케스트라의 평양공연 소식을 접하게 되었다. 북한과 미국 두 나라가 그 동안의 갈등과 편견을 버리고 화해를 싹틔우는 데, 그리고 두 나라의 오케스트라 단장들이 고백하였듯이 처음에는 서로 서먹하였지만 마침내는 영혼의 친구가 되는 데, 음악이 매우 의미 있는 역할을 하였음을 깨닫게 되었다. 매체마다 이 화해의 몸부림을 '싱송'(Sing-Song) 외교라고 이름붙이고 있었다.[43] 모차르트의 음악을 들으며 칼 바르트가 평생을 통하여 펼쳐 간 화해의 교역실천론! 그렇다면 신학적 미학의 미래도 진정 이런 화해의 몸부림 속에서 찾아야 되지 않을까? 내심 매우 감명 깊게 생각해 볼 수 있는 기회였다. 그렇다. 하나님은 아름다우시다!

---

43) 『국민일보』, 2008년 2월 27일자("평양을 녹인 평화선율… '싱송 외교' 열다"); 동 신문, 2008년 2월 29일자("남북 이은 '아리랑'…싱송 외교 피날레"); 동 신문, 2008년 3월 1일자("문화외교 극치…화해의 씨앗 기대").

모이고 세우고 보내는 교회지도자, 칼 바르트

먼저, 연구의 씨줄에서는 칼 바르트의 대작 『교회교의학』(*Die Kirchliche Dogmatik*)을 중심으로 그의 교역실천론적 생애와 작품과 주제를 신학적 미학이라는 관점에서 살펴볼 것이다. 특히 제4권 '화해론'의 구조를 세밀하게 살펴보면서, 그가 왜 화해의 교역실천을 위한 교회론적 구조로 '모이는 교회, 세우는 교회, 보내는 교회'를 말하고 있는지 그 사고의 과정을 역추적해 보려고 한다.

그리고 연구의 날줄에서는 화해의 교역실천을 위하여 칼 바르트가 내보인 교회의 '모임, 세움, 보냄'을 구체적으로 하나씩 살펴볼 것이다. 무엇보다도 먼저, 교회의 '모임'(gathering)에서는 칼 바르트가 말하는 '믿음'에 관한 내용을 다룰 것이다. 이 부분에서는 성령의 활동으로 시작되는 하나님의 은혜의 선물들을 교역실천론적으로 다루어 보려고 한다. 앞에서도 언급했듯이, 우리가 보통 '교회'라고 부르는 단어는 헬라어 '에클레시아'(ekklesia)에서 연원된 것인데, '부름 받은 사람들의 모임'이라는 뜻이 있다. 신약성서는 구약에 나타난 '하나님의 백성'이라는 의미에서 이 말을 사용하였다. '하나님께서 미리 신택하신 사람들의 모임'이라는 뜻이 있다. 믿음을 전제로 한 모임이라는 것이다. 물론 그리스도를 믿는 믿음이 문제가 된다. 그리스도교 소명론, 그리스도교 신앙론, 그리스도교 생활론 등의 역사와 신학과 실천이 이 부분에서 새롭게 교역실천론적으로 해체 재구성되고 수렴통합될 수 있을 것이다. 그래서 마침내는 교회가 각 성도들을 완전하게 하여 하나님과 화해하게 하는 방법을 여기서 확인할 수 있을 것이다.

그러고 나서, 교회의 '세움'(upbuilding)에서는 칼 바르트가 말하는 '사랑'에 관한 내용을 다룰 것이다. 이 부분에서는 '교회를 일구고 가꾸는 일'을 교역실천론적으로 다루어 보려고 한다. 이것은 종래 실천신학의 핵을 이루었던 부분이다. 종교개혁자들은 '말씀이 바로 선포되고 성례전이 잘 베풀어지며, 신앙훈련이 제대로 되는 곳'이라는 주장에 공감하였다. 목사의 직분과 교회 공동체, 그것을 일구고 가꾸는 방편으로서 설교, 예배, 목양이 중심이 되어 '목회신학'의 뼈대를 형성한 것이다. 목양(Seelsorge)을 교회훈련으로 자리매김해 온 개혁교회의 입장(E. Thurneysen)을 유념해 둘 필요가 있다. 지역교회 목회자는 설교, 예배, 목양의 내용을 균형 있게 이해하고 실천하는 능력을 갖추어야 한다. 그리하여 목회 곧 목자처럼 회중을 양육하는 일은 설교와 예배와 목양으로써 교회다운 화해공동체를 '세우는' 일임을 다시 한 번 교역실천론적으로 밝혀 볼 생각이다. 그리스도교 예배론, 그리스도교 설교론, 그리스도교 목양론 등의 역사와 신학과 실천이 이 부분에서 새롭게 교역실천론적으로 해체 재구성되고 수렴통합될 수 있을 것이다. 그래서 마침내는 교회 안에서 각 성도들이 서로 화해를 이룸으로써 그리스도의 몸을 세워 가는 방법을 여기서 확인할 수 있을 것이다.

다음으로, 교회의 '보냄'(sending)에서는 칼 바르트가 말하는 '희망'에 관한 내용을 다룰 것이다. 이 부분에서는 세움 받은 교회가 세상에서 화해를 실천하기 위하여 보냄 받는 일을 교역실천론적으로 다루어 보려고 한다. 교회의 존재는 존재 그 자체로서 의미가 끝나지 않는다. 예수 그리스도를 통한 하나님의 화해 역사를 위하여 세상을 향해 보냄 받는 일로 그 사명이 완성된다. 세계를 위한 '선교,' '복지,' '증언'이 그 중요성으로 부상되고 있는 것은 이런 신학적인 발전의 결과이다. 오늘 세계교회 예배의 구조도 '모임, 세움(말씀·성만찬), 보냄'으로 재정립되고 있는데, 그것도 모두 이런 신학적인 재인식의 결과이다. 그 이전에는 교회의 예배가 교회 안에서 그 자체로서 끝나 버리는 것이었다. 칼 바르트가 지적하듯이, 종교개혁자들의 교회론에서도 이 '보냄' 차원의 교역실천론적 인식이 결여되어 있었던 것이다. 그러므로 예수 그리스도를 통한 하나님의 화해 역사의 실천이라는 맥락에서 보냄 부분을 교역실천론적으로 새롭게 정리해 볼 생각이다. 그리스도교 선교론, 그리스도교 복지론, 그리스도교 증인론 등의 역사와 신학과 실천이 이 부분에서 새롭게 교역실천론적으로 해체 재구성되고 수렴통합될 수 있을 것이다. 그래서 마침내는 교회가 봉사의 일을 통하여 세상과 화해를 이루어 가는 방법을 여기서 확인할 수 있을 것이다.

물론 이 글이 칼 바르트 교역실천론의 완성판이라고는 할 수 없다. 이제 다만 그 시작의 발걸음을 조심스럽게 내딛을 뿐이다. 칼 바르트의 신학에 관한 자료는 무수히 많지만, 그의 삶과 신학을 교역실천론적으로 접근한 자료는 거의 전무한 상태에서 창조적인 논문을 쓴다는 것이 만만치 않아 보인다. 그리고 그의 교역실천론을 한국 상황에 적중하게 수렴통합하는 과정도 여간 벅찬 것이 아니다. 그렇다고 결코 포기할 수는 없는 노릇이다. 너무나 소중한 교역실천론의 광맥이 이 언저리 어딘가에 확실히 있다고 기대하기 때문이다. 그래서 많은 한계가 따르는 작업이기는 하지만, 나중을 기약하면서 이제 그 미약한 시작을 내보이려 할 뿐이다.

§ 차 례 §

들어가는 말 | 7

제1장 **신학적 미학** | 31
    1. 칼 바르트 교역실천론의 '리듬' | 32
    2. 칼 바르트 교역실천론의 '선율' | 63
    3. 칼 바르트 교역실천론의 '화음' | 105

제2장 **교회 공동체적 존재양식** | 133
    1. '모이는' 교회 공동체 | 135
    2. '세우는' 교회 공동체 | 143
    3. '보내는' 교회 공동체 | 152

제3장 **교회의 모임** | 165
    1. 그리스도교 '소명론' | 166
    2. 그리스도교 '신앙론' | 185
    3. 그리스도교 '생활론' | 201

제4장 **교회의 세움** | 225
    1. 그리스도교 '예배론' | 225
    2. 그리스도교 '설교론' | 265
    3. 그리스도교 '목양론' | 300

제5장 **교회의 보냄** | 339
    1. 그리스도교 '선교론' | 339
    2. 그리스도교 '복지론' | 361
    3. 그리스도교 '증인론' | 378

나가는 말 | 405

참고문헌 | 417

제1장

신학적 미학

  우리가 칼 바르트의 신학을 교역실천론적인 관점에서 심층적으로 이해하기 위해서는 '신학적 미학'(Theological Aesthetics)이라는 다소 생소한 접근이 반드시 필요하다. 우리가 잘 알듯이, 바르트가 모차르트와 끊임없는 미학적 대화를 통하여 자신의 신학세계를 집대성하였기 때문이다. 따라서 필자도 비록 서툴지만 칼 바르트의 교역실천론을 미학적으로 이해해 보는 데서 이 글을 본격적으로 출발하려고 한다. 이를 위하여 우선적으로 칼 바르트의 교역실천론적 생애를 시기별로 탐구해 보고, 또 그가 평생의 작품을 통하여 말하고자 했던 신학적 구도를 순서대로 분석해 보고, 마지막으로 그의 교역실천론적인 강조점들을 전개해 보고자 한다. 그리고 이러한 틀에다 신학적 미학이라는 운치를 살리기 위히여 음익의 3요소인 리듬, 선율, 화음을 살려쓰기로 한다.

1. 칼 바르트 교역실천론의 '리듬'

여기서는 먼저 하나님께서 그를 통하여 펼쳐 가신 교역실천론적 삶의 리듬을 '시대적'으로 구분해서 조망해 보고, 그 다음에는 특별히 그의 교역실천론적 삶에서 중요한 위치를 차지하고 있는 '음악적' 발자취를 들여다볼 것이다. 그리고 나서 바르트의 교역실천론적 삶 속에 나타난 '미학적' 파도를 헤엄쳐 가보고자 한다.

칼 바르트 교역실천론의 '시대적' 리듬

20세기를 지배한 가장 대표적인 신학자 칼 바르트(Karl Barth, 1886-1968)! 어거스틴, 아퀴나스, 루터, 칼빈, 쉴라이에르마허, 리츨과 함께 그리스도교 역사상 가장 위대한 신학자 명단에 오른 사람![1] 당시 교황 바오로 6세는 칼 바르트야말로 토마스 아퀴나스 이래 가장 위대한 신학자라고 평가하였다.[2] 자유주의 신학의 아버지 쉴라이에르마허가 19세기 그리스도교 신학을 지배하였다면, 신종교개혁의 아버지 바르트는 20세기 그리스도교 신학을 지배하였다. 칼 라너(Karl Rahner)를 알지 못하고는 오늘의 가톨릭교회 신학을 바로 알 수 없는 것과 마찬가지로, 칼 바르트를 알지 못하고는 오늘의 종교개혁교회 신학을 제대로 알 수 없다.[3] 아인슈타인을 통과하지 않고 현대물리학을 발전시킬 수 없는 것처럼, 칼 바르트의 신학을 통과하지 않고 현대신학을

---

1) David L. Müller, *Karl Barth* (Hendrickson Pub, 1991) = 이형기 옮김, 『칼 바르트의 신학사상』 (서울: 도서출판 엠마오, 1996), 11.
2) T. F. Torrance, *Karl Barth: Biblical and Evangelical Theologian* (T. & T. Clark Publishers, 1991) = 최영 옮김, 『칼 바르트』 (서울: 한들출판사, 1997), 5.
3) Geoffrey W. Bromiley, *An Introduction to the Theology of Karl Barth* (T. & T. Clark Publishers, 1991) = 신옥수 옮김, 『칼 바르트 신학개론』 (서울: 크리스챤다이제스트, 1994), 3.

진척시킬 수가 없다.[4]

"나는 바르티안(Barthianer)이 아니다. 나의 신학을 절대화하지 말라." 일평생 동안 그의 서재에 걸려 있던 그뤼네발트(Grünewald)의 그림. 십자가에 달리신 예수 그리스도와 그분을 손가락으로 가리키고 있는 세례 요한. 바르트는 자신의 신학도 늘 세례 요한의 손가락처럼 예수 그리스도를 지시하는 것이기를 바란다고 말하곤 하였다. 바르트 자신은 교회라는 어머니 품에 안겨 '교역실천적 실존'의 방식으로 삶을 불태웠던 예수 그리스도의 증언자였다. 교회를 섬기는 신학, 세상을 섬기는 교회. 그러기에 바르트의 신학은 그 핵심에 늘 '교회'와 '세상'이라는 두 주제가 꿈틀거리고 있었다. 그러므로 이제 여기서는 그의 교역실천적인 삶의 리듬을 세 단계로 구분하여 살펴보기로 한다.[5]

첫째로, 전기 바르트의 삶을 살펴보면 다음과 같다. 현대 실학실천의 큰 바위 얼굴인 칼 바르트는 부계 쪽으로나 모계 쪽 모두 스위스 바젤(Basel)의 신학실천적 분위기와 연결되어 있다. 1886년 5월 10일 바르트가 바젤에서 세상에 태어났을 때 그의 아버지 요한 프리드리히 바르트(Johann Friedrich Barth)는 자유주의로 물든 대학의 신학노선에 분명히 반대하기 위해 10여 년 전 세워진 설교자를 위한 학교의 교수직

---

[4] T. F. Torrance, 『칼 바르트』, 6. 추천사에서 오영석은 아인슈타인이 자연계의 합리성을 통찰하고 과학적 지식의 토대를 밝힌 것처럼, 바르트는 신학적 사고와 인식의 깊은 객관적 합리성을 통찰하고 복음의 진리에 대한 내재적인 논리를 천명했다고 밝히고 있다. 여기서 오영석은 바르트가 하나님의 말씀을 설교하고 가르치는 교회의 사명을 각성시키고 그 사명을 수행하기 위한 확실한 학문적 기초를 놓았나 넛붙임으로써, "신학은 교회를 위한 학문이다."고 선언한 바르트 신학의 교역실천적 진수를 내보이고 있다.

[5] E. Jüngel, "Einführung in Leben und Werk Karl Barths," *Barth-Studien* (Gütersloh, 1982), 22-60. 이 글을 통하여 필자도 바르트의 생애에 관한 세세한 발자취를 연구하는 데 많은 도움을 받았음을 미리 밝혀 둔다. 그러나 대부분의 조직신학자들이 바르트의 삶을 초기와 후기 두 단계로 구분하는 데 반하여, 필자는 교역실천이라는 관점에서 초기, 중기, 후기 등 세 단계로 구분해 보았다.

을 넘겨받았다. 바르트의 아버지는 베크(J. T. Beck)의 마지막 제자들 가운데 한 사람이었으며, 바르트의 할아버지는 베크의 처음 제자들 가운데 한 사람이었다. 베크의 신학은 일시적으로 칼 바르트에게도 영향을 주었다. 바르트의 어머니 안나 카타리나(Anna Katharina)는 종교개혁교회 정통주의의 영향 아래에 있던 목사의 딸로 태어났다. 그의 아버지는 합리적인 사람으로서 독일에서 바젤의 교수로 초빙되었으나 1832년 알코올 중독으로 교수직을 박탈당했다. 모계 쪽으로는 역사가 야콥 부르크하르트(Jacob Burckhardt)와 친척이며 그의 혈통으로 보아 바젤 시민사회의 도시적 전통이 낳은 아들이었다. 그러나 바르트는 오히려 스스로 그것으로부터 거리를 두면서 관계를 발전시켰다.[6] 바르트를 감동시킨 가장 강력한 바젤의 정신은 아벨 부르크하르트(Abel Burckhardt)의 바젤 독일어로 된 수수한 형식의 자장가였다. 바르트는 이 자장가를 늙어서도 감사한 마음으로 기억하였고, 그것을 그의 첫 번째 신학수업으로 인정하고자 하였다. 그 노래는 고향을 그리워하는 자명성으로써 신앙 진리의 현실성을 부각시켰고 "주제 자체로"(Zur Sache selbst) 인도하였다. 이러한 이유로 바르트는 그의 『교회교의학』 속에서 이 노래에 기념비를 세웠다.[7]

바르트의 아버지가 쉴라터(Schlatter)의 후임자로 초빙됨으로써 바르트는 1889년 베른(Bern)으로 이사하였고 거기서 그는 중고등학교 시절과 대학생활을 시작하였다. 바르트가 부모님의 교육과 충돌하지

---

[6] Karl Barth, *Die protestantische Theologie im 19. Jahrhundert. Ihre Vorgeschichte und ihre Geschichte*, 제3판 (1960), 124; 동 저자, *Fürchte Dich nicht!: Predigten aus den Jahren 1934 bis 1948*, (1949), 300이하; Brief an W. Kaegi vom 2. Jan. 1944, zit. bei E. Busch, *Karl Barths Lebenslauf: Nach seinen Briefen und autobiographischen Texten*, 제3판 (1978), 18.
[7] Karl Barth, *Church Dogmatics* (Edinburgh: T. & T. Clark, 1956-1974) 가운데 IV/2, 125를 보라.

않은 것은 아니었다. 무엇보다 율법을 끊임없이 유보함으로써 사랑을 실천하라는 어머니의 준칙은 뒤늦게야 선한 그리스도교적 정신 속에서의 교육이라는 긍정적인 대답을 찾은 질문을 제기하였다. 부모와의 갈등 상황으로부터 나온 바르트 후기의 신학적 결단과 발전에 대한 심층심리학적 해석은 어머니, 아니 무엇보다 할머니 자토리우스(Satorius)의 영향을 떠나서는 생각할 수 없다.

바르트는 완전히 예외적으로 그를 사로잡았으며 고무하였던 것으로 베른의 목사 로버트 애쉬바허(Robert Aeschbacher)에게서 받은 견신례 교육를 기억한다. "나는 당시에 그리스도교 신앙고백의 위대한 명제들을 알고 인정할 뿐만 아니라 내면으로부터 이해한다는 것이 하나의 아름답고 선한 일이 될 수 있다는 사실을 배웠다."[8] 바르트는 거기서 사회적 물음의 타당성을 배웠다. 이 수업을 계기로 바르트는 신학자가 되겠다는 결단을 하였다. 그는 신학자를 설교나 목양 그리고 그 밖의 것들에 대한 기대 속에서가 아니라, 신학수업을 하는 과정에서 어둡게 떠올랐던 신앙고백에 대한 객관적 이해를 실현할 수 있다는 희망 속에서 생각하였다. 베른에서 신학수업을 통하여 그는 옛 형태의 역사적-비판적 학파를 철저하게 공부하였기 때문에 역사적-비판적 연구의 후기 모습은 그의 피부와 심장 가까이 파고드는 것이 아니라 그를 괴롭게 할 뿐이었다. 이와는 대조적으로 바르트는 뒤에 칸트의 "실천이성비판"을 여러 차례 읽으면서 강한 인상을 받았다. 아버지가 자유주의적 분위기인 마르부르크에서의 계속적인 수업을 반대하였기

---

[8] Karl Barth, "Systematische Theologie," *Lehre und Forschung an der Universität Basel zur Zeit der Feier ihres fünfhundertjährigen Bestehens* (Dargestellt von Dozenten der Universität Basel, 1960), 35-38.

때문에, 바르트는 베를린에 가서 카프탄(Kaftan), 궁켈(Gunkel) 그리고 누구보다도 하르낙(Harnack)에게 배웠으며, 그는 스스로 하르낙의 제자로 이해하고 있었다. 바르트는 헤르만을 베른에서 다시 한 번 공부하고 튀빙엔에서 우악스러운 고집을 피우면서 쉴라터에게 속한 뒤에, 1908년부터 헤르만에게서 그의 수업을 마칠 수 있었다. 그의 참된 선생이었던 헤르만 이외에 하이트뮐러(Heitmüller), 코헨(Cohen), 나토르프(Natorp)와 라데(Rade) 등이 바르트에게 영향을 주었다.

바르트는 베른 지역의 유라(Jura)에서 짧은 전도사 생활과 1908년 목사고시 후『그리스도교 세계』지의 공동편집위원 자격으로 1년 동안 마르부르크에 되돌아왔다. 그 뒤에 제네바에서 보조목사로, 1911년 자펜빌(Safenwil)에서 목사로 섬겼다. 바르트는 자펜빌에서 노동자의 궁핍한 상황과 마주치게 됨으로써 이론적으로나 실천적으로 사회문제에 관심을 기울이게 된다. 바르트는 1913년 넬리 호프만(Nelly Hoffmann)과 결혼하였으며, 그녀는 바르트와 그의 생애 끝까지 신뢰하면서, 그러나 자주 단념한 채 살았다. 자펜빌 시절에는 투르나이젠(E. Thurneysen)과 깊은 우정이 싹트는데, 그는 바르트의 교역실천적 발전을 그때마다 가장 철저하게 따라간 사람으로, 부분적으로는 교역실천적 발전을 함께 불러일으킨 사람이기도 하다.[9]

---

[9] 박근원,『현대신학실천론』(서울: 대한기독교서회, 1998), 52-53. 박근원에 따르면, 투르나이젠은 칼 바르트의 신학을 실천신학에 응용하려고 시종일관 노력한 친구 신학자로서, 하나님의 말씀을 신학의 전체 과제로 간주하였다. 그는 조직신학으로서 신학은 하나님의 말씀 내용을 탐구하고, 역사신학으로서 신학은 하나님의 말씀이 어떻게 이해되었는가를 추구한다고 말한다. 그러나 여기서 내보인 진리는 오직 실천됨으로써만 참되다고 주장함으로써, 실천신학의 자리를 복음의 증언 행위에 두고 있다. 그러나 이런 투르나이젠의 주장은 많은 비판을 받기도 하였는데, 우선 신성의 초월성을 내세움으로써 인간의 상황은 무의미한 것이 되어버리는 걸점을 내포하고 있다는 점이다. 또 케리그마나 하나님 말씀에 우위를 두면 실천은 구두적 선포로 환원되어 버릴 수도 있다는 단점이 있다.

바르트는 1915년 사회민주당에 가입하였고, 동시에 신학실천 작업에도 몰두한다. 제1차 세계대전을 계기로 스승들의 입장과 유럽 사회민주당의 태도가 이중적으로 잘못되었기 때문이다. 바르트는 자유주의 신학과 절연하게 되고, 쿠터한테 이어받은 하나님 나라와 사회운동과의 일치사상과도 절연한다. 그러나 블룸하르트 부자의 실제적인 하나님 나라에 대한 희망은 결정적으로 그에게 남아 있다. 설교의 궁핍은 신학의 판을 완전히 새롭게 짜야 한다는 요구를 불러일으켰고,[10] 성서의 새로운 발견은 곧바로 신학실천인 면에서도 그 효과를 드러내었다.

둘째로, 중기 바르트의 삶을 살펴보면 다음과 같다. 바르트는 1916년 로마서를 주석하기 시작하였다. 『로마서 강해』(*Der Römerbrief*)은 1918년 12월에 인쇄되었으나 1919년으로 기록되어 있다. 『로마서 강해』 제1판을 쓰고 1921년 바르트는 괴팅엔대학교의 종교개혁신학 석좌교수로 초빙되었다. 1922년 완전히 수정된 『로마서 강해』 제2판이 출간되었고, 이것은 새로운 신학실천 운동의 가장 영향력 있는 교과서가 되었다. 괴팅엔에서 히르쉬(E. Hirsch)와 비판적인 그러나 친밀한 관계가 전개되었다. 바르트는 1922년 고가르텐(F. Gogarten), 투르나이젠(E. Thurneysen), 메르츠(G. Merz)와 함께 "변증법적 신학"의 모판으로 작용한 잡지 『중간 시대』(*Zwischen den Zeiten*)를 창간하였다. 불트만도 이 잡지에 기고하였다. 바르트는 1925년부터 1930년까지 뮨스터(Münster)에서 교의학과 신약성서 주석의 교수로 가르쳤으며, 거기서 철학자 숄츠(Heinrich Scholz)와 밀접하고 지속적인 교제를 가졌다. 여기서 "계획 가운데 있는 그리스도교 교의학"[11]이 나왔다. 바르트는

---

10) Karl Barth, *Der Römerbrief*, 10번째 영인본 (1967), XII.
11) Karl Barth, *Die christliche Dogmatik im Entwurf*, Erster Band (1927).

1929년부터 모든 면에서 그에게는 없어서는 안 될 신실한 여비서 샤로테 폰 키르쉬바움(Charlotte von Kirschbaum)을 만나게 되었다.

바르트는 1930년 본(Bonn)대학의 조직신학 교수로 부름 받았다. 거기서 『교회교의학』 제 I 권이 나왔는데, 여기서 그는 지금까지의 동료들 대부분에 대해 간과할 수 없는 반대를 하였다. 히틀러가 권력을 장악함으로써 야기된 교회투쟁은 바르트(1932년에 사회민주당에 가입)와 고가르텐 및 다른 사람들과의 논쟁을 첨예화시켰다. 이미 1933년에 『중간 시대』지는 해체되었다. 히틀러에게도 보내어졌고 이듬해에 37,000부를 찍어 유포한 팜플렛 "오늘의 신학적 실존"에서 바르트는 신학과 교회의 상황에 대하여 "주제로"(zur Sache)라는 한 마디 단어로 입장을 밝혔다.

1934년 5월 11일에 바르멘에서 열린 제1차 고백교회 총회에서 바르트가 광범위하게 기초한 '신학적 선언'이 채택되었다. 그러나 그 이후 바르트와 고백교회의 중심세력들 사이에 현격한 차이가 발생하였다. 차이점은 바르트가 에밀 브룬너를 '거부'한 데서 발견된다.[12] 바르트의 거부는 기초신학 부분에 속하는 것으로서 에밀 브룬너가 주장하는 그리스도교 선포를 위한 자연적 '접촉점'의 요청을 거절한 것이다. 바르트는 '지도자'(히틀러)에 대한 맹세를 무제한 거절함으로써 직무위반 혐의를 받게 되었으며, 이 혐의가 끝날 무렵인 1934년 12월 면직이라는 벌로 수정되었다. 바르트는 그럼에도 불구하고 1935년 6월 21일 제국의 문교부장관 지시로 연금되었다. 뒤에 바르트의 모든 인쇄물은 독일에서 금서가 되었다.

---

12) Karl Barth, *Nein!: Antwort an Emil Brunner*, TEH 14 (1934).

셋째로, 후기 바르트를 삶을 살펴보면 다음과 같다. 바르트는 독일에서 추방된 뒤 은퇴할 때까지 바젤에서 가르쳤다. 바르트는 1935년 6월 바젤에 초빙되었는데, 바젤로부터 신학적 논쟁을 벌임으로써 국가사회주의에 대한 정치적 저항을 하도록 유럽의 그리스도인들을 고무하였다. 1938년 9월 19일 프라하에 있는 로마드카(Hromadka) 교수에게 보낸 편지는 유명해졌는데, 거기서 바르트는 "신앙의인과 정의"[13]에서 서술하였던 근본명제를 지금은 모든 "체코의 군인들은 또한 예수 그리스도의 교회를 위하여 싸워야 한다."[14]라는 주장에 적용하였다. 바르트는 정치적 예배의 증거를 요구하였다. 전쟁 뒤에 바르트는 반공주의와 스위스 및 서독의 재무장에 대해 경고하였으며, 격분하여 독일 대통령 호이스(Heuss)가 독일 서적상에게 의도적인 평화상을 수상하려는 시도를 성공적으로 중재하였다.

바르트는 1948년 암스테르담에서 열린 세계교회협의회(WCC)에 참여함으로써 세계교회와 관계를 강화하였다. 불규칙적인 시간 간격으로 출간되고 우선 강의로써 전달된 『교회교의학』의 부분들이 여러 언어로 번역되었다. 다양한 존경 중에는 평화봉사에 대하여 영국이 수여한 훈장에 대한 교의학적 반성이 있다. 바르트는 공식적인 교수활동을 1961/62년 겨울학기에 행한 "종교개혁교회 신학입문"[15]이라는 강의로 끝맺었다. 이 주제에 대하여 바르트는 미국 여행 뒤에도 건강이 허락하는 범위 안에서 생의 마지막 시간까지 대화식 강의를 하였다. 그리고 제2차 바티칸 공의회에 대해서는 1966년 바티칸의 추청으로

---

13) Karl Barth, *Rechtfertigung und Recht*, ThSt(B) I (1938).
14) Karl Barth, *Eine Schweizer Stimme 1938-1945*, 제2판 (1948), 58이하.
15) '개신교 신학입문'이라고 흔히 말하나, 개혁 전통에 서서 평생을 씨름했던 칼 바르트의 관점을 좀 더 분명하게 하고자 '종교개혁교회 신학입문'이라고 고쳐서 표현해 보았다.

로마에서 강연을 하였는데, "풍자적이며 비판적인 의견"[16)]을 말하였고, 이 강연은 풍자만을 의도하지 않는 제목 『사도들의 방문-교황은 적그리스도인이 아니다』라는 제목으로 출간되었다. 바르트의 마지막 강의 내용은 다시 한 번 쉴라이에르마허였다.

1968년 12월 10일 바르트는 바젤에서 세상을 떠났다. 죽기 바로 전에 바르트는 한 인터뷰에서 자신의 삶과 사유의 구성적 동기를 끊임없이 처음부터 시작하는 것, 사랑하는 모차르트의 음악을 듣는 것과 연결하면서 자신의 교역실천 대상을 이렇게 요약하였다: "세상을 위한 하나님, 인간을 위한 하나님, 땅을 위한 하늘."[17)]

칼 바르트 교역실천론의 '음악적' 리듬

필립 쉬톨츠푸스(Philip Stoltzfus)에 따르면, 노년에 바르트는 음악가나 음악 평론가로서 자신이 지닌 재능을 아주 겸손하게 묘사하면서, "음악에 대하여 어쭙잖게 이래저래 참견했던" 것을 탄식한 바 있다.[18)] 심지어 자신은 악기를 연주한다거나, 화성법이나 대위법에 대하여 "아주 희미한 정도의 지식"도 가지고 있지 않다고 고개를 흔들었다.[19)] 하지만 그런 식의 자기 비하는, 그가 연주자, 교사, 지휘자로서 활동했던 비교적 세련된 경험들을 감추는 행위이며, 생애 후기에 접어들어 그가

---

16) Karl Barth, "Conciliorum Tridentini et Vaticani II inhaerens vestigiis," *Ad Limin a Apostolorum* (1967), 45-59.
17) Karl Barth, *Letzte Zeugniss* (Zurich: Evz-Verlag, 1919) = 정미현 옮김, 『마지막 증언들』(서울: 한들, 1997), 23; Karl Barth, *Wolfgang Amadeus Mozart 1756-1956* (Zürich: TVZ Theologischer Verlag Zürich Publishing Co., 1956) = 문성모 옮김, "모차르트의 자유," 『칼 바르트가 쓴 모차르트 이야기』(서울: 예솔, 2006), 73.
18) Philip Stoltzfus, *Theology as Performance: Music, Aesthetics, and God in Western Thought* (New York: T & T Clark, 2006), 113.
19) Barth, *How I Changed* (Richmond, VA: John Knox, 1966), 71-72; 동 저자, *Wolfgang Amadeus Mozart 1756-1956*, 20-21.

열광적인 콘서트 관람자, 레코드 수집가, 모차르트 학파의 학생으로서 보여주었던 관심도 숨기는 행위라고 쉬톨츠푸스는 말한다. 실은 "모든 음악의 전후관계와 음조, 작품의 주제, 악장, 가극 대본, 최고의 해석가들, 위대한 연주를 죄다 알고 있었다. 그는 모차르트의 쾨헬 목록을 알고 있었을 뿐만 아니라, 자신의 교의학도 그런 식으로 분류하고 있었다."[20] 그러면 이러한 음악적 비평들이 어떻게 해서 바르트의 신학적 작품에 영향을 미치게 된 것일까? 우리는 이제 이런 질문을 가지고 바르트의 교역실천론적 삶 속에 내포된 음악적 리듬을 살펴보고자 한다.

첫째로, 바르트는 아주 이른 시기부터 음악적 감수성이 발달한 사람이었다.[21] 그것은 가까운 가족 구성원들의 도움이 있었기 때문이다. 바르트는 가족들이 음악의 종교적 차원이나 세속적 차원 전반에 걸쳐서 자신을 "열심히 격려해 주었다"고 말한다.[22] 그는 어머니를 통해서 아벨 부르크하르트(Abel Burckhardt)의 동요가 지니는 '순박한' 사실주의에 대한 이해를 발달시켰다. 나중에 『교회교의학』에서, 바르트는 "어머니의 손[을 잡고]"라는 노래를 단순히 청취하고 불러보는 것만으로도 충분히 어머니의 혀처럼 음악적 감수성과 신학을 얻을 수 있다고 말했다. 그런 노래들 속에는 "가장 심오한 지혜"가 들어 있으며, 이 지혜는 우리를 "역사중심주의와 반역사중심주의, 신비주의와 합리주의, 정통파적 신념, 자유주의와 실존주의의 바다를 전부 넘어설 수 있도록" 해준다. 실제로 바르트는 숨을 거두기 며칠 전 밤에도 부르크하르

---

20) Theodore Gill, "Barth and Mozart," *Theology Today* 43, 403.
21) Philip Stoltzfus, *Theology as Performance*, 114.
22) Eberhard Busch, *Karl Barths Lebenslauf: Nach seinen Briefen und autobiographischen Texten* (1978) = trans. by John Bowden, *Karl Barth: His Life from Letters and Autobiographical Texts* (Wipf & Stock Publishers, 2005), 25.

트의 노래를 혼자서 흥얼거렸다.[23] 그리고 필자가 보기에 참 흥미로운 자료가 하나 더 있다:

> 내가 다섯 살인가 여섯 살 때의 일이었다……아버지는 음악 애호가셨고 피아노 실력이 향상되는 것을 좋아하셨다……하루는 아버지가 모차르트 곡을 연주하고 계셨다. 그 광경을 나는 아직도 생생히 기억한다. 아버지는 오페라 '요술피리'(The Magic Flute, "Tamino mine, what happiness[Tamino mein! O welch ein Glück!"])를 몇 소절 연주하기 시작하셨다. 그것은 나에게 직통으로 스며들었다. 어떻게 그랬는지는 나도 모르겠다. 어쨌든 나는 "바로 이거야!"라고 생각했다.[24]

위의 글에서 볼 수 있듯이, 한때 라이프치히의 음악과 학생이었던 바르트의 아버지는 바르트가 이른 시기부터 모차르트에 대한 평가를 발달시키는 데 많은 영향을 미쳤음을 알 수 있다. 그냥 바르트가 그렇게 모차르트에 열광한 것이 아니고, 그 유전적 환경이 이미 형성되어 있었기에 이 모든 이야기가 가능해졌다는 것이 필자의 생각이다.

둘째로, 바르트는 학창 시절과 신학생 시절에도 계속해서 음악적으로 적극적인 생활을 하였다.[25] 후에 그는, 한때 중학교 음악선생님이셨던 할아버지 댁에서 밤마다 "상당히 많은 연주활동"을 했던 시절을 회상하였다. 할아버지의 격려에 힘입어 바르트는 10살부터 바이올린 레

---

23) Karl Barth, *CD* IV/2, 112-13.
24) Karl Barth, *Final Testimonies* (Grand Rapids: Eerdmans, 1977), 22. 바르트가 1956년, 이미 60년이나 지난 뒤 기억해 낸 이 이야기는 바르트가 아주 어린 시절부터 인정했던 "거의 신비에 가까운" 체험이었다.
25) Philip Stoltzfus, *Theology as Performance*, 115.

슨을 받기 시작했다. 그는 학교 오케스트라에서 제법 연주도 하게 되었다. "그곳에서 우리는 울려 퍼지는 헨델과 명랑한 모차르트를 연주하였다."[26] 곧 바르트는 '안정된' 바리톤 음성을 발달시켰다. 연극과 창조적인 저술에 대한 관심도 바르트의 음악적 발달을 한몫 거들었다. 그는 고등학교 시절 여러 편의 시를 썼으며, 때로는 그것을 음악으로 만들기도 했다. 모차르트의 아리아에 전적으로 기초한 "웅대하고 극적인 로맨틱 오페라, '여섯 번째 이전의 꿈'(The Sixth-Former's Dream)"도 그 가운데 하나다. 그가 작곡한 '칼라송'(Color Song)은 그가 나온 고등학교에서 수십 년 동안 문학공동체의 공식노래로 지정되기도 하였다. 그 공동체를 위한 연설에서 그는 연극을 예배에 비유하면서, 바그너의 '탄호이저'(Tannhäuser)를 힘찬 설교라고 찬미하였다. "모차르트나 바그너의 천부적 재능 속에서 신적인 광채가 발하는 것을 볼 수 있지 않은가!"[27] 1902년 대학교 입학시험을 준비하는 동안, 그는 "소녀 또는 암컷"(Ein Mädchen oder Weibchen)과 오페라 '마술피리'의 다른 아리아들을 바이올린으로 연주하고 따라 부르면서 상당히 즐거워했노라고 말했다.[28] 다음해에 그는 바이올린 강습을 통해서 돈을 벌었는데, 그 일을 가리켜 못내 "우스꽝스럽다"고 표현하기도 하였다.[29]

셋째로, 젊은 목사 겸 교수 생활을 하는 동안, 바르트는 스스로 아마추어 음악가로서 정체성을 키워 갔다.[30] 제네바의 음악학교에서 바이올린을 배우고 있던 그의 아내 넬리와, 친구 에두아르트의 아내이자

---

26) Barth to E. Hübner, 1951년 1월 14일자 (Busch, *Karl Barth: His Life*, 25-26); Karl Barth, *Final Testimonies*, 22.
27) Barth to G. Bohnenblust, 1953년 7월 (Busch, *Karl Barth: His Life*, 30).
28) Barth to Parents, 1904년 7월 11일자 (Busch, *Karl Barth: His Life*, 32).
29) Barth to W. Spoendlin, 1904년 11월 28일 (Busch, *Karl Barth: His Life*, 36).
30) Philip Stoltztus, *Theology as Performance*, 115.

피아니스트였던 투르나이젠 부인(Marguerite Thurneysen)은 그 가정에 실내악을 들여놓는 데 커다란 역할을 담당하였다.[31] 바르트는 그들이 가장 열광적인 방식으로 음악을 연주하는 일에 동참하면 때때로 자기가 성령의 감동을 받은 것처럼 느껴진다고 말한다. 그러던 어느 날 밤, 연주는 헤겔파 철학자에게로 향하게 되었다:

> 송년의 밤에 우리는 쉬타이거 여사(헤겔의 증손녀!)의 도움으로 진짜 음악적인 파티를 벌였다. 넬리가 모차르트의 A장조 협주곡을 훌륭히 연주한 다음에, 내가 흥분한 상태에서 오페라 피가로(*Figaro*)의 아리아 몇 곡을 연주하였다. 펀치도 대접했으며, 잠시 후에 우리는 다름 아닌 존재의 우주적 숭고함[*Aufhebung*]을 감지하였다……그리고 삶은 계속되었다.[32]

이렇듯이, 바르트는 직접 머리로만 모차르트에게 다가간 것이 아니라, 몸소 모차르트의 곡을 연주해 냄으로써 그의 가슴마저 모차르트로 가득 차 있었음을 알 수 있다. 나아가 바르트는 헤겔이 쉴라이에르마허보다 "훨씬 더 존경할 만하고, 모든 면에서 좀 더 교훈이 된다"고 판단하였다.[33] 그런 바르트에게 객관적이고 자기초월적인 성령에 관한 언어는 실내악 행사의 재미나는 유비로 작용할 수 있었다. 또 나중에 학기말 버라이어티 쇼에서, 바르트는 직접 피아노 반주를 하면서 자신이 작곡한 노래 한 곡을 불렀다.[34] 실내악은 또한 그 가족에게 진지한

---

31) Busch, *Karl Barth: His Life*, 59.
32) Barth to Thurneysen, 1926년 1월 2일자.
33) Karl Barth, *Protestant Thought from Rousseau to Ritschl* (New York: Harper & Row, 1959), 305.
34) Busch, *Karl Barth: His Life*, 130-31.

일이기도 했다. 바르트는 투르나이젠에게 편지를 써서, 자기 딸 프란치스카(Franziska)에게 싹트기 시작한 음악적 감수성을 "밀물처럼 밀려들게" 해달라고 부탁한다. 또 그는 다가오는 모차르트 현악 4중주를 위해 자신이 바이올린-음계, 이동, 활 쓰는 법, 스피카토 연주법-을 연습하도록 "주문 받았다"고 말한다. 바르트는 42살 먹은 신학자에게 레슨을 해줄만한 바이올린 교사의 도착을 준비하기 위해 그 편지를 중단한다.[35] 몇 년 후, 『교회교의학』에 대한 강의를 시작하면서, 바르트는 정기적으로 자기 집에서 모차르트 현악 4중주를 연주하는 '생생한' 밤을 개최하였다.[36] 때로는 좀 더 공개적인 연주를 하기도 했다. 그는 1910년 베른으로 여행을 갔다. 바흐의 '마태 수난곡' 속에서 노래를 부르기 위해서였다. 그리고 제1차 세계대전 중에도, 그는 정기적으로 교회에서 넬리의 (때로는 자신이 직접 연주하는) 간주곡을 포함시켜 가며 강의를 하였다. 이 기간 동안, 그는 심지어 대규모의 '푸른 십자가' 공동체 합창단의 지휘자 역할까지도 맡았으며, 한번은 모차르트의 '성만찬송'(*Ave verum corpus*, 찬양하라 주님의 진실하신 몸!) 연주를 준비하기도 했다.[37]

넷째로, 바르트의 적극적인 음악 활동은 1930년대 이후로 점점 약해졌지만, 그는 계속해서 종교적·세속적 음악 연주가 신학적 연구를 자극한다는 사실을 발견하였다.[38] 서신마다 온통 연주회에 관한 언급

---

35) Barth to Thurneysen, 1928년 5월 26일자 (Karl Barth, *Karl Barth-Eduard Thurneysen Briefwechsel*, 2:578-79). 나중에 프란치스카는 바젤에서 음악을 공부하였다. 그녀의 동생 크리스토프는 구약학 교수가 된 다음까지도 '열광적인 첼리스트'로 이름을 남겼다.
36) Barth to Emanuel Paskert, 1961년 7월 26일자; Barth to L. Kreyssig, 1959년 9월 18일자. 이때까지도 분명히 바르트는 "배후에서 신중하게" 비올라 파트를 연주하였다.
37) Barth to E. Willhelm, 1960년 4월 27일자 (Busch, *Karl Barth: His Life*, 66).
38) Philip Stoltzfus, *Theology as Performance*, 116.

들로 가득 차 있다: 1917년 베른에서 있었던 바흐와 모차르트와 브람스의 밤; 1919년 중요한 공개강연이 있기 전 프랑크푸르트에서 가졌던 오페레타; 1921년 괴팅겐에서 있었던 오페라 '피가로의 결혼'(*The Marriage of Figaro*); 1923년에 넬리가 바이올린을 연주했던 헨델 페스티발 연주회; 1934년 파리에서 열렸던 스트라우스 오페레타; 1936년 바젤에서 일주일 간 계속되었던 여섯 번의 모차르트 연주회; 1956년에 모차르트 탄생 200주년을 기리기 위해 합동으로 열린 다양한 연주회; 바르트의 80번째 생일을 기념하는 자리에서 막스 가이거의 지휘 아래 이루어진 모차르트 연주회 등.[39] 그는 이 연주회들 가운데 한 번은 감정적으로 참 기이한 경험을 했는데, 그 현상을 아들 마르쿠스(Markus)에게 다음과 같이 설명하고 있다:

> 한번은 바젤 음악관에서 연주회가 있었는데, 클라라 하스킬이 모차르트의 F장조 협주곡을 연주하고 있었지. 갑자기 그가 피아노 앞에 서 있는 모습이 보이더구나. 그 모습이 어찌나 선명한지, 나는 거의 울 뻔했어. 완전히 지어낸 이야기 같지 않니? 그런데 내가 그 이야기를 폰 발타자르에게 했더니, 신비로운 체험을 할 만큼 했다고 하는 그조차도 내 얘기가 놀랍던지 종긋 귀 기울이더구나. 어쨌든, 난 이제 모차르트가 말년에 어떤 모습이었는지 알 것만 같구나.[40]

---

39) 이 연주회들에 관한 언급들을 더 보고 싶으면, Barth to Thurneysen, 1917년 1월 6일자 (*Barth-Thurneysen Briefwechsel*, 1:168); Busch, *Karl Barth: His Life*, 110; Barth to Thurneysen, 1921년 11월 18일자; Busch, *Karl Barth: His Life*, 163, 243-44(바르트는 교회가 "이 세상의 아이들처럼 노래와 익살과 춤에 익숙해지려고 노력조차 안 하는" 이유를 궁금해 한다); 위의 책, 276, 477. 1966년 5월 10일, 성 마틴교회에서 생일축하 연주회가 열렸다. 세계 도처에서 그의 친구들과 공직자들이 몰려들었다. 그로부터 2년도 채 안 되어 바젤성당에서 열린 바르트 추모예식에서는, 모차르트 G장조 플루트 협주곡 1악장이 연주되었다(위의 책, 499).
40) Barth to Markus Barth, 1956년 4월 21일자 (Busch, *Karl Barth: His Life*, 409).

이 말을 어떻게 해석해야 할까? 이러한 체험들이 자연신학을 반대한 바르트의 신학적 일관성과 다소 모순을 느끼게 하는 것은 아닐까? 그래서 에밀 브룬너에게 비슷한 냉소를 받았던 것은 아닐까?[41] 하지만 이러한 우려 속에서도 필자가 분명히 느끼는 것은, 바르트가 분명 모차르트라는 한 인생과 그의 음악적 미학을 통하여 하나님의 깊은 신비에 다다르고 있었고, 이러한 신비 체험은 오늘도 그 구차한 변명 여부를 초월하여 우리의 심금을 울려 주기에 부족함이 없다는 것이다.

또 한스 큉은, 비록 실패로 끝나고 말았지만, 바르트가 1954년 제2차 세계교회협의회 회의에서 모차르트의 '대관식' 미사곡 연주를 시도하려고 압력을 가했었던 일을 회상한다.[42] 바르트는 교의학에 관한 초기 강의를 시작할 때마다, 또 그 후의 나치 정권에서 정치적으로 압박을 받을 때마다, 학생들과 함께, 그리고 고백교회 운동가들과 함께 찬송가를 부름으로써 새 힘을 얻었다.[43] 특히 그는 기악이 신학적 교육의 도구로 중요하다고 여겼다. 한 번은 모차르트의 실내악 작품을 연주함으로써 120명의 교의학 수강생들을 깜짝 놀라게 한 적도 있었다— "이곳[신학 강의실]에서조차 진귀한 광채가 빛났다."[44] 나중에 그는 공개강연에서 모차르트를 연주하게 하는 걸 즐겼는데, 그런 식의 "바르트 페스티발"이 끝난 후에 한 번은 다음과 같이 기록하였다: "하나님의 빛이 놀랍게도, 하지만 평화롭게, 사방에서 빛났다."[45]

---

41) Karl Barth, "No! Answer to Emil Brunner," *Karl Barth, Theologian of Freedom*, 151.
42) Hans Küng, *Mozart* (Piper, 2002), 17.
43) Busch, *Karl Barth: His Life*, 214, 256, 258, 291, 334.
44) Barth to Scholz, 1953년 5월 24일자 (Busch, *Karl Barth: His Life*, 395). 그의 제자 두 명과 대학교 학생감은 음악가였다. 그들은 지난날 바르트의 생일에 그 작품을 연주했었다.
45) Barth to Kurt-Peter Gertz, 1968년 2월 29일자 (Barth, *Letters*, 284-85); Busch, *Karl Barth: His Life*, 411.

다섯째로, 1950년대와 1960년대에는 바르트의 음악적 레퍼토리가 기록의 전부를 차지하였다.[46] 1949년 방학 때 바르트는 폰 발타자르와 함께 24시간을 똑바로 앉아 모차르트를 듣겠노라고 주장하였다.[47] 그는 새로운 매체(33-rpm)의 등장에 크게 감동하여, 자신의 축음기를 구입하였다. 그리고 그것은 곧 바르트의 집에서 "없어서는 안 될," "진정한……중심점"이 되었다.[48] 그는 계속해서 부지런히 레코드판을 수집하였고, 그의 서재에 루터의 수집 작품들 아래쪽에 눈에 잘 띄도록 저장하였다.[49] 바르트는 "거의 매일 아침" 샤워를 한 뒤, 그리고 『교회교의학』에 관한 연구를 시작하기 전, 의례적으로 레코드를 듣기 시작했다. 또한 저녁에도 그는 대체로 레코드를 들었다.[50] 바흐와 헨델이 때때로 그의 레퍼토리에 언급되긴 했지만, 그의 열정은 분명 모차르트를 향해 있었다: '요술피리,' '여자란 다 그런 것'(*Così fan tutte*), '레퀴엠,' 그리고 여러 개의 교향곡과 협주곡, 실내악곡.[51] 1962년에는 심지어 모차르트의 작품을 "거의 전부" 모았노라고 주장하기까지 했다.[52] 그는 서재 입구, 자기 책상 오른쪽 바로 위에, 칼빈 초상화 바로 옆에,

---

46) Philip Stoltzfus, *Theology as Performance*, 117.
47) Barth to Christoph Barth, 1949년 2월 15일자 (Busch, *Karl Barth: His Life*, 362). 바르트와 폰 발타자르는 모차르트를 평가하는 데서 둘 다 "정확히 일치했다."
48) Barth to Miskotte, 1954년 9월 19일자 (*Karl Barth-Kornelis Heiko Miskotte Briefwechsel 1924-1968* (Zurich: Theologischer Verlag, 1991), 73-74; Barth to Christoph Barth, 1949년 6월 23일자 (Busch, *Karl Barth: His Life*, 362). 비교: Karl Barth, *Wolfgang Amadeus Mozart 1756-1956*, 16: "축음기의 발명은……아무리 찬미를 한다 해도 부족할 지경이다."
49) Barth to Dr. Studer, 1950년 9월 19일자 (Busch, *Karl Barth: His Life*, 363). 그는 모차르트 페스티발을 준비하기 위하여 "엄청나게 많은 돈"을 썼다.
50) Barth to Christoph Barth, 1950년 1월 7일자 (Busch, *Karl Barth: His Life*, 363); Karl Barth, *Wolfgang Amadeus Mozart 1756-1956*, 16.
51) Barth to Emanuel Paskert, 1961년 7월 26일자 (Barth, *Letters*, 12); Barth to Christoph Barth, 1949년 8월 11일자 (Busch, *Karl Barth: His Life*, 363); Barth to Helmut Gollwitzer, 1965년 3월 1-2일자 (Barth, *Briefe*, 294).
52) Barth to Paul Althaus, 1962년 10월 28일자 (Barth, *Letters*, 69).

모차르트의 초상화를 잘 보이도록 걸어두었다.[53]

여섯째로, 그는 소년시절부터 줄곧 품어온 모차르트에 대한 명백한 정절을 평생토록 굳세게 지켜낸다.[54] 나이가 먹은 뒤에 바르트는 모차르트를 가리켜 "누구와도 견줄 수 없는 하나님의 음악가," 성인품에 올리거나 아니면 적어도 미화할 만한 가치가 있는 "진정한 성인"이라고 칭한다.[55] 이와 유사하게 그리스도론적인 함의를 내포하고 있는 1949년의 확장된 유비에서, 바르트는 모차르트가 바흐를 "단순한 세례 요한"으로 만들었고, 베토벤을 "헤르마스의 목자나 오리겐"으로 만들었다고 주장한다.[56] 바르트는 바흐가 인위적인 "설교의 욕구" 때문에 고통을 받고 있다고 생각한다.[57] 하이든은 "인상적이지만," 하이든과 헨델의 독창곡은 깜짝 놀랄 정도로 새롭거나 두드러지게 나타나는 것이 전혀 없다.[58] 베토벤의 개인적 고백주의는 오로지 "극한의 어려움"만 견뎌낼 수 있다. 바르트는 18세기의 "귀와 가슴"을 지녔기에,[59] 베토벤 이후의 음악을 평가하는 데 점점 더 어려움을 느낀다. 1962년, 음악학자이자 오랜 친구였던 위르겐 우데가 그에게 힌데미트(Hindemith)에 관한 관심을 불러일으키려고 시도해 봤으나 실패하였다. 그런 일이 있은 뒤, 바르트는 다음과 같이 기록한다: "불행히도 나는 현대예

---

53) Busch, *Karl Barth: His Life*, 419의 사진을 보라. Barth는 *How I Changed*, 72에서 이것을 이야기한다.
54) Philip Stoltzfus, *Theology as Performance*, 118.
55) Barth to Helmut Gollwitzer, 1965년 3월 1-2일자 (Barth, *Briefe*, 294).
56) Barth to H. Weber, 1949년 5월 23일자 (Busch, *Karl Barth: His Life*, 362).
57) Barth to H. Stratenwerth, 1960년 4월 5일자 (Busch, *Karl Barth: His Life*, 362-63).
58) Barth to Leo Schrade, 1962년 4월 4일자 (Barth, *Briefe*, 89).
59) Barth to Elaine Shaffer Kurtz, 1964년 2월 5일자. 쿠르츠는 바르트에게 낭만주의 시대 작품을 감상할 수 있는 연주회 티켓 두 장을 선물하였다. 하지만 바르트는 그 연주회에 참석할 생각이 없었다. '개인적 고백'으로서의 베토벤에 대해서는 Karl Barth, *Wolfgang Amadeus Mozart 1756-1956*, 37을 읽어보아라. 에로스로서의 베토벤과 아가페로서의 모차르트 비교에 대해서는 *Evangelical Theology*, 201을 참고하라.

술을 간단히 이해할 수가 없다……내가 그것을 이해할 수 없다는 사실, 그것을 볼 수 있는 눈이나 들을 수 있는 귀가 나에게 없다는 사실이 무척이나 서글프다……아마도 나는 천국에 가서야 지금의 나에게 그토록 감추어져 있는 것을 발견하게 될 것이다. 하지만 나에게 아직 이 일이 일어나지 않았다는 것은 무척 유감스러운 일이다."[60] 바르트는 모차르트를 향한 자신의 태도가 "편협하고" "통탄할 정도로 일방적인" 것임을 아주 잘 알고 있다. 그리고 그것이 하르낙이나 트뢸취와 벌인 초기 논쟁만큼이나 자신을 버겁게 할 것이라고 예상한다.[61] 따라서 그는 자신의 그리스도 중심주의와 (바로크 시대의 전임자들이나 낭만주의 시대의 후임자들과 대조적인) 모차르트 스타일에 대한 자신의 명백한 옹호 간에 어떤 상관관계가 있음을 스스로도 감지하고 있었던 것 같다.

일곱째로, 바르트의 음악적-미학적 태도는 전문 음악가들이나 음악학자들과 폭넓게 접촉할 수 있도록 만들어 주었다.[62] 스위스의 '모차르트를 사랑하는 사람들의 모임'에 속하게 됨으로써, 바르트는 아더 호네거(Arthur Honegger)나 프랑크 마르틴(Frank Martin), 오트마 쉐크(Othmar Schoek) 같은 작곡가들, 그리고 어니스트 안제르메트(Ernest Ansermet)나 파울 자허(Paul Sacher) 같은 지휘자들과 관계를 돈독히 해나갔다.[63] 1954년에 위르겐 우데(Jürgen Uhde)가 "칼 바르트의 신학에 나타난 모차르트의 음악"라는 강연을 했을 당시, 바르트도 그 자리에 참석했었다("음악적 해설을 곁들인, 굉장히 멋진 행사였다!"고 그

---

60) Barth to K. Lüthi, 1963년 6월 22일자 (Busch, *Karl Barth: His Life*, 410-11).
61) Barth to E. Wolf, 1955년 12월 26일자.
62) Philip Stoltzfus, *Theology as Performance*, 119.
63) *Karl Barth Offene Briefe*, 1945-1968, 372 n6.

는 기록한다).⁶⁴⁾ 심지어 그는 1962년 음악사학자인 레오 쉬라데(Leo Schrade)에게 도전을 하려고까지 했다. 그가 모차르트가 아닌 하이든이 고전주의 스타일의 창시자라고 주장했기 때문이다.⁶⁵⁾ 그런 논의는 바르트의 학문 분야에도 넓게 퍼져 있다. 그는 울리히 헤딩거(Ulrich Hedinger, 바르트의 자유 개념에 관한 저서를 쓴 사람)를 곧잘 비난하였다. 바르트가 쓴 평론 "모차르트의 자유"에 대해서는 그가 고려하지 않으려 했다는 것이다. 또한 바르트는 칼 라너(Karl Rahner)가 쉴라이에르마허 문화의 '노래'를 설명한 것에 대해 비난하였으며(천국에서는 "우선 모차르트와 함께 몇 천 년"을 보냈으면 좋겠다고 했기 때문에), 파울 알타우스(Paul Althaus)가 모차르트의 음악을 제대로 평가하는 데 실패했다고 비난하였다(모차르트의 음악이 시대에 뒤쳐진 알타우스의 '최초의 계시' 개념과 그 결과물인 '율법-복음' 개념을 제공해 주었다고 평가하는 데 실패).⁶⁶⁾

여덟째로, 바르트는 모차르트가 자신의 신학적 텍스트를 창작하는 과정에서 반드시 필요한 요소였다고 주장한다.⁶⁷⁾ 그에 따르면, 발타자르와 마라톤식으로 계속해서 모차르트를 청취한 경험 때문에 그는 『교

---

64) Barth to U. Barth, 1954년 3월 19일자 (Busch, *Karl Barth: His Life*, 402).
65) Barth to Leo Schrade, 1962년 8월 4일자 (Barth, *Briefe*, 89)
66) Barth to Ulrich Hedinger, 1962년 6월 6일자 (Barth, *Letters*, 48); Barth to Karl Rahner, 1968년 3월 16일자 (위의 책, 287-88); Barth to Paul Althaus, 1962년 10월 28일자 (위의 책, 69); Barth to Eichrodt, 1964년 4월 4일자 (Barth, *Letters*, 155-56). 세 가지 예가 더 있다: 바르트의 고백교회 동료인 하인리히 포겔은 "아무 때나 황홀경에 빠지곤 했으며, 기다렸다는 듯이 자신의 음악 작품을 연주하곤 했다" (Busch, *Karl Barth: His Life*, 399). 비르드의 오랜 친구인 철학자 하인리히 숄즈는(처음으로 바르트에게 안젤름에 대한 관심을 불러일으켰던) "참으로 훌륭한 음악가"였으며 "서의 선적으로……수학적 전제를 지닌 채" 작업을 하였다(*Barth-Thurneysen Briefwechsel*, 2: 693). 바르트는 구약성서학자인 발터 아이히로트에게 "그가 모차르트에 대한 신학적 해석에 열중할 수 있도록 만들어 준, 바이에른의 비범한 학생"을 추천한다. 문제의 작품은 바로 이것이었다: Karl Hammer, *W. A. Mozart-eine theologische Deutung: Ein Beitrag zur theologischen Anthropologie* (Zurich, 1964).
67) Philip Stoltzfus, *Theology as Performance*, 119.

회교의학』에서 가장 긴 음악-관련 유비(제Ⅲ권 제3장에 나오는 모차르트에 관한 부기)에 "열중할" 수가 있었다고 한다.[68] 사실 그는 그 장(§50, '하나님과 무') 전부가 "내 귀에 모차르트의 음악(플루트 협주곡, 요술피리, 또는 호른과 바순 협주곡)"이 울려 퍼질 때 기록된 것이라고 확실히 밝힌다.[69] 그는 자신의 미완성 『교회교의학』을 슈베르트의 '미완성' 교향곡에 비유한다. 그리고 '라크리모사'(Lacrimosa, 눈물의 날)에서 모차르트의 레퀴엠(*Requiem*)이 중단된 것에 비유한다.[70] 한 서신에서 바르트는 신학적 주장을 펼치는 과정의 기초가 되어준, 좀 더 포괄적인 모차르트적 기초에 관하여 다음과 같이 이야기한다:

> 그대는……모차르트의 교회음악에 따라서 '불신앙'과 문제들이 어떤 식으로 계속 줄어들고 아예 사라지게 되는지를 설명하고 있군요. 지난 수십 년 동안 나의 짧은 신앙적 지식이 똑같은 상황에서 생겨나 작용하였지요(마가복음 9:24). 그대는 모차르트 미사곡에서 그것의 강점과 약점 속에 반복되어 온 나의 교의학을 발견할 수 있을 것입니다.[71]

필자가 볼 때에, 여기서 바르트는 자기 삶의 기본적 신앙 자세, 곧 "나는 믿습니다; 나의 불신앙을 도우소서!"(마가복음 9:24)가 모차르트를 청취하는 상황에서 "생겨나고" "작용"하였음을 밝히고 있다고 생각한다. 게다가, 그 자신의 텍스트는 모차르트의 텍스트를 "반복한" 것

---

68) Barth to Christoph Barth, 1949년 2월 15일자.
69) Karl Barth, *Der Götze wackelt*, 112.
70) Karl Barth, *CD* Ⅳ/4, vii. 바르트의 레퀴엠 언급이 여기에서는 부정확하다. '라크리모사' 미완성 부분이 실제로 그의 마지막 작품이었는지의 여부가 확실치 않기 때문이다.
71) Barth to N. N., 1968년 9월 30일자 (Barth, *Letters*, 315).

이었다. 소나타 형식의 비유를 제시함으로써. 그러므로 미사곡의 음악적 무대는 무엇보다 우선적인 자리를 차지한다. '반복'처럼 따르는 형식 신학적 작품과 더불어. 같은 해에 쓴, 거의 공개적인 편지에서 바르트는 자신을 종교음악에 국한시키지 않지만, 자기 삶의 온갖 활동들 속에서 "쉴라이에르마허가 자기 종교에 관해 말했던 것처럼, 음악, 곧 모차르트는 끊임없이 자신과 함께 해왔으며, 지금도 여전히 함께 하고 있다"고 고백한다.[72] 그는 음악에 이런 역할을 할당함으로써, 음악이 자신의 자아 정체감 형성에서 담당했던 근본적인 역할에 대하여 다시 한 번 강조한다. 그가 가장 노골적으로 음악과 신학의 관계에 대해 말한 것은 1948–58년에 기록한 자서전적 성찰이다. 여기에서 그는 모차르트 탄생 200주년에 관한 설명을 다음과 같은 말로 마무리한다: "모차르트의 음악이 없었다면 내가 과연 개인적으로 신학과 정치운동을 어떻게 발전시켰을지 모르겠다. 내가 여기에서 관련지으려고 애썼던 지난 십 년의 사건들도 도저히 생각할 수가 없을 정도다."[73] 그 문제의 십 년 동안 바르트는 『교회교의학』의 절반도 넘는 분량을 집필하였다. 그 때 바르트는 신학적 사상과 성찰의 과정에 음악의 도움이 반드시 필요하다는 걸 느꼈다. 만일 음악이 정말로 그에게 이토록 근본적인 역할을 한 것이라면, 이 사실이 의미하는 건 과연 무엇일까? 바르트는 정말로 음악 속에서, 이렇게 건설적인 방식으로 자신을 위하여 신명나게 해주는 뭔가를 발견한 것일까?

---

72) Barth의 생일을 축하해 준 사람들에게 보내는 편지, 1968년 5월 (위의 책, 298).
73) Barth, *How I Changed My Mind*, 72.

칼 바르트 교역실천론의 '미학적' 리듬

칼 바르트는 거의 배타적으로 단 한 명의 작곡가-모차르트-의 작품에 대한 감상의 관점에서 음악이라는 주제에 접근한다. 바르트의 경우, 음악의 매개에 대한 '인류학적인' 집착은, 처음에는 그의 사상의 역설적 측면인 것처럼 보였다. 특히 그가 인간과 하나님 사이에 자연신학 (또는 *Anknupfunspunkt*)에 관한 일종의 체계적인 설명이 가능하다는 주장에 대하여, 1934년 브루너에게 "아니오"(Nein!)라고 단호히 대답했던 것을 생각하면 더더욱 그랬다.[74] 바르트는 모차르트의 작곡 구조 속에서 질서 잡힌 창조세계의 조화에 관한, 유일하게 객관적이고도 "자유로운" 소리를 발견한다. 바르트의 경우, 이러한 관계는 자연신학을 위한 개방이 결코 아니다. 이것은 예수 그리스도 안에서 실현된 하나님의 객관성과 자유라는 아름다운 '형태'(*Gestalt*) 또는 '형식'(*Form*)에 대한 하나의 평행 유비나 '비유'다.[75] 그렇다면, 바르트 교역실천론 수용에 걸림돌이 되는 이 음악의 문제를 어떻게 이해해야 할까?

첫째로, 쉬톨츠푸스는 지난 50여 년 동안 쓰인 바르트에 관한 이차적 문헌들을 견본 추출해 본 결과, 음악에 대해서는 조심성 없이 무계획적으로 취급하는 경향이 매우 크다는 인상을 받았다고 말한다.[76] 모차르트의 음악이나 인물에 대해서는 그리 방대한 연구서나 표준적인

---

74) Karl Barth, "No! Answer to Emil Brunner," 151-67. 바르트는 브루너의 '형식적인 하나님의 형상'(imago dei)-인간이 지닌 '계시의 능력,' 하나님과의 '접촉점'-이라는 정의에 도전한다. 바르트의 목표는 인간의 '형식적 요소'의 존재를 반박하려는 게 아니다. 다만 그는 그 관련성을 신학적인 토대로 삼는 걸 부인하고자 한다. 바르트와 브루너 간의 교류를 전체적으로 알고 싶으면 브루너의 『자연신학』(*Natural Theology*)를 보라.
75) Philip Stoltzfus, *Theology as Performance*, 108. 그러므로 쉬톨츠푸스는 바르트의 신학적 미학은 쉴라이에르마허의 '오르페우스적' 접근과 대화를 나누는-그러면서도 두드러지게 대조적인-매우 현대적인 '피타고라스' 프로젝트를 구상하려는 시도라고 말한다.
76) 위의 책, 같은 곳.

개론서가 존재하지 않는다. 대부분의 저자들은 '기발한' 전기적 사건이나 일화를 인용하거나, 아니면 모차르트의 주제에 관한 좀 더 긴 인용문들을 싣는 것으로 만족한다. 하나님의 인성이나 창조세계의 선함 같은 주제들을 설명하면서 말이다.[77] 쉬톨츠푸스는 그 예로 파커(Parker),[78] 그린(Green),[79] 메츠거(Paul Metzger)[80]를 든다.

둘째로, 가톨릭교회의 선 자리에서 바르트에 관하여 논의한 미학적 작가들로는 한스 우르 폰 발타자르(Hans Urs von Balthasar)나 한스 큉(Hans Küng)이 있다.[81] 한 때 바르트의 대학원생 제자였던 발타자르는, 바르트 미학의 철저히 형식주의적인 전용을 발전시킨다. 그는 바르트의 교의학은 전체적으로 로마 가톨릭교회의 신학에서 찾아볼 수 있는 것과 유사하게 "엄격한 형식적 구조"를 취한다고 말한다.[82] 발타자르는 비록 바르트가 너무나도 쉽게 선험적(a priori) 구조로 나아가 버린다고 비판하지만, 그래도 후반에 가서는, 그 개혁교회 신학자가 미학과 아름다움과 "진정한 객관적 형식"을 종교개혁교회에 다시 도입하려고 애쓴 것에 대하여 찬사를 보낸다.[83] 바르트는 발타자르에게 '신학적 미학'을 구상할 수 있는 기본적인 용어들을 제공해 준다. 그

---

77) Georges Casalis, *Portrait of Karl Barth* (Doubleday & Company, Inc., 1963), 80-81.
78) T. H. L. Parker, *Karl Barth*, 110.
79) Green, *Theologian of Freedom*, 11. 그는 학생들에게 우선 모차르트에 관한 논문을 읽게 한 다음, 롱가 미사 C장조(쾨헬번호 262번, *Missa longa*)를 들어보라고 추천한다. 그것이 바르트의 근본 주제-"예수 그리스도 안에서 우리와 만나시는 하나님은 '자유 안에서 사랑을 주시는 분'이다"-에 대한 비유라는 것이다.
80) Paul Louis Metzger, *The World of Christ and the World of Culture; Sacred and Secular through the Theology of Karl Barth*, 216.
81) Philip Stoltzfus, *Theology as Performance*, 109.
82) Hans Urs von Balthasar, *The Theology of Karl Barth*, 23-25. 그는 『교회교의학』의 창조 부분, 하나님의 완전함 부분, 신앙과 복종과 기도 부분을 예로 든다. 둘 다 하나의 '사고방식'(Denkform)에 따라 작용하는 것이다-바르트에게 그것은 '신앙의 유비'(analogia fidei)이 개념인 반면, 토마스 학파에게 그것은 '존재의 유비'(analogia entis)의 개념이다.
83) Von Balthasar, *The Theology of Karl Barth*, 199.

중에서도 특히 '형태'(*Gestalt*) 개념이 중요하다.[84] 그러기에 발타자르에게는, 바르트와 모차르트야말로 피타고라스 학파의 음악적-미학적 패턴에 기초한 신학의 출처로서 자리매김한다. 존재의 우주적이고 신학적인 '형식'이 지니는 궁극적 결의와 조화를 강조함으로써.[85] 큉은 발타자르에게 "형이상학적인 과장"[86]의 성향이 짙은 점에 대하여 주의를 준다. 또한 모차르트에 대한 바르트의 해석이, 모차르트가 삶 속에서 겪었던 "좋은 가톨릭교회의 신앙 체험" 요소를 인정하는 데 실패하고 말았다고 비판한다.[87] 예를 들면, 모차르트 협주곡 아다지오에서 우리는 "영성화된 사랑"의 특징이라고 할 수 있는 "영혼의 언어"를 듣는다. 반면에 그의 종교적인 작품에서는 "격렬한 표현들"이 순전한 예전과 예배로 나타난다. 작곡이나 연주보다는 내적인 받아들임이 미학의 주된 재료다. 큉의 주장에 따르면, 더없이 행복한 합일의 순간을 인정하는 사람만이 초월의 '발자국'을 파악할 수 있고 나아가 "이루 말할 수 없고 형언키 어려운 신비"의 "순전한 현존"을 직접 경험할 수 있다. 그러한 추상화의 능력 때문에 음악은 유례없이 "음악 외적인 개념화를 초월"하여 "신 그 자체"를 상징할 수가 있는 것이다. 큉은 바르트가 그런 움직임을 경솔하게 받아들였다고 비판한다. 바르트가 교의학을 "성서의 세계"에만 국한시키기 때문이다.[88]

---

84) 위의 책, 같은 곳.
85) 폰 발타자르의 성서해석학과 신학이 지니는 형식주의적이고 통합적이고 조화적인 '서사시'(epic) 성향에 대한 비판적 견해를 읽으려면, J. B. Quash, "'Between the Brutely Given, and the Brutally, Banally Free': Von Balthasar's Theology of Drama in Dialogue with Hegel," *Modern Theology* 13(July 1997): 293-318을 참고하라.
86) 폰 발타자르는 모차르트의 탄생 200주년을 기리기 위하여, 모차르트의 승천 이미지를 오페라 '요술피리'(*The Magic Flute*)의 소리에 이용하는 논문을 작성하였다. 한스 큉은 그것이 모차르트를 '승천하신 그리스도'의 모습으로 만드는 것 같다고 평가한다(*Mozart: Traces of Transcendence*, 12, 72).
87) 위의 책, 10, 22-23, 64.

셋째로, 종교개혁교회의 선 자리에서도, 음악의 문제는 바르트 학문에서 표면화되었다. 이 경우에는 두 가지 상반된 해석-하나는 근대주의적 참여와의 연속성, 다른 하나는 탈구조주의적, 탈근대주의적 충동과의 연속성-간에 요점이 되는 문제로 자리 잡았다.[89] 쉬톨츠푸스는 질(Gill)이나 헌싱거(Hunsinger)처럼 좀 더 주류에 속하는 해석가들은 발타자르를 더 선호하는 경향이 있는 반면, 아이솔드 앤드류스(Isolde Andrews) 같은 탈근대주의적 해석가들은 큉과 유사한 수용과 정서성을 좀 더 선호한다고 말한다.[90] 질이 1986년에 쓴 논문은 영어권 바르트 학문세계에서, 개인적인 특징보다는 음악을 더 결정적인 요소로 취급한 최초의 본문들 가운데 하나로 손꼽힌다. 발타자르와 마찬가지로 질은 바르트의 저술 양식과 방법의 단서로서 음악을 전용한다. 이것은 결코 (바르트 자신이 주장한 것처럼) "학문적인" 것이 아니라, 작곡가의 활동을 상기시켜 주는, "본질적으로 미학적인" 것으로 밝혀진다. 모차르트의 피아노 4중주에서처럼, 바르트의 신학적 주장은 통전성을 필요로 한다: 그것은 '증거'를 통해서가 아니라 '시인'을 통해서 정당화된다. 무엇보다도 질은, 바르트와 모차르트가 둘 다 인간의 상상력과 모델링에 "형식을 부여하는" 과정에 몰두하고 있다고 주장한다. 상이한 매개체를 통하여 그들은 둘 다 "제일의 화음"을 듣게 된다. 바르트가 그리스도교적 희망의 "위대한 구조"를 고안하고 형성한 것은-그가 풍부한 이미지와 유머, 창의, 일관성 의식 등을 사용함으로

---

88) 위의 책, 32이하. 큉은 바르트가 "다른 빛, 말씀, 진리"를 인정하고 있는 『교회교의학』의 마지막 권에서는 정작 모차르트를 언급하지 않으려 든다고 주장한다.
89) Bruce McCormack, "Revelation and History in Transfoundationalist Perspective: Karl Barth's Theological Epistemology in Conversation with a Schleiermacherian Tradition," *Journal of Religion* 78 (January 1998), 18-37.
90) Philip Stoltzfus, *Theology as Performance*, 111-12.

써–모차르트의 소나타 형식과 가장 밀접하게 연관된다.[91] 헌싱거는 이와 똑같은 소나타 비유를 무엇보다 중요한 해석 도구로 전용한다. 그는 『교회교의학』 전체를 통하여 추적이 가능한 여섯 가지 구조적이고 근본적인 '주제'(motif)를 확인한다: 현실주의, 특수주의, 객관주의, 인격주의, 사실주의, 합리주의. 이 주제들은 수정 같이 투명한 '문자적인' 지식체계도 아니고, '표현적인' 감동 이야기도 아니다. 이것들은 맞물린 사고방식들의 역동적인 "주제적 상호작용"이다.[92] 그러므로 질과 헌싱거 둘 다에게, 바르트는 신학적인 형식 분석에 적합한 '악보'를 만들어 내는 '작곡가'가 된다. 다른 한 편, 앤드류스는 비근본적이고, 제한이 없고, 중심에서 벗어난, 실천중심적인 바르트 해석 부문에서 음악을 사용하려는 최근의 시도에 관하여 설명한다.[93] 비록 앤드류스가 질을 반복적으로 인용하고, 질과 마찬가지로 바르트를 승인의 기준 밖에서 움직이는 음악가로 간주하지만, 그래도 바르트의 본문에서 데리다(Derrida)의 '차이'(différence)에 상응하는, "보이지 않는 해체적 특징"을 발견한다.

넷째로, 바르트의 음악적 미학으로서 한슬릭, 부조니, 그리고 신즉물주의에 대하여 언급하지 않을 수 없다.[94] 바르트는 음악적 미학에 관한 자신의 관점을 독자적으로 발달시키지 않았다. 그는 당대의 음악 문화와 맞물려 있었으며, 부쉬(Busch)의 말에 따르면 "모차르트에 관

---

[91] Gill, "Barth and Mozart," 409. 질은 바르트의 탄생 100주년을 기리기 위하여 프린스턴대학교에서 강연을 할 때 이렇게 '서정적인 찬사'를 기록하였다.
[92] George Hunsinger, *How to Read Karl Barth: The Shape of His Theology* (Oxford University Press, 1993), 28.
[93] 바르트와 관련하여 포스트모던 신학의 주요 특징에 대해 좀 더 정확한 논의를 읽고 싶으면, William Stacy Johnson, *The Mystery of God: Karl Barth and the Postmodern Foundations of Theology*, 184-91을 보라.
[94] Philip Stoltzfus, *Theology as Performance*, 120-27.

한 방대한 문헌들"을 서재에 소장하고 있었다.[95] 바르트가 『로마서 강해』를 저술했을 때, 또 쉴라이에르마허에 관한 관점과 종교개혁교회 신학의 역사에 관한 관점을 명확하게 밝혔을 때, 그리고 『교회교의학』을 위한 계획을 진행시키고 있었을 때, 우리는 바르트에게서 음악적 미학에서 출현하는 형식주의와 '새로운 객관성'(신즉물주의, *Neue Sachlichkeit*)[96]에 관한 담화를 발견하게 된다. 제1차 세계대전 즈음에 바르트의 음악 인생과 미학적 사상은 한슬릭과 모차르트에 대한 관심의 부활 때문에 직접적으로, 결정적으로 형성되었다. "모차르트의 자유"라는 평론에서 바르트는 작곡가이자 학자인 부조니가 "엄청난 존경을 받을 만하며," 모차르트에 관한 논의에서 "일종의 무아지경의 말더듬"으로 환원시켜야 할 것으로 보이는, 주목할 만한 음악가들 가운데 한 명이라고 말한다.[97] 사실, 1906년에 처음 발간되고 1922년과 1956년에 다시 출간된, "신적인 대가" 모차르트를 찬미하는 부조니의 금언 모음집은, 바르트 자신의 은유나 견해와 불가사의하게 닮았다는 점에서 매우 놀랍다. 바르트는 음악교육가이자 작곡가, 이론가였던 할름(Halm)에 따라 만들어진 특별한 신즉물주의 용어를 전용했던 것으로 보인다. 할름은 이미 『음악의 두 문화에 관하여』(*Von zwei Kulturen der Musik*, 1913)에서 새로운 형식주의를 예상했었다. 그는 한슬

---

[95] Busch, *Karl Barth: His Life*, 409.
[96] 여기서 신즉물주의(Neue Sachlichkeit, New Objectivity)란 20세기 독일에서 일어난 반표현주의적인 석위예술운동이다. 이 명칭은 1923년 만하임미술관에서 미술관장 하르트라우프가 기획하여 열린 전람회의 이름에서 나왔다. 표현주의가 주관의 표출에만 전념한 나머지 대상의 실재파악을 등한시하고 비합리주의적인 경향으로 흐르는 데 반대하여, 즉물적인 대상 파악에 따른 실재감의 회복을 기도한 운동이다. 주동한 화가로는 베를린의 다다이즘운동에 가담한 G. 그로스 및 O. 딕스가 있다. 인터넷자료, 『이글루스』(www.artwood.egloos.com) 가운데 '즉물주의'에 대한 설명을 참고하라.
[97] Karl Barth, *Wolfgang Amadeus Mozart 1756-1956*, 44.

릭의 의견을 되풀이함으로써, 감정주의에 대한 반론을 힘차게 재개하였다. 그는 '형식'이라는 개념을 독자적이고도 영원한 구조, "시적인 즐거움"과 "동물적인 경험"의 힘을 이겨내는 구조로 구체화하였다. 1929년에 바르트가 '형식에 대한 의지'를 18세기 사상과 음악성을 특징짓기 위한 범주로 사용한 것은, 할름의 마지막 저서인 『음악개론』 (*Einführung in die Musik*, 1926)에 노출된 결과였다. 그 책에서 그 용어가 처음으로 등장한 것이다. 바르트가 그 용어를 역사적으로 사용한 것은, 할름이 그 용어에 부여한 특이한 이론적 의미와 똑바로 일맥상통하는 것 같지는 않다. 하지만 바르트는 18세기 음악의 형식에 대해 할름뿐만 아니라 부조니와도 똑같이 평가한다. 한슬릭의 형식주의와 부조니의 모차르트 부활과 새로운 객관주의 운동을 둘러싼, 20세기 초반 대륙의 담화와 실제는, 바르트 자신의 음악적-미학적 언어와 가장 유사하게 나타나는 미학적 원천을 보여준다.

다섯째로, 쉬톨츠푸스는 음악과 신학에 대한 형식주의적 접근의 문제를 언급한다.[98] 바르트와 쉴라이에르마허는 둘 다 신학적 구조의 청각적 패러다임의 도움을 크게 받았다. 쉴라이에르마허의 경우, 음악의 청취는 자기 의식의 수용적 직접성을 개념화하기 위한 모델을 제공해준다. 특별히 경건한 표현으로, 예를 들면 철저한 의존의 느낌으로. 바르트의 경우, 신학은 하나님의 말씀에 계속해서 "귀를 기울이는" 과정이다. 『교회교의학』 제Ⅲ권 제3장의 모차르트에 관한 부기에서, 제Ⅳ권 제3장 『츠빙글리 연감』 평론, "모차르트의 자유" 평론, 그리고 "왕국의 비유" 부분에서, 바르트는 『로마서 강해』의 결론부, 씨 뿌리는 자

---

[98] Philip Stoltzfus, *Theology as Performance*, 161-66.

의 비유를 통한 예수의 훈계에 있는 것과 똑같은 구절을 인용 또는 언급한다: "들을 귀가 있는 자는 그의 말을 들어라"(마가복음 4:9).[99] 모차르트의 음악을 청취한다는 것은 하나님의 말씀을 듣는 것과 비유적으로 유사한 역할을 한다. 예수 그리스도의 형식에 계시된 하나님의 자유와 객관성은, 모차르트의 작곡 형식과 창조질서 형식의 관계 속에서 유비적으로 설명할 수가 있기 때문이다. 모차르트의 음악에 관한 바르트의 심오한 경험과 형식주의적 전통에 대한 그의 노출은, 순수하고 독자적이고 형식을 드러내는, 계속해서 움직이는 대상을 생각해낼 수 있는-근본적이면서 반복적인, 그러면서도 자유롭고 쾌활한 삼위일체의 형식으로, 그 자체를 주제로 하여 이야기를 만들고 극화할 수 있는-원천을 제공해 준다. 바르트의 미학적 배경이 쉴라이에르마허의 패러다임으로부터 급작스럽게 변경된 것은, 쉴라이에르마허와 마찬가지로 바르트 역시 미학적 책임을 물려받은 것이 아닌가 하는 의문을 불러일으킨다. 형식주의적 전통을 바르트 사상으로 확대시킬 경우, 무엇이 문제인가? 네 가지 문제점이 있을 수 있다: (1) 음악을 구조적 출처로 사용, (2) 객관성에 관한 담화에 연루, (3) 형식 언어의 미학적 사용, 그리고 (4) 언어적 일치 이론의 유형 지속화.[100]

여섯째로, 우리가 여기서 다시 생각해 보아야 할 것이 있다. 그것은

---

99) Karl Barth, *Romans*, 537; 동 저자, *CD* Ⅲ/3, 299; 동 저자, *Wolfgang Amadeus Mozart 1756-1956*, 26, 57; 동 저자, *CD* Ⅳ/3, 112. 또한 바르트는 강의실에서 이런 말을 한 적도 있는 것으로 보고된다: "*Church Dogmatics*에서 내가 무엇을 하려고 하는시 말하라고 한다면, 그것은 성서가 말하고 있는 것에 귀를 기울이고, 내가 들은 것을 여러분에게 전하려는 것이다"(R. C. Johnson, "The Legacy of Karl Barth," *Reflection* 66 (1969년 5월), 4. 또한 Karl Barth, *CD* Ⅰ/2, 797의 다음과 같은 글도 읽어 보라: "교의학은 가르치는 교회에게 다시금 성서가 증언하는 계시를 통한 하나님의 말씀에 귀 기울이라고 초대한다. 이 일을 할 수 있는 것은 오로지 말씀을 듣는 교회의 태도를 수용하고, 나아가 말씀을 듣는 교회가 스스로를 주체로 여기는 규범으로서 하나님의 말씀에 귀 기울이는 것뿐이다."
100) Philip Stoltzfus, *Theology as Performance*, 162.

바로 '신학적 미학'으로서 교역실천에 관한 것이다. 이 분야에서 독특한 시도를 한 사람은 다름 아닌 루돌프 보렌이다.[101] 보렌에 따르면, '십자가에 달리신 분의 교역실천'만이 '십자가에 달린 교역실천'이 될 수 있다.[102] 지금까지 신학은 대부분 '학문'으로만 이해되었지, '예술'로 이해된 적이 거의 없었다. 신학의 꽃인 교역실천도 예외는 아니었다. 교역실천의 '학문성'은 많은 사람들이 주장하지만, '예술성'은 부인되거나 밀려났다. 그러나 좁은 뜻에서 예술은 학문 없이 생각할 수 없고, 넓은 뜻에서 예술 없이는 학문도 생각할 수 없다.[103] 사실 신학을 예술로 이해하는 전통은 이미 종교개혁 시대에도 있었다.[104] 그러므로 교역실천의 미래는 과연 학문으로서 교역실천론이―쉴라이에르마허가 이미 지적한 것처럼―시적 진술 방식과 연설적 진술 방식을 교역실천 안에 어떻게 통합시키느냐에 달려 있다고 할 수 있을 것이다. 그것은 예전적 요소와 선포적 요소를 어떻게 표현하느냐 하는 과제와도 같다고 하겠다. 보렌은 우리를 모두 진리로 이끄는 성령의 역사를 '시적 작업'이라고 본다.[105] 교역실천은 하나님의 실천 과정을 성찰한다. 하나님의 실천 과정은 하나님께서 아름다워지시는 과정이다.[106] 하나님은 아름다우시기 때문이다. 교회와 그리스도교의 교역실천은 하나님의 아름다우심에서부터, 하나님의 아름다우심을 성찰해야 한다. 그래야

---

101) Rudolf Bohren, *Daβ Gott schön werde: Praktische Theologie als theologische Ästhetik* (München: Chr. Kaiser, 1975); 박근원, 『현대신학실천론』, 102-107. 박근원은 일찍부터 보렌의 신학적 미학을 한국에 소개하고 이러한 통찰이 교역실천 속에서 심도 깊게 논의되기를 희망해 왔다.
102) 박근원, 『현대신학실천론』, 102-103.
103) 위의 책, 103.
104) 위의 책, 104. 예를 들면, 마르틴 루터는 수사학적 언어 형태로 성서 주석을 하였다. 다시 말해서, 그는 주석을 예술로 이해한 것이다. 그런데 주석이 주로 역사적 방법에 따라 시도되면서부터 예술로서의 주석이 사라져 버렸다.
105) 위의 책, 같은 곳.

교회의 교역실천 자체도 하나님을 위하여 아름다워질 수 있을 것이다. 예술로 이해된 교역실천론, 창조 안에 드러난 하나님의 아름다우심 안에서 함께 아름다워지는 교회와 신학의 실천, 성령의 인도 안에서 모든 지배와 권력의 관계를 섬김의 관계로 바꾸는 교역실천론은 근본적으로 미래를 향하여 열려 있다고 보렌은 말한다.[107]

2. 칼 바르트 교역실천론의 '선율'

앞에서 우리는 칼 바르트가 얼마나 미학적인 인생을 살았는가를 아주 새로운 눈으로 살펴보았다. 그가 평생을 모차르트와 그런 의미 있는 대화를 시도한 것이 결코 우연한 것이 아님을 알게 되었다. 그가 신학적 미학으로서 자신의 교역실천론을 자리매김하려고 부단히 노력했음도 밝혀졌다. 그렇다면 이제 여기서는 바르트가 자신의 구체적인 작품 속에서 그 신학적 미학을 어떻게 실천했는지, 면면히 흐르는 교역실천론적 선율들을 각 책별로 탐구해 보기로 한다.

---

106) Richard Viladesau, *Theological Aesthetics: God in Imagination, Beauty, and Art* (New York: Oxford University, 1999) = 손호현 옮김, 『신학적 미학: 상상력, 아름다움, 그리고 예술 속의 하나님』(천안: 한국신학연구소, 2001). 이 책에서 리차드 빌라데서는 하나님의 계시와 인간의 인식에서 미학적 경험이 가지는 역할을 탐구한다. 그는 세 가지 미학적 차원들과 관련하여 '계시의 신학'의 가능성을 고찰하는데, 감정과 상상력, 아름다움, 그리고 예술이 그것이다. 그는 이 세 가지 미학적 차원들이 가지는 신학적 중요성을 분석하며 책 전반에 걸쳐 어떻게 이 세 가지 차원들이 계시의 원천이 될 수 있는지를 묻는다. 특히 "프롤로그: 모차르트가 칼 바르트의 신학에서 갖는 위치"를 참고하라.
107) 위의 책, 106-107.

'도': 『로마서 강해』의 신학적 선율

객관주의와 준플라톤적 형식주의는 바르트의 저서 가운데 『로마서 강해』(Epistle to the Romans) 재판(1922)에서 이미 명백히 드러난다.[108] 비록 덜 체계적이고 덜 인상적인 방식으로 전용하긴 했지만. 그는 종교적이고 예술적인 표현주의에 완전히 반대되는 논쟁을 벌인다. 오로지 쉴라이에르마허의 '느낌'(Gefühl)과 '기분'(Stimmung), 모라비아 교단의 경건을 공격하고, 낭만주의적인 광시곡이나 황홀경, 열정, 경험 또는 직접성을 포함하는 온갖 담화들을 공격하기 위함이었다. 그러한 '심리학적' 출발점은 그가 인간의 성과 즐거움의 '안개'라고 부르는 것 때문에 유난히도 괴로움을 당한다. "우리가 여전히 죄인이었을 때"(로마서 5:8) 하나님이 주신 사랑에 대한 바울의 주장은, 그것을 "받거나" "들을" 수 있는 인간의 능력과 전혀 별개인, 그리스도교 복음의 확고한 독자성을 바르트에게 암시해 준다.[109] 그는 자신이 나중에 플라톤적인 사상 형식과 신플라톤적인 사상 형식의 '표면'이라고 부르게 될 것으로 잔뜩 장식을 한 수사학을 지닌, 내재성에 관한 이러한 담화에 반대한다.[110] 이것이 특징적으로 지니는 신학적 특징은 단일성과 영원성이라고 하는 그리스적 개념들이다.

또한 체계적이진 않지만 꽤나 플라톤적인 바르트의 실험, 풍부한 미학적·신학적 복합 개념으로서의 '형태'(Gestalt)와 '형식'(Form)이라는 용어의 실험도 흥미롭다. 그 개념들은 『로마서 강해』에서 네 가

---

108) Philip Stoltzfus, *Theology as Performance*, 127-33. 필립 쉬톨츠푸스는 『로마서 강해』의 신학적 선율을 무엇보다도 '형식과 변형'의 문제로 보고 있다.
109) Karl Barth, *The Epistle to the Romans* 제6판 (London: Oxford, 1933), 162.
110) Karl Barth, *Credo* (Munich: Kaiser, 1935), 159. 바르트는 1920년에 관하여 이렇게 회상한 바 있다: "아, 이때는 정말이지 너무나도 끔찍한 시간이었다!⋯⋯난 플라톤학파였다."

지 방식으로 사용된다. 첫째, 바르트는 로마서 12:2a에 사용된 부정적인 의미의 형식을 처리해야만 한다-"이 세계의 현재적 '형태'에 따라 여러분 자신을 만들지 말라." 둘째, 바르트는 인간과 인간적인 구조에 긍정적인 방식으로 "인상을 남기는" 형식 또는 법칙을 확인한다. 셋째, 그토록 긍정적인 윤리적 형식은, 비록 직접적으로 하나님과 연결되지 않는다 할지라도, 여전히 도래할 왕국의 전적으로 다른 세계의 표지판 또는 '비유'로서의 기능을 발휘할 수 있다. 형식의 네 번째 개념, 우리의 목적상 가장 중요한 개념은, 바르트의 그리스도론과 신학적 구조에 직접적으로 적용된다. 바르트는 예수의 위치를 수학적인 방법으로 들여다보는 경향이 있다. 오직 한 지점에서만 면이나 선으로 땅을 접촉하는 것에 그를 비유하는 것이다. 그렇지만 여러 위치에서 그는 이것을 좀 더 풍요로운 구조주의적·형식주의적 언어로 확장시킨다. 유대인과 이방인 간의 구분처럼, 외관상의 구분에 직면하여, 예수 그리스도는 관습적으로 서로를 반박하는 사람들을 한 데 엮음으로써 "영원한 진리와 동등한 사람을 위한 준거 체계"가 되신다.[111] 그렇지만 이 '체계'는 비유적인 부정성을 담고 있다. 고난과 죽음의 이야기에서 발췌되었기 때문이다. 바르트는 반복해서 종의 '형식'을 취하고 있는 그리스도의 개념을 이야기한다(빌립보서 2:5-7).[112] 하나님의 아들을 통하여 인간의 '유사성'(로마서 8:3)을 취하심으로써 죄인인 인간을 상대화하시는 하나님의 행동은, 바르트의 개념 구조에서 매우 중요한

---

111) 위의 책, 114.
112) 빌립보서에는 다음과 같은 구절이 실려 있다: "너희 안에 예수 그리스도와 같은 마음을 품어라. 예수 그리스도는 하나님의 형상을 지니고 계심에도 불구하고, 스스로를 하나님과 동등하게 여기지 않았으며, 자신을 선언하는 것이 아니라 오히려 모조리 비우고, 인간과 똑같은 모습으로 태어난 노예의 형상을 취하였다." 위의 책, 97, 279와 비교.

비유임이 밝혀진다: "하나님의 아들의 이러한 자기 비하(KENOSIS), 이러한 종의 '형태,' 이렇게 불가해한 익명성은, 결코 우연한 것이 아니라 오히려 본질적인 것이다."[113] 자기 비하의 그리스도론은 하나님의 철저한 타자성과 불가지성의 신호로 작용한다:

> 그리스도의 죽음 때문에 우리는 절대적인, 단순히 상대적이지만은 않은, 하나님의 '타자성'과 직면한다. 그리고 하나님과 우리의 끊을 수 없는 합일에 당면하게 된다. 하나님의 진노의 최대 한계를 표명함으로써, 그것은 하나님의 측량할 길 없는 자비를 드러낸다. 그 속에서 하나님의 문제는 가장 견디기 어렵고 피할 수 없는 형식을 취하기 때문에, 그것은 그 문제에 대한 하나님 자신의 대답을 제시한다. 이것이 바로 임마누엘이다. 하나님께서 우리와 함께 하신다.[114]

이 문단에서 필자가 생각하는 것은, 바르트가 자기 작품의 중심적인 신학적 문제를 확인하고 있다는 것이다: 어떻게 하면 우리가, 철저히 객관적이고 알 수 없는 하나님께서 바로 지금, 바로 이곳에, "우리와 함께 하신다"고 말할 수 있을까? 예수 그리스도는 다른 모든 형식들처럼 객관적인 인간도 아니고, 단순히 신적인 형식도 아니다. 그리스도는 그것의 '주체'인 인간을 부정함으로써, 그리하여 반대의 신학적 객관화를 이룩함으로써, 그것의 '객체'인 하나님을 가리키는 비유적인 '형태'다.

이러한 구성이 음악의 미학에 관한 바르트의 사상과 어떤 확실한

---

113) 위의 책, 281.
114) 위의 책, 162.

관련을 지니고 있는 것처럼 보일 수 있을까? 비록 그는 아직 일관된 음악적-미학적 견해를 획득한 것 같지 않지만, 그러한 관련을 암시해 주는 증거는, 본문 자체에 얼마든지 존재한다. 그의 기록에 따르면, 반표현주의적 프로젝트는 쉴라이에르마허와 반대다. 쉴라이에르마허는 종교를 "온갖 인간 경험들에 따르는 엄숙한 음악"으로 정의하려고 하기 때문이다.[115] 바르트의 경우, 음악의 수용성은 신앙의 풍성한 은유일 수 있다. 신앙이란 본래 객관적인 출처로부터, 우리에게 미치는 영향을 통해서, 우리 속에서 시작되기 때문이다: "만지면 소리가 나는 공중제비 비둘기처럼, 우리와 우리의 세계 역시 신앙 가운데서 하나님의 영이 만지신다. 그분은 영원하신 '긍정'(Yes)이다." 비둘기는 자신의 의지에 따라 자동적으로 노래를 시작하는 게 아니다. 영에 대한 응답으로 노래하는 것이다. 그런 노래는 또한 신앙에 관한 적절한 은유를 제공한다. 그 '내용'이 시간 안의 '사물'로서 구체화에 저항하기 때문이다.[116]

바르트는 음악을 추상 작용, 객관성과 동시에 연합시킨다. 그리고 바로 그런 연합 때문에 그는 그것이 신학적이고 그리스도론적인 객관주의의 개념을 형성하기 위한 출처로서 유용하다는 사실을 발견한다. 비록 그가 여기에서는 '전적 타자'라는 복합 개념을 음악과 직접적으로 연결 짓고 있지 않지만, 나중에 가서는 그 구문의 기원-투르나이젠이 그에게 제일 먼저 제시해 준-과 오페라 '요술피리'의 선과 결합시킨다: "아이야, 우리가 지금 무엇을 이야기해야 하느냐? 진리, 진리에 대해서 말해야 한다. 진리가 공범이 되지 않도록."[117] 『로마서 강해』에

---

115) 위의 책, 258.
116) 위의 책, 157.

서 가장 확대적인 그의 음악 은유는, 미학적 형태와 모차르트의 음악, 그리고 그리스도를 통한 '변형'이라고 하는 바울의 주제를 서로 연결시키는 데 성공한다. "이 세상의 현재 형태보다는 미래 변형될 모습에 따라 네 자신을 만들어 가라"(로마서 12:2)[118]고 하시는 구절에 대한 주석에서, 그는 오로지 실존주의적 인간 조건에 관한 비유적 지식을 통해서만 '형태'가 전적 타자의 신호로 작용할 수 있다는 생각을 되풀이한다. 모차르트의 음악은 여기에 열거된 그런 형식의 유일한 예다:

> 그 모든 것들이 일시적인 질서 속에서, 일시적인 질서를 위하여 만들어지고, 구체화되고, 실행되고, 또 형성되었다. 인간의 작업이나 생산이 우리에게 최상의 아름다움-모차르트!-에 관한 주제를 노래해 줄 때, 바로 그 때, 그것은 깊은 고통의 화음을 연주한다. 우리는 정말로 이것에 대해 모르고 있는가?······요약하면 다음과 같다: 본질적으로 이 세계의 '형태'에 따라 만들어지지 않은 인간의 행동은 없다; 그러나 커다란 실수에 대한 신적인 항의의 증거를 담지하고 있는 것처럼 보이는 행동들도 존재한다. 본질적으로 이 세계의 변형에 따라 만들어진 인간의 행동은 없다; 그러나 다가올 그 날의 빛이 그 속에 거의 비칠 정도로 매우 투명한 행동들도 존재한다.[119]

이 글에서도 알 수 있듯이, 필자는 인간의 온갖 산물들과 마찬가지로, 모차르트의 음악 역시 이 세계의 '형태'라고 생각한다. 하지만 그

---

117) Barth, "Concluding Unscientific Postscript on Schleiermacher," *Theology of Schleiermacher*, 192.
118) *KB*에서는 이 구절을 "not to fashion yourselves according to the present Gestalt of this world, but according to its coming transformation"로 번역하고 있다.
119) Barth, *Romans*, 434.

음악의 연주는 우리에게 "최상의 아름다움"(인간의 불협화음 속에서 그 아름다움의 부정과 함께 연결되는)의 인정에 관한 두 개의 악장을 신호해 준다. 따라서 그러한 '형태'는 "신적인 항의"를 가리키는 것일 뿐만 아니라 현재 질서의 미래적 재구성에 대한 거의 눈에 보이는 신호라고도 주장할 수 있을 것이다. 바르트에 따르면, 구체성에 끌리는 '경향'을 보여주는 그러한 인간의 산물들은 오로지 윤리적 행동의 이차적인 형식으로만 간주할 수 있다. 그곳에서는 그리스도론적 '선'이 끊어지고 만다. 그렇지만 모차르트의 음악이 주요 본보기로 나타나는 윤리적 행동의 근본적인 형식은, 중요한 기원이나 또는 전적 타자에 직면하여 인간 조건의 변형적 희생을 지향하는 '상징'이나 '비유'다. 그렇기 때문에 우리는 『로마서 강해』에서, 모차르트의 음악이 그리스도의 상징에 필적하는 미학적 대비, 개념적 원천이라고 보는 사고 노선의 첫 번째 암시를 발견하게 된다.

'레': '초기 강의들'의 신학적 선율

1923-24년, 쉴라이에르마허에 관한 괴팅겐 강의, 그리고 1926-33년, 개신교 사상에 관한 강의에서, 바르트는 맨 처음으로 음악적 문제에 관한 분석을 제공한다.[120] 그는 쉴라이에르마허의 표현주의 미학의 "인간 본성의 최상의 승리"와 18세기 (특히 모차르트 시대) 예술 작품의 "형식에 대한 최고 의지" 사이에 이분법을 형성한다. 쉴라이에르마허에 관한 그의 강의 첫 부분은 놀랍게도 『연설』(*Speeches*)이나 『신앙

---

[120] Philip Stoltzfus, *Theology as Performance*, 133-38. 필립 쉬톨츠푸스는 '초기 강의들'의 신학적 선율을 무엇보다도 '인간 본성의 최상의 승리 대 형식에 대한 최고 의지'라는 관점에서 보고 있다.

론』이 아니라 부수적인 작품, 설교, 그리고 『성탄전야』(*Christmas Eve*)에 대한 분석으로 시작된다. 바르트는 명예롭게도, 『성탄전야』(*Weinachtsfeier*)에서 여자와 음악을 그저 "단순한 장식품"이 아니라 오히려 "이 작은 걸작의 진정한 신학적 내용"이라고 주장한다. 그는 될론의 플루트 독주회를 그 작품에 창조적 영감을 준 것으로서 진지하게 받아들이며, 명백한 음악적 은유와 음악 만들기에 관한 언급들을 도처에서 인용한다. 사실 그는 그 작품을 통째로 하나의 "음악 드라마"로서 특징짓는다.[121] 그는 그 '중심'을 어머니-자녀 관계에 대한 여자들의 묘사에 두며, 음악성과 여성적 특징 사이의 밀접한 관계를 이해한다. 조제프가 남성적인 연설을 음악 작품과 교체하려고 최종적인 항변을 하였던 것도, 최고의 "신학적인 의미"를 지닌다. 바르트의 주장에 따르면, 쉴라이에르마허는 단어들이 오로지 자기 모순적이고 부적절한 방식으로 성탄 메시지를 가리킬 뿐이라고 본다: 단어들은 오로지 "말로 표현할 수 없는 대상"으로 끝나고 말 뿐이라는 것이다. 쉴라이에르마허의 경우, 성탄의 진정한 대상, "고상해진 인간성"은 음악을 통해서만 전달되어야 한다. 음악만이 변증법적인 개념화로부터 자유로울 수 있으며, 또 유일하게 "인간의 능력을 표현할 수 있기" 때문이다. 여자의 영성과 음악의 정서성은 성탄 메시지의 성육신 내용을 반영해 준다.[122]

그렇지만 바르트의 경우, 위의 결론은 그리 바람직한 발달이 아니다. 바르트는 이미 한 서신에서, 『성탄전야』가 "무엇과도 비교할 수 없

---

121) Karl Barth, "Schleiermacher's 'Celebration of Christmas'," *Theology and Church* (New York: Harper & Row, 1962), 142.
122) Barth, *Theology of Schleiermacher*, 70-71.

을 정도로 완벽한 넌센스"라고 주장했었다.[123] 그의 성서해석학적인 비평 관점은, 쉴라이에르마허가 신앙인을 "완전함에 이르는 길을 가고 있는 존재"로, 그리고 그리스도를 "인간 본성의 최상의 승리"의 본보기로 특징지었던 1790년의 성탄설교 본문을 자주 인용한다.[124] 『성탄전야』 강연에서, 바르트는 이것을 좀 더 강화한다. 그 본문 메시지에 대하여 "고양된, 진정한 인간의 삶" 그리고 "생명에 대한 느낌"(*Lebens-gefühl*)이라고 말한 딜타이의 체계적인 묘사를 소개한 것이다.[125] 바르트의 견해에 따르면, 그런 식으로 음악과 여자의 개념에 관한 인본주의적 감정에 초점을 맞추는 것은 그저 그리스도론적인 연약함을 나타낼 수 있을 뿐이다. 그것들로서는, 남성적 특징조차도 그들의 연설에서 그저 신적인 원칙에 입각하여 집단적인 인류의 축제만을 강화한다. 이 강의의 끝부분에서 바르트의 어조는 노골적인 풍자로 바뀐다:

> 우리가 음악이라는 영역, 곧 그리스도교의 음악과 음악적인 그리스도교로 피난하기 위해 도망칠 수 있으니, 얼마나 행운인가![126]

한편 쉴라이에르마허는 음악을 오로지 인간 감정의 직접적인 표현의 모델로서 해석한다. 이것은 신적인 것들에 이르기 위한 일종의 도랑이라는 (전체적으로 부적절한) 음악론을 개척한 것이다. 나중에 바르트는, 쉴라이에르마허의 "참을 수 없는" 인본주의적 그리스도의 "치유할 수 없는" 상처는 사실 그이 모라비아식 양육의 결과였다고 주장

---

123) Barth to Thurneysen, 1923년 12월 30일자 (Barth, *Revolutionary Theology*, 159).
124) Barth, *Theology of Schleiermacher*, 52. 문제의 설교 시간에 쉴라이에르마허는 겨우 22살이었다.
125) 위의 책, 61.
126) 위의 책, 71.

한다.[127] 그럼에도 불구하고, 표현주의적 패러다임만이 유일한 대안은 아니다:

> 우리는 쉴라이에르마허가 이러한 성격 묘사와 더불어 음악이나 여성의 진정한 본성을 과연 올바로 평가하고 있는지 아닌지, 그리고 그것들이 둘 다 자기에게 할당된 역할을-"나는 그리스인들이 선물을 줄 때조차도 그들이 무섭다"는 말로-거부할만한 충분한 이유를 지니고 있는지 아닌지의 문제들을 한쪽에 치워두어도 된다. 하지만 내가 보기에, 음악과 영원한 여성성 속에서 생겨나는 신적인 것들의 직접적 대화에 대한 인상적인 언급은, 쉴라이에르마허에게서 성탄이 알려주는 것은 사실상 인간의 능력, "인간 본성에 대한 최상의 승리"라고 하는 점을 결정적으로 시사해 주는 것이다.[128]

이처럼 좀 덜 자비롭게, 인간화 문제를 본문에 주입하고 있음에도 불구하고, 필자는 바르트가 쉴라이에르마허의 음악적 미학의 본질적 요소들을 정확히 이해하고, 진지하게 받아들였다는 사실을 결코 과소평가해서는 안 된다고 생각한다. 인간화에 대한 그의 논박은 동시에 미학적 문제이기도 하다. 그는 음악 그 자체에 대해서는 별로 편안하게 여기지 않는다. 하지만 느낌의 음악적 미학이 제공하는 '선물'에 관해서는 편하게 생각한다. 바르트의 경우, 그러한 그리스도론적 결핍 때문에 음악적 연구의 혼란스럽고도 불명료한 대상이 바로 뒤에 숨어 버린다는 것은 전혀 이상한 일이 아니다.

---

127) 위의 책, 106-107.
128) 위의 책, 71.

이와 똑같은 비평 노선은 바르트가 나중에 『신앙론』에서 하나님 개념을 다루는 방법을 통해서도 명백히 드러난다. 바르트는 마치 『성탄전야』에서 음악이 연설보다 나은 평가를 받은 것처럼, 교의학도-간접적인 느낌의 표현이나 "미학적인 자기 묘사"로서-하나님 말씀의 객관적인 진리에 대한 그 어떤 '선언'이나 '선포'보다 더 우위를 차지하는 것으로 평가된다고 주장한다.[129]

다음으로, 바르트는 1929년에 개신교 사상의 역사에 관한 강의를 할 때까지 모차르트에게 엄청난 관심을 갖고 쉴라이에르마허에 대한 대안으로서 미학적 이야기를 형성하였다.[130] 18세기에 바르트는 어떤 문화적 특징을 발견한다. 그 문화의 중심에는, 그가 "최고의" 또는 "절대적인" "형식에 대한 의지"(19세기에 가서는 쉴라이에르마허를 포함한 사람들이 여기에서 퇴보하였다)라고 칭하는 것이 온다. 건축과 교육, 문화 협회, 문학, 음악 속에서 바르트는 18세기 사상가들을 만난다. "온갖 사물들이 제공되는 형식에 대한 지식, 본질적으로 올바르고 적당하고 가치 있고 아름다운 형식에 대한 지식-확실히 물질적인 것으로 의도된 것"에 맞서는 사상가들을 만난다.[131] 이것은 18세기 음악성에서 가장 명확하게 보인다. 프레드릭 대제의 "정열적인" 플루트 연주를 이야기하면서, 그가 무슨 생각을 하고 있는지가 역사 속 그 어느 때보다도 더 확실하게 드러난다. 나중에 가서 베토벤이나 슈베르트, 바그너에게서 볼 수 있는 개인화된 서정적 감수성과 반대로, 그 시대

---

129) 위의 책, 210.
130) 바르트는 1926년 최초로 개신교 사상에 관한 강의를 시작하였다. 그는 처음에는 쉴라이에르마허에서 시작하여, 오직 19세기만 취급하였다. 그러다가 1929년, 그는 18세기의 "형식에 대한 최고의 의지" 자료로 강연을 시작하였다(Lessing, Kant, Herder, Novalis, Hegel을 포함). 1932-33년의 세 번째, 마지막 강연 목록에는 루소도 포함되었다.
131) Barth, *Protestant Thought*, 33.

의 음악가들은 장인과 연주 기술을 중요시한다. 그들은 물질에 대한 통치권을 차지하고, 또 거기에 "객관적으로 타당한 질서"의 법칙을 "강요하고 부과하고 깊이 새긴다."[132] 음악 만들기는 획일적인 소리를 하나님의 영광을 위한 율법과 자유의 아름다움으로 변경함으로써, 이 세상에 대한 우월성과 무관심의 입장을 취한다. 이런 의미에서, 바르트는 우주적이고 피타고라스적인 은유를 도입한다. 예를 들어, 그는 음악적 객관성을 "노래하는 우주"를 야기하는 "발전하는 조화"로 특징 짓는다. 그리고 그는 마치 "영원한 조화(Harmonie)가 혼자서 담화를 하는 것처럼" 괴테가 바흐에게 귀를 기울였다고 말한다. 바르트의 견해에 따르면, 형식을 부여하는 음악의 속성에 적합한 성서적 이미지는 잠언 8장 27-31절에 있는 지혜 여인(Woman Wisdom)이다. 이 지혜 여인은 창조 전부터 존재했었고, 창조주 곁에서 존재의 탄생을 도와 일하고 놀았다:

> 만일 18세기 음악이(그 결과물 안에서, 그리고 자포자기와 우월성 안에서) 지혜를 창조주와 동등한 것으로 본뜨려 했다면(그리하여 우리가 그 배후의 온갖 솜씨들을 잊어버리도록 만들었다면), 그것은 어쩌면 최고의 형식의지[höchsten Formwillens], 오직 이 영역에서만 최고의 절대주의를 표명하는 형식의지[Formwillens]의 계시가 아닐까?[133]

---

132) 위의 책, 49.
133) 위의 책, 50. 바르트는 잠언 8장 27-31절을 다음과 같이 알기 쉽게 바꿔 썼다: "그가 천국을 준비하였을 때, 나도 그곳에 있었다: 그가 심연의 앞을 순회할 때, 그가 위에서 구름을 만들 때, 그가 깊음의 원천을 강화할 때, 그가 바다에게 명령을 내려서 물이 그의 계율을 지나치지 못하도록 할 때, 그가 땅의 토대를 세울 때, 그 때에 나도 숙련된 직공으로서 그의 곁에 있었다. 그리고 계속해서 기쁨을 누렸으며, 언제나 그의 앞을 지켰다. 나의 기쁨은 인자와 함께였다"(KB; 비교: KJB).

비록 바르트는 이것을 질문 형태로 제시하고 있지만, 다음의 사실은 의심의 여지가 없다고 필자는 생각한다: 바르트는 우리가 음악 속에서 18세기의 형식 개념을 가장 직접적으로 듣게 된다고 확신한다. 그것이 너무나도 강력해서 신학자인 자신마저도 하나님 개념을 이렇게 형식을 반영하는 음악성과 연결시킬 정도라고 말한다.

바르트는 모차르트의 음악을 형식에 대한 의지의 궁극적인 구체화로 소개한다. 이전에 그는 오페라 '요술피리'를 계몽주의의 고전적 기록물로 이야기했었다. 우리에게 "죽음의 위협"을 극복하고 승리하도록 이끌어주는 "음악의 힘"을 보여주기 때문이다.[134] 이제 모차르트는 "충만한 음악적 자유" 때문에 동시대의 바흐나 헨델, 글룩, 하이든과도 확연히 구별된다. 바르트의 주장에 따르면, 오로지 모차르트에게서만 "바위투성이 해안"에 부딪혀 부서지는 '바다'를 들을 수 있다고 한다. 다시 말해서, 모차르트는 지식의 절대론과 절대주의적 인간에 대하여("특히 그의 가장 훌륭한 '형태'를 잘라낼 때") 경계선을 그어야 할 필요가 있음을 이해한다. 바르트에 따르면, 그러한 '슬픔과 공포'에 직면해서조차도 그는 여전히 연주한다. 마치 돌 방문객의 면전에서도 돈 조반니가 계속해서 연주한 것처럼.[135] 바르트는 나중에 칸트를 모차르트의 철학적 대응인물로 소개한다. 둘 다 그 시대의 낙천적인 정신이 "다시 한 번 최고로 눈부시게 빛나기" 전에 기꺼이 받아들여야만 할 경계선을 주장하기 때문이다.[136]

---

134) 위의 책, 12.
135) 위의 책, 51.
136) 위의 책, 153. 바르트는 쉬트라우스(David Friedrich Strauss)조차도 인류학적인 그리스도론을 가지고 모차르트에 대해 깊은 사랑을 지니고 있었던 반면, 니체는 "부서운 바그너의 무력한 노예였다"고 말한다(388; 370과 비교).

'미' : 『교회교의학 Ⅰ』의 신학적 선율[137]

『교회교의학』에서 사실 예술과 관련되거나 음악과 관련된 문제들에 대한 명백한 관심을 찾기란 쉽지 않은 일이다. 그럼에도 불구하고, 바르트가 하는 말들은 그의 긍정적인 신학 프로그램 곳곳에 넘치는 음악적-미학적 형식주의의 용어들과 좀 더 규모가 큰 담화들을 드러낸다고 하는 점에서 의미가 있다. 바르트의 가장 투명한 음악적 예는, 제Ⅰ권 앞부분의 '하나님의 말씀'이라는 개념의 본질과 특성에 관한 성찰에서 나타난다. 비록 신학이 하나님의 말씀은 음악을 통해 선포될 수 있다는 사실을 인정해야 하긴 하지만, 이 사실을 연구 대상으로 삼는 것은 교회나 신학의 소명이 아니다:

> 하나님은 러시아의 공산주의를 통해서도, 플루트 독주회를 통해서도, 꽃이 피는 관목을 통해서도, 죽은 개를 통해서도, 얼마든지 우리에게 말씀하신다. 그분이 정말로 말씀하신다면, 우리가 그분의 말씀을 잘 듣는다. 하지만……우리가 독립적인 선포로 들었던 것을 전파하도록 위임 받았다고는 말할 수 없다……우리가 알고 있는 교회는 선포라는 특별한 위임을 받았으며, 그러므로 단순히 귀를 기울이거나 반응을 보이는 것이 아니라, 사람들을 위하여 그들에게 하나님에 관하여 단호히 이야기해야 한다……전혀 위임 받지 않은 것을 선포하려 든다거나 전혀 위임 받지 않은 곳에서 선포하려 든다면, 그것은 정작 이 사명을 무시하는 것이다.[138]

---

137) Philip Stoltzfus, *Theology as Performance*, 138-43. 필립 쉬톨츠푸스는 『교회교의학 Ⅰ』의 신학적 선율을 무엇보다도 '결정적인 것으로서 형식의 개념' 문제로 보고 있다.
138) Karl Barth, *CD* Ⅰ/1, 55.

여기서 그가 무심코, 심지어는 익살스러운 형태로 인용한 네 개의 예는, 사실 굉장히 조심스럽게 선택된 것들이라고 필자는 생각한다. 그는 정치적 행동주의, 기악, 자연 세계에 대한 찬사, 동물에 대한 사랑 등의 경험을 비하하는 것을 현명하게 거절한다. 사실 우리는 그것들에 "귀를 기울이고" 나아가 그것들에 "응답하여야" 한다. 바르트는 쉴라이에르마허가 플루트 연주자 뒬론의 독주회를 관람한 다음에 영감을 얻어서 『성탄전야』(*Christmas Eve*)를 저술하였다는 사실을 잘 알고 있다. 그리하여 그는 여기에서 동일한 용어(*Flötenkonzert*)를 인용한다. 바르트의 견해에 따르면, 쉴라이에르마허나 틸리히의 문제는 - 바르트는 그들을 바로 앞 문단에서 비판한다 - 경험된 사건들이 문화의 철학보다는 오히려 문화의 신학이 된다는 것이다. 바르트는 다음과 같은 상관관계를 염두에 두고 있다: 공산주의는 정치신학이 되고, 플루트 연주는 신학적 미학이 되며, 꽃은 자연신학이 되고, 죽은 애완동물은 목회신학이 된다. 그럼에도 불구하고, 그가 보기에, 이러한 사건들 또는 경험들이 신학적 성찰의 직접적인 대상이 될 경우, 신학의 소명은 침해를 당한다. 물론 예술적인 훈련을 받고 미학에 정통하게 되는 것은 칭찬을 받을 만하다.[139] 하지만 말씀의 선포만이 신학적 성찰의 유일한 대상이며, 음악 그 자체에 관하여 이야기하는 것은 결코 정당한 주장이 아니다. 비록 하나님이 음악을 통해 뭔가를 선포하신다고 인정한다 할지라도. 그러나 문제는 여전히 남아 있다: 바르트의 '말씀' 그 자체에 관한 이해는 미학적 또는 음악적 의미를 지니고 있는가?

한슬릭의 미학적 전통과 비교해 볼 때, 다음의 개념들은 제1권에서

---

139) *CD* I /1, 283-84.

동일한 발달을 드러낸다: (1) 과학, (2) 독자성, (3) 객관성, 그리고 (4) 형식. 첫째, 『교회교의학』에서 바르트가 맨 처음 제안한 것은, 신학의 '과학적' 이해를 필요로 한다: "신학적 원칙으로서 교의학은, 하나님에 관한 독특한 진술의 내용과 관련된, 그리스도교 교회의 과학적인 자기 검증이다."[140] 둘째, 과학의 한 유형으로서, 고유한 객체 또는 '주제' – 교리와 설교, 기도, 성례전의 형태를 띠는, 하나님의 말씀에 관한 교회의 선포 – 에 대해 맨 먼저 대답할 수 있어야 한다는 의미에서, 신학은 "독특하거나" 또는 독자적이다. 셋째, 바르트는 자신의 접근을 객관성과 신적인 자기 객관성에 관한 이야기로서 이해하기 위하여 몹시 애쓴다. 넷째, 그가 최근에 구성한 18세기 사상에 관한 강의 내용에서 아주 두드러지게 나타나는 '형식'이라는 개념은, 여기에서의 논의 구조에 반드시 필요하다. 이미 제1장에서 '내용'(*Gehalt*)이라는 개념과 '형식'(*Gestalt* 또는 *Form*)이라는 개념 간의 변증법이 확연히 드러난다. 하나님에 관한 교회의 진술 내용을, 하나님의 말씀의 의미를, 신앙의 측면에 속하지 않는 철학적 '형태'에서 과연 고찰할 수 있을까?[141] 그는 숄츠가 이 문제를 그에게 제기했다고 말한다. 그리고 교의학의 관점에서, 바르트는 부정적인 대답을 제시한다:

> 교의학에서 그리스도교는 하나님에 대한 두려움을 무릅쓴 하나님에 관한 진술의 적절한 내용을 의미한다. '형태'는 이 내용에 대한 조사를 통해서 우리가 잠정적인 답변으로 구성하는 진술을 의미한다.[142]

---

140) *CD* 1/1, 3.
141) Stephen Sykes, "Barth on the Center of Theology," *Karl Barth: Studies of His Theological Method* (Oxford: Clarendon, 1979).

이 글에서처럼 필자도 하나님에 관한 교회의 진술은 모름지기 신앙(또는 "하나님에 대한 두려움")의 내용 존재를 이미 수반하고 있는 의사소통 형태를 취해야 한다고 생각한다. 더욱이 신학 그 자체는 일종의 형식 분석이 되며, 그 속에서 하나님의 말씀에 대한 충성을 결심하기 위한 대화의 형태를 평가한다. 신학은 "정확한 형식들"[143]을 만들어 내는데, 그것은 분석의 결과를 제시해 준다. 그렇다면 어떤 매체가 신학을 합법적으로 정의할 수 있을까? 제4장에서 그는 하나님 말씀의 '내용'을 세 가지 '형태'로 구분한다: 계시, 성서, 선포.[144] 이 개념들의 '형식' 분석은, 그것들이 사실 신앙 내용을 지니고 있다는 사실을 보여준다: 하나님의 말씀 실현은 그것들의 존재에 본질적이다. 예를 들어서, 하나님의 말씀이라는 존재가 없다면, '선포'라는 개념은 아무런 의미도 없는 것이 되고 만다.

미학지향적인 언어는, 특히 바르트가 세 개의 형태들을 자신의 틸리히적 구조를 입증해 주는 하나의 자원으로 이용한 데서 두드러지게 나타난다. 그가 제4장의 결론 부분에서 주장한 바에 따르면, 계시와 성서와 선포의 관계는 삼위일체의 관계와 서로 맞바꿀 수 있다: '성부' 또는 계시는 '성자' 또는 성서와 '성령' 또는 선포를 둘 다 받쳐 준다. 이 세 가지는 모두 하나로 생각할 수 있다: "세 가지 형태" 속의 "하나의 말씀".[145] 제5장에서 이것은 세 가지의 신적인 속성을 구성하기 위한 출처를 제공해 준다. 첫째, 하나님의 말씀은 하나님에 대한 연설 형식에서 스스로를 전달하고 있다. 둘째, 이 연설은 본질적으로 이

---
142) Karl Barth, *CD* Ⅰ/1, 18.
143) *CD* Ⅰ/1, 82.
144) *CD* Ⅰ/1, 47, 88이하.
145) *CD* Ⅰ/1, 120-21.

미 하나님의 행위다. 셋째, 그 행위는 언제나 세속적인 "우주의 형태" 속에서 표명된다. 하나님의 실제적인 말씀이 우리에게 감추어진 채로, 궁극적인 신비로 남아 있을 정도로.[146] 음악적 금언은 이 신비에 대한 확신을 갖고서 이야기하고자 애쓰는 역설을 분명히 보여준다:

> *C'est le ton qui fait la musique*[음악을 만드는 것은 양식(style)이다]. 우리는 일반적인 음조[양식]에 관하여 논의할 수 없다. 논의를 사실적인 담화로 만들 수 있는 음조에 대해서도 논의할 수 없다. 특히 우리가 이 지점에 가장 가까이 있다고 생각하는 사람들의 경우는 더더욱 불가능하다.[147]

이처럼 신학적인 신비는 음악성과 유사한 것(또는 음악학적 담화의 '양식' 개념과 유사한 것)으로 여겨질 수 있다고 필자도 생각한다. 대상을 결코 곧바로 "우리 마음대로" 할 수 없다는 점에서. 이 두 분야의 성찰적 담화들은 이론상 만족스럽지 못한 프로젝트로 남아 있다.

나아가, 바르트는 성부–성자 관계가 형식과 내용의 일치를 수행하는 방법을 증명하기 위하여 '형식' 개념을 반복적으로 사용한다. 그는 성부와 성자의 상호교환성을 입증하기 위하여 요한복음 본문들을 인용한다(예컨대, "나와 아버지는 하나"[10장 30절]라는 본문). 그런 다음, "성부와 성자의 대응으로, 형태(*Gestalt*)와 내용(*Gehalt*)를 저마다 독특하지만 일치하는 개념으로"를 사용하는 것이 바람직하다고 주장한다. 신학은 성부의 '내용'을 수정해서는 결코 안 된다. 오히려 성자의 '형

---

146) *CD* I/1, 166.
147) *CD* I/1, 163.

식' 안에, 형식이 내용으로 변화되고 내용이 형식으로 변화되는 신비의 면전에 서 있어야 한다.[148] 하나님은 특별히 성서적인 형식으로, 구체적이고 세속적인 형식으로, 자기를 계시하시거나 자신의 정체를 드러내신다:

> '형태'라는 개념은 우리가 결정적인 개념이라고 말해온 것에서 뽑아야 하는 개념이다. 자기 계시적인 하나님이 누구 또는 무엇이라 할지라도, 그분이 성서적 증거에 따라 그분의 계시 속에서 '형태'를 취하며, 이렇게 '형태'를 취하는 것은 그분이 자기의 정체를 밝히는 것이라는 점은 이론의 여지가 없다.[149]

이처럼 하나님은 본질적으로 형식을 취하시는 힘이라고 필자도 생각한다. 형식은 하나님의 자기 계시가 성서 이야기와 인물 속에서 일어나는 방법을 이해하기 위한 근본적인 또는 '결정적인' 개념이다. 특히, 하나님은 그리스도의 인간성이라는 형식을 취하신다. 그리고 신앙인들은 이 형식과 함께 하나가 된다: "하나님 계시의 실제적인 수취자의 '형태,' 하나님의 생각과 의지와 주장에 법칙을 부여해 주는 '형태'는 언제나 그리스도의 죽음의 '형태'여야 한다(로마서 6:5)."[150] 비록 전통적인 삼위일체론과 성서적 예들을 나타내지만, 바르트의 형식주의적 담화는 위의 본문에서 확실히 미학적인 담화라고 할 수 있다. 더욱이 미학적 이론에서 형식과 내용의 일치라는 주제에 가장 가까운 유사

---

148) *CD* I/1, 176, 248.
149) *CD* I/1: 316.
150) *CD* I/1: 322, 458; 로마서 6장 5절: "우리가 그의 죽으심과 같은 죽음으로 그와 연합하는 사람이 되었으면, 또한 분명히, 그의 부활하심과 같은 부활로 그와 연합하는 사람이 될 것입니다." 여기에서 바르트의 주석은 로마서의 형식과 언어와 연속성을 보여준다.

성, 그리고 다름 아닌 형식을 통한 내용의 실현은, 한슬릭과 1920년대의 형식주의 추종자들에게서 발견되는 것들이다.

'파': 『교회교의학 II』의 신학적 선율

『교회교의학 II』에서 바르트는 '형식'이라는 개념을 명백히 미학적인 형태로, '아름다움'의 가장 지배적인 특징으로 사용한다.[151] 논의의 방향이 하나님의 12가지 속성 또는 '완전함'에 관한 성찰로 흘러가는 동안에도, 그는 계속해서 자신의 주장을 삼중적인 삼위일체 양식의 반복적인 '전개'로 구성한다. "자유 가운데 사랑을 베푸시는 분"이라는 하나님-복합 개념을 토대로 사용함으로써, 그는 '사랑' 차원에서 유래된 여섯 개의 연결된 완전함을 구상해 내고, 또한 '자유' 차원에서 유래된 여섯 개의 완전함을 더 구상해 낸다. 완전함의 마지막 요소인 하나님의 '영광'을 위해서, 그는 자신이 '형식'이라고 부르는 12가지 전부를 고려하는 방법으로 아름다움의 언어에 호소한다―"자기를 계시하는 모든 것……하나님 자신의 모든 것을 드러내시고, 자신을 표현하시고, 자기를 표명하시는 실재."[152] 아름다움의 신플라톤주의 전통에서 끌어온 시각적 은유들이 여기에서 두드러지게 나타난다: 하나님은 모든 존재를 통해 빛나고 모든 존재에 "침투하는" 빛의 원천이시다.[153]

이러한 이미지의 객관적인 성격은, 바르트가 하나님은 인간의 즐거움, 욕망, 기쁨을 경험하는 심미주의에서보다는 차라리 '모양과 형식'

---

151) Philip Stoltzfus, *Theology as Performance*, 143-45. 필립 쉬톨츠푸스는 『교회교의학 II』의 신학적 선율을 무엇보다도 '완전한 형식으로서의 하나님과 그리스도의 아름다우심'이라는 관점에서 바라보고 있다.
152) Karl Barth, *CD* II/1, 613.
153) *CD* II/1, 646.

에서 아름다우신 분이라고 확신하도록 도와준다.[154] 하나님의 영광의 아름다운 형식은, 플라톤의 『향연』(*Symposium*)에서처럼, 자연의 다른 어떤 아름다움을 통해서 드러나는 것이 아니다. 그것은 오로지 신적인 "완벽한 형식"의 표현에 대한 분석을 통해서만 드러난다: (1) 단일성, (2) 삼위일체, 그리고 (3) 그리스도. 12가지의 완전함에서 드러나는 것처럼, 정체성과 비정체성, 단순성과 복잡성은 우리에게 하나님의 형식적 단일성에 관한 지식을 제공해 준다. 하지만 이 형식은 추상적인 아름다움의 출처가 아니다; 오히려 아름다움은 모두가 궁극적으로는 신비로운 하나님과의 합일로부터 생겨난다고 하는 인식에서 나타난다. 상호 침투적이며 이해 가능한 완전함의 아름다운 '형식'은 동시에 하나님의 단일성의 완전한 내용이기도 하다. 바르트는 계속해서 말하기를, 삼위일체인 하나님의 존재는, 아름다운 형식이란 추상 명사가 아니라 성부, 성자, 성령의 지속적이고도 반복적인 관계 속에서 구체화되는 것임을 보여준다고 말한다.[155] 다시 말해서, 신적인 형식은 특별한 객관적 내용에 꼼짝 못할 정도로 집착하고 있는 것이다. 바르트의 신적인 형식의 세 번째 예인 그리스도는, 하나님의 형식적 아름다움을 '최고조로' 드러낸다. 그리스도는 분리된 형식이 아니라, 본질적으로 신적인 형식과 내용의 합일, 삼위일체의 단일성, 그리고 모든 선과 진리와 아름다움의 원천을 반영해 주는 "아름다운 형식"이다:

> [예수 그리스도]는 이 형식, 기쁨을 자아내는 이 아름다운 형식을 지닌 신적인 존재의 진정한 합일 가운데 있다……하나님의

---

154) *CD* Ⅱ/1, 650-53.
155) *CD* Ⅱ/1, 657-61.

존재 안에 있는 아름다움에게는……그분은 한 분이시고 또 다른 분이시지만, 이 다른 분 안에서도, 혼동이나 변경 없이, 분리나 구별도 없이, 다시 한 번 한 분이시다……는 사실이다. 예수 그리스도 안에서 신적인 본성과 인간의 본성이 맺고 있는 관계의 결단력에 반영되어 있는 것은 바로 형식, 신적인 존재의 아름다운 형식이다. 이런 과정에서도, 이 휴식과 이동 가운데서도, 하나님은 삼위일체시고, 그 모든 결단력의 합일과 충만 속에서 신적인 존재이시다. 그분은 이런 식으로 존재하시는 분이기에, 그분은 모든 진리와 선의 원천일 뿐만 아니라 모든 아름다움의 원천이기도 하시다. 그리고 우리는 그분이 예수 그리스도 안에서 이런 식으로 존재하시는 분임을 알기에, 예수 그리스도 안에서 하나님의 아름다우심을 인식해야 한다.[156]

이처럼 바르트는 예수 그리스도를, '영광' 이라는 신적인 속성 안에서, 아름다움의 신비에 이르는 열쇠로 간주한다. 아름다움의 주관적 측면-욕망의 매력-은 삼위일체의 두 번째 인격의 객관성에 굳게 뿌리를 박고 있다. 그리고 이것은 신적인, 타자와의 관계 속에 계시는 분(One-in-relationship-to-other)의 객관적인 형식과 내용에 근거를 두고 있다. 여기에서 다시 한 번 우리는 시각적인 심상을 발견하게 된다: 그리스도는 '형식' 의 '반영' 이다. 그리스도를 "최상의" 형식으로 특징짓는 것은, 바르트가 초기에 18세기 음악을 "형식에 대한 최상의 의지"로 구성했던 걸 떠올리게 만든다. 더욱이 특정 언어인 형식- '아름다움'[157]으로서의 형식, 그리고 내용과 분리할 수 없는 형식-에 대한 강

---

156) *CD* Ⅱ/1, 664.
157) Tillich, "Religious Dimensions of Contemporary Art," *Art and Architecture*, 173-74.

조는 한슬릭의 생각과 일치한다. 바르트는 교의학적인 관점에서 아름다움이라는 논제에 관하여 직접적으로 언급함으로써, 자신의 미학적 헌신과 원천을 잘 드러낸다.

'솔': 『교회교의학 III』의 신학적 선율

『교회교의학 III』부터는 모차르트를 포함하여 좀 더 신학 영역을 벗어난 목소리가 들리기 시작한다.[158] 제III권 제1장의 끝부분에서, 라이프니츠의 낙관론 '노래'에 대해 호의적인 논의를 펼치는 가운데, 바르트는 바흐와 헨델, 글룩, 하이든, 그리고 "그 누구와도 견줄 수 없는 모차르트"를, (개신교 사상에 관한 강연에서 그가 주장한 것처럼) 세기를 통틀어 "가장 멋진" 음악을 만들어 낸 그 시대 영혼의 대표적인 예로서 열거한다.[159] 그로부터 5년 뒤인 1950년에 나온 제III권 제3장에서, 바르트는 '무'(nothingness)에 관한 논의 부분에서, 자신이 다시 한 번 모차르트에게 "되돌아가야만 한다"고 선언한다. "이 사람은 어째서 그 누구와도 견줄 수 없는가?" 하는 질문을 제기하면서 말이다.[160] 그는 그 어느 때보다 대담한 형태로 자신의 반표현과 반주관성에 관한 주제를 펼친다. 그의 주장에 따르면, 모차르트는 단순히 "자신의" 음악을 작곡한 게 아니다. 모차르트는 특별히 종교적인 사람이 결코 아니었으며, 확실히 "경솔한" 삶을 살았었다. 그의 음악은 내재성과 아무런 관계도 없다: "그는 자기 자신이나, 자신의 생명력이나, 슬픔이나 경건이

---

158) Philip Stoltzfus, *Theology as Performance*, 145-48. 필립 쉬톨츠푸스는 『교회교의학 III』의 신학적 선율을 무엇보다도 '신학에서 모차르트가 차지하는 자리로서 우주적 조화'라는 관점에서 바라보고 있다.
159) Karl Barth, *CD* III/1, 404.
160) *CD* III/3, 297-99.

나 어떤 프로그램을 표현하거나 나타낼 필요도 없었고, 또 그러고 싶어 하지도 않았다." 확실히, 느낌이 존재하지 않는다: 음악은 "단조로운 인간의 감정들을 표현하고 있다." 그렇지만 이것은 음악의 서비스에 언제나 존재한다. 악기로 음악을 연주하는 것은 작곡가의 주관성이나, 청취자의 비애감이나, 거만한 인간의 음성 악기가 아니라, 대상 그 자체에 머문다: "그는 악기들을 이용했다. 피아노와 바이올린을 정렬시키고, 호른과 클라리넷을 지나서, 위엄 있는 바순을 따라, 그것들 사이 어딘가에 인간의 음성을 곁들인다. 그는 구별에 대해 특별히 한 마디도 안 하지만, 바로 이런 이유로 구별된다." 한슬릭이 주장했던 것과 같이, 음악은 단순히 좀 더 근본적이고 음악 외적인 인간의 정서 상태나 시를 전달하기 위한 전달 매체가 아니다. 음악 자료 자체, 곧 '형식'이 음악적 의미의 근본적이고 독자적인 원천인 것이다.

 바르트의 주장은, 그러니까, 모차르트가 실재의 객관적인 '청취'와 '목격'으로부터 음악을 작곡한다는 것이다. 인식하는 주체와 마주 서 있는 시간과 공간의 광대하고도 서로 연결된 세계는, 음악적 공명정대의 기원이다. 그가 이것을 입증하기 위해 끌어온 관점과 용어들은, 엄격히 말해서, 피타고라스와 신플라톤주의의 상상력으로부터 비롯된 것들이다. 이 점은 그가 청각과 시각의 조화 개념을 반복적으로 사용하는 데서 분명해진다. 모차르트의 음악은 종합음악이다. 그 작품들은 우주의 구성과 기능에 본질적인 합창소리를 들려준다. 모차르트는 이것을 청취하는 데서 매우 독특하다. 그리고 그 결과로 생긴 소리는 근본적인 우주적 관계에 응답한다. 바르트의 모차르트 뒤에 있는 미학적 모델은 바로 신비주의적 피라고라스다: 혼자서 천상의 음악을 듣고, 순전히 수학적–조화적 형식으로 그것을 다시 한 번 주장하는 사람. 더욱이 바르트는, 플로티누스와 마찬가지로, 조화와 단순한 좌우 대칭을 동일시하지 않는다. 그는 오히려 한 분의 찬미를 둘러싼 음성의 질서와 조화를 동일시한다.

바르트가 미학적 전통에 진 빚은 시각과 창조된 선에 관한 그의 언어를 통하여 좀 더 잘 드러난다. 모차르트는 1756년의 리스본 지진의 비극과 인간의 한계를 이해했다; 하지만 그는 창조의 긍정적 비전을 주장하였다:

> 그는 (그림자도 속하긴 하지만 그 그림자는 곧 어둠이 아니고 부족도 곧 패배가 아닌) 조화를 귀로 들었다……따라서 이 조화 속의 쾌활함은 한계가 전혀 없다. 그러나 빛은 그림자로부터 갑자기 생겨나기 때문에 훨씬 더 밝게 비춘다……모차르트는 우리보다 이 빛을 더 많이 보았다. 하지만 그는 이 빛에 둘러싸인 창조 세계 전체를 귀로 들었다.[161]

이처럼 어둠과 그림자의 부속에 직면하여, 모차르트는 궁극적인 선의 빛에서 언뜻 보았던 맥락에서, 어둠에 길들여지는 것이 얼마나 절실히 필요한가를 보았다고 필자는 생각한다. 이것은 모차르트 자신의 천재적인 재능이 아니라, 오히려 플라톤의 동굴 비유처럼, 그림자 속에도 여전히 남아 있는 것들에게 자신이 본 선을 전달하는 중재자로서의 자기 역할을 인식한 것이었다 티마이오스가 창조 질서를 "눈으로 볼 수 있는 생생한 창소 세계……눈에 보이는 신, 위대하고 탁월한, 아름답고 완전한 최고의 신"으로 최종적으로 선포한 것처럼,[162] 바르트

---

161) *CD* Ⅲ/4, 589.

역시, 모차르트의 "창조세계는 주인을 찬미하며, 그러므로 완전하다"고 결론을 내린다. 모차르트의 음악은, 특히 교향곡 제40번 G단조에서, 창조세계가 반드시 대결하게 될 '무'(無)를 취하고 또 극복하는 확실한 예를 바르트에게 선사해 준다.

이 본문의 신학적인 의의는, 바르트가 모차르트는 창조론과 종말론 "자리를 차지한다"고 공공연히 주장한다는 것이다. 모차르트의 음악은 창조의 질서와 미래의 질서에 대한 적절한 태도를 보여준다. 이것은 제 I 권 제1장과 모순되는 것처럼 보인다. 그곳에서 바르트는 미학적 자료를 그 자체의 견지에서 교의학적으로 성찰하는 것을 완전히 부정했었다. 사실, 모차르트는 여기에서 예수 그리스도와 신기할 정도로 유사한 방법으로 기능을 수행한다. 한 페이지 앞에서 바르트는 예수 그리스도를 '무'와 창조세계의 선 사이의 대립을 해소해 주는 존재로 묘사했었다.[163] 또한 바르트는 부기(附記)의 초반부에서, 모차르트의 음악이 "현명하고 강력하고 자주적이기 때문에, 언제나 '생동력이 있고,' 자유롭고, 해방적인" 음악이라고 주장한다—이것은 제II권 제1장의 (자유, 지혜, 전능, 전지와 같은) 신적인 완전함에 관한 논의를 직접적으로 상기시켜 주는 범주다. 더욱이 그는 나중에 제III권 제3장에서 하나의 힌트를 제시한다. 만일 그가 『교회교의학』의 종말론 부분을 마쳤더라면 분명히 음악에 관하여 실제적으로 진술했을 것처럼, "형태와 한 분의 실재" 앞에서 불러지고 연주된 요한계시록 5장 8-10절의 하늘의 음악에 관한 논의에서, 그는 종말론적 기악곡의 '완전함'을 옹호한다:

---

162) Plato, *Tim*. 91c.
163) Karl Barth, *CD* III/3, 296.

물론 악기의 연주는 다소 의식적이고, 기술적이며, 지적인 인간이 하나님 앞에서 이 우주의 소리를(안 그러면 침묵하고 있었을 소리를) 분명하게 표현하려고 노력하는 것이다. 물론 완전한 음악가는, 그저 자기 자신의 마음에서 나는 소리뿐만 아니라 창조세계 전체가 말하려고 애쓰는 소리까지 가장 잘 들을 수 있는 사람, 그리고 가장 겸손하고 가장 객관적인 방법으로 하나님과 인간이 창조세계의 그 소리를 들을 수 있게 만들 수 있는 사람, 특히 천사들에 따라 움직이는 사람이다.[164]

이처럼 그의 주장에 따르면, 천사들은 예배에서뿐만 아니라 '콘서트'에서도 존재하는 것으로 묘사하는 게 맞는 것 같다고 필자도 생각한다. 악기 연주자는 굉장한 겸손과 객관성을 보여주기 때문이다. 게다가, 악기 연주자들에게는 반복적인 창조의 '청취' 뿐만 아니라 활동적이고도 창의적인 연주까지 곁들여진다. 순수한 음악 그 자체는, 하나님에 대한 언어적 봉사와 대조적으로(또는 유사하게) 독자적이고도 객관적인 기능을 발휘하기 때문에, 신학적으로 흥미롭다. 음악은 하나님조차도 멈춰서 "악기를 통해 또렷이 표현되는 창조세계의 한숨소리를" 들으시도록 만들어 준다.

제Ⅲ권 제3장의 이 두 본문 모두에서, 음악에 대한 성찰은 분명히 구조상의 신학적 자원이 된다. 하지만 바르트는 이상하게도, "과학적인 추론"이나 "중무장을 한 '하나님의 말씀'"(실제로는 그 자신을 의미하는)을 통한, 다른 어떤 인물, 심지어는 신학자의 노력미지도, 결코 모차르트가 창조세계의 선에 귀를 기울이고 그것으로부터 "질서를 창

---

[164] *CD* Ⅲ/3, 472.

조했던" 방법을 진짜로 파악할 수 없다고 주장한다.[165] 기악곡이 고유하게 창조적이고 종말론적인 완전함의 형식을 가리키지만, 언어로 그같이 선포하지는 않는다는 것 같다. 그것은 완전함의 형식을 표현하기보다는 보여준다. 여기에서 바르트는 음악 작품을, 신학적 성찰을 위한 소재의 기점으로 간주하지 않는다(그것은 신적인 객관성과 자유의 원칙을 무너뜨리기 때문이다). 오히려 그는 음악 작품을, 신학이 자유와 객관성과 조화와 선과 완전함 같은 개념들과 함께 분류하려고 애쓰는 것으로부터 독립된, 그러면서도 유사한 훈련으로 간주한다.

'라' : '모차르트 평론' 의 신학적 선율

첫째로, '과장의 수사학' 에 대하여 생각해 볼 필요가 있다. 1956년에 출간된 바르트의 모차르트 탄생 200주년 기념 평론집은 간단히 『볼프강 아마데우스 모차르트』(*Wolfgang Amadeus Mozart*)라는 제목이 붙었는데, 여기에는 취리히와 루체른의 신문에 실렸던 단편 칼럼 두 개와, 1956년 『츠빙글리 연감』(*Zwingli Almanac*)에 실렸던 조금 더 긴 논문, 그리고 1월 29일 바젤의 페스티발에서, 관악기를 위한 세레나데 C단조(쾨헬번호 388번)의 제2악장과 제3악장 연주 사이에, 생방송으로 진행되었던 "모차르트의 자유"라는 연설이 실려 있다.[166] 바르트는 그 후 몇 달 동안 그 연설을 여러 버전으로 만들었고, 그 출간된 버전의 복사본들을 여러 해 동안 친구들에게 보내주는 걸 즐겼다.[167] 그 평론들은

---

165) *CD* Ⅲ/3, 298-99.
166) Philip Stoltzfus, *Theology as Performance*, 148-57. 필립 쉬톨츠푸스는 '모차르트 평론' 의 신학적 선율을 무엇보다도 '음악은 말씀에 대한 자유로운 대응 형식' 이라는 관점에서 바라보고 있다.
167) Busch, *Karl Barth: His Life*, 409-11.

일반 청중들을 위하여 특별히 준비된 평론인데다, 모차르트의 유산을 기념하기 위해 만들어진 것이기에, 『로마서 강해』의 수사학적 기호의 특징을 다시금 취하고 있다는 점에서 매우 놀랍다고 할 수 있다. 바르트는 모차르트와 다른 작곡가들을 광범위하게 비교하는 일에 푹 빠져 있다. 그는 낭만적이면서 종교적이기까지 한 열광을 과시하면서, "오직 모차르트에게만" 충실할 것을 맹세한다.[168] 바르트의 과장된 표현은 일반적으로 수사학적 자질에 대한 주장들을 공개해 주는 몇 가지 가공의 또는 부차적 거리 안에서 시작된다. 예를 들면, 그는 천국이 모차르트에 대해 성찰할 수 있는 자리라고 상상하면서 기뻐한다. 이러한 가상의 위치는 바르트에게 유머를 시작할 수 있는 기회를 제공해 준다. 자주 인용되는 그의 격언처럼, 천국에 들어가면 칼빈이나 쉴라이에르마허 같은 신학자들에게 안부를 묻기 전에 우선 모차르트부터 만나고 싶다는 유머가 그것이다. 게다가 그는, 바흐의 대중적 연주에도 불구하고, 천사들이 본향에서 모차르트를 연주할 때 하나님께서 과연 "특별히 즐거워하시면서" 진정으로 귀를 기울이셨는지 한 번 점검해 보고 싶다고 말한다.[169] 다른 경우에, 바르트는 꿈 연속물의 맥락으로 칭찬을 투사한다. 그는 모차르트의 음악이 그를 다른 장소로 이동시켜 준다고 상상한다. "그곳은, 햇빛과 폭풍우 가운데, 낮이고 밤이고, 선하고 질서 잡힌 세계"다. 다른 본문에서 그는 모차르트의 신학적 검토를 구상하는 걸 꿈꾼다. 하지만 돌아오는 응답은 침묵뿐이다.[170]

---

168) Karl Barth, *Wolfgang Amadeus Mozart 1756-1956*, 16.
169) Bernd Jaspert and Geoffrey W. Bromiley, *Karl Barth-Rudolf Bultmann Letters 1922-1966* (Grand Rapids: Eerdmans, 1981), 109.
170) Karl Barth, *Wolfgang Amadeus Mozart 1756-1956*, 22, 20. "A Letter of Thanks to Mozart"라는 논문은 천국의 모차르트에게 쓴 것이다.

그토록 음악적으로, 신학적으로 무심한 주석, 또는 샬르만이 기록한 것처럼 그토록 "과장된 언어를, 자기 조롱에서부터 극단의 공격성에 이르기까지 매우 다양한 분위기에서" 퍼뜨리는 바르트의 목적은 과연 무엇일까?[171] 바르트는 자신이 그런 표현의 영향을 받지 않는다는 점을 인정하고 있는 것 같다. 하지만 그의 표현을 간접적인 연설-가설, 상상, 인용-의 영역에 둠으로써, 그는 자기 자신과 청중을 그 주장들로부터 멀리 떼어놓으려 한다. 이것은 확실히 그가 여러 군데서 사용하는 전략이다. 그는 여러 군데서 그 동안 주장한 것들을 청중이 객관화하고, 자격을 부여하고, 궁극적으로는 상대화할 수 있도록 조른다. 위에서 말한 바흐와 모차르트의 비교 같은 경우, 그는 청중들이 자신의 의견에 반대할 수 있도록 거부권을 부여한다. 그의 비평은 결국 "내가 의미하는 것을 제시하는 연설의 한 모습"에 불과하기 때문이다.[172] 모차르트와 동시대 사람들의 준신학적 설명들에 대한 응답으로, 바르트는 다음과 같이 주장한다: "우리는 그런 언어를 좀 더 인색하게 사용해야만 한다." "무력하면서도" 과장된 표현에 항복하고 만 사상가들에 대하여 바르트는 단호히 말한다: "나는 여기에서 그들의 뒤를 따르고 싶지 않다." 그의 목적은 그들을 옹호하거나 설명하는 게 아니다. 그는 단지 그들이 묘사하고 있다고 주장하는 대상-모차르트의 음악-이 어떤 특별한 또는 신비로운 특징을 지녀야 한다는 점을 지적하고자 한다.[173]

둘째로, '음악적이고 우주론적인 형태'를 생각해 볼 필요가 있다.

---

171) Robert Scharlemann, "The No to Nothing and the Nothing to Know: Barth and Tillich and the Possibility of Theological Science," *Journal of the American Academy of Religion* 55 (1987년 봄), 59.
172) Karl Barth, *Wolfgang Amadeus Mozart 1756-1956*, 23.
173) 위의 책, 44-45.

이렇게 공공의 신학자로서, 또 이따금씩은 관객 앞에 서서 연기하는 코미디언의 역할을 수행함으로써, 바르트가 모차르트에 관하여 적극적으로 주장하고 싶은 것은 무엇일까? 확실히 그는 이전의 한슬릭과 마찬가지로, 평범한 청중들의 오르페우스식 정서적·치료적 연합을 확언한다. 모차르트는 "우리를 한 번에 미소 지을 수도, 눈물 흘릴 수도 있게 만드는" 감정의 연주를 시작함으로써, 단순한 "귀와 마음의 즐거움"을 자아낸다.[174] 청취자는 오페라의 등장인물들뿐만 아니라 기악곡을 통해서도, 온 인류에 근본이 되는 인격의 성향을 반영해 주는 흥분과 고요, 기쁨과 슬픔의 '변증법'을 분간할 수 있다: "그 모든 것들이 어떻게 해서 그 안에 표현되었는지, 우리는 거듭해서 감탄하게 된다: 하늘과 땅, 자연과 인간, 희극과 비극, 온갖 형식들 속의 격렬한 감정."[175] 더욱이 음악이 청중들에게 미치는 영향은, 자아낸 분위기의 밝음과 어두움에 상관없이, 궁극적으로 위로와 위안이 된다: 음악은 "우리의 짐을 덜어 주고, 우리를 자유롭게 해주며, 우리를 해방시켜 준다."[176] 그럼에도 불구하고, 그런 평가가 표현주의 이론으로의 복귀를 초래하는 것은 결코 아니다; 바르트의 전체적인 진행 경로는 그러한 논제를 정확하게 제한하고 비판하는 것이다.[177] 바르트는 쉴라이에르마허의 신학적 미학에 중심이 되는 개념들을 반박하고 있다: '표현'(*Ausdruck*)과 '기분'(*Stim-*

---

174) 위의 책, 16, 21, 23, 30. 기쁨과 슬픔의 동시 발생적인 감정 소유라고 하는 주제는 쉴라이에르마허의 『성탄전야』의 등장인물 소피(Sofie)의 특징이었다.
175) 위의 책, 34.
176) 위의 책, 16, 56, 47-48.
177) 위의 책, 53-54. 그는 이것에 대한 단서를 바로 모차르트로부터 취한다고 주장한다. 모차르트는 1781년 다음과 같이 기록하였다: "폭력적이든 아니든, 격렬한 감정은 결코 섬뜩할 정도로 표현할 수 없다. 가장 두려운 상황에서도 음악은 결코 귀에 거슬려서는 안 되며, 그런 때조차도 즐거움을 선사해야만 한다. 다시 말해서 음악은 어디까지나 음악에 머물러야 한다."

mung).[178] 확실히 바르트는 모차르트에 관한 표준적인 역사적 일화들을 되풀이한다. 특히 『츠빙글리 연감』 평론에서 그러하다. 하지만 그는 역사적 환원주의에 대하여 신랄하게 비판한다. 그리고 어떤 사건에서도 모차르트 자신은 정치적이거나 지적인 환경에 대한 관심을 거의 드러내지 않는다고 주장한다: "모차르트는 어떤 것도 말하고 싶어 하지 않는다; 그는 그저 노래하고 소리를 낼 뿐이다."[179]

바르트는 작곡의 형식-생성으로부터 우주적 형식으로 쉽게 이동한다. 비록 스타일로는 그 시대의 다른 작곡가들과 유사하지만, 모차르트는 소재와의 자유-"자유로운 모차르트의 객관성"-를 확실히 보여준다. 삶의 모든 단계에서 그는 특별한 '기관'을 지니고 있었던 것으로 보인다. 그 기관들이 그가 "동일한 귀로 동일한 소리를 내는 우주"를 듣게 해주었고, "그가 보편적으로 진술할 수 있었던 것을 보편적으로 이해하게" 해주었다.[180] 피타고라스의 관계는 여기에서 가장 날카로워진다.

> 그것은 마치 작은 부분에서 온 우주가 갑자기 노래하기 시작하는 것과도 같다. 분명히 인간 모차르트는 우주를 이해했으며, 이제는 오로지 매개체로서의 역할만을 수행함으로써, 우주가 갑자기 노래를 시작하도록 만드는 것이다![181]

필자가 보기에, 이처럼 바르트는 모차르트가 우주적 예언자, 우주

---

178) 위의 책, 53.
179) 위의 책, 35-37, 50.
180) Karl Barth, *Wolfgang Amadeus Mozart 1756-1956* (Zürich: TVZ Theologischer Verlag Zürich Publishing Co., 1956), 51, 37.
181) 위의 책, 35.

를 청각적인 음악으로 인식하고 소생시킬 수 있는 미학적 열쇠로서의 '악기' 역할을 수행하는 것으로 생각하고 있는 것 같다. 마찬가지로 매우 충격적인 다른 본문도 있다:

> 사실, 전기 모차르트와 후기 모차르트의 특징적인 기본 "음성"-그 밖의 다른 음성과 혼동해서는 안 된다-이 정말로 음악의 근본적인 소리일 수 있을까? 그가 영원히 언제나 타당한 '형태' 안에서 이 '음조'를 발견하고 감명을 받을 수 있었을까?[182]

이 글을 보면, 필자 생각에 바르트는 음악의 '형태'와, 우주의 선재하는, 영원한 '형태'의 폭로를 서로 연결시키고 있다고 여겨진다.

셋째로, '자유로운 형식과 자유로운 놀이로서의 신학'을 살펴볼 필요가 있다.[183] 이러한 수사학적 전략은 평론들의 신학적 관련공식을 제대로 해석하는 데 중요하다. 바르트는 모차르트가 실재의 범위에 대해 너무도 잘 알기 때문에 모차르트의 음악은 분명히 "높은 곳에서" 비롯된 것이라고 생각한다.[184] 또한 바르트는 모차르트 작곡의 본질이나 중심에 대해 반복적으로 이야기한다. 천국과 지옥, 그리고 삶과 죽음의 변증법 한가운데서, 모차르트는 자신의 작업에 구조적인 한계, 경계선, 약속을 부과한다. "모차르트는 모든 것을 다 알기에, 신비로운 중심으로부터 음악을 창조하며, 한계들을 상하좌우로 살핀다. 그는 중용을 유지한다."[185] 바르트의 반응은 음악의 풍부한 신학적 자원을 부정하는

---

182) 위의 책, 28.
183) 손호현, "몰트만의 놀이의 신학,"『신학사상』제137집 (서울: 한신신학연구소, 2007), 129-59. 위르겐 몰트만은 신학에서 윤리적 가치의 지나친 독주에 대항하여 미학적 가치를 회복시키고자 '놀이의 신학'이라는 비판적 성찰을 제시한다.
184) 위의 책, 33.

것이 아니라, 오히려 배후의 미학을 전환하는 것이다. 그의 심상들은 때때로 신플라톤적인 경향을 지니고 있기에, 표면상으로 봐서는 일종의 자연신학으로 돌아가자는 주장처럼 보일 수도 있다. 예를 들면, 바르트는 모차르트가 단어들에 맞서 보여주는 독자적 자유가 특별히 "종교적인 본문들의 객관적 주장"의 대응물로서 적당하다고 주장한다.

이 평론들에서 바르트는 자신의 청중들을 위하여 음악적/신학적 형식 언어를 상상해 내려고 고군분투하는 것 같다. 때로는 거의 성공을 거두지 못하지만 말이다. 이러한 형식 언어는 음악적 형식으로부터 우주적이고 신학적인 형식으로의 균일한 발전과 함께 '존재의 유비'로 귀착하지 않는다. 오히려 위에서 『교회교의학』의 본문을 재검토한 것에 비추어 볼 때, 우리는 인간적 형식(그리스도)과 한 분(the One)의 형식의 관계와 아주 유사한, 음악적 형식과 우주적 형식의 관계를 확언하기 위해 노력하는 것이 곧 바르트의 임무였다고 해석할 수 있다.[186] 그러므로 모차르트의 음악은 바르트에게 궁극적으로 문화적 산물이나 인간적 산물로서가 아니라 우주의 거울로서 신학적 의미를 지닌다. 또 물론 "하나님을 향한 직접적 접근"의 의미가 아니라, 특별히 예수 그리스도의 역할과 비유적으로 일치하는 우주에 대한 비유적 관계로서, 신학적인 의미를 지닌다. 음악 작품은 선포와 동일한 지위를 가지는 게 아니라, 선포와 평행하여, 선포의 맞은편에 선다. 하나님의 말씀의

---

185) 위의 책, 54.
186) Philip Stoltzfus, *Theology as Performance*, 157-61. 바르트 자신은 『종교개혁교회 신학』(*Evangelical Theology*)에서 이와 유사한 모델을 구성한다. 음악적 형식:우주적 형식::인간적 형식:신적 형식/내용. 아니면, 다음과 같이 좀 더 구체적으로 표현할 수도 있다: 모차르트:우주적 긍정/부정::예수 그리스도:삼위일체. 이 관계의 유비의 양쪽 면에서, 두 번째에 오는 용어는 기본적이고 원래적인 용어다. 그리고 첫 번째 용어는 두 번째 용어가 완전히 실현되는 형식을 제공해 준다.

형식에 대한 '대응물' 또는 '대응형식'으로서.

이 평론들에서 우리는 변증법적인 놀이를 발견하게 된다. 바르트는 자신의 연구 대상의 독특성과 신비로움을 확언하고 싶어 한다. 하지만 동시에 그는 '형태'와 신플라톤적 암시의 언어에 푹 빠져 있다. 그 둘이 합쳐진 결과가 바로 역설과 반어와 유머의 정신이다. 바르트는 '놀이'라는 개념을 통해서 이 현상을, 미학적 성찰의 문제 자체를 받아들인다. 모차르트는 아이 같고 요구가 많은 놀이 식으로 작곡을 한다. 청중 역시 그것에 동참하도록 초청받는다: "[모차르트는] 놀이를 결코 멈추지 않는다. 음악에 동요되어 날아오르지 않는 청중, 그와 더불어 놀이를 하지 않는 청중은 진정으로 그의 음악을 듣지 않는 것이다."[187] 바르트는 모차르트가 청중에게 음악을 강요하지 않는다고 확언하고 싶어 한다: 그는 하나님을 찬미하라고 명령하는 것이 아니라, 받는 사람이 음악의 자유와 놀이성에 마음 문을 열 수 있도록 허용한다.[188] 때때로 바르트는 연주의 쟁점으로 놀이하는 것에도 관심을 돌릴 것이다. 모차르트는 그저 그가 기록한 것들 때문에 독특한 게 아니다. 그가 독특한 것은 즉흥 연주의 능력 때문이기도 하다—"한 번 소리가 났다가 그 다음엔 영원히 사라져 버린 모차르트의 전 세계!"[189] 그 결과 때문에 하게 된 즉흥 연주는 아직도 바르트에 따라 형식을 생성하는 연주로 간주되고 있다: 그것은 '세계'를 만들어 낸다. 하지만 이 새로운 세계는 오래 가지 않는다; 그것은 우리에게 "영원히 타당한 형식"이 아니다. 반복해서 예측할 수 있는 세 가지 모습으로 실현되지 않기 때문

---

187) Karl Barth, *Wolfgang Amadeus Mozart 1756-1956*, 47.
188) 위의 책, 37.
189) 위의 책, 40.

이다. 이것은 헌신적인 청중이나 연주자 모두에게 어쩌면 좌절을 안겨 줄 수 있다:

> 확실히 이것[즉흥 연주]은 그의 음악이 어째서-여기에서 쉽게 얘기하기가 매우 어리석은 일이긴 하지만-노력 없이는 접근하기가 어려운지, 심지어는 가장 밝고, 가장 어린이 같고, 가장 기쁜 악장에서도 어째서 이 늘-존재하는 빛이 뭔가 요구가 많고, 어지럽히고, 거의 도발적인 것을 소유하고 있는지, 설명해 줄 수 있다……이미 입증된 바와 같이 공연예술가가 모차르트를 제대로 노래하고, 연극하고, 지휘할 때 가장 아름다우면서도 가장 요구가 많은 일에 직면하는 것도 바로 이것 때문임이 확실하다.[190]

필자는 여기서처럼 바르트가 연기자의 관점을 취하는 것은 아주 드문 일이라고 생각된다. 아마도 그는 바로 전 몇 년 동안 가수이자 악기 연주자, 합창단 지휘자로서 자신이 경험한 것들을 회상하고 있는 듯하다. 놀이, 또는 즉흥 연주라고 부를 수 있는 것은, '빛' 그리고 '광휘'이며, 또한 도발적이고 요구가 많다. 그것은 음식이나 음료만큼이나 근본적이다.[191] 그것은 '아름다움'을 명백히 보여준다. 그러므로 이 평론들은, 바르트의 아름다움의 미학의 구조주의적 원천이 결국 그 자신의 사상의 놀이나 연주 차원과 같은 기준으로 잴 수 있는가 하는 문제를 제기하기 시작한다.

---

190) 위의 책, 48.
191) Karl Barth, *CD* III/3, 297.

'시' : 『교회교의학 Ⅳ』의 신학적 선율

바르트는 "모차르트의 자유" 끝부분에서, 모차르트를 "선포하고자" 하는 복음주의 신학자의 외관상의 부적합 문제를 제기한다.[192] 그리고 그에 대한 응답으로, 그는 『로마서 강해』에 이미 등장하는, "왕국의 비유"로서의 음악 작품이라는 개념을 내비친다.[193] 마지막 평론인 『나는 어떻게 내 마음을 바꾸었는가?』(*How I Changed My Mind*)에서 바르트는 유사한 상관관계를 제공하는데, 이것을 보면 그가 '비유'라는 말을 한다고 해서 곧 모차르트 자체를 복음의 선포라고 생각하는 것은 아니라는 점을 분명히 알 수 있다:

> 나는……구원의 역사를 예술의 역사 어느 부분과도 혼동하거나 동일시할 생각이 없다. 하지만 모차르트 음악의 황금과도 같은 소리와 선율은 언제나 나에게 말해 주었다–복음으로서가 아니라, 하나님의 자유로운 은총에 관한 복음에 드러난 왕국의 비유로서. 그리고 그것들은 끊임없이 최고의 신선함을 다룬다.[194]

이처럼 모차르트의 음악은, 『교회교의학』 제Ⅰ권 제1장의 플루트 독주회처럼, 교회에서 선포된 복음의 말씀의 범위에 반드시 속하지는 않는 선포의 형식을 취한다고 필자는 생각된다. 더욱이 모차르트의 음악은, 바르트가 초기에 강조했던 것처럼 창조세계의 선(善)을 비유적으로 가리킬 뿐만 아니라, 자유의 신적인 속성도 비유적으로 가리킨

---

192) Philip Stoltzfus, *Theology as Performance*, 157-61. 필립 쉬톨츠푸스는 『교회교의학 Ⅳ』의 신학적 선율을 무엇보다도 '음악은 왕국의 비유인가?'라는 관점에서 바라보고 있다.
193) Karl Barth, *Wolfgang Amadeus Mozart 1756-1956*, 57.
194) Karl Barth, *How I Changed*, 72.

다. 음악이 어떻게 이런 식으로 신학적인 은총과 자유에 대한 착상의 원천으로서 작용하는 것일까? 이러한 비유를 적절하게 구성할 수 있는 방식을 결정하는 근거는 무엇인가?

바르트는 모차르트 평론을 작성하는 동안, 동시에, 교회가 인식해야 할 "다른 빛들"과 세속적 비유의 존재에 대한 논의를 발전시킴으로써, 제4권 제3장의 "왕국의 비유" 부분을 위한 강의 자료를 준비하고 있었다.[195] 예수가 "단순한 은유가 아니라 폭로적인, 그러면서도 숨기는 계시, 왕국과 생명의 자기 표현과 자기 희생"으로서 초라한 비유("이차적인 '형태'")를 사용하셨던 것처럼, 계시된 하나님의 말씀 역시 성서와 교회 선포의 '형태' 뿐만 아니라 순수하고 절대적인 세속주의에도 존재한다.[196] 그렇게 세속적인 형식은 '형식적인' 기준에 따라 판단해야 한다: (1) 그 형식과 성서의 '조화,' (2) 그 형식과 교회 전통의 관계, (3) 그 형식의 결실.[197] 우리는 예를 들면 그것이 "본디 창조세계의 선"에 관하여 이야기하는 방식으로, 하지만 "살아계신 하나님 한 분의 왕국과 신성"을 상상해 볼 정도로, 진실한 단어의 유형을 인식할 수 있다.[198] 바르트는 모차르트의 음악을 창조세계의 선을 폭로하는 것으로 해석하는 데 완전히 몰두해 있었다. 확실히 그는 어떻게든 모차르트를 마음속에 담고 있었다.

하지만 『교회교의학』의 이 부분에서 바르트는 결코 음악과 비유의 암시적 연결을 완성하지 않는다. 이제까지 『교회교의학』에서 모차르트에 대한 암시와 그 밖의 음악 외적인 담화들을 여러 번 언급해 왔음

---

195) Busch, *Karl Barth: His Life*, 410.
196) Karl Barth, *CD* IV/3, 112.
197) *CD* IV/3, 126-27.
198) Karl Barth, *Wolfgang Amadeus Mozart 1756-1956*, 123.

에도 불구하고, 여기에서는 세속적인 비유의 명백한 예들을 전혀 제공하지 않겠노라고 주장한다. 그의 말에 따르면, 전통적인 권위의 온갖 방법에 호소했던 츠빙글리와 반대로, 바르트는 가까이에 있는 분석적 원칙이 아닌 "다른 것에 마음이 쏠릴까봐," 예술적인 인물이나 운동 또는 그 밖의 인물이나 운동을 하나만 인용하는 것을 자제한다:

> 그 모든 현상들은 의심스럽고도 논쟁의 여지가 있는 것들이다. 의심의 여지가 없으면서 논쟁의 여지가 있는 것은, 주 예수 그리스도의 예언과, '교회의 벽 바깥에서'(extra muros ecclesiae)조차도 그렇게 진정한 단어를 만들어 낼 수 있고 또 그것들을 통하여 입증할 수 있는 그분의 전능하신 능력이다. 이것, 오직 이것만이 우리가 다루어야 할 문제다. 따라서 마땅히 우리는, 그분이 이미 말씀하신, 또 어쩌면 앞으로 말씀하실 문제들을 교의학이 선언할 수 있으며 또 선언해야 한다고 하는 인상을 남기는 행위는 피해야 한다.[199]

이처럼 신학적인 자율성에 관한 바르트의 생각도, 그가 모차르트를 하나의 실례로 이용하게 내버려 두지는 않는다고 필자는 생각한다. 창조세계의 선이라는 주제 역시 마찬가지다. 그는 그런 음성이 합법적으로 가능성 있도록 만드는 데 만족한다. 그런 다음엔 그 문제를 내버려 둔다. 더욱이 그는 시각적인 은유(비유는 바로 그 유일한 빛과 관련되어 있는 "작은 빛들"이다)에도, 언어적인 은유(비유는 먼저 언어로 이야기된 다음, 성서적 언어와의 상관관계 속에서 분석된다)에도, 결코

---

[199] Karl Barth, *CD* IV/3, 135.

동요하지 않는다. 그렇게 "순수하고 절대적인" 형식을 취하고 있는 세속적 언어들은, 모차르트 평론을 읽는 독자들의 기대처럼 교회에 더 가까운 것이 아니라, "철저한 불신앙"에 더 가깝다.[200] 그것들은 "보편적인" 것이나 "일종의 부차적 성경(second Bible)으로서 성서(Scripture)와 나란히 놓여 있는" 것이 결코 아니다.[201] 모차르트 평론에서는, 자유로운 형식과 자유로운 놀이의 순수한 음악성 발견이, 고려의 대상에서 완전히 제외되고 있다.

게다가 바르트는 자신이 비유의 유비 기능을 어떻게 보고 있는지에 대해서도 구체적인 분석을 전혀 제시하지 않는다. 『종교개혁교회 신학』(Evangelical Theology, 1963)에서 그는 위에서 구성한 것과 비슷한 유비 형식의 윤곽을 제시한다. 에로스와 아가페라는 그리스 개념을 논의하면서, 그는 이 두 가지 개념이 모차르트와 베토벤 사이를 연결해 주는 관계와 아주 유사한 관계를 지니고 있다고 주장한다. 베토벤:모차르트::에로스:아가페. 바르트의 경우, 아가페는 타인을 위한 "해방된 자기 희생"을 의미하는 반면, 에로스는 타인을 "파악하기" 위한 독선적인 노력이다. 바르트의 음악적 선호도를 고려해볼 때, 음악가의 그와 같은 병렬 배치는 얼마든지 예측 가능한 것이다. 나중에 그는 이 본문에 관하여 개인적인 편지를 쓰면서, 그는 자신이 공관복음서의 비유들 속에서 발견한 방법론적 형식을, 이 비유에서 그대로 되풀이하고 있노라고 주장한다.[202]

제Ⅳ권 제3장에서 비유들에 관한 본문을 이어가면서 바르트가 채

---

200) *CD* Ⅳ/3, 119.
201) *CD* Ⅳ/3, 133.
202) Barth, *Evangelical Theology*, 201; Barth to A. Brune, 1963년 1월 9일 자 (Barth, *Letters*, 86; Philip Stoltzfus, *Theology as Performance*, 160.

택한 극작법 은유는, 이러한 관계 유비 사상을 입증해 준다. 비유들은 완전히 다른 드라마-그리스도의 '화해'의 삶 속에서 드러난 하나님의 영광의 드라마-를 펼치기 위한 '무대'나 '극장'만을 제공해 준다. 한 편의 텅 빈 무대와 다른 한 편의 드라마 사이에 공통적인 자료나 '존재-내용'은 전혀 존재하지 않는다. 오직 형식만이 비유적 연결 고리를 제공할 뿐이다: "오직 사건의 '형태'에서만, 이 극장이나 무대 또한 존재한다. 이 사건들의 '형태'에서, 이것을 배경으로 하여 이 글의 주제인 '화해'를 비롯하여 교회의 생명, 신앙과 순종에 대한 자각이 일어난다."[203] 때때로 바르트는 극작법의 연주보다는 음악적인 연주 언어에 도달한다. 창의적인 노래 무대가 하나님의 말씀의 음악을 가리키는 다음 본문에서처럼.

> 그들이 말하는 것은 그분 자신이 말씀하시는 것과 너무 잘 어울린다. 그래서 그분의 말씀을 듣고 있노라면 마치 그들의 말을 듣고 있는 것 같고, 그들의 말을 듣고 있노라면 마치 그분의 말씀을 듣고 있는 것 같다. 그리하여 언약의 외부적 기초로서 창조세계의 대위법, 그 질문과 응답, 그 수수께끼와 해답에 귀를 기울이는 것은 곧 영원으로부터 선택되고 결정된 교향곡, 오직 창조주만이, 그분의 말씀과 의지에 따라 재현해 내실 수 있는 교향곡에 귀를 기울이는 것과 같다.[204]

이렇듯 모차르트의 경우처럼, 창조질서의 '대위법적' 조회를 듣는

---

[203] '화해의 교역실천'이라는 이 글의 주제도 바로 여기서 '신학적 미학'과 그 연결점을 찾을 수 있다고 본다. Karl Barth, *CD* Ⅳ/3, 137.
[204] *CD* Ⅳ/3, 159.

것은 곧 하나님의 말씀의 영원하고 힘 있는 '교향곡'을 외부에서 듣는 것을 의미한다고 필자는 생각한다. 생애 마지막 해에 스위스 라디오 방송 인터뷰에서, 바르트는 음악적 비유와 복음의 선포 간의 형식적 일치라고 하는 이 사상을 다시 한 번 명백하게 제시해 주었다:

> 내가 모차르트에게서 듣는 것은 사람이 말할 수 있는 한 삶에 관한 마지막 단어입니다. 아마도 음악가가 이 단어를 말했다는 것은 결코 우연의 일치가 아닐 것입니다. 그러나 나는 떠받치는 마지막 단어를 듣습니다……지속되는 마지막 단어, 우리가 언제나 되돌아갈 수 있는 마지막 단어 말이지요.[205]

이렇듯 필자가 보기에 모차르트의 음악은 '말씀'이나 비유의 유형이다. 비유처럼 평범한 무대에서 이야기되며, 평범한 일상의 내용을 사용한다. 하지만 모차르트의 음악은 마지막 단어: 그것은 하나님의 말씀을 "떠받치고" "지속시키는" 것과 유사한 인내력을 지니고 있다. 그러므로 음악이 비유적인 것은, 어떤 경험적인 기교를 메커니즘을 통해서 하나님께 "직접적으로 접근할" 수 있게 해주기 때문이 아니다. 오히려 음악은 다양한 환경적 조화와 관계를 극적으로 표현할 수 있을 만한 무대를 설치해 준다. 더욱이 신학에서는, 바로 그 드라마 형식이 존재론적으로 하나님의 말씀보다 앞선 상황 속에서 유사한 객관성 관계를 입증할 수 있는 은유적이고 비유적인 원천을 제공해 준다.

---

[205] Karl Barth, *Final Testimonies*, 20.

3. 칼 바르트 교역실천론의 '화음'

칼 바르트가 쓴 글이 워낙 방대하고, 한 페이지가 넘어가도록 마침표가 없는 글들이 수두룩하기에 우리는 그의 신학이 무엇인지 파악해 보려고도 하기 전에 지레 겁부터 집어먹고 만다. 조직신학자가 아니라 실천신학자인 필자에게는 그런 방대한 신학체계가 매우 큰 부담으로 다가왔던 것도 부인할 수 없는 사실이다. 그러나 그의 신학의 고음과 저음과 주음을 모르고서는 도저히 그의 교역실천론을 집대성할 수가 없기에, 쉽지 않은 길, 아니 남들이 가보지 않은 길을 걸어가 보아야만 했다. 그 결과, 필자는 칼 바르트 교역실천론의 신학적 고음(高音)을 5가지로 재조명해 보고, 칼 바르트 교역실천론의 신학적 저음(低音)을 6가지로 분석해 본 다음, 마지막으로는 칼 바르트 교역실천론의 궁극적 주음(主音)인 '화해'의 신학을 필자의 관점에서 새롭게 재조명해 보는 소중한 시간들을 갖게 되었다. 이제 그 내용을 간략하게나마 살펴보고자 한다.

칼 바르트 교역실천론의 신학적 '고음'

칼 바르트 교역실천론의 신학적 고음(高音)이란 무엇일까?[206] 우렁차게 메아리치는 그의 신학적 미학을 경청하고 있노라면, 우리는 그 신학적 고음이 크게 다섯 가지, 곧 하나님의 말씀, 하나님의 주권, 하나님의 은총, 하나님의 현존, 하나님의 나라 등임을 알게 된다. 이제

---

206) 김명용, 『칼 바르트의 신학』 (서울: 이레서원, 2007). 박근원은 김명용의 글 속에 칼 바르트 교역실천론의 신학적 고음(高音)들을 포괄해 낼 수 있는 섬세한 안테나들이 세워져 있다고 말한다. 필자도 그런 관점에서 많은 도움을 받았음을 밝혀 둔다.

칼 바르트 교역실천론의 그 신학적 고음들이 그의 생애와 작품 속에서 어떻게 표현되고 있는지 잠시 귀를 기울여보도록 하자.

첫째로, 칼 바르트의 교역실천론 속에는 '하나님의 말씀'이라는 신학적 고음이 울려 퍼지고 있다. 칼 바르트가 누구인가? 하나님의 말씀인 성서를 토대로 자신의 거대한 신학을 완성시킨 장본인이 아닌가? 그렇다. 20세기 신학자 가운데 바르트만큼 성서를 많이 인용한 이도 없을 것이다. 어찌 보면 그가 성서신학자가 아닌가 헷갈릴 정도이다. 그는 신구약성서를 철저히 주석한 뒤에 자신의 독특한 신학체계를 발전시켰다. 세계적인 명성을 얻게 된 『로마서 강해』도 로마서를 주석하면서 19세기 자유주의 신학의 신학적 오류를 파헤친 작품이었다. 김명용에 따르면, 바르트는 자유주의 신학에 따라 크게 훼손된 성서의 권위를 20세기에 다시 회복시킨 신학자였고, 성서의 권위의 진정한 기초를 세계의 교회와 신학이 바르게 이해할 수 있도록 다시 정립시킨 신학자였다.[207] 바르트가 집대성한 하나님의 말씀의 신학은 성서 문자주의에 기울어진 신학은 아니었다. 그보다 하나님의 말씀 자체인 예수 그리스도에 초점을 둔 신학이었다고나 할까. 바르트에 따르면, 성서의 권위는 철저히 예수 그리스도에 의존하고 있다. 바르트에 따르면, 예수 그리스도께서 하나님의 계시 자체이고 하나님의 말씀 자체이기 때문에 당연히 그리스도교 신학은 그리스도 중심의 신학일 수밖에 없다.[208] 바르트는 하나님의 말씀 자체인 예수 그리스도에게 뿌리내리는 신학을 발전시켰고, 이 그리스도 중심의 신학은 바르트가 나이 들어감에 따라 더욱 분명히 나타났다.[209]

---

207) 위의 책, 40.
208) 위형윤, 『실천신학의 이해』 (서울: 호석출판사, 2006), 73-76.

둘째로, 칼 바르트의 교역실천론 속에는 '하나님의 주권'이라는 신학적 고음이 울려 퍼지고 있다. "예수는 승리자시다!"(Jesus is Sieger!)라는 말은 바르트의 유명한 『로마서 강해』(특히 제1판)를 탄생시킨 신학정신이다.[210] 예수는 승리자시다는 말은 예수의 부활 신학에 대한 새로운 표현이었다. 세상을 사로잡고 있는 죄와 죽음의 세력은 예수 그리스도의 부활로 말미암아 깨어졌다. 승리자는 예수이시고, 예수께 속해 있는 사람만이 참으로 승리자가 될 수 있다. 바르트는 로마서에 대한 깊은 연구를 통해 인간과 세상이 죄와 죽음의 힘에 사로잡혀 있고, 인간과 세상은 스스로의 힘으로 이 죄와 죽음의 힘에서 벗어날 수 없다는 놀라운 사실을 깨닫게 되었다.[211] 그러나 예수께서 승리하셨고 부활하신 예수께서 살아계셔서 세상을 변화시키고 계신다. 하나님께서 살아계신다는 말은 지금 여기에서 행동하시고 말씀하신다는 뜻인 동시에, 부활의 능력으로 현존하고 계신다는 뜻이기도 하다. 부활하신 예수 그리스도께서 인간과 세상의 악을 파괴시키시고, 죄와 죽음의 힘을 무력화시키고 계신다. 그러므로 우리의 승리는 오직 예수 그리스도 안에 있고, 승리자이신 예수와 함께 할 때만 승리가 있다.[212]

셋째로, 칼 바르트의 교역실천론 속에는 '하나님의 은총'이라는 신학적 고음이 울려 퍼지고 있다. 예수는 승리자시다가 바르트의 부활 신학을 요약한 것이라면, 인간을 향한 하나님의 무한한 긍정과 은총은

---

209) 김명용, 『칼 바르트의 신학』, 41.
210) 위의 책, 같은 곳. 우리가 잘 알고 있듯이, 바르트는 이 위대한 신학정신을 블룸하르트(Ch. Blumhardt)에게서 배웠다. 김명용은 블룸하르트가 자유주의 신학자 헤르만(W. Herrmann)의 제자였던 바르트를 변화시켜 20세기 최고의 신학교부로 만들어 내는 데 결정적인 영향을 끼쳤다고 보고 있다.
211) 위의 책, 42.
212) 위의 책, 43.

바르트의 십자가 신학을 요약한 말이다. 예수 그리스도의 부활 속에 세상을 구원하시는 하나님의 주권과 능력과 권능이 나타났다면, 예수 그리스도의 십자가 속에는 세상을 구원하시는 하나님의 극단적인 자비와 사랑이 계시되어 있다.[213] 십자가는 인간을 버리지 아니하시는 하나님의 계시이고, 인간을 향한 하나님의 무한한 긍정(Ja)의 계시이다. 예수 그리스도의 십자가를 통하여 인간에게 주어져 있는 미래는 오직 희망, 오직 기쁨, 오직 긍정일 뿐이다. 십자가는 인간을 향한 모든 부정적인 것을 폐기하고, 심판과 죽음의 완전한 종말을 의미한다. 하나님께서 인간의 모든 부정적인 것, 심판과 죽음을 스스로 짊어지셨기 때문이다. 바르트는 인간을 공포에 몰아넣는 율법주의자들의 심판하시는 하나님의 모습은 십자가 신학에 근본적으로 충돌된다고 간주했다. 율법주의자들은 그리스도의 죽음을 헛되이 만들기 때문이다. 하나님은 철저히 십자가에서 파악해야 한다. 일반종교나 철학, 또는 자연신학적으로 파악한 신은 우상일 뿐이지 참 하나님은 아니다. 그분의 은총과 자비는 일곱 번씩 일흔 번도 용서하시는 은총과 자비이고, 오로지 인간을 살리시고 사랑하고자 하시는 은총과 자비이다.[214]

넷째로, 칼 바르트의 교역실천론 속에는 '하나님의 현존'이라는 신학적 고음이 울려 퍼지고 있다. 하나님께서는 살아계시고 지금 이곳에서 행동하시고 말씀하고 계신다. 그러므로 신학자들은 언제나 지금 이곳에서 행동하시고 말씀하시는 하나님을 향해 귀를 열어야 하고 관심을 집중시켜야 한다. 바르트는 한 때 각광을 받았던 자신의 신학이론

---

213) 위의 책, 44.
214) 위의 책, 46. 몰트만(J. Moltmann)은 바르트의 신학에 대해 많은 비판을 했음에도 불구하고, 그의 신학과 예정론에서 매우 깊은 감명을 받았다고 술회했고, 바르트의 십자가 신학과 예정론을 더욱 발전시켜 몰트만 특유의 십자가 신학을 완성했다.

에서 언제나 떠날 준비가 되어 있던 신학자였다:

> 내가 한때 주장했던 것을 계속 똑같이 주장했다면, 나는 나 자신의 주장과 체계에 충실한 사람으로 아마 남아 있었을 것이다. 그러나 중요한 것은, 나 자신의 주장에 충실한 것이 아니라 살아계신 말씀인 하나님의 말씀에 충실한 것이다.[215]

이처럼 바르트는 자기 스스로 안주하거나 하나님 말씀보다 더 앞서 가려고 하지 않았고, 필자는 바로 이 점이 오늘 우리가 배워야 할 교훈이라고 생각한다. 그렇다. 하나님께서는 지금 여기에서 다시 말씀하신다. 따라서 신학자와 교회의 설교자들은 그 말씀을 다시 들어야 한다. 바르트가 살아계신 하나님을 강조한 것은 바르트의 신학이 우상파괴의 신학이라는 뜻이다. 하나님 외에 그 어떤 절대적인 것도 존재할 수 없다. 로마 교황의 가르침도 절대적이지 않다. 로마 교황의 가르침만 듣고 이를 절대화하는 사람은 이미 우상숭배에 빠지고 있는 사람이다. 이들은 평화주의를 절대화하는 사람과 똑같은 오류를 범하는 사람들이다.[216] 살아계신 하나님의 음성을 듣는 일은 한편으로는 예수 그리스도 계시와 성서적 증언을 존중해야 하고, 또 한편으로는 주어진 정황과 시점을 깊이 고려해야 한다. 바르트가 한 손에는 성서를, 또 한손에는 신문을 들고 지금 하나님께서 어디에서 일하고 계시는지를 파악해야 한다고 말한 것두 같은 맥라이다.

다섯째로, 칼 바르트의 교역실천론 속에는 '하나님의 나라' 라는 신

---

215) 위의 책, 48-49.
216) B. Klappert, *Versöhnung und Befreiung* (Neukirchen: Neukirchener Verlag, 1994), 85-88.

학적 고음이 울려 퍼지고 있다. 바르트의 신학은 영혼의 구원만 강조하는 신학이 아니다. 영혼과 육체 전체로서 인간의 구원을 위한 신학이요, 이 세상에 존재하는 악과 죽음의 세력 그 근저에 자리잡고 있는 무(Das Nichtige)의 지배를 종식시키고 하나님의 은혜의 통치를 구현하는 데 초점을 두고 있다. 바르트에게서 하나님의 통치는 하나님의 은혜의 통치를 의미하고, 이 하나님의 은혜가 세상에 가득한 나라, 곧 하나님의 나라를 구현하는 통치이다. 예수 그리스도께서는 이 하나님 나라를 건설하시기 위해 지금도 싸우고 계신다.[217] 성령의 활동은 무의 세력에 지배당하고 있는 인간의 해방을 향하고 있을 뿐만 아니라 세상이 하나님의 영광의 무대가 되는 나라를 향하고 있다. 예수 그리스도의 부활은 이 영광의 나라의 선취적 사건이다.[218] 성령은 인류를 해방시키고 하나님의 나라를 만들어 가시는 영이다. 예수 그리스도의 부활은 이 하나님 나라의 선취적 사건이고, 이 하나님의 나라는 성령을 통하여 확대되어 나간다.

칼 바르트 교역실천론의 신학적 '저음'

칼 바르트 교역실천론의 신학적 저음(低音)은 무엇일까?[219] 생애와 작품 저변에 낮게 깔리는 그의 신학적 저음은 크게 여섯 가지인데, 곧 현실주의, 특수주의, 객관주의, 인격주의, 사실주의, 합리주의 등이다.

---

217) 김명용, 『칼 바르트의 신학』, 51.
218) 위의 책, 51-52. 김명용은 몰트만이나 판넨베르크(W. Pannenberg)의 신학 속에 매우 중요하게 나타나는 예수 그리스도의 부활이 종말의 하나님 나라 선취라는 개념은 몰트만이나 판넨베르크 이전에 이미 바르트의 신학 속에 나타나고 있다고 강조한다. 몰트만이 1964년 출간한 『희망의 신학』(Theologie der Hoffnung) 속에 나타나는 세계 변혁과 하나님 나라를 위한 해방의 교역, 곧 20세기 후반 세계를 뒤흔든 매우 중요한 신학적 개념 상당 부분이 이미 바르트의 『교회교의학』 화해론 속에 나타나고 있다는 것이다.

이제 칼 바르트가 자신의 신학적 저음들을 어떻게 처리하고 있는지 그 아름다운 연주를 간략하게나마 들어보도록 하자.

첫째로, 칼 바르트의 교역실천론 속에는 '현실주의'(Actualism)라는 신학적 저음이 낮게 깔려 있다. 인간은 신적인 행위로서 존재한다. 계시는 지속적으로 매 순간 인간에게 자신을 낮추시는 하나님의 행위다. 이 사건은 기적적이며, 언제나 새롭다. 하나님에 관한 온갖 지식은 하나님의 선물이다. 우리와 하나님의 관계에서 '소유'란 전혀 없다. 오로지 하나님은 계속해서 주시고 우리는 계속해서 받을 뿐이다.[220] 이것은 구원의 현실성을 말한다. 이천 년 전 예수의 가르침이 지금도 현실적으로 유효하다는 것이다. 현실주의에서는 존재와 시간에 대한 바르트의 복잡한 개념들을 다룬다. 사건의 언어로, 바르트는 『교회교의학』 속에서 사고, 사건, 역사, 결정, 행위 등에 대하여 말한다. 사건이나 관계가 둘 다 강조된다. 특히 하나님과 인간 사이의 관계는 "바르트 해석 안에서 가장 난처한 주제이다."[221] 하나님과 우리의 관계는 활동적이고 역사적이다: 하나님과 우리의 활동적인 관계는 사랑과 자유의

---

219) George Hunsinger, *How to read Karl Barth: The Shape of His Theology* (Oxford University Press, 1993). 필자는 드보라 헌싱거가 쓴 책 『신학과 목회상담』(*Theology and Pastoral Counseling*)을 번역한 적이 있는데, 그 때 그의 남편인 조지 헌싱거가 영어권에서 칼 바르트 신학의 가장 탁월한 연구가임을 알게 되었다. 그래서 이번에 논문을 준비하면서 칼 바르트의 신학적 모티프 6가지를 4+2형식으로 탁월하게 파헤치고 있는 조지 헌싱거의 책을 들여다보고, 실천신학적 관점에서 칼 바르트 교역실천론의 신학적 저음(低音)들을 잡아내는 데 매우 적중한 통찰들을 얻게 되었음을 밝혀 둔다. 비록 바르트의 신학을 간단한 도식화로 끝내는 것도 아니고, 바르트 스스로도 자신의 연구를 도식화하고 범주화하려는 시도들을 거부하기는 했지만, 현대의 바르트 해석가들 가운데 가장 유능한 사람에 속하는 헌싱거의 모티프들은 바르트 사상, 특히 『교회교의학』의 순환적, 반복적, 복합적 미궁을 다루려고 노력하는 사람들에게 매우 유익한 안내자 역할을 해준다.
220) William H. Willimon, *Conversations with Barth on Preaching* (Nashville: Abingdon Press, 2006), 286. 윌리먼도 바르트의 설교론을 탁월하게 파헤치면서 헌싱거의 6가지 신학적 모티프들을 간단명료하게 언급하고 있다.
221) George Hunsinger, *How to read Karl Barth*, 4.

역사다. 바르트에게 이것은 궁극적으로 하나의 사건이다. 이 사건은 하나님의 구원의 은총의 지속적인 활동에 의해 지속적으로 형성된다. 그러므로 헌싱거의 주장처럼, 바르트의 신학적 현실주의 원칙은 "······ 은총의 주권과 창조 세계의 무능력을 강조하고, 또 사랑과 자유를 위하여 창조 세계에 부족한 것들을 은총으로 부어주는 기적의 역사를 강조하는 신학"이다.[222]

둘째로, 칼 바르트의 교역실천론 속에는 '특수주의'(Particularism)라는 신학적 저음이 낮게 깔려 있다. 오직 하나님만이 하나님에 관하여 말할 수 있다. 하나님의 특별한 진술 방식은 예수 그리스도라고 하는 사건이다. 그리스도교 사상과 진술은 언제나 이 특별한 계시, 영원한 말씀과 밀접하게 연관되어 있어야 하며, 특별한 말씀으로부터 도망치는 잠재적 방법으로서 온갖 추상화와 일반화를 의심해야만 한다. 예수 그리스도는 모든 사고의 고유한 출처이며, 우리의 하나님 진술의 타당성을 시험하기 위한 특별한 테스트다.[223] 여기서는 2천 년 전 예수 그리스도의 제한적 삶이 오늘도 적용된다. 바르트의 특수주의는 성서적 증거의 좀 더 심오한 패턴, 특히 예수 그리스도를 중심으로 한 은총의 사건에 관한 이야기 기사에 기초한 것이다. 그의 신학적 성찰의 중심은 특별한 것에서 시작하여 일반적인 것으로 나아간다.[224] 체계적이라든가 비신학적인 토대를 지니고 있다든가 하는 것이 약점이 아닐 수는 있다. 하지만 삼위일체론, 성육신론, 화해론 등의 다양한 예외들에 관한 특정 설명들을 위한 성서적 사용은 강점이 될 수 있다. 바르트는

---

222) Karl Barth, *CD* Ⅱ/1, 257-321.
223) William H. Willimon, *Conversations with Barth on Preaching*, 286.
224) Karl Barth, *CD* Ⅱ/1, 602.

그런 예외들을 자세히 설명하지는 않는다. 그저 하나님에 대한 신앙의 주장과 이 신적인 복합 표현들을 함께 표현할 뿐이다. 이것은 그가 성서적 증거의 특수성에 충실하다는 소리다. 곧 그가 신비의 실재를 존중하고 있다는 것이다.

셋째로, 칼 바르트의 교역실천론 속에는 '객관주의'(Objectivism)라는 신학적 저음이 낮게 깔려 있다. 계시와 구원은 일상적인 창조세계의 객체들을 통해서 중재된다. 신적인 자기 희생, 자기 연기(演技)는 "객관적이다."[225] 이것은 바르트가 말하는 복음의 보편성이요, 보편적 구원론이다. 특정 단체만이 아니라 인종, 종교, 국가를 초월하여 누구에게나 구원이 열려 있다는 것이다. 바르트에게 객관주의란 두 가지 중요한 측면을 지닌다: 하나님에 관한 지식과 그리스도 안에서의 구원. 둘 다 사건이다. 이 사건들은 문화적인 분야에 따라 중재될 뿐만 아니라, 하나님의 통치권에 기초를 둔 것이기도 하다. 바르트는 하나님에 관한 지식을 객관적이고도 되돌릴 수 없는 것이라고 본다. 역사 속에 나타난 하나님의 자기 계시는 영원 속의 하나님의 정체성과도 같았다. 바르트에게 하나님의 영원한 존재 그 자체는, 헌싱거가 말하는 것처럼, "역사 속에서 우리 가운데, 우리를 위해 행하신 하나님의 존재로부터 추론해 낼 수 있는" 것이었다.[226] 바르트에게 하나님은 하나님의 합일과 전체성 속에 계시되어 있다.[227] 바르트의 객관주의의 중심

---

225) William H. Willimon, *Conversations with Barth on Preaching*, 286. 창조세계가 그것을 인정하고 받아들이느냐 마느냐에 상관없이 사실적이고, 타당하고, 효과적이다. 그러므로 바르트는 현대신학의 주관적, 내면적 경험이 하나님에 관한 진술의 부적절한 방법이라고 하여 전적으로 거부한다. 성육신은 오로지 우리의 인정만을 필요로 하는 사실이다. 바르트는 계시가 객관적이며, 우리와의 관계 속에서 자존(self-existence)과 대면(over-againstness)의 요소를 지니고 있다고 강조한다. 그러므로 하나님께서 우리를 향해 움직이셔야 한다. 우리가 하나님을 향해 나아갈 길은 전혀 없기 때문이다.

은, 하나님의 결정적이고도 최종적인, 구속력 있는 자기 계시의 행위가 되는 예수 그리스도에 있다. 예수 그리스도 안에서 바르트의 객관주의는 구원론적 실재와 연결된다.[228] 바르트는 예수 그리스도 안에서 하나님이 인간의 역사 속으로 들어가신다고 믿는다. 따라서 인간도 그 역사 속에서 객관적으로 하나님께 나아가는 것이다. 이것이 바로 바르트의 인류학적인 상관관계 이해다; 우리의 진정한 인간성은 우리 속에서가 아니라 예수 그리스도 안에서 객관적으로 발견된다는 것이다.[229] 예수 그리스도 안에서 나타나는 인간의 진정한 실재에 관한 바르트의 사상은 객관적이며, "객관적이고도 종말론적인 '비현실'로서 죄 가운데 존재하는 인간의 불안정한 실존에 대한 구원론적 대응물로 간주된다."[230] 사실 그의 계시적이고 구원론적인 객관주의는 근본적으로 예수 그리스도의 중심에 기초한 것이다. 예수 그리스도는 하나님의 자기-계시의 절대적인 객관성과 현실성이 된다.

넷째로, 칼 바르트의 교역실천론 속에는 '인격주의'(Personalism)라는 신학적 저음이 낮게 깔려 있다. 하나님은 개인적인 언급으로 우리에게 다가오신다. 추상적이거나 일반적인 개념이 아니다. 하나님에 관한 지식은 하나님과의 친교다. 진리는 개인적이다(곧 예수 그리스도).

---

226) George Hunsinger, *How to read Karl Barth*, 36. 우리와의 관계 속에서 하나님의 사랑과 자유는, 하나님의 사랑과 자유 그 자체에 토대를 둔 것이다. 역사 속에서 하나님의 삼위일체적 자기 폭로는, 영원 속에서 하나님의 삼위일체적 정체성으로 이해된다. 바르트가 이러한 주장을 펼치는 논리적 토대는, 신앙에 따라 고백되는 하나님에 관한 지식이 인간의 주관성이 아니라 하나님에 근거한 것이라는 점이다.
227) Karl Barth, *CD* II/1, 51-53.
228) George Hunsinger, *How to read Karl Barth*, 37.
229) 위의 책, 같은 곳. 이런 의미에서 헌싱거는 객관주의에 관한 바르트의 주장을 정확히 지적한다: "예수 그리스도 안에서 인간에게 나타나신 하나님의 진정한 실재는(계시론적 객관주의), 예수 그리스도 안에서 하나님께 나타나는 인간의 진정한 실재와 유사하다(구원론적 객관주의)."
230) 위의 책, 39.

인의와 성화는 소명의 한 측면들이다; 우리를 향한 하나님의 개인적인 언급이다. 예수 그리스도는 계시의 객관적인 사실이다; 성령은 우리 안에서 하나의 주관적인 실재로서 그 사실을 역사하신다. 바르트에게 '주관적인' 것은 언제나 우리의 개인적인 경험이 아니라 우리 안에서 일하시는 성령의 역사, 우리에게 제시된 하나님의 주관성, 우리가 하나님과 친교할 수 있을 정도로 우리에게 '객체'를 만들어 준 주관성에 관한 언급이다. 진리는 만남이며 친교다. 그리고 구원은 언제나 언급이며 소명이다.[231] 하나님은 초월자이시고 무한자이시다. 그런데 인간 예수는 유한자로서 동정녀의 몸에서 태어나셨다. 초월성과 인격성을 동시에 말하는 것이다. 타자로서의 하나님도 아니고 신으로서의 하나님도 아니다. 인간이 되신 하나님을 말한다. 바르트 신학의 인격주의적 모티프의 핵심은 삼위일체 하나님의 영원한 삶 속에서 누리는 나-너의 관계다. 죄에 빠진 창조세계는 예수 그리스도 안에서, 예수 그리스도와 함께 사랑과 자유가 넘치는 영원한 삶을 부여받는다. 신적인 자기 표명의 목표는 창조세계와의 사이에 사랑과 자유의 관계를 확립하는 것, 그리고 창조세계가 하나님과 교제하고, 동료 창조세계와 교제할 수 있도록 만드는 것이다. 바르트는 계속해서 인간과 하나님의 만남의 인격주의에 집착한다. 하나님과의 이 만남은 하나님의 구원의 은총에 따라 주어졌으며, 예수 그리스도에 따라 객관적으로 중재된다. 이것은 인간의 본성에 본질적인 것이 아니다. 인간의 본성과는 무관한 것이다. 다시 말해서, 하나님과의 개인적인 만남은 하나님의 은총의 자유로운 결정에 의해 주어지는 것이다. "하나님은 은혜롭게도 우리의

---

231) William H. Willimon, *Conversations with Barth on Preaching*, 286.

하나님의 되시기로 결정하셨으며, 우리를 예수 그리스도 안에서 하나님의 백성으로 만드시기로 결정하셨다."[232] 바르트의 인격주의 개념에서, 예수 그리스도의 진정한 정체성은 우리를 향한 하나님의 중재자, 하나님을 향한 우리의 중재자로 이해된다. 그분은 "행동하는 주체인 동시에, 온갖 인간의 가능성과 실재, 곧 우리 구원의 인격주의를 초월하는 어떤 것의 사건"이 된다.[233] 헌싱거는 바르트의 나-너 관계 이해를 다음과 같이 설명한다:

> 예수 그리스도 안에서(객관주의), 하나님은 우리와 활동적이고 역사적인 관계(현실주의), 사랑과 자유의 관계, 따라서 심오할 정도로 가장 친밀한 관계(인격주의)를 확립하신다. 이것은 나-너 관계의 사건이다. 바르트의 기록에 따르면, "하나님께서 우리 앞에 오신다." "우리에게 말씀하시고 또 우리의 말을 들어주시는 분으로서" - '너'인 우리에게 말씀하시는 '나'로서, 그리고 우리가 자유롭게 '너'라고 응답할 수 있는 분으로서. 하나님께서 우리에게 다가오시는 말씀, 하나님께서 우리에게 말하시고 우리와 만나시는 말씀, 그것은 바로 예수 그리스도다.[234]

이처럼 바르트에게 객관주의와 인격주의는 둘 다 상관관계를 갖는다고 필자는 생각한다. 객관주의는 인격주의의 외적 토대로서 인격주의를 가능하게 만들며, 인격주의는 객관주의의 내적 토대로서 객관주의를 확립하고 수반한다. 이러한 상관관계 속에서 예수 그리스도는 우

---

232) George Hunsinger, *How to read Karl Barth*, 41.
233) 위의 책, 같은 곳.
234) 위의 책, 같은 곳.

리가 삼위일체 하나님과 만나는 그 만남의 필요충분조건이 되는 중심이시다.

다섯째로, 칼 바르트의 교역실천론 속에는 '사실주의'(Realism)라는 신학적 저음이 낮게 깔려 있다. "하나님의 은총으로 말미암아"라는 신학적 언어는 기적적으로 하나님을 가리킨다. 하나님의 은총으로 말미암아, 하나님에 관한 우리의 진술은 더 이상 우리의 주관성을 투사한 게 아니라 실재를 사실적으로 다루는 것이 되었다. 신학적 언어는 비유적이며, 실제로는 실재를 가리킨다. 그러므로 바르트는 신학이 조사의 사실적 객체-자기 계시의 하나님-에 매여 있는 '학문'이라고 이야기할 수 있다.[235] 그리스도교가 너무 교리에 빠져 버리면 안 된다. 추상적인 개념을 뛰어넘어 지금 이 시간 복음을 적용할 수 있어야 한다. 바르트는 그런 의미에서 가난한 이들과 부유한 이들을 차별하지 않는다. 저마다 역할이 다르게 있다는 것이다. 밀가루라는 복음의 본질은 같은데, 복음의 상황적 해석에서 가난한 이들은 떡볶이를 먹고 부유한 이들은 피자를 먹는다는 것이다. 사실주의는 바르트의 신학적 언어 개념에 속하는 모티프다. 바르트는 신학적 언어를 비유의 방법으로 그 주제에 돌린다. 그는 준거 방식의 한 형태로서 비유가 여러 가지 이점을 지닌다고 믿는다. 그것은 하나님의 본질적인 타자성을 설명할 수 없는 인간 언어의 무능력을 인정할 뿐만 아니라, 하나님의 자기-계시의 기적을 존중하기까지 한다. 더욱이 그것은 순수하고 타당한 준거의 생성을 허용한다. 다른 한 편, 헌싱거가 바르트의 신학적 특징을 설명하는 것처럼, '문자주의'와 '표현주의'는 둘 다 하나님의 타자성의 신

---

235) William H. Willimon, *Conversations with Barth on Preaching*, 286.

비뿐만 아니라 하나님의 통치 행위까지도 과소평가하는 경향이 있다. 둘 다 무로부터의(*ex nihilo*) 세계 창조, 영원하신 하나님 말씀의 육화, 죽음으로부터의 예수 부활과 같이 전통적인 도그마들을 해석하는 데에만 국한된다.[236] 이런 이유로 인해 바르트는 문자주의와 표현주의가 둘 다 행동하시고 말씀하시는 주체가 되시는 하나님의 탁월하심을 과소평가한다고 본다. 다시 말해서 그것들은 둘 다 하나님의 자기 계시를, 교회의 증언을 통해 중재되었던 것 같이 전 인류를 향한 하나님의 개인적인 말씀의 형태로서 깨닫는 데 실패했다는 것이다. 바르트는 문자주의와 표현주의의 사상을 거부한다.[237] 그것은 그가 문자주의를 뜻이 분명한 언급 또는 발의 연설로 보는 한편, 표현주의를 모호한 언급이나 감정적 폭로로 보기 때문이다. 그러므로 바르트의 사실주의는 뜻이 분명하거나 모호한 것이 아니라 차라리 비유적인 것이다. 단순히 인지적이거나 감정적이거나 선포적인 게 아니라 자기 참여적인 것이다.

여섯째로, 칼 바르트의 교역실천론 속에는 '합리주의'(Rationalism)라는 신학적 저음이 낮게 깔려 있다. 신학적 언어는 합리적이고 인지적이다. 그 객체(예수 그리스도 안의 하나님)에 따라 통제되는 신학적 언어는 하나의 '학문'이다. 그리고 그것은 조사 대상과 일치하는 합리적 절차들을 따른다. 신학은 인간 감정의 주관적인 휴식처로 물러날 필요가 없다. 신학은 합리적이다. 따라서 주요 주제(예수 그리스도 안의 하나님)가 명령하는 어떤 생각의 규칙에 따라 안내를 받는다. 구원은 이성으로 이해된다. 합리적으로 진정한 사실이라고 인정한 사실인 것이다.[238] 이것은 바르트가 하르낙이나 키엘케고르 같은 자유주의자

---

236) George Hunsinger, *How to read Karl Barth*, 43-48.
237) Karl Barth, *CD* Ⅰ/1, 321; 동 저자, *CD* Ⅱ/1, 310.

들의 영향을 받았다는 증거다. 19세기 철학적 합리주의도 신학적 믿음을 증언하는 데 살려쓸 수 있다는 것이다. 이것은 교리의 구성과 평가에 관련된다. 헌싱거는 바르트의 '신앙의 지식'(*intellectus fidei*)를 강조하면서 두 가지 엉킨 실타래를 소개한다: "신앙이 없는 지식은 안 된다," 그리고 "지식이 없는 신앙도 안 된다."[239] "신앙이 없는 지식은 안 된다"가 의미하는 것은, 바르트가 '신앙의 지식' 곧 그리스도인의 신앙 체계 안에서 획득한 특정 종류의 지식에 관하여 언급한 비판적 한계를 의미한다. 바르트에게 이 지식은 중립도 안 되고, 추측도 안 되고, 변증론도 안 되고, 체계도 안 된다. 좀 더 자세히 말하자면, 바르트의 신학적 합리주의에서 신앙의 지식은 자기 참여, 자기 토대, 자기 칭찬, 자기 해석이다. 다른 한편 바르트에게 "지식이 없는 신앙은 안 된다"라는 말은, 신앙 내용이 일상적인 신앙 언어의 개념적 의미 차원에서 설명할 수 있는 것이어야 한다는 뜻이다. 이 문구는 '안젤름적인 일관주의,' 곧 '이해를 추구하는 신앙'에 토대를 둔 것이다. 이런 점에서 헌싱거는 다음과 같은 바르트의 주장을 인용한다: "신앙은 신앙에 본질적인 인식 내용의 의미를 이해하고자 한다."[240] 그러므로 바르트에게 '신앙의 지식'은

> 그 자체의 특별하고 본질적인 합리성을 보여주기 위한 신앙의 문제고, 내적인 인식 관계의 일종이며, 그 어떤 신학적 주장이나 신앙도 독자적으로 다른 신학적 주장이나 신앙을 정낭화할 수 없다―모든 신학적 주장과 신앙은 직접적으로나 간접적으로나 신앙

---

238) William H. Willimon, *Conversations with Barth on Preaching*, 286.
239) George Hunsinger, *How to read Karl Barth*, 49.
240) 위의 책, 55.

에 기초한 것이어야 한다-는 의미에서 일종의 일관주의이다.[241]

여기서 한 걸음 더 나아가 헌싱거는 바르트의 '신앙의 지식'에 내포된 합리주의적 성격은 끌어내고 기초를 다지고 질서를 잡고 시험하고 받아들이는 것과 같이 여러 가지 '합리적인' 절차에 따라 설명할 수 있다고 주장한다.[242] 합리주의와 사실주의는 바르트 신학의 근본적인 모티프다. 둘 다 그의 진리 개념에 적용된다. 신앙의 지식에 일관되는 진리는 신앙의 담화에서 일치하는 진리를 전제로 한다.[243] 일관은 진리의 근거를 제공하며, 일치는 진리의 본성을 제공한다. 일관은 끌어내고 기초를 다지고 설명하고 시험하는 것의 내적인 관계인 반면, 일치는 비유적 확언의 외적인 관계다.

이상으로 헌싱거가 말하는 여섯 가지 신학적 주제들을 살펴보았다. 헌싱거는 이 주제들이 "실질적인 게 아니라 형용사적으로만 유효한 것"이라고 말한 바 있다.[244] 그렇다. 헌싱거가 주장하듯이, 이 여섯 가지 주제들은 결코 주제 그 자체가 아니라, 그저 바르트의 주요 주제의 필요조건일 뿐이다. 실제로 헌싱거는 바르트에게 예수 그리스도는 주제 곧 모티프들의 중심이라고 주장한다.[245] 바르트는 예수 그리스도를 하나님의 로고스, 따라서 하나님의 합리성으로 받아들였다.[246] 이것은

---

241) 위의 책, 같은 곳.
242) George Hunsinger, *How to read Karl Barth*, 55-63.
243) Karl Barth, *CD* II/1, 244-45.
244) George Hunsinger, *How to read Karl Barth*, 31.
245) 위의 책, 225-233. 이 책 마지막 장의 제목 자체를 헌싱거는 "중심이신 그리스도"(Christ the Center)라고 이름붙이고 있다. 모티프들은 모두 그분을 서술하기 위한 것이다. 모티프들이 그분을 가리킬 때, 그것들은 교훈적이고 깊이 생각하게 만드는 것이어야 한다. 그렇게 함으로써 신앙의 이해와 헌신을 확대시켜야 하는 것이다.
246) Karl Barth, *CD* II/1, 328; 동 저자, *CD* IV/2, 412.

예수 그리스도를 믿는 우리 그리스도인들이 신학적인 청취와 순종 속에서도 이해를 추구하고 나아가 우리가 지닌 이성의 힘을 사용한다는 것을 의미한다.[247] 바르트는 이렇게 말한다: "그분을 바라보는 것은 곧 한가운데서 그분을 보는 것이다. 그분과 그분 안에서 완성되어 만물을 치유하는 역사, 신비와 실재, 전 세계의 기원과 목적, 온 인류, 온 생명을 치유하는 역사를 보는 것이다."[248] 근본적인 주제들의 중심으로서 예수 그리스도는 은총의 절대적인 기적과 그 내용의 절대적인 신비 사건이 된다. 계시와 구원의 객관적인 중재자로서 예수 그리스도는 하나님의 진리와 인간의 실재가 된다. 하나님의 살아계신 말씀으로서 예수 그리스도는 교제 속에서 만나고, 증언 속에서 입증되며, 기도를 통해서 전용된다. 바르트에게, 온 역사의 실재인 예수 그리스도는 모든 만물의 중심이다. 헌싱거에 따르면, 사실주의와 합리주의, 현실주의, 특수주의, 객관주의, 그리고 인격주의는 바르트의 신학을 형성한다. 그리고 이 신학적 주제들은 "중심인 그리스도를 향해 있다."[249]

칼 바르트 교역실천론의 신학적 '주음'

째깍째깍, 째깍째깍, 시간이 촉박하다![250] 인간복제의 자랑과 핵전쟁의 위협과 쓰나미의 공포, 그리고 태안반도를 삼켜버린 저 환경의 재앙……. 마치 지구 종말을 향하여 서로 앞 다투며 달음박질하는 듯한 우리 인생들. 지금 이 시간도 지구촌 곳곳에서 벌어지고 있는 치열

---

247) *CD* Ⅲ/4, 328.
248) *CD* Ⅳ/4, 150.
249) George Hunsinger, *How to read Karl Barth*, 233.
250) Carl Friedrich von Weizsäcker, *Die Zeit drängt: Eine Weltversammlung der Christen für Gerechtigkeit, Frieden und die Bewahrung der Schöpfung* (Hanser, 1986) = 이정배 옮김, 『시간이 촉박하다』 (서울: 대한기독교서회, 1987).

한 생존경쟁, 군비확장, 민족분쟁, 종교전쟁, 종족살생, 생태계 파괴……. 이 암울한 삶의 현실 앞에서 우리 그리스도교가 전해야 할 복음(福音)은 무엇일까? 한 개인이, 분단된 이 조국이, 아니 온 인류가 하나님 앞에서 지금 당장 가슴을 찢으며 시급하게 새겨들어야 복음의 주음(主音)은 무엇일까? 그것은 바로 '화해'(和解)가 아닐까? 칼 바르트 교역실천론의 신학적 오페라를 연신 듣다 보면, 우리는 그 고음과 저음들 속에서 매우 가늘고 고운 칼 바르트 교역실천론의 신학적 주음(主音)을 포착하게 된다. 그것은 다름 아닌 '화해'(reconciliation)의 소리다. 앞에서도 언급했듯이, 화해는 칼 바르트 교역실천론의 궁극적 목표였다. 그 옛날부터 칼 바르트는 교역실천론의 신학적 주음(main tone)이 바로 이 '화해'에 있음을 꿰뚫어 보고 있었던 것이다. 정말 놀라운 통찰이 아닐 수 없다. 성령론이나 교회론 같은 전통적인 신학의 굴레 속에서 어떻게 화해라는 신학의 언어를 창조적으로 떠올릴 수 있었을까? 어디서 그런 신학의 자유함이 생겼을까? '모차르트의 자유'라는 그의 글에서 알 수 있듯이, 그도 또한 모차르트처럼 신학의 자유를 만끽하고자 몸부림을 치고 있었던 것은 아닐까?[251] 이제 우리는 그가 미학적인 감각으로 아름답게 연주하는 화해의 주음들을 귀 기울여 경청해 보고자 한다.

누가 무어라 해도, 바르트의 교역실천론을 꽃피운 작품 중의 작품은 바로 『교회교의학』(*Die Kirchliche Dogmatik*)이다.[252] 이 평생에 걸친 대작! 우리는 서재에 홀로 앉아 하늘의 영광을 노래하는 모차르트

---

251) Karl Barth, 『칼 바르트가 쓴 모차르트 이야기』, 39-57. 특히 이 책의 55를 보면, 칼 바르트가 말하는 '모차르트의 자유'란 모차르트의 음악에서 나타나는 상반된 두 삶의 관점의 불확실한 불균형과 승리에로의 방향전환을 의미한다. 바르트도 이런 신학의 자유를 구사하고 싶었던 것은 아닐까?

의 음악을 듣고 있는 바르트의 모습을 능히 떠올려 볼 수 있다. 도대체 그는 무슨 생각을 그토록 골똘히 했던 것일까? 과연 교회를 위한 신학은 어떠해야 하는지를 교역실천론적으로 깊이 고뇌하고 있었던 것은 아닐까? 저 아름다운 현대신학의 건축가, 신학적 미학의 명장 칼 바르트! 그러나 아쉽게도 바르트의 이 거대한 신학실천 세계가 아직까지 한국어로 완역되지 못한 현실![253] 그럼에도 불구하고, 종교개혁 전통에 선 신학자나 목회자라면 바르트의 『교회교의학』에 뿌리를 내리고 거기서 개혁신학의 마르지 않는 샘물을 길어 올릴 수 있어야 할 것이다. 그런데 이 거대한 작품 『교회교의학』 가운데서도 그 진국은 단연코 제4부에 들어 있는 '화해론'(Die Lehre von der Versöhnung, Doctrine of Reconciliation)이라고 할 수 있다.[254]

그렇다면 칼 바르트 교역실천론의 신학적 주음인 화해는 어떤 음색을 띠고 있을까? 그 성서적 근거와 신학적 쟁점과 오늘의 과제는 무엇일까? 이런 질문들을 가지고 이제부터 칼 바르트가 말하는 화해의 개념, 화해의 전제, 화해의 위기, 화해의 복음, 화해의 사건, 화해의 신학, 화해의 주체, 화해의 사명 등을 조심스럽게 짚어보기로 하자.

---

252) 김재진, 『칼 바르트 신학 해부』 (서울: 한들출판사, 1998), 362-83; Geoffrey W. Bromiley, 『칼 바르트 신학개론』, 359-72. 칼 바르트가 자신의 대작 『교회교의학』에서 현대인을 향하여 부르짖으려 했던 교역실천의 고민거리들은 제1부 말씀론, 제2부 하나님론, 제3부 창조론, 제4부 화해론 등으로 구성되어 있다.
253) 그것은 종교개혁교회 신학을 주창하면서도 그 뿌리에 근접하지 못하고 있는 신학자들의 태만일까? 그렇지는 않은 것 같다. 그의 신학이 워낙 방대하고 부문부문 번역을 한들, 그 신학실천 세계를 통전적으로 짚어내기가 여간해서는 쉽지 않기 때문이다. 다행스럽게도 최근에 대한기독교서회에서 박순경 등 칼 바르트 전공자들을 독려하여 『교회교의학』 전집을 차례대로 번역출판하고 있다. 매우 고무적인 일이다. 아직은 몇 권밖에 나오지 않았지만, 그 완역의 날이 그리 멀지 않았음을 가슴 설레며 기다려본다.
254) 그런 의미에서 이 화해론의 구조를 우리 교회 공동체의 교역실천이라는 관점에서 바라볼 때 "그리스도론에 상응하는 성령의 사역: 공동체의 모임(IV/1.62), 공동체의 세움(IV/7.67), 공동체의 보냄(IV/3.72)" 부분이 매우 중요하다. 더 자세한 것은 정승훈, "칼 바르트와 자연신학'의 논쟁을 보면서," 『말씀과 교회, 제28호』 (서울: 기장신학연구소, 2002)를 참고하라.

첫째로, 화해의 교역실천론 정립을 위해서는 칼 바르트가 말하는 '화해의 개념'부터 분명히 정의해 둘 필요가 있다. 사전적인 의미에서, 화해란 "적대감과 복수심으로 가득 찬 개인이나 집단이 타협을 통하여 싸움을 그치고 화목하게" 살게 되는 과정을 말한다.[255] 이 화해가 바르게 이루어지려면 가해자가 피해자에게 손해를 배상하고 죄에 대한 보상을 지불해야 한다. 다시 말하면, 속죄가 필요하다. 이러한 속죄는 죄 때문에 일어난 손해를 보상하고 죄인을 그가 저지른 죄의 결과로부터 해방시키는 구체적인 행위이기 때문이다.[256] 그런 의미에서, 화해란 적대관계의 회복이다.[257] 세계가 하나님을 떠나 죄에 휘말린 데서부터 세계는 하나님과 적대관계에 들어섰다. 우리가 말하는 '죄'가 바로 적대관계의 또 다른 표현이다. 죄를 용서받지 않는 한 구원이 있을 수 없다. 바꾸어 말하면, 적대관계가 극복되지 않는 한 구원이 있을 수 없다. 그러나 하나님이 베푸시는 죄의 용서는 그것이 무조건적인 것이지만, 반드시 죄 지은 인간의 회개를 전제로 한다. 죄의 회개 없이 용서란 있을 수 없다. 회개하는 사람이라야 하나님의 용서가 값진 은혜요, 기쁨임을 경험할 수 있다.[258]

---

[255] 오영석, 『신앙과 이해』 (서울: 대한기독교서회, 1999), 361. 필자는 칼 바르트 교역실천론의 신학적 주음(主音)인 '화해'의 의미를 이해하는 데 오영석의 글로부터 많은 통찰을 얻었음을 밝혀 둔다.
[256] 위의 책, 같은 곳.
[257] 박근원, 『교회와 선교』, 179. 이 책을 보면 박근원은 이미 오래전부터 교역실천론적인 관점에서 칼 바르트 화해론의 핵심 쟁점들이 무엇인지를 분명히 꿰뚫어 보고 있었음을 잘 알 수 있다.
[258] 위의 책, 180. 박근원에 따르면, 적대관계 속에서 살아가는 세계가 하나님과 화해하고 평화의 관계, 곧 구원을 받으려면 적대관계로 점철된 세계의 죄책 고백이 전제되어야 한다. 죄책 고백과 용서는 비단 하나님과 인간관계에만 국한되지 않는다. 인간과 인간, 국가와 국가, 인종과 인종 상호간의 적대관계 해소는 쌍방의 죄책 고백과 쌍방의 용서가 만들어 내는 기쁨의 사건이다. 쌍방의 동시적 죄책 고백, 곧 회개와 자기 갱신이 선제되지 않는 화해는 진정한 의미에서 화해가 아니다.

둘째로, 화해의 교역실천론 정립을 위해서는 칼 바르트가 말하는 '화해의 전제'가 무엇인지를 분명히 살펴볼 필요가 있다. 화해의 전제는 한 마디로 언약이다. 하나님은 영원 전부터 인간의 하나님, 인간을 위한 하나님이 되시고자 결단하시고 인간을 자신의 언약 동반자로 선택하셨다. 이 언약 관계는 영원히 감추어지지 않고 예수 그리스도의 화해 사역을 통하여 드러났다.[259] 따라서 화해는 인간이 하나님께 저항하고 악을 행하여 하나님의 진노를 불러일으킨 죄에 대해서 하나님이 우발적으로 일으키시는 반응이 아니다. 그것은 인간을 영원한 생명의 언약 파트너로 정하신 하나님 자신이 자신의 은총의 언약을 역사 안에서 주장하시고 관철시키시며 실천하신 의지의 역사이다. 화해는 예수 그리스도를 통하여 하나님이 인간을 자신의 본래적인 은총의 언약 파트너로 회복시킨 하나님의 의의 역사이다.[260]

셋째로, 화해의 교역실천론 정립을 위해서는 칼 바르트가 말하는 '화해의 위기'에 대하여 분명히 성찰하고 있어야 한다. 그것은 언약의 파기 때문이다. 다시 말해서, 하나님께서 인간의 역사에 참여하시고 인간이 기쁨으로 하나님의 역사에 참여하던 그 언약관계가 인간의 일방적인 파기로 위기에 직면한 것이다.[261] 언약의 동반자로 결정된 인간이 신실함을 버리고 하나님을 배반했기 때문이다. 이로써 하나님과의 관계에서만 지닐 수 있는 인간의 본래적인 자유와 존엄성, 그 무한한

---

259) Karl Barth, *Die Kirchliche Dogmatik: Die Lehre von der Versöhnung* IV/1 (Zurich: Theologischer Verlag, 1989), 149. 칼 바르트는 이 책에서 창세 이전에 하나님이 인간과 맺은 영원한 언약이 인간에 따라 훼손되고 파기될 위험에 직면하였지만 하나님께서 그 언약을 관철시키셨다고 말한다. 그것이 예수 그리스도의 화해 사역이라는 것이다. 하나님께서 그 언약을, 인간을 위한 은총의 언약을 역사 안에서 주장하시고 관철시키시며 성취시키셨다는 것이다.
260) 오영석, 『신앙과 이해』, 363.
261) 위의 책, 같은 곳.

가치와 영광은 어두워지고 곱씹어 비틀어졌다. 인간은 이제 하나님으로부터 멀어졌다. 타락의 나락으로 떨어져 죄와 어둠의 노예가 되고 말았다. 하나님을 등지고 반역의 길을 걷게 된 우리 인생! 이것이 우리 인간이 범한 죄이다. 죄는 인간의 본성을 전적으로 타락시키고 부패시켰다. 그 결과, 죽음은 인간의 모든 가능성을 삼키는 심연이 되어 다가왔다. 하나님을 떠난 인간! 그것은 산송장(The Living Dead)이나 마찬가지였다.[262]

넷째로, 화해의 교역실천론 정립을 위해서는 칼 바르트가 말하는 '화해의 복음'이 무엇인가를 분명히 고백할 수 있어야 한다. 분명 그 복음은 예수 그리스도다.[263] 우리가 익히 알고 있듯이, 예수 그리스도께서 선포하시고 이루신 평화의 복음은 한 마디로 '하나님의 나라'가 아니던가? 그렇다면 과연 하나님의 나라가 어떤 곳인가? 곧 성령 안에서 '정의와 평화와 기쁨'(로마서 14:17)이 넘치는 곳이 아닌가? 또 기쁨이 넘치는 하나님의 나라는 곧 정의와 평화의 나라가 아닌가? 구약성서의 표현대로라면, '정의가 깃든 평화의 나라'가 하나님의 나라가 아닌가? 그리고 정의가 깃든 평화의 그 원형은 바로 예수 그리스도 자신이 아니신가? 그러면 예수 그리스도께서는 정의가 깃든 평화를 어떻게 이루셨는가? '평화'의 내용이 '정의'일진대, 그 정의로운 평화를 이루셨던 방법은 '화해'의 복음을 통해서가 아니었던가?[264] 이렇게 볼 때, 언약이 인간에 따라 일방적으로 파기되어 그 가치가 어두워졌지

---

262) Thomas Naylor 외, *The Search for Meaning* (TN: Abingdon Press, 1994) = 박근원·신현복 옮김, 『삶의 의미를 찾아서』 (서울: 아침영성지도연구원, 1999), 16-26.
263) Ulrich Dannemann, *Theologie und Politik im Denken Karl Barths* (München, Chr. Kaiser Verlag, 1977) = 이신건 옮김, 『칼 바르트의 정치신학』 (천안: 한국신학연구소, 1991), 151-52.
264) 박근원, 『교회와 선교』, 178-79.

만, 인간과 영원 전에 맺은 하나님의 은총의 언약은 결코 파기되지 않았음을 알 수 있다. 하나님은 언약을 파괴하는 죄인이 받아야 할 벌과 심판의 저주스러운 죽음을 인간에게 돌리시지 않는다. 그리하여 죄인은 죄와 그 저주스러운 결과에서 해방되어 하나님과 생명의 사귐을 선사받고 그분의 영광스러운 생명에 참여하는 새로운 피조물이 된다. 이로써 하나님은 파기의 위기에 처한 언약을 관철하여 성취하신다. 이것이 그리스도를 통하여 성취된 화해의 복음이 아니고 무엇이겠는가?[265] "하나님은 인간의 창조자이시고 인간에게 은혜로우시다. 하나님은 자비를 베푸사 인간을 언약의 동반자로 머물게 하신다는 복음이 사람의 노예 의지에 관한 슬픈 진리보다 더 참되다."[266]

다섯째로, 화해의 교역실천론 정립을 위해서는 칼 바르트가 말하는 '화해의 사건'이 어떻게 발생하게 되었는지를 분명히 고백할 수 있어야 한다. 그것은 곧 예수 그리스도의 십자가와 부활 사건이다. 그리스도교 메시지의 핵심은 예수 그리스도의 고난과 죽음과 부활을 통하여 성취된 사죄와 구원, 곧 하나님과 생명과 사랑, 신뢰와 복종의 관계를 회복하는 화해의 사건이다.[267] 그런 의미에서, 바르트는 예수 그리스도의 이 화해 사건을 '하나님의 혁명'이라고 불렀다.[268] 그 화해는 인간과 세계의 상황의 변혁이고,[269] 실로 그 혁명적,[270] 급진적,[271] 전체적,[272] 보

---

265) 오영석, 『신앙과 이해』, 365.
266) Karl Barth, *KD* III/2, 41.
267) Jürgen Moltmann, *Kirche in der Kraft des Geistes: Ein Beitrag zur messianischen Ekklesiologie* (Mchn: Chr. Kaiser, 1975) = 박봉랑 외 옮김, 『성령의 능력 안에 있는 교회』, 100.
268) Ulrich Dannemann, 『칼 바르트의 정치신학』, 159-69.
269) Karl Barth, *KD* IV/1, 95-97, 270, 341-67, 666-67; 동 저자, *KD* IV/2, 326, 339-41, 423-24, 598-600, 633; 동 저자, *KD* IV/3, 276-78, 282; 동 저자, *KD* IV/3, 564-66, 757, 816, 1070; 동 저자, *KD* IV/4, 7, 61, 65, 161.
270) *KD* IV/3, 712-13.

편적[273] 변혁이었다. 인류는 그리스도의 죽으심과 부활하심이라는 두 가지 혁명적인 사건을 통하여 구원을 얻게 된다. 이것이 그리스도께서 행하신 화해의 사역이다.[274] "하나님께서는 그리스도를 내세우셔서 우리를 자기와 화해하게 하셨다"(고린도후서 5:18). 이것이 우리를 구원하시기 위한 예수 그리스도의 사명이다. "인자는 섬김을 받으러 온 것이 아니라 섬기러 왔으며, 많은 사람을 위하여 자기 목숨을 대속물로 내주러 왔다"(마가복음 10:45). 여기서 예수 그리스도의 사역의 의미가 분명해진다. 그리스도께서는 "우리의 죄를 위해서 죽으셨고 우리의 의를 위해서 부활하셨다"(로마서 4:25). 예수의 죽음은 우리의 죽음을 포함한다. 그분의 부활은 우리의 부활의 근거이며 희망이다. 그분의 부활은 화해의 사건이 확정되고 효력이 발생했음을 확증해 주는 사건이다.

여섯째로, 화해의 교역실천론 정립을 위해서는 칼 바르트가 말하는 '화해의 신학'이 무엇인지를 분명히 통찰할 수 있어야 한다. 그것은 바로 사도 바울이 강변하는 자리바꿈의 신학이다. 화해란 말의 헬라어 (katallagá)는 본디 '자리바꿈'이나 '입장교환'을 뜻한다.[275] "그분은 부유하셨는데 여러분을 위하여 가난하게 되셨습니다. 그것은 여러분이 그분의 가난으로 부유하게 되기 위함이었습니다"(고린도후서 8:9). 예수 그리스도는 우리의 자리를 자신이 떠맡기 위하여 "하나님의 모습을 지

---

271) KD Ⅳ/1, 362; KD Ⅳ/2, 108; KD Ⅳ/3, 276; KD Ⅳ/3, 814, 977; KD Ⅳ/4, 61. '급진적'이라는 개념에 대해서는 KD Ⅳ/1, 280을 참고하라.
272) KD Ⅳ/2, 200, 241; KD Ⅳ/3, 584, 586.
273) KD Ⅳ/3, 276; KD Ⅳ/3, 564.
274) 오영석,「신앙과 이해」, 362. 오영석은 슈툴마허의 주장을 좇아, 이 화해의 넓이와 그 명백성에서 화해의 메시지야말로 신약의 본질이라고 강조한다.
275) 위의 책, 373; 박근원,「교회와 선교」, 180; 채수일, "화해의 크리스마스,"「기독교사상」, 제396호, 1991년 12월호 (서울: 대한기독교서회, 1991), 7-17; 동 저자, "경제적, 사회적 갈등과 화해의 신학,"「신학연구」, 제42집 (서울: 한신대학교 한신신학연구소, 2001), 165-85.

니면서도……종의 모습을 취하여"(빌립보서 2:6) 성육신하신 것이다. 하나님은 우리의 저주스러운 죄된 자리를 예수 그리스도에게 넘기고 우리에게 유리한 판결을 하고 하나님과 화해를 성취하기 위하여 특별한 기획을 하셨다. "죄를 모르시는 그리스도를 하나님께서는 우리를 위하여 죄를 삼으셨으니 그것은 우리가 그를 통하여 하나님의 의가 되기 위함이었습니다"(고린도후서 5:21). 여기서 그리스도 안에서 우리가 하나님의 의가 되었다는 것은 하나님이 기뻐하시어 받아들인 그 자리에 들어섰다는 것을 의미한다. "우리의 자리를 그분이 떠맡으셨고, 그분의 자리에 우리가 들어갔으므로 우리는 그분 안에서 하나님의 의가 된 것이다."[276]

일곱째로, 화해의 교역실천론 정립을 위해서는 칼 바르트가 말하는 '화해의 주체'가 누구인지를 분명히 집고 갈 필요가 있다. 의심의 여지없이, 화해의 주체는 하나님 자신이시다. 하나님과 인간의 화해는 우리가 죄와 그 결과 때문에 개인의 삶에서 그리고 이웃과의 관계에서 비극적으로 얽혀져 있고 아직 하나님에 대하여 적대관계에 있을 때, 우리를 구원하시고 자신과 화해시키려 하나님의 주도로 이루어졌다.[277] 이 화해를 이루시기 위하여 하나님은 우리가 아직 죄인이었을 때 그리스도를 우리를 위하여 화해와 속죄의 희생제물로 내어주셨다. 그리스도를 통하여 이룩된 화해로 우리는 죄와 저주에서, 죽음과 파멸에서 해방되고 영원한 생명을 얻고 하나님과 화해하게 되었다. 동시에 우리는 우리 자신과 이웃, 그리고 뭇는 피조물과 화해하게 되었다. 화해는 전적으로 하나님의 주도로 이루어졌다. 화해를 위하여 인간이 기

---

276) Karl Barth, *KD* Ⅳ/3, 80.
277) 오영석, 「신앙과 이해」, 387.

여한 일은 아무것도 없다. 인간은 죄인이고 하나님의 원수(로마서 5:10; 골로새서 1:21)일 뿐이다. 화해는 하나님께서 자신을 적대시하는 인간에 대하여 자신의 언약적인 사랑을 역사 안에서 관철하심으로써 성취되었다. 이 언약은 영원 전부터 만물을 창조하신 하나님 속에 감추어져 있던 비밀의 경륜이다(에베소서 3:9).[278]

여덟째로, 화해의 교역실천론 정립을 위해서는 칼 바르트가 말하는 '화해의 사명'이 무엇인지를 분명히 인식하고 있어야 한다. 하나님의 주도 속에서 화해의 사도로 보냄 받은 우리 모두가 감당해야 할 사명이 있다는 말이다. 무엇보다도 화해의 사명은 구약에서 하나님과 맺은 언약 곧 "너희는 내 백성이 되고 나는 너희의 하나님이 된다."는 그 언약의 완성하는 일이다. 그것이 오늘 교회가 부여받은 화해의 수직적 사명이다.[279] 또 하나 화해의 사명은 인간과 인간 상호간의 수평적 화해를 이루는 일이다. 그러기에 이미 화해된 이들, 곧 우리 교회는 평화공동체로서 '화해의 사도'로 보냄 받았다는 사실을 교역실천 가운데서 결코 잊지 말아야 할 것이다.[280] 또 하나 화해의 사명은 이미 그리스도 안에서 성취된 화해를 종말에 완성될 그 날까지 계속해 가시는 성령의 역사에 동참하는 일이다. 민족분단과 지역갈등 속에서 이 시대의 민족적인 화해가 요구되고 있다. 그리고 한국교회는 교파들의 분열, 성장일변도의 개교회주의, 국민적 정서와 기대를 무시한 세습과 부패와 호화생활 등으로 교회 본연의 화해자 역할을 제대로 감당하지 않아 사회의 따가운 시선을 받고 있다. 화해의 사명, 그래서 그 사명은 오늘

---

278) 위의 책, 같은 곳.
279) 박근원, 「교회와 선교」, 181.
280) 오영석, 「신앙과 이해」, 390.

도 이 땅의 교회에 위탁된 가장 중요한 사명이라고 새롭게 재천명해야 할 때가 온 것이다.[281]

　　이상으로 칼 바르트 '교역실천론'의 신학적 미학을 다루었다. 그 일을 위하여 칼 바르트의 대작 『교회교의학』을 중심으로 그의 교역실천론적 생애와 작품과 주제를 '신학적 미학'이라는 관점에서 살펴보았다. 특히 마찬가지로 세계 최고의 음악가였던 모차르트와 다양한 대화를 통하여, 칼 바르트의 교역실천론을 리듬과 선율과 화음 순으로 조명해 보았다. 곧 그의 교역실천론적 '리듬'은 시대적, 음악적, 미학적 리듬으로, 그의 교역실천론적 '선율'은 『로마서 강해』, 초기 강의들, 『교회교의학 Ⅰ』, 『교회교의학 Ⅱ』, 『교회교의학 Ⅲ』, 모차르트 평론, 『교회교의학 Ⅳ』 등으로 나누어 살펴보았다. 그의 교역실천론적 '화음'은 고음, 저음, 주음으로 나누어 보았다. 신학적 고음은 하나님의 말씀, 하나님의 주권, 하나님의 은총, 하나님의 현존, 하나님의 나라 등 다섯 가지로, 신학적 저음은 현실주의, 특수주의, 객관주의, 인격주의, 사실주의, 합리주의 등 여섯 가지로, 그의 신학적 주음은 '화해'라는 관점에서 분석해 보았다. 이제 이러한 신학적 미학을 염두에 두고, 다음 장에서는 칼 바르트 교역실천론의 '교회 공동체적 존재양식'을 살펴보고자 한다.

---

281) 위의 책, 376-86.

제2장

교회 공동체적 존재양식

    교회는 공동체다. 칼 바르트는 자신의 작품 곳곳에서 '교회'(Church, Kirche)를 '공동체'(Community, Gemeinde)라고 정의하고 있다. 그리스도교 공동체는 교회를 뜻하는 가장 근본적인 성서적 개념으로서, 거기서 예수 그리스도를 통하여 주관적인 화해가 공동체적으로 발생한다.[1] 바르트는 공동체의 기본적인 존엄성과 활동은 실제로 "……하나의 구원과 믿음과 희망과 사랑, 그리고 결과적으로는 성화까지 자아내는 그리스도의 제사장적이고 예언자적이고 왕적인 기능들"에 공동 참여하는 사건 속에서 일어난다고 확신한다.[2]

    이러한 맥락에서 볼 때, 칼 바르트에게서 교회란 하나님의 부르심을 받은 모임, 곧 믿음과 사랑의 띠로 그 구성원들을 하나 되게 하는 믿는 이들의 공동체이다.[3] 바르트의 주장에 따르면, "그리스도인들은

---

1) Karl Barth, *Church Dogmatics* (Edinburgh: T. & T. Clark, 1956-1974) 가운데 Ⅳ/1, 652를 보라.
2) Daniel B. Spross, "The Doctrine of Sactification in the Theology of Karl Barth," *Wesleyan Theological Journal* 20/2 (Fall 1985), 54-76, 54-55.
3) Karl Barth, *CD* Ⅳ/3, 2, 681-901.

모든 사람들을 위하여 탄원과 기도와 중보와 감사를 드리도록 부르심을 받았다……교회는 모든 이들을 위하여 자신을 하나님께 드려야 한다."[4] 바르트는 "'공동체'라는 개념 속에 우리가 '교회'나 '국가' 안에서 제도나 직책만이 아니라 한 몸을 이루어 공통의 과제를 섬기도록 함께 모인 인간들에게까지도 관심을 기울이고 있다는 사실에 주목하게 하려는 의도가 깃들어 있음을" 꿰뚫어 보고 있다.[5]

바르트에 따르면, 성령께서는 바로 이 교회 공동체를 '모으고'(Sammlung, Gathering) '세우고'(Erbauung, Upbuilding) '보내는'(Sendung, Sending) 일을 이 세상에 실현하신다.[6] 무엇을 위해서? 그 이유는 두말할 것도 없이 '화해'의 교역실천을 위해서라는 것이 바르트의 통찰이다. 곧 바르트는 말씀과 성령을 통하여 믿음으로 모이면서 하나님과 화해하고 사랑으로 세우면서 이웃과 화해하고 희망으로 보내면서 세상과 화해하는 교회 공동체를 꿈꾸고 있는 것이다. 이렇듯 화해의 교역실천을 위하여 모이고 세우고 보내는 교회 공동체, 이것이 바로 우리 그리스도교 교회 공동체의 존재양식(The Way of Being)이라고 바르트는 말한다. 그러면 이제부터 칼 바르트가 말하는 이러한 교회 공동체적 존재양식을 좀 더 구체적으로 살펴보도록 하자.

---

4) Karl Barth, *Community, State, and Church: three essays* (New York: Doubleday, 1960), 135-36.
5) 위의 책, 149.
6) David L. Müller, *Karl Barth* (Hendrickson Pub, 1991) = 이형기 옮김, 『칼 바르트의 신학사상』 (서울: 도서출판 엠마오, 1996), 142.

1. '모이는' 교회 공동체

"두세 사람이 내 이름으로 모이는 자리에는, 내가 그들과 함께 있다"(마태복음 18:20). 그렇다. 교회는 모이는 공동체다.[7] "어떤 사람들과 같이, 모이는 일을 그만두지 말고, 서로 격려하여, 그 날이 가까이 오는 것을 볼수록 더욱 힘써 모입시다"(히브리서 10:25). 정말 그렇다. 교회는 정말 모이기에 힘쓰는 공동체다. 한국교회는 특히나 그렇다. 장로교, 감리교, 침례교, 성결교, 순복음 등 각 교단마다 세계적인 대형교회들이 이 땅에 얼마나 많은가! 이 엄청난 부흥! 한국교회가 어떻게 이렇게 급성장할 수 있었을까? 그것은 바로 우리 한국교회가 '모이는 교회 공동체'를 지향하고 있었기 때문이 아닐까? 그렇다면, 도대체 모이는 교회 공동체란 무엇인가? 이제 잠시 '모임' 공동체에 대하여 몇 가지 중요한 통찰들을 숙고해 보도록 하자.

'그리스도의 몸'으로서 모임 공동체

무엇보다 먼저, 칼 바르트는 모임 공동체로서 교회를 정의하면서 일찍이 『교회교의학』 앞부분에서 사용했던 '그리스도의 몸'이라는 이미지를 다시 끄집어낸다.[8] '그리스도의 몸' 개념은 본디 신약성서에서, 특히 바울 서신과 바울 제자의 서신에서 자주 나타났다.[9]

바르트가 모임 공동체를 이렇게 '그리스도의 몸'으로 이해한 데는 동시대를 살았던 신학자들, 특히 저 나치에 대항하여 순교의 십자가를

---
7) Karl Barth, *CD* IV/3, 681.
8) *CD* I/2, 215이하.
9) 이신건, 『칼 바르트의 교회론』 (서울: 한들출판사, 2000), 201.

져야만 했던 본회퍼와 교역실천론적 대화를 깊이 주고받았기 때문이다. 본회퍼는 자신의 박사학위논문인 『성도의 교제』(*Communio Sanctorum*, 1927)에서 비록 그리스도와 교회가 동일하지는 않다 하더라도, 교회가 집단 인격으로서 그리스도이기도 하다고 주장한 바 있다. 곧 그리스도께서 하나님의 현존이듯이 교회는 그리스도의 현존이며, 신약성서는 그리스도께서 교회로서 존재하신다는 계시 형태를 말하고 있다는 것이다.[10] 이것만이 아니다. 본회퍼는 『행동과 존재』(*Akt und Sein*, 1931),[11] 『나를 따르라』(*Nachfolge*, 1937),[12] 『그리스도론』(*Christologie*, 1981년)[13] 등에서도 모임 공동체인 교회를 그리스도의 몸으로서 매우 분명하게 내보이고 있다.

아무튼 바르트는 이 '그리스도의 몸' 이미지를 '그리스도교 공동체,' 곧 눈에 보이는 인간과 함께 하는 눈에 보이지 않는 실재와 동일시하려고 애를 쓴다.[14] 여기서 모임 공동체로서 교회는 하나님의 신앙의인의 역사와 깨닫게 하시는 성령의 역사로 자신을 드러내게 된다.[15] 이 모임 공동체 안에 성령께서 활동하신다.

바르트에 따르면, 예수 그리스도는 두 종류의 실존 형태를 갖는데, 그것은 곧 천상적-역사적인 실존 형태와 지상적-역사적인 실존 형태다. 모임 공동체가 그리스도의 몸이라는 말은 바로 그것이 '예수 그리스도 자신의 지상적-역사적인 실존 형태' 라는 뜻이다.[16]

---

10) D. Bonhoeffer, *Sanctorum Communio* (München, 1960), 92.
11) D. Bonhoeffer, *Akt und Sein* (München, 1976), 90이하.
12) D. Bonhoeffer, *Nachfolge* (München, 1985), 21.
13) D. Bonhoeffer, *Christoiogie* (München, 1981), 37.
14) Karl Barth, *CD* IV/1, 666.
15) 이신건, 『칼 바르트의 교회론』, 200.
16) *CD* IV/1, 661.

그분은 십자가에 못 박히신 분과 부활하신 분으로서 천상적-역사적인 실존 형태 안에서, 곧 아버지의 우편에 계시다……그러나 그분은 외롭게, 배타적으로 그리고 이러한 실존 형태 안에 갇혀서만 계시지는 않는다. 그분은 지상의 인간 역사를 초월해서만, 위에서만, 멀리서만, 밖에서부터만 그 인간 역사를 바라보시지는 않는다. 그분은 인간 역사 안에서 초월적이신 것만이 아니다. 그분은 자신에 따라 창조되고 통치되는 이 역사 자체의 특별한 요소 안에 실로 지상적-역사적인 실존 형태 안에서 이 역사의 한복판에도 계신다. 인간 역사의 특별한 요소, 아니 실로 예수 그리스도 그 자신의 지상적-역사적인 실존 형태는 다름 아닌 교회다.[17]

필자가 보기에, 확실히 이런 바르트의 이해 속에는 예수 그리스도께서는 주님 곧 교회의 머리이실 뿐만 아니라 몸 곧 교회이시기도 하다는 생각이 강하게 들어 있다고 여겨진다.[18] 바르트에 따르면, 예수 그리스도는 교회이시지만 교회가 예수 그리스도는 아니다. 그러기에 '예수 그리스도가 교회이시다'라는 문장이 뒤집혀서는 안 된다는 것이다.[19] 예수 그리스도의 존재는 자신의 교회의 존재 안으로 흡수되거나 그 안에서 소진되지 않기 때문이다. 예수 그리스도의 존재는 교회의 존재의 술어가 아니라는 것이다. 예수 그리스도께서는 교회가 존재하기 때문에 그리고 교회가 존재함으로써 존재하시는 것이 아니고, 그리스도께서 존재하시기 때문에 그리고 바로 그럼으로써 교회도 존재한다고 바르트는 힘주어 말한다.[20]

---

17) Karl Barth, *Die Kirchliche Dogmatik* Ⅳ/1 (Zürich: Theologischer Verlag, 1989), 738.
18) *KD* Ⅳ/2, 739.
19) 박근원, 「교회와 선교」 (서울: 종로서적, 1988), 123-24.

모임 공동체의 신학적 4중주

모임 공동체의 신학적 4중주를 아름답게 연주하기 위하여 칼 바르트가 사용하는 첫 번째 중요한 악기는 '믿음'이라는 악기다. 바르트에 따르면, 교회는 무엇보다도 부름 받은 사람들의 '모임'(gathering)이요,[21] 하나님께서 미리 선택하신 사람들의 모임으로서, '믿음'을 전제로 한다. 물론 그리스도를 믿는 믿음이 그 초점이다. 하나님은 예수 그리스도의 사역을 통하여 세상과 화해하셨다.[22] 예수 그리스도의 사역은 수직선이고, 죄인인 인간과 인류는 수평선이다. 이 수직선과 수평선의 교차점이 바로 신앙의인, 교회, 믿음의 교리이다.[23] 예수 그리스도의 사역은 하나님과 세상 사이에서 화해를 일구는 사역이다. 그러므로 그리스도교 믿음과 그리스도교 공동체의 중심에 예수 그리스도에 대한 고백이 자리 잡게 된다. 성령의 사역은 개인의 믿음 속에서 활동한다. 인간은 탈중심적으로(exzentrisch) 실존한다. 인간의 믿음은 예수 그리스도에 근거한다.[24] 그러나 '나를 위하여'(pro me) 유효한 것은 '우리 인간 때문에'(propter nos homines) '우리를 위하여'(pro nobis) 유효하다. 믿음은 그리스도교적인 삶의 행위이다.

---

20) Karl Barth, *KD* IV/2, 741; 이신건, 『칼 바르트의 교회론』, 203; 박근원, "그리스도의 몸," 위의 책, 35-48. 이신건도 이 부분에 대한 바르트의 통찰을 깊이 주목하고 있다. 또 박근원도 『교회와 선교』에서 모임 공동체를 그리스도의 몸으로 보면서, 특히 이 부분을 강조하고 있다.
21) 박근원, "한국 실천신학의 어제와 오늘, 그리고 내일," 『한국기독교신학논총』 (서울: 대한기독교서회, 2007), 105. 앞에서 여러 번 강조했듯이, '교회'를 뜻하는 헬라어 '에클레시아' (ekklesia)의 뜻이 그렇다는 말이다. 신약성서는 구약에 나타난 '하나님의 백성'이라는 의미에서 이 말을 사용하였다. 그리고 이런 교회의 '모임' 자체도 성령의 활동으로 시작되는 하나님의 은혜의 선물이다. 그러므로 전통적인 실천신학에서는 이런 모임에 모여온 개인의 믿음이 어떤 것들인지가 그 내용으로 다루어졌다. 곧 인간의 종교와 신앙, 그리스도교 신앙과 영성, 신앙생활과 소명 등의 주제들이 관심의 대상이었다.
22) Karl Barth, *KD* IV/1, 644.
23) 신현복, "칼 바르트의 신학실천과 교역론: 개혁전통의 목회신학적 관점에서 바라본 '영혼의 치유' 교역," 『신학연구 제49집』 (서울: 한신학술원신학연구소, 2006), 205.
24) Karl Barth, *KD* IV/1, 826.

모임 공동체의 신학적 4중주를 아름답게 연주하기 위하여 칼 바르트가 사용하는 두 번째 중요한 악기는 '참 하나님'이라는 악기다. 바르트에게서 예수 그리스도에 대한 인식은 3중적이다. 무엇보다도 먼저, 예수 그리스도는 참 하나님, 곧 스스로 낮아지신 분이다.[25] 모임 공동체 안에서 우리는 이 점을 선명하게 드러내야 한다. 스스로 낮아지신(Selbsterniedrigung) 하나님! 그분을 상징적으로 표현해야 한다. 그래야 모임 공동체 속에서 하나님은 스스로 자신을 던져 이스라엘에 대항하여(gegen) 고소하는 객체(Objekt)가 되신다.[26] 이방인이 되신 아들, 그 길은 하나님이 스스로를 희생하신 길이다. 그러나 그 길이 포기를 뜻하는 것은 아니다(Extra Calvinisticum).[27] 예수 그리스도는 우리 대신에 심판받으셨고, 우리들의 자기 신앙의인(Selbstrechtfertigung)을 우리에게서 제거하셨다.[28] 독자적인 화해(Exklusive Versöhnung)가 이루어진 것이다. 결국, 하나님 안에 위에 계시는 이와 아래에 계시는 이가 있다. 그것이 삼위일체 신앙이다![29] 모임 공동체에서는 바로 이 삼위일체 하나님이 높이 찬미되어야 한다.

모임 공동체의 신학적 4중주를 아름답게 연주하기 위하여 칼 바르트가 사용하는 세 번째 중요한 악기는 '교만'이라는 악기다. 바르트에 따르면, 죄는 인간의 교만이다. 죄는 예수 그리스도에 대한 인식의 빛에서 보면 불신앙이다.[30] 인간은 주인이 되기를 바라는 반면에, 하나님은 종이 되기를 바라신다. 인간은 심판자, 스스로 자기 자신의 조력자

---

25) *KD* IV/1, 207.
26) *KD* IV/1, 171, 188.
27) *KD* IV/1, 197, 202.
28) *KD* IV/1, 231.
29) *KD* IV/1, 219.
30) *KD* IV/1, 459.

(Helfer)가 되려고 한다.[31] 인간은 하나님 곁에 철저히 죄인으로 머물러 있다. 하나님의 인간되심은 죄 용서의 현실이다.[32] 인간은 스스로 죄를 짓고 있다. 그럼에도 불구하고, 여전히 하나님의 파트너로 머문다.[33] 우리는 모임 공동체에서 우리의 이 교만을 고백할 수 있어야 할 것이다.

모임 공동체의 신학적 4중주를 아름답게 연주하기 위하여 칼 바르트가 사용하는 네 번째 중요한 악기는 '신앙의인' 이라는 악기다. 바르트에 따르면, 하나님의 심판(Gericht)은 은혜의 행위이다. 하나님의 판결(Urteil)은 죽이고 그리고 살린다.[34] 심판을 통하여, 하나님은 자신의 의를 선포하시고, 자신을 성실한 분으로 선포하신다. '죄인이면서 동시에 의인'(Simul peccator, simul iustus)이라는 말은 역동적인 순차를 표징한다.[35] 어제(죄인)와 내일(해방된 이) 사이에 낯선 오늘, 곧 '그리스도의 의의 또 다른 의'(aliena iustitia Christi)가 있다.[36] 그러므로 '오직 그리스도'(Solus Christus)는 유효하다. '오직 그리스도' 라는 말의 메아리는 '오직 믿음으로'(sola fide)이다.[37] 이런 바르트의 신앙의인 이해를 모임 공동체에서 충분히 반영할 수 있어야 할 것이다.

모임 공동체의 교역실천적 표현

첫째로, 모임 공동체의 교역실천 속에는 '말씀' 이 표현되어야 한다. 종교개혁자들은 "우리가 어디에서 참된 교회를 발견할 수 있느

---

31) *KD* IV/1, 541.
32) *KD* IV/1, 558.
33) *KD* IV/1, 573.
34) *KD* IV/1, 634.
35) *KD* IV/1, 507, 606.
36) *KD* IV/1, 659, 613.
37) *KD* IV/1, 687, 706.

냐?" 하는 문제를 가지고 씨름을 하였다.[38] 이것은 교회의 공간적 위치에 관한 물음이 아니다. 참 교회와 거짓 교회 사이를 구별하는 교회의 참된 표지에 관한 물음이다. 바르트는 이 물음에 대한 하나의 답을 던지고 있는데, 이것에 따라 교회의 크고 작음이 결정된다고 말하고 있다. 그것은 바로 "인간이 하나님의 말씀을 듣는다!"는 것이다. 바르트는 교회가 그 주변세계와 사회 속에서 별 의미와 영향력이 없다손 치더라도, 하나님의 말씀을 듣는 바로 그곳에 교회가 존재한다고 보았다. "교회가 참된 교회인가?" 하는 질문에 대한 결정적인 해답은 오랜 역사, 장소, 전승, 숫자, 교회의 경건의 강도, 예식의 아름다움, 그 업적과 헌금, 도덕, 또는 신학이 아니다. 참된 교회와 그릇된 교회가 갈라지는 분기점은 예수 그리스도가 그 속에서 권능 있게 들려지고 있는가, 그분에 대한 질문이 있는가의 여부에 달려 있다.

둘째로, 모임 공동체의 교역실천 속에는 '십자가와 부활'이 표현되어야 한다. 바르트에 따르면, 교회 공동체는 십자가와 부활 사이에 있다.[39] 십자가의 부정적인 측면은 심판이요, 긍정적인 측면은 예수 그리스도께서 우리를 대신하여, 우리를 위하여 짊어지셨다는 것이다.[40] 부활의 긍정적인 측면은 하나님의 결정적인 선포라는 것이요, 부활의 부정적인 측면은 옛것은 모두 끝났다는 것이다.[41] 십자가에 달리신 분과 부활하신 분은 동일한 분이시다.[42] 부활 안에서 심판이 일어난다.[43] 우리는 십자가 앞에 서 있다.[44]

---

38) *KD* IV/1, 650.
39) *KD* IV/1, 352, 356.
40) *KD* IV/1, 269.
41) *KD* IV/1, 335.
42) *KD* IV/1, 378.
43) *KD* IV/1, 395.

셋째로, 모임 공동체의 교역실천 속에는 '시간'이 표현되어야 한다. 바르트에 따르면, 교회는 중간 시대(Zwischenzeit)에 있다.[45] 모이는 교회는 예수 그리스도께서 부활자로서 오심과 그리고 마지막에 오심 사이에 존재한다고 말한다.[46] 교회의 시간은 이 둘 사이의 시간이다. 교회의 움직임은 이 두 면에서의 움직임이다. 성령에 따른 이 움직임 속에서 예수 그리스도는 교회 중간에서 살아 있는 머리로서 가시적으로 나타나신다. 이 시간성과 움직임 속에는 공동체의 강함과 약함이 존재한다. 바르트는 그것의 강함은 교회가 부활에 기인했다는 사실에 있다고 말한다. 교회는 그것의 증언자를 가졌으며, 성령의 깨우시는 힘에 따라 한 분 살아계신 주님에 대한 믿음의 연합 속으로 모이게 된다. 그리고 교회는 이 메시지가 이야기하는 한 분을 증언한다. 바르트는 이처럼 교회가 부활의 공동체라는 사실 속에서 교회의 특별한 역동성을 드러낸다고 역설을 한다. 그는 부활에 따른 앎을 통하여 비로소 하나의 거룩한 보편적이고 사도적인 교회, 곧 예수 그리스도의 공동체가 된다고 보았다. 교회는 부활 사건 속의 모든 어제 속에 서 있다. 또한 영광 가운데 그분의 오심이 선포되었고 날마다 아침마다 현재화되기 때문에, 영혼을 치유하기 위하여 모인 교회는 강한 것이다.

넷째로, 모임 공동체의 교역실천 속에는 '성령'이 표현되어야 한다. 이러한 믿음에, 곧 화해의 신적인 행동에 인간이 능동적으로 참여하는 것은 인간 스스로가 할 수 없는 불가능한 일이다. 인간은 단지 일깨우시는 힘 곧 성령에 따라서만 이러한 능동적인 참여가 가능하다.

---

44) *KD* IV/1, 479.
45) *KD* IV/1, 738.
46) *KD* IV/1, 725.

성령은 사람을 새로운 사람으로 창조하는 하나님이시다. 성령은 하나님의 영이시다. 성령은 세상의 영도, 인간의 영도, 교회의 영도 아니시다. 성령은 하나님의 영, 하나님 자신이시다. 성령은 성부와 성자로부터 비롯되시고, 성부와 성자를 일치시키시며, 성부와 성자와 함께 경배의 대상이시다.[47] 성령은 성부와 성자와 같은 하나의 본질로서 삼위일체를 이루신다. 또한 성령은 주(主)로서 인간으로부터 자유로우시다. 성령은 인간을 위해 화해시키고 행동하시는 하나님이시다. 성령은 인간을 믿음으로 일깨우신다. 성령은 공동체와 개인의 믿음을 일깨우실 뿐만 아니라 유지하시고 보존하신다. 그분은 예수 그리스도의 영으로서 공동체와 개인으로 하여금 하나님에 대한 지식을 일깨우시고 그들을 거룩하게 하신다. 하지만 이러한 성령 사역의 구체적인 방법, 곧 '어떻게'에 대해서는 사람으로서 알 길이 없다. 그것은 신비의 영역에 속한다. 우리가 확신할 수 있는 것은 단지 성령께서 하나님과 세상을 화해시키는 예수 그리스도의 사역을 과거와 현재와 미래에 계속하실 것이라는 사실이다.

2. '세우는' 교회 공동체

"주께서 집을 세우지 아니하시면 집을 세우는 사람의 수고가 헛되며, 주께서 성을 지키지 아니하시면 파수꾼의 깨어 있음이 헛된 일이다"(시편 127:1). "오직 사랑 안에서 참된 것을 하여 범사에 그에게까지

---

47) *KD* I/1, 494-511.

자랄지라. 그는 머리니 곧 그리스도라. 그에게서 온 몸이 각 마디를 통하여 도움을 받음으로 연결되고 결합되어 각 지체의 분량대로 역사하여 그 몸을 자라게 하며 사랑 안에서 스스로 세우느니라"(에베소서 4:15-16). 그렇다. 교회가 왜 모이겠는가? 모여서 무엇을 하자는 것인가? 그것은 단도직입적으로 말해서 교회를 세우기 위함이 아닌가! 그렇다. 교회의 '세움'(upbuilding) 곧 '교회를 일구고 가꾸는 일'은 종래 실천신학의 핵을 이루었던 부분이다. 종교개혁자들은 이 대목에서 "말씀이 바로 선포되고 성례전이 잘 베풀어지며, 신앙훈련이 제대로 되는 곳"이라는 주장에 공감하였다. 종교개혁 전통에서는 목사의 직분과 교회 공동체, 그것을 일구고 가꾸는 방편으로서의 설교, 예전, 목양이 중심이 되어 '목회신학'의 뼈대를 형성하였다. 목양(Seelsorge)을 교회훈련으로 자리매김해 온 개혁교회의 입장(E. Thurneysen)을 유념해 둘 필요가 있다. 개혁교회 전통의 목회자하면 설교, 예배, 목양의 내용을 균형 있게 알고 실천하는 능력을 갖추어야 한다. 목회(목자처럼 회중을 양육하는 일)는 설교와 예배와 목양으로 교회다운 화해 공동체를 '세우는' 일이기 때문이다.[48] 그러므로 이제 예언자적인 상상력을 가지고 '세움' 공동체에 대한 몇 가지 통찰들을 숙고해 보도록 하자.

'성도의 교제'로서 세움 공동체

칼 바르트는 세움 공동체에서 교회를 '성도의 교제'로 이해한다. 바르트는 어느 경우에나 교회 공동체는 "성도들의 사귐으로서만" 살아있고 성장한다고 말한다.[49] 그러므로 "머리가 되신 그분한테서" 자라

---

48) 박근원, "한국 실천신학의 어제와 오늘, 그리고 내일," 105.
49) 신현복, "칼 바르트의 신학실천과 교역론," 208.

나는 것밖에는 다른 어떤 성장도 있을 수 없다.[50] 교회 공동체가 성장한다는 것은 예수 그리스도께서 교회의 머리요 교회는 이미 그분의 몸이기 때문이며, 교회는 예수 그리스도의 실재적 현재 덕분에 성장하는 것이라고 그는 보았던 것이다.

세워진 공동체를 '유지한다'는 말은 교회 공동체가 안팎으로부터 위협을 당하기 때문에 하는 말이다.[51] 여기에서 바르트는 공동체의 역사를 은혜로운 '유지'의 역사로 이해한다. 그는 공동체가 그리스도 안에 존재하며, 주님께서 공동체의 강함이 된다는 사실이 공동체 유지에 어떤 영향을 주는가 하는 문제를 다룬다. 바르트에 따르면, '성도의 교제'는 위험 가운데 있으므로 방어, 보존, 보호를 필요로 한다. 외적으로는 세상으로부터, 내적으로는 그 자체로부터 위협을 받는다고 바르트는 말한다. 바르트의 이런 이해가 세움의 교역실천에서 자연스럽게 표출될 수 있어야 할 것이다.

여기서 세움 공동체는 하나님의 '성화의 역사'와 '생동케 하는' 성령의 역사로 나타난다. 교회는 바로 '성도의 교제'다. 여기서도 바르트는 본회퍼의 책에 주목하고 있다.[52] 바르트에 따르면, 성도의 교제는 성령의 능력 안에서, 그리고 성령의 역사에 따라 모이고 생동하게 된 인간들의 활동 안에서 일어난다. 바로 이처럼 성령의 역사에 따라 모

---

50) Otto Weber, *Karl Barths Kirchliche Dogmatik* (Buchh. d. Erziehungsvereins, 1950) = 김광식 옮김, 『칼 바르트의 교회교의학』 (서울: 대한기독교서회, 1992), 389.
51) Karl Barth, *CD* IV/2, 660이하에 나오는 "공동체의 유지" 부문을 참고하라.
52) *KD* IV/2, 725; 이신건, 『칼 바르트의 교회론』, 203 204. 비르드는 여기서 "나는 본회퍼가 그 당시 노달했던 수준을 여기서 최소한 유지하고, 나의 입장에서부터, 나의 언어로 그 당시 이 젊은이가 행했던 것보다 부족하지 않게 또 약하지도 않게 말하고자 스스로 유의하고 있음을 솔직히 고백한다."고 말하고 있다. 또 이신건에 따르면, 본회퍼의 이 책은 루터교 신학자 P. 알타우스(Althaus)의 『성도의 교제』(*Communio Sanctorum*, 1929) 이후로 교회의 친교적이고 사회적인 성격을 가장 잘 부각한 책으로 인정받고 있다. 1930년에 펴낸 이 책의 부제는 "교회의 사회학에 대한 교의학적 탐구"다.

여든 인간들, 그에 상응하는 일을 행하도록 사명을 받은 인간들이 곧 성도들이다.

그런데 바르트가 그냥 지나치지 않는 것이 있다. 곧 이러한 교제가 '죄인들의 교제'(Communio Peccatorum)이기도 하다는 사실, 그리고 이들은 여전히 아담에게 속해 있다는 사실이다.[53] 이들은 모든 인간들의 범죄, 타락과 비참에 가담하고 있다. 그럼에도 불구하고, 그리고 그것을 극복하는 가운데 이들은 '성도의 공동체'가 된다. 하나님의 영원한 선택과 사랑이 그들을 그렇게 만들기 때문이다.

바르트에 따르면, 성도의 교제(Communio Sanctorum)는 두 가지 의미를 내포하고 있다.[54] 하나는 '성도들' 곧 성령에 따라 거룩하게 된 인간들의 친교이고, 다른 하나는 '거룩한 것들' 곧 거룩한 관계들, 거룩한 은사들, 거룩한 임무들, 거룩한 직분들, 거룩한 역할들 안에서 나누는 교제다. 후자의 의미에서 볼 때, 성도의 교제(Communio Sanctorum)은 '성도들'이 이러한 '거룩한 것들'에 참여하는 사건이라고 할 수 있다. 이것은 신앙의 인식과 고백, 감사와 찬양, 회개, 기쁨, 기도 안에서, 그리고 세상과의 관계에서 겪는 고난과 투쟁 안에서, 그리고 봉사, 희망, 예언, 예배 안에서 일어나는 것이다. 이러한 친교는 공동체 건립의 사건으로서 죄인들이 자신들의 행동과 본성 안에서 이 '거룩한 것들'을 받아들이고 확증하는 사건이라고 바르트는 말한다.[55]

---

53) 박근원, 『교회와 선교』, 63-78.
54) Karl Barth, KD IV/2, 726.
55) 이신건, 『칼 바르트의 교회론』, 204.

세움 공동체의 신학적 4중주

세움 공동체의 신학적 4중주를 아름답게 연주하기 위하여 칼 바르트가 사용하는 첫 번째 중요한 악기는 '사랑'이라는 악기다. 바르트에게서 사랑은 창조적이다. 인간의 사랑은 먼저 하나님께 유효하고, 그 다음 이웃에게 유효하다.[56] 믿음과 사랑은 신앙의인과 성화의 관계처럼 서로에게 속해 있다.[57] 아가페(Agape)는 상대방(하나님, 이웃)에 대한 존재 속에서 역사한다.[58] 에로스는 부자유한 욕망에 빠진다. 세우는 교회에서는 바르트의 이런 사랑의 키워드를 충분히 살려쓸 수 있어야 한다.

세움 공동체의 신학적 4중주를 아름답게 연주하기 위하여 칼 바르트가 사용하는 두 번째 중요한 악기는 '참 인간'이라는 악기다. 바르트는 세움 부분에서 예수 그리스도를 참 인간, 곧 하나님을 통해서 들림 받은 인간으로 인식한다. 높아지신 인자(Menschensohn)![59] 단 한 분 예수 그리스도 안에서 스스로 낮아지신 하나님과 하나님에 따라 높여진 인간! 예수 그리스도의 인간성은 바로 이 운동 곧 낮아지심과 높아지심 속에 존재한다.[60] 양성론은 오직 그리스도의 사역의 연관성 속에서 이해된다. 행위와 존재는 함께 보인다.[61] 바르트는 경직된 교의학을 거부한다. 예수의 역사는 모든 시간 속에 살아 있기 때문이다.[62] 부활과 승천 속에 있는 계시라는 말이다.[63] 그것이 성령의 증언이다.[64]

---

56) Karl Barth, *KD* Ⅳ/2, 901.
57) *KD* Ⅳ/2, 825.
58) *KD* Ⅳ/2, 826.
59) *KD* Ⅳ/2, 1.
60) *KD* Ⅳ/2, 30.
61) *KD* Ⅳ/2, 126.
62) *KD* Ⅳ/2, 118.
63) *KD* Ⅳ/2, 158.

이를 통하여 우리는 옛 인간과 새 인간에 대한 인식에 이른다. 우리는 세움의 신학에서 바로 이 십자가에 달리신 분의 존엄하심과[65] 그분의 업적을 찬양해야 한다.[66]

세움 공동체의 신학적 4중주를 아름답게 연주하기 위하여 칼 바르트가 사용하는 세 번째 중요한 악기는 '태만'이라는 악기다. 바르트에 따르면, 예수의 현실과 마주치는 인간은 태만이라는 죄를 통하여 규정된다.[67] 하나님과의 관계 속에 깃들어 있는 실천적인 무신론, 이웃과의 관계 속에 깃들어 있는 외로움과 비인간성, 피조된 존재와의 관계 속에 깃들어 있는 방탕, 창조된 존재의 선한 한계 속에 깃들어 있는 염려 등이 그것이다.

세움 공동체의 신학적 4중주를 아름답게 연주하기 위하여 칼 바르트가 사용하는 네 번째 중요한 악기는 '성화'라는 악기다. 바르트에 따르면, 신앙의인과 성화는 순서대로 나타나는 것이 아니라, 한 역사의 두 가지 동기로 나타난다.[68] 바르트는 그리스도의 참여(Participatio Christi)에 대하여 말한다.[69] 거룩하신 분과 거룩하게 된 사람들 곧 성도들. 바르트는 본회퍼의 『나를 따르라』(Nachfolge)를 수용하였다.[70] 그리스도께서는 자신을 따르라고 요구하신다. 거기에는 단순한 순종만이 있을 뿐이다.[71] 그것은 무신성의 속박으로부터 해방되는 것이요, 인간 명예가 만든 것들을 파괴하는 것이다. 고정된 관념의 끝, 폭력은

---

64) *KD* Ⅳ/2, 173.
65) *KD* Ⅳ/2, 676.
66) *KD* Ⅳ/2, 648.
67) *KD* Ⅳ/2, 423.
68) *KD* Ⅳ/2, 565, 568.
69) *KD* Ⅳ/2, 578.
70) *KD* Ⅳ/2, 603.
71) *KD* Ⅳ/2, 620.

필연적일 수 있다. 그것은 아주 명백한 속박으로부터 해방되는 것이요, 경건한 세계의 윤리(nomos)를 파괴하는 것이요, 십자가를 자기 것으로 수용(Aufsichnehmen)하는 것이다. 나아가 그것은 사고하고 행동하는 모든 인간에 왜곡에 대하여 깨우치는 것이다.[72] 결국 전체 인간은 전적으로 옛 인간이며, 동시에 전적으로 새로운 인간이다. 미래는 이 두 인간에 속해 있다.[73] 바르트는 공동체 안에서 역동하는 성장은 수적 개념보다는 질적인 부분과 관계가 있다고 본다.[74] 그리고 그것은 공동체 자신의 교제의 실재화, 곧 거룩한 직분(Santi)에 따른 거룩한 행동(Santa)들의 일반적인 수용이나 훈련과 관계되어 있다는 것이다.

세움 공동체의 교역실천적 표현

첫째로, 세움 공동체의 교역실천 속에는 '신앙고백'이 표현되어야 한다. 바르트에 따르면, 교회 공동체는 신앙고백을 통한 사귐이다.[75] 교회 공동체가 한 목소리로 자신들의 신앙을 고백할 때, 거기에 진정한 사귐과 사랑이 존재한다. 사도 신조나 니케아 신조는 "우리는 믿습니다!"로 시작되는 교회의 위대한 신앙고백적 유산이다. 이 유산을 함께 상기하면서 함께 암송할 때 우리는 역사를 초월하여 신앙의 선조들과 사귀게 된다. 그리고 주님은 그리스도시라고 고백했던 베드로의 신앙고백에까지 깊은 연대감을 갖게 된다. 뿐만 아니라, 우리는 이 신앙고백 속에서 예배드리는 우리 모두가 예수 그리스도 안에서 한 형제요 한 자매임을 깨닫고 사랑의 마음을 깊이 간직하게 된다. '신앙' 고백

---

72) *KD* IV/2, 633.
73) *KD* IV/2, 660.
74) *CD* IV/2, 641이하.
75) *KD* IV/2, 770.

이 단순한 '믿음'의 차원에서 한 걸음 더 나아가 '사랑'의 차원으로 승화되는 것이다.

둘째로, 세움 공동체의 교역실천 속에는 '성서'가 표현되어야 한다. 바르트는 이런 위협으로부터 공동체를 유지하기 위하여 '성서'를 다룬다.[76] 지금 우리 시대까지 구약과 신약은 단지 문자적으로만, 그리스도인의 삶의 범주 안에만 축소되어 있지는 않았다. 오히려 그것은 지속적으로 살아 있는 목소리와 말씀이 되어 실천하게 하는 힘으로 작용해 왔다. 공동체를 유지하시는 분은 성령이시다. 그러나 그 공동체를 보호하는 것은 성령의 검, 곧 하나님의 말씀인 것이다. 그러므로 공동체의 보존은 그 공동체가 이 예언자적이며 사도적인 말씀에 따라 유지될 때 일어나는 것이라고 바르트는 주장하고 있다.

셋째로, 세움 공동체의 교역실천 속에는 '질서'가 표현되어야 한다. 바르트는 오직 그리스도로 볼 때만 그리스도교적인 교회 공동체의 삶 일반에 나타나는 질서와 및 특정한 형식 곧 율법과 법률에 대하여 묻지 않으면 안 된다는 것과 왜 그런가가 지적될 수 있다고 말한다.[77] 바르트에 따르면, 교회 공동체의 '그리스도론적-교회론적' 개념 때문에 이미 직접적으로 생기는 결과는, 첫째로 그 개념이 이미 그 스스로 질서와 법에 대하여 말한다는 것이다. 바르트는 교회법이란 "교회 공동체가 교회의 근본법으로부터 국가의 모든 교회법과는 상관없이 교회의 주님께 순종하는 가운데서 발견해야 하고 세워야 하고 조정해야 하는 그 질서"라고 말한다.[78] 바르트에게서 교회법이란 하나의 독특한

---

76) *CD* IV/2, 6, 118, 380, 558, 586, 673, 682, 706.
77) *CD* IV/2, 676이하.
78) *KD* IV/2, 765이하; 이신건, 『칼 바르트의 교회론』, 206-10.

영역이었다. 그에게서 영혼의 치유를 위하여 세워진 교회의 법은 세상의 법과는 구별되는, 그야말로 교회법이었다.

넷째로, 세움 공동체의 교역실천 속에는 '세례'가 표현되어야 한다. 바르트에 따르면, 교회 공동체에는 세례를 통한 사귐이 있어야 한다.[79] 세례는 그리스도 안에서 과거의 모든 죄를 씻음 받고 새롭게 탄생한다는 의미와 그리스도 교회 공동체의 일원이 된다는 의미를 지닌다. 세례는 교회 공동체적인 성례전이어야 한다. 따라서 바르트의 신학을 이어받아, 우리는 세례를 정기적으로 베풀되, 예배 시간에 모든 회중이 참여한 가운데서 베풀어야 한다. 세례를 받는 사람들뿐만 아니라 증인으로 참여하는 사람들에게도 복음을 선포하는 것이기 때문에, 세례는 공중 예배에서 말씀의 순서에 이어서 베풀어야 한다. 세례 예식은 한 인간이 영적으로 다시 태어나서 그리스도 공동체에 가입하는 중요한 사건이다. 그러므로 한 사람에게 한번만 베풀어야 한다.

다섯째로, 세움 공동체의 교역실천 속에는 '성만찬'이 표현되어야 한다. 바르트는 교회에 성만찬을 통한 사귐이 있어야 한다고 힘주어 말하였다.[80] 온전한 예배에는 반드시 말씀과 함께 성만찬이 있어야 한다. 성만찬 또한 하나님의 말씀이다. 그러나 성경봉독이나 설교와는 달리 귀로 듣는 말씀이 아니라, 몸과 삶으로 받는 행동의 말씀이다. 이 성만찬에서 우리는 기쁨으로 그리스도의 평화를 나누고, 우리의 예물과 더불어 우리 자신을 하나님께 봉헌한다. 이 성만찬에서는 자신의 살과 피를 우리를 위해 내어 주신 예수 그리스도께 대한 감사가 강조된다. 성만찬 예식에서 우리는 부활하신 그리스도의 잔치에 초대받아

---

79) *KD* Ⅳ/2, 770.
80) *CD* Ⅳ/2, 40, 50, 54, 107.

참여한다. 빵과 잔을 차려놓고 기도를 드린 다음, 축사하고, 이 거룩해진 빵과 잔을 나누며 그리스도와 신비한 일치를 이룬다. 성만찬 예식은 미래에 있을 메시아 왕국의 잔치를 미리 누리는 희망의 잔치이다. 그러므로 성만찬 예식은 교회가 규정한 초대가 아니라 모두에게 개방된 초대, 곧 주님의 초대에 강조를 두어야 한다.

3. '보내는' 교회 공동체

"너희에게 평화가 있기를! 내 아버지께서 나를 보내 주신 것처럼 나도 너희를 보낸다"(요한복음 20:19-21). 그렇다! 모인 교회는 다시 보내져야 한다. 스스로 가든지, 아니면 누군가에게서 보냄을 받든지. 그런데 교회는 보냄을 받는 공동체라는 것이 그 특징이다. 바르트에 따르면, 성서는 살아 계신 주 예수 그리스도의 조명하시는 능력이다. 이 성서 안에서 주님은 자신의 몸으로 부름 받은 공동체를 자기 자신의 지상적–역사적 형태의 실존이라고 고백하신다. 그리고 이 공동체로 하여금 모든 인류와 모든 피조물의 부름을 대표하게 하신다. 주님은 이 그리스도교 공동체를 자기 자신의 백성으로서 다른 모든 백성들에게 보내심으로써 이 일을 하신다.[81] 그럼, 이제 '보냄' 공동체와 관련하여 몇 가지 통찰들을 통하여 좀 더 구체적으로 숙고해 보기로 하자.

---

81) 박근원, 『오늘의 교역론』 개정증보판 (서울: 대한기독교서회, 2004), 58-59. 바르트는 자신의 교역론을 끝맺으면서 "성령과 그리스도교 공동체의 보냄"이라는 제목을 다룬다. 그런데 여기서 바르트는 교회의 세 가지 존재 양식 가운데 이 마지막 존재 양식이 종교개혁자들에게서 결여된 것을 지적한다. 바르트는 이 세 가지가 통전을 이루어야 온전한 교회가 될 수 있으며, 그런 의미에서 결국 보내는 교회는 세계를 위한 교회가 되어야 한다고 강변한다.

'하나님의 백성'으로서 보냄 공동체

칼 바르트에 따르면, 보냄 공동체에서 교회 이미지는 한 마디로 '하나님의 백성'이다. '하나님의 백성'은 여기서 교회의 역사적인 실존 양식을 가리킨다. 즉 교회는 세상 뒤에 숨어 있거나 세상 위에 떠있는 것이 아니라 공간과 시간 속에, 지금 여기에, 다른 사람들 한 가운데 있다. 여기서 교회는 하나님의 '소명'의 역사와 '조명'하시는 성령의 역사로 나타난다.[82]

이 보냄 공동체가 구약성서에서는 '하나님의 백성'으로서 무엇보다도 이스라엘이라고 하는 이름 아래서 알려진 언약 공동체였다.[83] 이 보냄 공동체는 나중에 유대적이고 이방적인 요소가 추가된 예배와 생활 공동체의 다양성을 보여주었다. 이 보냄 공동체는 하나님의 백성이지, 인간들의 집단은 아니었다. 전적으로 하나님의 결단, 하나님의 행동과 계시, 하나님의 의지와 활동, 하나님의 말씀에 따라 규정되었다. 그것은 하나님의 백성으로 선택되었다. 오직 하나님에 따라 그분의 백성이 되었다.

이 보냄 공동체는 하나님께서 이 공동체의 하나님으로서 행동하시고 말씀하신다는 사실을 통해서만 그 독특성이 주어지고 인식되었다. 주변 세계와 다른 독자성, 차이와 독특성을 이 공동체에 부여하고 보증한 것은 바로 이 백성을 선택하시고 부르시는 하나님이셨다. 이러한 행위는 이 백성을 향하신 하나님의 은총의 권능과 자유 안에서 일어났다. 그러므로 이 백성은 감사와 회개, 기도와 찬양 속에서만 이러한 구별과 우월성을 누릴 수 있었다. 이러한 하나님의 선택과 소명의 은총

---
82) 이신건, 『칼 바르트의 교회론』, 204-205.
83) 위의 책, 205.

은 날마다 새롭게 받아들여야 하는 것이었다.[84]

   신약성서를 보면, 이 보냄 공동체에게는 많은 예언자들과 많은 의인들이 보려고 했으나 보지 못하였고 들으려고 했으나 듣지 못했던 것을 보고 듣도록 허락되었다(마태복음 23:17). 이 보냄 공동체는 하나님의 집, 살아계신 하나님의 제사장들, 거룩한 겨레와 하나님의 소유가 된 백성이다(베드로전서 2:9). 이 보냄 공동체는 세상의 빛, 산 위에 있는 마을이다(마태복음 5:14). 이 보냄 공동체는 예수 그리스도에 따라 부름을 받았다. 저마다를 함께 부르셔서 서로 결합하시고 특별한 백성의 회원으로 만드시는 이는 예수 그리스도 자신이시다.[85] 예수 그리스도께서는 구세주이실 뿐만 아니라 자신에게 속한 백성들의 굳건한 토대이기도 하시다.[86]

보냄 공동체의 신학적 4중주

   보냄 공동체의 신학적 4중주를 아름답게 연주하기 위하여 칼 바르트가 사용하는 첫 번째 중요한 악기는 '희망'이라는 악기다. 바르트에 따르면, 이 희망은 세계의 모순과 피조성의 자유 안에서 누리는 희망이다.[87] 이 희망은 그리스도의 세 가지 재림(Parusie), 곧 부활절에 성취되고 성령 안에서 성취되고 역사의 종점에서 성취될 재림에 대한 통일된 희망이다. 이 희망은 예수 그리스도의 예언에 반대하는 인간의 모순을 뛰어넘어 그 예언 속에 기초해 있는 희망이다. 이 희망은 역시 하나님 없는 이들과의 연대성 속에 있는 희망이다. 그리스도인은 이

---

84) Karl Barth, *KD* IV/3, 835이하.
85) *KD* IV/3, 781이하.
86) *KD* IV/3, 840; 이신건, 『칼 바르트의 교회론』, 205-206.
87) *KD* IV/3, 393.

희망 속에서 예수 그리스도의 결정적인 말씀을 기다린다.[88] 신약성서의 증언은 그 어떠한 죽음의 원리적 독점(Monopol)도 모르기 때문이다.[89] 바르트에게서 희망으로 보내는 교회는 세계의 역사 한복판에 있는 하나님의 백성으로서 세계의 역사를 다르게 보고 다르게 참여하며, 늘 전적으로 책임감을 가지고 기꺼이 세계의 역사 안으로 들어가야 한다고 여겨졌다.[90] 교회는 세계의 역사를 향한 분명한 희망을 갖고 있다. 그러므로 확고한 신뢰 속에서 세계역사 전체의 목표를 바라보고 미래를 향해 전진하고 있는 것이다. 보내는 교회에서는 바르트의 이 희망이라는 키워드가 확연하게 드러날 수 있어야 할 것이다.

보냄 공동체의 신학적 4중주를 아름답게 연주하기 위하여 칼 바르트가 사용하는 두 번째 중요한 악기는 '화해의 보증인'이라는 악기다. 바르트에 따르면, 예수 그리스도는 하나님과 우리 사이의 화해의 보증인이시며 증인이시다.[91] 참된 증인![92] 화해에 대한 인식은 성령의 사역으로서 그 자체 안에 인식의 근거를 지니고 있다.[93] 예수 그리스도는 자신을 증언하신다.[94] 또 그분은 세계 현상 가운데서도 자신을 증언하신다. 예수 그리스도는 하나님의 방식으로 살아 계신다. 그리고 인간의 방식으로도 살아 계시며, 부활을 통하여 우리를 위해 살아 계신다.[95] 증언자로서 그분의 삶은 빛이며 진리이다.[96] 하나의 무시간적인

---

88) *KD* IV/3, 1060.
89) *KD* IV/3, 1063.
90) *CD* IV/3, 681이하.
91) *KD* IV/3, 1.
92) *KD* IV/3, 같은 곳.
93) *KD* IV/3, 9.
94) *KD* IV/3, 10.
95) *KD* IV/3, 41, 47.
96) *KD* IV/3, 51.

이성 구조 또는 하나의 비논리적인 활동성은 이러한 진리에서 받아들여질 수 없다.[97] 예수 그리스도의 증언 속에는 구원적 순환이 있다. 예수는 승리자이시다![98]

보냄 공동체의 신학적 4중주를 아름답게 연주하기 위하여 칼 바르트가 사용하는 세 번째 중요한 악기는 '거짓 증언'이라는 악기다. 바르트에 따르면, '거짓 증언'(Lüge)은 예수 그리스도의 예언과 그의 십자가에서 판정된다.[99] 거짓된 인간은 자신의 심판을 향하여 그리고 그 거짓 증언을 통한 자신의 무죄 판결을 위하여 달려간다. 그러므로 보냄 부분에서 꼭 그리스도교 희망을 담은 참 증언과 그 희망에 모순되는 '거짓 증언'에 대한 분명한 식별이 드러나야 한다. 세상으로 나아가 참을 위하여 살고, 거짓에 대해서는 분명히 거절(Nein!)할 수 있도록 이 보냄 부분에서 저마다 주님 앞에 결단하게 해야 한다.[100]

보냄 공동체의 신학적 4중주를 아름답게 연주하기 위하여 칼 바르트가 사용하는 네 번째 중요한 악기는 '소명'이라는 악기다. 바르트에 따르면, 하나님은 모든 사람을 부르신다. 그것이 소명이다. 소명은 제도화된 그리스도교(Corpus Christianum)로 인도하는 것이 아니라, 그리스도를 따르도록(Nachfolge Christi) 인도한다.[101] 그리스도는 그리스도인 속에 살고 계신다. '나를 위하여'(Pro me)라는 것은 단지 부차적인(Nebenton) 것이다.[102] 하나님께서는 세계 사건 가운데서 우리를 부르신다. 하나님의 백성은 세상 속으로 보내졌다.[103] 은혜가 무(Das

---

97) *KD* IV/3, 82.
98) *KD* IV/3, 188.
99) *KD* IV/3, 425.
100) *KD* IV/3, 970.
101) *KD* IV/3, 602.
102) *KD* IV/3, 629, 749.

Nichtige)와 싸우는 전장으로(Streit der Gnade) 보내졌다.[104] 세계 안의 교회 공동체는 그리스도 안에 있다. 그것은 가현적으로가 아니다.[105] 교회는 세속 속으로 빠지지 않고, 세상(Profanität) 안에 있다. '새로운 교회 공동체'(nota ecclesiae)는 세계를 위하여 실존한다.[106] 예수 그리스도가 그러셨듯이, 그분의 공동체도 세계와 온 인류를 위하여 존재한다. "모든 면에서 기도, 예전, 목회, 성서주석, 신학 같은 순수한 내적 활동에서도 그 활동들은 언제나 밖을 향한 것(ad extra)이다. 그것은 언제나 아직도 교회 안에 속해 있지 않고 또 끝내 그렇지 못한다 해도 '밖을 향한 것'(extra muros)이어야 한다."[107] 교회를 먼저 '선교' 하는 교회라고 이해하는 것은 바르트의 표현으로 교회 밖의 세계(extra muros)까지 활동영역으로 생각하는 것이다.[108] 이런 교역이 되려면 새로운 기준과 새로운 구조가 요청된다.[109]

보냄 공동체의 교역실천적 표현

첫째로, 보냄 공동체의 교역실천 속에는 '찬양' 이 표현되어야 한다. 바르트에 따르면, 하나님을 찬양하는 것이 우리 보냄 공동체의 가

---

103) *KD* IV/3, 783.
104) *KD* IV/3, 796.
105) *KD* IV/3, 841.
106) *CD* IV/3, 762이하. 바르트는 "세계를 위한 공동체" 부분에서 "교회는 남을 위하여 존재할 때만 교회다."라고 말하면서 교회는 세상을 위하여 존재한다고 주장한다. 물론 바르트는 교회가 그 자신을 위해서도 존재한다는 사실을 부인하지는 않는다. 그렇지만 교회가 존재하는 것은 그 자신에게 목적이 있는 것이 아니라는 뜻이다. 이러한 관점에서 바르트는 세상에 대한 본질적 관계를 전혀 고려하지 않은 전통적인 교회론에 결함이 있음을 발견하게 된다. 그에 따르면, 보냄 공동체인 교회는 하나님에 따라 세워지고 또 세상으로 보내진다. 교회는 자신에게 부여된 전권에 힘입어 세상으로 보냄 받음으로써 그 스스로 세상을 위하여 존재한다. 교회는 세상을 위하여 자신의 의무를 실천하고자 세상으로 보냄 받는다.
107) *CD* IV/3, 762-95.
108) 신현복, "칼 바르트의 신학실천과 교역론," 211.
109) 박근원, 『오늘의 교역론』, 58-59.

장 중요한 교역(Amt)이다.[110] 공동체 자체의 존재와 모든 그리스도인의 존재는 이 하나님 찬양에 봉사해야 한다. 하나님에 대한 시인, 인정, 승인, 칭송, 찬양, 자랑, 그리고 그분에 대한 고백이 일어나는 한, 공동체와 그리스인의 존재는 저 일상적 세상 요소들에 비하여 새롭게 창조된, 독자적으로 의미심장한, 특별한 세상 요소이다. 공동체의 하나님 찬양은 세상 삶에서 벌어진 틈을 메워야 한다. 인간이 홀로 참 하나님을 찬양하는 것보다 더 합당하고 시급한 일이 있을까? "숨을 가진 모든 것들아, 주를 찬양하라!"(시편 150:6) 공동체는 하나님을 찬양할 자유를 가졌고, 이것을 자신에게 명령된 것으로 안다.

둘째로, 보냄 공동체의 교역실천 속에는 '복음의 명시적 선포'가 표현되어야 한다.[111] 바르트에 따르면, 공동체 예배에서 우리는 직간접적으로 이 복음의 명시적 선포를 듣게 된다. 또 세상도 함께 듣는다. 이것은 공동체에 위탁된 사신을 공동체 안에서 엄숙히 전달하는 일이다. 이것이 말해짐으로써 공동체는 그 부르심에 힘입어 모이고 세우고 존재하게 된다. 따라서 이것은 인간적인 차원에서는 공동체를 새롭게 구성하는 일이며, 외부를 향해서는 공동체를 봉사 공동체, 증언 공동체로 새롭게 드러내는 일이다.

셋째로, 보냄 공동체의 교역실천 속에는 '교육'이 표현되어야 한다. 바르트에 따르면, 그리스도교 공동체는 학교이다.[112] 세상에 복음을 증언하기 위해서는, 확실히 그러나 매우 진지하게, 말하는 것이든 듣는 것이든 간에, 일정한 지식이 필요하다. 교리 문답, 성서 연구, 성

---

110) Karl Barth, *KD* IV/3, 991-94.
111) *KD* IV/3, 994-97.
112) *KD* IV/3, 997-99.

서 이해, 성서 지식, 영분별, 하나님의 뜻 분별, 교회 교육, 세례 교육 등을 통하여 공동체 안에서 가르침의 중요성을 일깨울 필요가 있다.

넷째로, 보냄 공동체의 교역실천 속에는 '전도'가 표현되어야 한다. 바르트에 따르면, 복음 전도는 특별히 표현되고 공략되어야 할 공동체의 과제이다.[113] 복음 전도는 잠자는 교회를 깨우는 것이다. 전도하는 공동체는 그 주변에 말해야 하는 것을, 다만 그 내용에 상응해서, 용감하고 즐겁고 평화롭게 말해야 한다. 그리고 공동체는 다른 것이 아니라, 오직 실제로 이것만, 복음만, 말해야 한다. 확실히 공동체는 자신의 과제와 자신을 둘러싼 인간 세상에 대하여 이 길을 걷고 또 가야 할 책임이 있다. 그 자체로서 전도하지 않는 교회는 아직, 또는 더 이상, 교회가 아니다. 전도를 통한 갱신이 극도로 필요하다.

다섯째로, 보냄 공동체의 교역실천 속에는 '선교'가 표현되어야 한다. 바르트에 따르면, 선교를 통하여 교회는 시작되고 출발하고(마태복음 28:19), 자기 자신을 넘어서, 또 그리스도교적으로 문제가 있는 인근 주변을 넘어서, 저 인간 세상으로 본성상 필연적인 발걸음을 옮긴다.[114] 이교도 선교는, 만인의 구원이 일어나야 하고, 그리하여 그릇된 신에 대한 그릇된 신앙에 떨어진 인간들에게 구원이 일어나야 하고 일어났고, 또 예수 그리스도는 이 이교도를 위해서도 죽으셨고 부활하셨다는 분명한 약속과 확고한 믿음의 전제 아래서만 의미가 있다. 선교의 목표는 이교도들이 개인적으로 구원을 누릴 수 있도록 개종시키는 데 있지 않다. 공동체 선교의 목표는 이교도들에게 하나님의 역사와 말씀을 증인하는 것이다.

---

113) *KD* IV/3, 999-1002.
114) *KD* IV/3, 1002-1007.

여섯째로, 보냄 공동체의 교역실천 속에는 '신학'이 표현되어야 한다.[115] 바르트는 신학과 교회의 상관관계에 대하여 말하면서, 신학이 하나님에 따라 정해진 교회의 활동과 하나님에 따라 정해진 영적인 사역을 위하여 봉사한다고 하면서, 교회의 활동을 교회의 순수한 설교라고 말하고 있다. 부름 받은 공동체에는 '하나님 말씀의 봉사'가 있다는 것이다. 바르트는 봉사를 두 가지로 나누어서 단일성과 이중성으로 설명한다. 단일성은 그리스도를 전파하며, 세상과 하나님과의 화해, 신앙의인과 성화와 소명을 인식케 하는 것이다. 또 이중성은 선포와 치유로 전개됨을 뜻한다.[116]

일곱째로, 보냄 공동체의 교역실천 속에는 '기도'가 표현되어야 한다. 바르트에 따르면, 공동체는 일하되 또한 기도한다.[117] 정확히 말하자면, 공동체는 일하면서 기도한다. 그리고 공동체는 기도함으로써 일한다. 기도는 영혼이 때때로 '숨을 돌리는 것'일 뿐만 아니라 개인적으로 '마음을 고양시키는 것'이다. 기도는 그리스도인들이 실존적으로, 그리고 공동으로 처해 있는 운동이다. 전적으로 공동체 전체에 명령된 행위들을 실천할 때 기도로부터 분리되는 것은 불가능하다. 기도는 공동체 전체의 기본 요소이다. "쉬지 말고 기도하라!"(데살로니가전서 5:17) 그러므로 기도는, 주님께서 가르쳐 주신 기도의 일인칭 복수에서 보듯이, 공동체의 사역이다. 공동체에서, 공동체와 함께, 모든 구성원들은 또 개별적으로 자신을 위해서도 기도할 수 있고 기도해야 한다. 공동체가 기도하지 않을 때, 공동체는 일하지 않는 것이며, 공동체의

---

115) *KD* IV/3, 1007-11.
116) 이신건, 『칼 바르트의 교회론』, 232.
117) Karl Barth, *KD* IV/3, 1011-14.

행동 전체는 공허하고 아무것도 아니다.

여덟째로, 보냄 공동체의 교역실천 속에는 '영혼의 치유'가 표현되어야 한다.[118] 바르트에 따르면, '영혼의 치유'(Seelsorge, cure of soul)는 하나님과 그 일을 위하여 부름 받은 사람이 같이 하는 교역이다. 중요한 것은 그리스도인이라면 누구든지 이 영혼의 치유 교역에 관한 책임을 피할 수 없다는 사실이다. 영혼을 치유하려면 하나님이 창조하시고 유지하시는 것이므로 그 치유의 약속과 희망을 불안과 고통 속에 있는 사람들에게 전해야 하는 부담을 가져야 한다. 바르트에 따르면, 영혼을 치유할 때는 심리학적으로만 봐서는 안 된다. 세속적인 기술, 예컨대 심리학이 행위 속에 사용될 수는 있지만, 세속적인 기술이 그치는 곳에서, 또 인간이 하나님과 인간에 대한 하나의 섬김으로서 영혼의 치유에 대한 탁월한 기능을 인식할 때, 비로소 영혼의 치유는 시작된다.[119]

아홉째로, 보냄 공동체의 교역실천 속에는 그리스도교적 존재와 행위의 '모범'이 표현되어야 한다.[120] 바르트에 따르면, 이미 신약성서 시대와 그 다음 시대에, 공동체의 목소리는 많은 다른 소리에 둘러싸여 수반되었고 압도당했고, 또 실제로 이런 몇 인물의 음성이었던 것이 사실이다. 그들은 자신들의 자리에서 자신들의 시대를 위하여, 그러나 종종 자신들의 한계를 넘어서 공동체의 삶과 그 증언을 형성하였다. 그들의 메시지는 공동체 자체와 그 주변에 특징적으로, 대표적으

---

118) *KD* IV/3, 1014-17.
119) *CD* IV/1, 885-87. 그런데 언뜻 심리학을 무시하는 것 같은 이 부분에서 바르트에 대한 역사 오랜 오해가 싹트는 것 같다. 신학과 심리학의 뿌리 깊은 적대감도 바로 여기서 비롯됐다고 할 수 있다. 이 문제에 대해서는 '목양론' 부분에서 다시 다루게 될 것이다.
120) *KD* IV/3, 1017-20.8) *KD* IV/3, 1014-17.

로 나타났다. 공동체에 이런 대표적 인물이 없다면, 공동체의 삶은 건강하지 않을 것이며, 그 증언도 웅변적이지 않을 것이다.

열째로, 보냄 공동체의 교역실천 속에는 '복지'가 표현되어야 한다.[121] 바르트에 따르면, '디아코니아'는 일반적으로 '복지'를 의미하며, 공동체의 어떤 일정한 행위를 의미할 뿐만 아니라 전체 폭과 깊이를 지닌 행위를 나타낸다. 곧 공동체는 그 증언으로써 하나님과 인간을 섬긴다. 복지를 통하여 공동체는 분명히 "가장 작은 이"(마태복음 25:40, 45), 볼 수 없는 어둠 속에 있는 이들, 변두리에 있는 이들, 부분적으로 인간 사회의 가장자리로 밀려났고 이로써 이 사회에서 무의미하고 무익하게 된 인간 동료들과 함께 연대한다. 저 작은 이들과의 연대 없이, 십자가에 달리신 예수 그리스도, 그 자신이 잃어버린 인간들의 이웃이었던 분에 대한 이 구체적인 증언 없이, 공동체 증언은, 다른 면에서 아무리 순수하고 온전할지라도, 전체적으로 아무것도 아닐 것이다.

열한째로, 보냄 공동체의 교역실천 속에는 '예언자적인 행동'이 표현되어야 한다.[122] 바르트에 따르면, '예언자적' 행동이라는 말은 그때마다 현재적인 사건, 자신의 역사와 주변세계의 관계와 형태들이 공동체가 증언한, 가까이 오고 있는 하나님 나라와의 관계에서 지니는 의미를, 그 증언의 구체적 모습에서 그 유효 범위를 인식하는 행동을 뜻한다. 본디 공동체는 모든 현재에 "항상 개혁되어야 할 교회"로서 스스로를 검증하면서 자신을 극복하려고 할 뿐만 아니라, 그 때마다 자신을 둘러싼 세상에, 뒤처지는 대신에, "시대의 표지"(마태복음 16:3)를 인식함에 관하여, 그리고 무엇이 일어나야 하는지를 예측하는 일에 조

---

121) *KD* IV/3, 1020-26.
122) *KD* IV/3, 1026-30.

금이라도 앞서야 한다. 바로 지금(로마서 12:2) 무엇이 하나님의 뜻인지, 선하고 기쁘고 완전한 것인지, 자유롭고 분명한 결정을 내려야 한다.

열두째로, 보냄 공동체의 교역실천 속에는 '친교'가 표현되어야 한다.[123] 바르트에 따르면, 공동체는 그분의 메시지의 처음이자 마지막 신비로서 지고한 친교, 곧 아버지와 아들의 친교, 성령 안에서 아들과 아버지의 친교를 증언하고, 여기서부터 한 분 그리스도 안에서 하나님과 인간의 친교를, 여기서부터 머리이신 예수 그리스도와 그분의 몸인 공동체 및 그 각 지체와의 친교를, 여기서부터 포괄적으로 하나님이 자신과 자신이 창조한 세상 사이에서 새롭게 궁극적으로 확립한 친교를 증언함으로써, 포괄적으로 이것을 행한다. 공동체의 증언은 이런 내용에 힘입어서 친교를, 곧 인간과 인간 사이의 친교를 세우는 행위이다.

이상으로 칼 바르트 '교역실천론'의 교회 공동체적 존재양식을 다루어 보았다. 그 일을 위하여 『교회교의학』 제4권 '화해론'의 구조를 세밀하게 살펴보면서, 그가 왜 '교회'를 '공동체'라고 표현하는지, 왜 화해의 교역실천을 위한 교회 공동체적 존재양식으로서 믿음으로 '모이고' 사랑으로 '세우고' 희망으로 '보내는' 교회를 말하고 있는지 그 사고의 과정을 역추적해 보려고 하였다. 먼저 화해의 교역실천을 위하여 '모이는' 교회 공동체에서는 '그리스도의 몸'으로서 모임 공동체의 신학적 4중주를 아름답게 연수하기 위하여 칼 바르트가 사용한 '믿음, 참 하나님, 교만, 신앙의인'이라는 악기를 살펴보고, 모임 공동체의 교

---

[123] *KD* IV/3, 1030-34.

역실천 속에 '말씀, 십자가와 부활, 시간, 성령' 등이 표현되어야 함을 재확인하였다. 또 화해의 교역실천을 위하여 '세우는' 교회 공동체에서는 '성도의 교제'로서 세움 공동체의 신학적 4중주를 아름답게 연주하기 위하여 칼 바르트가 사용한 '사랑, 참 인간, 태만, 성화'라는 악기를 살펴보고, 세움 공동체의 교역실천 속에서 '신앙고백, 성서, 질서, 세례, 성만찬' 등이 표현되어야 함을 재확인하였다. 또 화해의 교역실천을 위하여 '보내는' 교회 공동체에서는 '하나님의 백성'으로서 보냄 공동체의 신학적 4중주를 아름답게 연주하기 위하여 칼 바르트가 사용한 '희망, 화해의 보증인, 거짓 증인, 소명'이라는 악기를 살펴보고, 보냄 공동체의 교역실천 속에 '찬양, 복음의 명시적 선포, 교육, 전도, 선교, 신학, 기도, 영혼의 치유, 그리스도교적 존재와 행위의 모범, 복지, 예언자적인 행동, 친교' 등이 표현되어야 함을 재확인하였다. 이제 이러한 칼 바르트 교역실천론의 교회 공동체적 존재양식을 생각하면서, 다음 장에서는 그 첫 번째 존재양식인 '교회의 모임' 부분을 논의해 보고자 한다.

제3장

교회의 모임

 모이고 세우고 보내는 교회! 그리고 그 속에서 이루어지는 화해의 교역실천! 우리가 이제까지 살펴본 내용을 한 마디로 정의내리라면 이렇게 압축할 수 있을 것이다. 그렇다면 이제부터는 우리가 할 일은 자명해진다. 교회의 모임과 세움과 보냄 부분들을 하나씩 세밀하게 검토해 보는 것이다. 그 일을 위하여, 우선 교회의 모임에서는 하나님의 부르심을 받고 교회로 모여든 그리스도인 한 사람 한 사람이 개인적인 삶의 자리에서 어떻게 하나님과 화해를 이룰 수 있는지를 교역실천론적인 선 자리에서 살펴보고자 한다. 특히 이 부분에서는 그리스도인의 소명과 신앙과 생활이 구체적으로 다루어질 것이다.

1. 그리스도교 '소명론'

칼 바르트는 자신의 『교회교의학』 '화해론'의 '모임'이 아닌 '보냄' 부분에서 '소명'을 다룬다. 이것은 우리의 연구를 매우 당혹스럽게 하는 부분이기도 하다. 그러나 바르트 스스로도 밝히고 있듯이, 선택과 파송은 분리하여 생각할 수 없기에, 필자도 이 글에서 소명론을 모임 부분으로 넣는 것이 더 자연스럽다고 여겨 바르트의 조직신학적 틀을 교역실천론적으로 재구성해 본 것이다. 특히 바르트는 구원의 질서(*ordo salutis*)를 '교회로 부르심, 조명, 회심, 다시 태어남, 신앙의인, 삼위일체 하나님과의 신비적 합일, 갱신 또는 성화, 믿음과 거룩함에서 확고해짐과 유지, 영원한 영광의 (종말론적) 상태로 이전' 순으로 설명한다. 필자가 여기서 소명론에 관련하여 주목하는 부분도 바로 맨 처음에 나오는 '교회로 부르심' 부분이다.[1] 그럼, 이제부터 칼 바르트 이전까지 전해 내려온 소명론의 역사적 전통을 살펴보기로 하자.

그리스도교 '소명론'의 역사적 전통

첫째로, 성서에서 소명의 사건은 아브라함으로부터 바울에 이르기까지 다양하다. 곧 아브라함의 소명(창세기 12:1), 모세의 소명(출애굽기 3:1-14), 여호수아의 소명(여호수아 1:1-11), 기드온의 소명(사사기 6:11-24), 사무엘의 소명(사무엘상 3:1-21), 다윗의 소명(사무엘상 16:1-13), 이사야의 소명(이사야 6:1-13), 예레미야의 소명(예레미야 1:4-19), 에스겔의 소명(에스겔 1:1-3, 27), 예수의 소명(히브리서 3:1; 에베소서 2:20; 요한복음 17:18,

---

[1] Karl Barth, *Church Dogmatics* (Edinburgh: T. & T. Clark, 1956-1974) 가운데 Ⅳ/3, 505를 보라.

20:21), 제자들의 소명(요한복음 1:35-51), 바울의 소명(로마서 1:1; 고린도후서 5:19) 등이 그것이다.[2]

> 수고하여 무거운 짐을 진 사람은 모두 내게로 오너라. 내가 너희를 쉬게 하겠다. 나는 마음이 온유하고 겸손하니, 내 멍에를 메고 내게 배워라. 그러면 너희는 마음에 쉼을 얻을 것이다. 내 멍에는 편하고, 내 짐은 가볍다(마태복음 11:28-30).

필자가 보기에는 이 밖에도 소명에 관한 성구들이 성서에 무수히 많다. "내가 너를 지명하여 불렀나니 너는 나의 것이다"(이사야 43:1하); "나를 따라오너라. 내가 너희를 사람을 낚는 어부가 되게 하겠다"(마가복음 1:17) 등. 그런데 이런 부르심에는 우리 인생들의 믿음어린 응답이 필요하다고 본다. 그것이 소명론에서 다루어야 할 본질적 내용이 아닐까?

그렇다. 하나님은 예수 그리스도 안에서 자비로 인간을 부르셨다. 이 초청에 따라 예수 그리스도가 계신 곳에는 언제나 많은 사람들이 모였다(마태복음 4:23-25). 그들은 예수 안에서 하나님의 은총을 새롭게 체험하며 참된 안식을 얻고 새 삶을 찾았다. 또한 그들은 예수를 만난 체험과 그분의 가르침을 통하여 그들 자신이 하나님께 속한 자들임을 확신하게 되었다. 자신들이 세상에 속하지 않고 하나님께 속한 사람이라는 믿음을 갖게 되면서, 그들은 비로소 세상에서 자유함을 얻게 되고 하나님의 자녀로서 자신을 다시 찾게 되었다.[3]

둘째로, 초대교회는 이러한 그리스도의 부르심 앞에 믿음으로 응답

---

2) *CD* IV/3, 577-92.
3) 박근원, 『교회와 선교』 (서울: 종로서적, 1988), 128-30.

함으로써 소명감에 가득 찬 모임 공동체를 이루게 되었다(사도행전 2:41, 47; 5:14). 이렇게 소명감으로 불타오르는 모임 공동체의 일원이 된다는 것은 그리스도에 접붙여지는 것을 뜻하였다. 초대교회는 예수의 삶과 가르침을 통하여 우리 죄 때문에 깨어졌던 하나님과 관계를 회복함으로써 하나님과 화해하고 새롭고 싱싱하고 인격적인 관계를 맺게 되었다. 인간과 인간, 인간과 자연의 모든 관계가 회복되는 화해와 평화를 통하여 구원을 경험하게 되었다.

> 그러므로 이스라엘 온 집안은 확실히 알아 두십시오. 하나님께서는 여러분이 십자가에 못 박은 이 예수를 주와 그리스도가 되게 하셨습니다(사도행전 2:36).

오순절 성령강림을 체험한 베드로의 이 설교는 우리 그리스도교 복음의 핵심이 되었다고 필자는 생각한다. 사람들은 이 말을 듣고 마음이 찔려 베드로와 사도들에게 "우리가 어떻게 하면 좋겠습니까?" 하고 물었을 때, 베드로는 "회개하십시오. 그리고 여러분은 각각 예수 그리스도의 이름으로 세례를 받고, 죄의 용서함을 받으십시오. 그러면 성령을 선물로 받을 것입니다. 이 약속은 여러분과 여러분의 자녀와 또 멀리 떨어져 있는 모든 사람들, 곧 주 우리 하나님께서 부르시는 사람 모두에게 주신 것입니다."라고 대답하였다(사도행전 2:37-39). 이 날에 새롭게 신자가 된 사람이 삼천 명이나 되었다. 초대교회는 그리스도의 부르심에 강렬한 소명의식으로 응답함으로써 죄사함과 구원을 경험하였다. 이 뜨거운 구원의 확신을 통하여 그들은 고난의 삶 속에서도 희망을 잃지 않고 영생을 바라보며 인내하였다.

부당하게 고난을 받아도 하나님을 생각함으로 슬픔을 참으면 이는 아름다우나, 죄가 있어 매를 맞고 참으면 무슨 칭찬이 있으리요. 그러나 선을 행함으로 고난을 받고 참으면 이는 하나님 앞에 아름다우니라. 이를 위하여 너희가 부르심을 받았으니 그리스도도 너희를 위하여 고난을 받으사 너희에게 본을 끼쳐 그 자취를 따라오게 하려 하셨느니라(베드로전서 2:19-21).

또 그 구원의 경험은 코페르니쿠스적인 삶의 전환을 가능케 하였다고 필자는 생각한다. 이렇듯 초대교회 그리스도교인들은 소명의식을 통하여 삶의 근본적인 자세를 변화시켰고, 새로운 존재로 거듭났다.[4]

셋째로, 고대교회나 중세교회에서는 소명을 내적 소명과 외적 소명으로 구분하였다. 내적 소명으로는 십자가를 지고 세상을 위하여 죽을 수 있는 참 제자가 될 수 있는가를 스스로 질문해 보아야 했다.[5] 외적인 소명으로는 가시적인 신앙공동체의 확증이 필요하였다.[6] 그가 소명을 받았느냐 안 받았느냐를 평가하는 핵심은 내적인 소명과 외적인 소명의 조화를 이루는 일이었다. 내적인 소명은 계속 가까이 하시고 도와주시는 성령님의 권능의 결과이며, 조만간 성령님은 사람을 교역 실천에 대한 교회의 외적 소명에 더욱 더 가까이 부르시기 때문이다. 외적 소명은 적절한 절차에 따라 내적 소명을 확증해 주는 그리스도교

---

[4] 위의 책, 13-16. 이렇게 볼 때, 예수를 믿음으로 얻는 '영생'(요한복음 3:16) 곧 '구원' 이야말로 부르심에 소명으로 응답하는 우리 모임 공동체에서 경험하는 가장 근본적인 요소라고 할 수 있다.
[5] Thomas C. Oden, *Pastoral Theology* (San Francisco: Harper & Row, 1983) = 이기춘 옮김, 『목회신학』 (서울: 한국신학연구소, 1986), 44. 오덴은 Polycarp, *ANF*, 제1권; Chrysostom, *NPNF*, 초판, 제9권 제4장 등을 근거로 제시하고 있다.
[6] 위의 책, 46. 오덴은 Cyprian, *ANF*, 제5권, 370; Augustine, *NPNF*, 초판, 제4권, 519 등을 근거로 제시하고 있다.

공동체의 행위이다.[7]

넷째로, 그렇다면 종교개혁교회에서는 소명론을 어떻게 이해했을까? 우리는 이 문제를 풀기 위하여 종교개혁교회가 목사의 소명을 어떻게 이해했는지를 살펴볼 필요가 있다.[8] 종교개혁교회에서 목사직은 교회 공동체와 당시의 영주에 따라 부름 받았을 때 공인되었다. 공적인 목회자, 말씀의 설교자가 될 수 있는 것은 오직 교회 공동체의 부름을 받았을 때에만 가능하였다. 이런 소명은 가톨릭교회의 서품을 대신하는 것이었다. 루터는 소명을 예언자와 사도들처럼 하나님으로부터 받은 직접적인 소명(vocatio immediata)과 인간을 통하여 일어나는 간접적인 소명(vocatio mediata)으로 분리해서 이해했다.[9] 어느 경우든 소명의 주체는 하나님이시다. 그렇다면 그런 소명에 응하기 위하여 개인적으로 어떤 전제가 필요한가? 루터는 그 전제를 선한 시민을 나타내는 특징으로 규정했다. 목사로서 부름을 받는 전제가 '시민권적 시각'에서 규정된 것이다. 그래서 루터는 외적으로 정당화된 소명보다, 스스로 소명 받았다고 주장하는 것을 가장 날카롭게 비판했고, 심지어는 그들을 열광주의자라고 여겼다. 동시에 목사는 교회 공동체의 올바른 일원이어야 하고, 직분이 요구하는 외적인 능력을 갖추어야 한다. 예를 들면, 좋은 목소리, 좋은 연설 능력, 좋은 기억력을 루터는 자연적 은사로 특별히 제시한다. 그러나 칼빈(John Calvin, 1509-1564)은 외적인 소명(vocatio externa) 외에 비밀스런 소명(vocatio arcana)을 제시했는데,[10] 그것은 부름 받은 이가 악한 정욕으로가 아니라, 하나님에

---

7) 위의 책, 53. 오덴은 교역자 개인의 소명을 주로 말하고 있으나, 우리가 여기서 언급하려고 하는 교회 공동체 전체의 소명에도 중요한 통찰을 주고 있다고 생각한다.
8) 박근원, 『현대신학실천론』 (서울: 대한기독교서회, 1998), 191-92.
9) 위의 책, 192.

대한 올바른 두려움에서 직분을 수행해야 한다는 것을 마음에 새기게 하기 위해서였다.[11]

칼 바르트의 교역실천에 나타난 '소명론'의 광맥

첫째로, 칼 바르트의 소명론을 탐구하려면 그가 신칼빈주의자(Neo-Calvinist)였음을 이해할 수 필요가 있다. 칼 바르트의 소명론을 종교개혁자 칼빈에게서 이어가는 것은 너무나도 자연스럽기 때문이다. 그런 의미에서 윌리엄 클렘파가 쓴 "칼빈 학자와 칼빈 해석가로서 바르트"라는 논문이 여기서 매우 유용하다.[12] 그는 이 글에서 신학적 방법론[13]과 성서-원칙과 선택론에 입각하여, 바르트와 칼빈의 일치점과 불일치점을 비판적으로 분석한다. 여기서 선택(소명)은 바르트와 칼빈 신학의 일치와 불일치를 보여주는 거울이다. 『교회교의학』 제II권 제2장에서 바르트는 다음과 같이 기록한다: "나는 칼빈의 예정론(predestination)을 과격하게 반대하기보다는 차라리 그 예정론을 좀 더 가까이 따르고 싶었다."[14] 바르트의 소명론에서, 바르트와 칼빈의 네 가지 일치점은 예정설, 신비 곧 선택하시는 하나님의 통치 자유와 정의, 하나님의 의도와 행위라는 두 가지 측면에서 이중적인 예정, 선택의 진리의 유일한 출처가 되는 성서. 그리고 세 가지 불일치점은 다음과 같다: (1) 성서에 대한 상이한 접근. 바르트는 칼빈이 성서와 무관하

---
10) John Calvin, *Institutio Christiane Religionis* - trans. by Henry Beverldge, *Institutes of the Christian Religion*, Rev. Ed edition (Hendrickson Publishers, 2008), 특히 IV, 3, 11.
11) 박근원, 『현대신학실천론』, 193-94.
12) William Klempa, "Barth as a Scholar and Interpreter of Calvin," *Calvin Studies* 7 (1994), 32.
13) Karl Barth, *CD* I/1, 393이하. 신학적 방법론으로 칼 바르트는 하나님의 탁월성(primacy)과 그리스도의 중심성(centrality)을 동시에 강조하였다.
14) *CD* II/2, x.

게 경험에 입각해서 어떤 결정을 내리면서 성서에 접근한다고 비판한다; (2) 예정과 그리스도론의 관계. 칼빈과 달리 바르트의 선택론의 그리스도론적 토대는 아타나시우스에게서 유래한 것이다. 아타나시우스는 삼위일체 하나님, 성부와 성자와 성령이 똑같이 신적인 결정의 주체라고 말했다; (3) 그리스도론적 준거. 바르트에 따르면, 칼빈의 선택하시는 하나님은 "벌거벗은 채 숨어 계신 하나님"(*Deus nudus absconditus*)이다. 바르트에 따르면, "칼빈 교리의 의심스러운 특징들은 모두, 그가 처음에는 하나님과 함께 있다고 생각했던 예수 그리스도를, 마지막 분석에서는 서로 분리하여 하나님은 예수 그리스도가 아닌 다른 곳에서 찾아야 한다고 생각한 데서 비롯된 것들이다."[15]

둘째로, 우리는 칼 바르트가 말하는 '소명의 정의'에 대하여 살펴볼 필요가 있다.[16] 바르트에 따르면, 소명(klesis, vocatio)은 인간이 예수 그리스와 나누는 실제적인 친교 속으로, 곧 그분의 예언을 위하여 섬기도록, '하나님의 말씀'이신 화해의 말씀을 위하여 '교역을 실천하도록,' 그러므로 하나님과 자기 동료 인간을 섬기도록 옮겨지고 세워지는 사건이다. 소명은 인간을 그 앞에서 의롭게 만들고 그를 위하여 거룩하게 하는 하나님의 '은총'이 인간의 '감사'에서 그 응답을 발견하는 사건이다.[17] 인간의 소명은 예수 그리스도의 인격의 특수성, 일회성에 상응하여 하나님과 인간과의 만남에서 특별하고 일회적인 사건이다.[18] 소명은 하나님의 은혜의 역사와 계시를 통하여 결정되고 지배받는 인간의 시간 속에서 살아 계시는 하나님의 특별한 행동이다.[19] 인간

---

15) William Klempa, "Barth as a Scholar and Interpreter of Calvin," 39-41.
16) Karl Barth, *CD* IV/3, 502. 바르트에게는 화해론 제3부가 소명론(De vocatione)이다.
17) *CD* IV/3, 482.
18) *CD* IV/3, 483.

의 소명은 확실히 한 분 예수 그리스도께서 거기서 행동하시고 역사하시는 주체인 것처럼, 인간에 대한 유일하고 전체적인 사건이다. 우리는 바로 이것으로부터 시작해야 한다.[20] 단 하나의 소명이 있으니, 오직 '직접적 소명'이며, 그러나 바로 이 한 소명이 '외적' 소명과 '내적' 소명으로, '일회적' 소명과 '연속적' 소명으로 이해되어야 한다.[21]

셋째로, 우리는 특별히 바르트가 말하는 '소명의 본질'에 대하여 살펴볼 필요가 있다. 바르트에 따르면, 소명의 본질은 '나를 따르라,' 곧 '제자직'(discipleship)과 관련이 깊다. 그 소명의 능력 안에서 그분은 사람들을 자신의 제자가 되게 하신다.[22] 제자직으로 부르시는 이 소명은 매우 특수한 형태이다.[23] 예수 안에서 나타나는 것은 하나님의 세상과의 화해가 이 소명에서 인간에게 만날 때 은혜는 계명의 형태를 갖고, 복음은 율법의 형태를 갖는다. 그에게 오는 은혜는 그가 '예수를 따라 갈 것'을 요구한다. 예수는 소명을 받은 이들의 주님이시다. 그들은 이미 그분의 백성이다. 이것이 그분의 명령이 압도적인 힘을 발휘하는 이유다. 바로 이 사실 때문에, 소명을 받은 이들 편에서 어떠한 전제도 있을 수 없다. 내적이거나 외적인 준비도 일체 있을 수 없다. 따라가는 이들의 편에서 '자기 선택'의 문제도 있을 수 없다. 소명을 받은 이들이 그분의 명령을 따라가는 데 조건을 제시할 수 없다.[24]

바르트에 따르면, 제자직으로 부르시는 소명은 자신을 부르시는 바로 그분에게 예속된다.[25] '제자직'은 예수와 어느 일정한 인간 사이에

---

19) *CD* IV/3, 497.
20) *CD* IV/3, 505.
21) *CD* IV/3, 520.
22) Karl Barth, *Call to Discipleship* (Minneapolis: Fortress Press, 2003), 1.
23) 박봉랑, 『신학의 해방』 (서울: 대한기독교서회, 1991), 489.
24) Karl Barth, *CD* IV/2, 535.

서 구체적으로 이루어지는 사건이다. 그렇지 않다면, '나를 따르라' 는 명령은 무의미한 것이 될 수밖에 없다. 이 명령의 유일한 내용은 그것이 주어진 이 또는 저 구체적 인간이 명령하는 분을 따라야 하고 그와 같이 있어야 한다.[26] 예수가 요구하시는 것은 자신에 대한 신뢰요, 하나님에 대한 신뢰이다. 이것은 그분에 대한 복종이요, 이것이 제자직으로 부르시는 소명의 내용을 이룬다. 그를 부르시는 분이 없이는 제자됨이 없고, 제자직으로 부르시고 그분을 신뢰하게 하고 그분에게 복종하게 하는 하나님에 대한 신앙을 떠나서 제자됨은 없다.[27]

또 바르트에 따르면, 제자직으로 부르시는 소명은 언제, 어떻게 인간에게 왔든지, 처음으로 인간에게 왔든 세 번째, 네 번째, 백 번째 왔든지, 늘 믿음 안에서 결정적인 첫 발자국을 내딛는 것이다.[28] 이 발자국이 믿음 안에서, 그분에 대한 복종의 행동으로 취해질 때, 그것은 다른 발자국들과 구별된다. 이전의 삶과 사고와 판단의 전제로부터 180도의 전향, 그러므로 완전히 새로운 시작을 포함하기 때문이다. 예수를 따라가는 것은 특수한 행동과 태도에서 자신을 넘어가는 것을 의미한다. 그것은 자신을 뒤에 두고 떠나는 것이다. 피할 수 없이 예수의 소명을 받은 사람은 어제의 자신을 부정하고, 자신으로부터 떠나간다.[29]

칼 바르트 '소명론'의 한국적 수렴통합

위에서 우리는 칼 바르트 교역실천론에 나타난 '소명론'의 광맥을

---

25) Karl Barth, *Call to Discipleship*, 12.
26) Karl Barth, *CD* Ⅳ/2, 536.
27) *CD* Ⅳ/2, 537.
28) Karl Barth, *Call to Discipleship*, 19.
29) Karl Barth, *CD* Ⅳ/2, 538-40.

탐구해 보았다. 그렇다면 이러한 칼 바르트의 소명론을 한국교회의 교역실천 현장에 적극적으로 수렴통합할 수 있는 길은 무엇일까?

첫째로, 필자는 우리 개혁교회 후손들이 칼 바르트의 소명론을 한국적으로 수렴통합하려면 반드시 동시대의 아픔을 공유하며 칼 바르트의 영성지도를 받았던 '본회퍼'의 소명론도 함께 주목할 필요가 있다고 생각한다.[30] 본회퍼가 누구인가? 그는 나치에 저항하여 순교한 목사요 신학자요 온몸으로 교회의 교회됨을 지켜낸 교역실천의 산 증인이다. "그리스도께서 한 사람을 부르시며 내게로 와 죽으라고 명하신다!"[31] 어떻게 그것이 가능했겠는가? 그것은 주님의 부르심에 대한 응답 곧 소명의식 때문에 가능했을 것이다. 실제로 본회퍼도 칼 바르트와 똑같은 제목으로 자신의 소명론을 집필하고 있다.[32]

본회퍼는 유대인 육백만 명을 죽이는 히틀러의 악의 지배 아래 싸구려 은혜의 시체 위에 독수리처럼 모여 독을 마시고 있는 독일 복음주의 교회를 보았다.[33] 그들은 이미 원리적으로 믿음으로 의롭게 되었기에 예배에 참석해 은혜를 받고 세상에 나가며 하나도 변한 것 없이 세상의 삶을 그대로 산다. 이것은 '값싼 은혜'다.[34] 그러나 은혜는 값

---

30) 본회퍼는 칼 바르트와 동시대를 살았을 뿐만 아니라 칼 바르트의 신학을 몸으로 살아낸 제자이기도 하였다. 단, 차이가 있다면 칼 바르트는 성서와 그리스도로 돌아가자고 주장한 반면, 본회퍼는 교회 자체를 사랑하고 지키려는 데 더 큰 관심이 있었다. 본회퍼의 이러한 교역실천론을 살펴보려면, Sabine Robert-Stützel, *Dietrich Bonhoeffers Pastoral Theologie* (Chr. Kaiser Verlaghaus, Güttersloch, 1995)를 참고하라. 여기에는 목회신학이라고 되어 있지만, 그 내용은 이 글에서 밝히려는 교역실천론 전체를 다루고 있음을 확연히 알 수 있다.
31) Dietrich Bonhoeffer, *Nachfolge* (Kaiser: Munich, 1937; 5th ed., 1955) = Trans. by R. H. Fuller, *The Cost of Discipleship* (London. S.C.M. Press Ltd., 1948; New York: The Macmillan Company, 1949), 99; Mark DeVine, *Bonhoeffer Speaks Today: Following Jesus at all Costs* (B&H Publishing Group, 2005) = 정은영 옮김, 『본회퍼의 삶과 신학』 (서울: 한스컨텐츠, 2007), 14.
32) Dietrich Bonhoeffer, *Ethik* (München, 1963) = 손규태 옮김, 『기독교윤리』 (서울: 대한기독교서회, 1974), 220-27.
33) Eberhard Bethge, *Dietrich Bonhoeffer* (Reinbek bei Hamburg: Rowohlt Taschenbuch Verlag Gmbh, 1976) = 김순현 옮김, 『디트리히 본회퍼』 (서울: 대한기독교서회, 2006), 107-108.

이 비싸다.[35] 그리스도의 제자들은 그리스도의 길을 따라 그리스도가 고난을 받은 것과 같이 타자를 위해서 고난을 받고 그가 다시 사신 것과 같이 희망을 가지며 작은 그리스도가 되어 그리스도의 길을 따라야 한다고 그는 외쳤다. 그는 이와 같은 외침을 1930년대 『나를 따르라』(Nachfolge)에 이렇게 썼다:

> 예수께서 길을 가시다가 알패오의 아들 레위가 세관에 앉아 있는 것을 보시고, "나를 따라오너라." 하고 말씀하셨습니다. 레위는 일어나서 예수를 따라갔습니다(마가복음 2:14). 부르시면 부름 받은 사람은 주저하지 않고 순종합니다. 제자들의 응답은 예수에 대하여 말로 하는 신앙고백이 아니라, 순종하는 행동입니다……나를 따라오너라! 나의 뒤를 따라오너라! 이것이 전부입니다……그런데 무슨 일이 일어납니까? 제자들은 그들이 가지고 있는 모든 것을 버리고 따라나섭니다. 무언가 특별히 가치 있는 것을 위해서가 아니라, 단지 그 부르심 때문에 따라갑니다. 그러지 않고서는 예수의 뒤를 따를 수가 없기 때문입니다……제자들은 소명을 받았고, 지금까지의 실존에서 벗어나, 단어의 엄격한 의미에서 '실존' 해야 합니다. 옛것은 뒤에 있습니다. 옛것은 완전히 포기됩니다.[36]

여기서 알 수 있듯이, 필자는 본회퍼가 이 책을 통하여 종교개혁, 특히 자신이 속해 있던 독일 루터교회의 신앙과 은혜의 잘못된 이해, 탈선된 전통에 항거하였다고 생각한다. 그리고 그는 그 자신이 그의

---

34) John D. Godsey, *The Theology of Dietrich Bonhoeffer* (Philadelphia: Westminster Press, 1960) = 유석성·김성복 옮김, 『디트리히 본회퍼의 신학』 (서울: 대한기독교서회, 2006), 20.
35) 강성모, 『이 사람을 보라: 본회퍼의 삶과 신학』 (나눔사, 2006), 219-24.
36) D. Bonhoeffer, *Nachfolge* (München, 1985), 45-46; 채수일, 『누구인가, 나는: 본회퍼 묵상집』 (서울: 대한기독교서회, 2005), 112-13.

책의 사상을 삶으로 실증했다. 1960년대에 와서 본회퍼의 '제자직'의 소리는 사람들의 가슴을 사로잡았다. '제자직'은 그 이후 오늘까지, 아니 오늘에 더욱이 세계 그리스도교, 특히 가난하고 억압 받는 나라들, 제3세계의 교회에서 그리스도교의 중심적인 제목이 되었고, '제자직'의 교회는 '하나님의 선교'의 개념과 같이 오늘의 교회를 대표하는 표어가 되어가고 있다고 해도 지나친 말은 아닐 것이다.[37]

본회퍼는 아직 그 책을 쓰며 진통하고 있을 무렵 바르트에게 편지를 썼다: "중심에서 나는 늘 당신과 침묵의 논쟁을 하고 있습니다…… 당신에게 묻고 싶은 것이 너무 많고 당신으로부터 배울 것이 너무 많습니다."[38] 이때 바르트는 본회퍼가 취급하고 있는 것은 '의롭다 여김'과 '거룩하게 됨'에 관한 것인데, 여기에 대해 약간 염려가 되며, "나는 내가 당신의 개념들이 가능할 수 있는 것인지 아닌지를 당신에게 말해 줄 수 있기 전에 어떻게 고양이가 (형세를 관망하다) 덤벼드는가 주의하는 것이 좋을 것"이라고 썼다.[39] 그러던 바르트는 1955년 『교회교의학』 제Ⅳ권 '화해론'에서 본회퍼의 『나를 따르라』를 예수의 제자직으로 부르시는 소명에 대해서 지금까지 쓴 것 가운데 가장 훌륭한 작품이라고 평하고, '거룩하게 됨'의 해명하는 글, 특히 제1부 '제자직'으로 부르시는 소명, '단순한 복음,' '제자직과 개인'에 관해서 쓸 때는 본회퍼의 글을 거의 인용하다시피 하면서, 그러나 더욱 강력하게 말했다.[40] 바르트는 "싸구려 은혜와 고귀한 은혜"라는 본회퍼의

---

37) 박봉랑, 『신학의 해방』, 487.
38) Eberhard Bethge, *Dietrich Bonhoeffer*, 371. 이 편지는 1936년 9월 19일에 쓴 것이다. *Gesammelte Schriften* Ⅱ, 제6판 (München: Kaiser, 1966), 234.
39) 위의 책, 372. 이 답장은 1936년 10월 14일에 온 것이다. *Gesammelte Schriften* Ⅱ, 제6판 (München: Kaiser, 1966), 288-90.
40) Karl Barth, *CD* Ⅳ/2, 533-52.

용어를 훨씬 더 적극적으로 받아들였다.[41] 그는 본회퍼의 그리스도 본받기, "하나님의 고난의 참여"에서 큰 감명을 받은 것 같다. 하나님의 고난의 참여는 분명히 그가 강조한 그리스도 본받기의 다른 표현이다. 이것은 본회퍼의 당연한 요구이다. 그는 단순히 그것을 생각하고 말한 것만이 아니고, "하나님의 고난에 참여하는 삶"을 살았기 때문이다.[42]

둘째로, 필자는 우리 개혁교회 후손들이 칼 바르트의 소명론을 한국적으로 수렴통합하기 위해서는 칼 바르트와 본회퍼로 이어지는 종교개혁전통의 소명론을 에큐메니칼적으로 계승하고 있는 박근원의 소명론에 귀를 기울일 필요가 있다고 생각한다. 그는 자신의 소명론을 다음과 같이 피력한다:

> 아브라함이 하란에서 살고 있을 때 하나님께서 그에게 말씀하셨다. "네 고향과 친척과 아비의 집을 떠나 내가 장차 보여 줄 땅으로 가거라." 아브라함은 하나님께서 분부하신 대로 길을 떠났다(창세기 12:1-3). 하나님께서 부르셨을 때 믿음으로 응답했고, 순례의 길을 걷기 시작한 것이다. 어느 날 세리 마태는 세관에서 일하고 있었다. 세리들은 멸시받은 사람들이었다. 예수는 그에게 "나를 따라오너라."라고 말씀하셨다. 그는 일어나서 예수를 따랐다(마태복음 9:9). 부르심 곧 소명을 받았을 때 그는 지체하지 않고 결단하였다. 세리 마태에게서 예수의 부르심은 결코 거부할 수 없는 것이었다.[43]

---

41) *CD* Ⅳ/2, 271, 626.
42) 박봉랑, 「신학의 해방」, 487, 495.
43) 박근원, 「하나님의 백성」 (서울: 한국기독교장로회총회교육원, 1985), 6-7.

이렇듯 필자는 교회에 참여한다는 것은 이러한 하나님의 소명 곧 초청에 대한 개인의 응답이라는 것이 박근원이 통찰이라고 생각한다. 이 소명 곧 초청은 교회 자체의 이름에 따른 것이 아니라, 예수 그리스도부터 나오는 초청이다. 그러므로 우리는 교회 공동체의 일원이 된다는 것을 스스로의 결심이나 필요에 따라 되는 것으로 생각하지 말아야 한다. 이는 철저하게 예수께로부터 시작된다. 예수 그리스도의 소명에 응답함으로써 그분의 제자가 되며 교회 공동체의 일원이 되는 것이다. 그리스도의 소명 곧 초청은 곧 그리스도를 통한 하나님의 소명이요 초청이다. 이 소명 곧 초청에 응답함으로써 우리는 하나님의 백성으로서 삶을 시작하게 되는 것이다.[44]

박근원의 소명론은 또한 매우 에큐메니칼적이고 교회 공동체적이다.[45] 곧 희망 없는 세상에서 하나님께서는 온 인류를 부르시어 그들을 자신의 백성으로 삼으신다는 것이다. 이 일을 위해 하나님께서는 이스라엘을 선택하셨으며 하나님의 아들이신 예수 그리스도 안에서 독특하고도 결정적인 방법으로 말씀하셨다. 교회의 생명은 그리스도께서 죄악과 죽음의 세력에 대하여 한 번 만에 이뤄내신 승리에 바탕을 두고 있다. 그리스도께서는 용서를 베푸시고, 불러 회개시키시며, 멸망의 구렁텅이에서 구원해 내신다. 그리스도를 통하여, 사람들은 하나님을 찬양하고 이웃을 섬기며 변화될 수 있는 힘을 얻는다. 그리스도 안에서 그들은 자유가 넘쳐흐르고 서로 용서하며 서로 사랑하는 새로운

---

44) 위의 책, 7.
45) 박근원은 『리마문서』의 '교역'(Ministry) 부분에 나오는 "하나님의 백성 모두의 소명"이라는 세계교회의 고백이 오늘 우리의 소명을 일깨우는 데 매우 중요한 준거가 된다고 보고 있다. 더 자세한 것은 WCC, *Baptism, Eucharist, Ministry* (WCC Faith and Order Paper no. 111, 1982)를 참고하라.

삶의 뿌리를 찾아낸다. 그리스도를 통하여 그들은 자신들의 온 맘과 온 정성을 그리스도의 승리가 뚜렷이 나타나고 모든 것이 새롭게 될 하나님의 나라를 이루어내는 데에 다 쏟는다. 하나님께서 목적하시는 바는 바로 이것이다.[46] 곧 예수 그리스도 안에서, 모든 사람이 이러한 친교를 함께 나누는 것이다. 교회는 이렇듯 하나님의 나라를 선포하고 미리 보여주기 위하여 소명을 받는다. 교회에 속한 모든 사람은 이렇듯 하나님과 친교를 나누며 살아가는 가운데 자신들의 믿음을 고백하고 자신들이 희망을 이야기하도록 소명을 받는다. 성령께서는 공동체에 여러 가지 서로 보완하는 은사를 주신다. 모든 교인은 공동체의 도움으로 자신들이 받은 은사를 찾아내어 교회를 세우는 데, 그리고 교회가 떠맡아야 할 세상을 섬기는 데 그 은사를 쓰도록 소명을 받는다.[47]

셋째로, 필자는 칼 바르트, 본회퍼, 박근원으로 이어지는 종교개혁 전통의 소명론을 더욱 계승 발전시키기 위하여 다음과 같은 질문을 스스로 던져볼 필요가 있다고 생각한다: "앞으로 이 땅 한반도에서 우리의 소명론은 어떤 모습이어야 하는가?" 필자가 보기에, 그것은 다름이 아니라, 칼 바르트가 그토록 부르짖었듯이, '화해'를 향한 소명론이어야 한다고 본다.

그런 의미에서, 필자는 화해의 교역실천을 위한 미래 한국 그리스

---

[46] 박근원, 『오늘의 교역론』 개정증보판 (서울: 대한기독교서회, 2004), 318-20.
[47] 그런 의미에서 박근원은 한국 '민중신학자들'의 소명을 매우 소중하게 생각한다. 민중신학자들의 소명에 대해서는 여러 책들이 있지만, 대표적인 것으로 김남일, 『안병무 평전: 민중신학자—성문 밖에서 예수를 말하다』 (서울: 사계절, 2007)를 참고하라. 여기에는 독일유학을 끝내고 돌아온 안병무가 나라의 참담한 현실 속에서 '전태일분신자살사건'을 통하여 2000년 전 아득한 팔레스타인 땅에서 죽은 예수가 새롭게 부활하시는 놀라운 경험을 하게 된다. 그것이 안병무의 민중신학적 소명사건이다. 그 때부터 안병무의 관심은 오직 민중이었다. 끝없는 고통 속에서 참혹한 생을 꾸려나가는 민중이 '예수사건'을 이어받을 존재임을 깨달은 것이다.

도교의 소명론에서는 최근에 국제적인 실천신학 연구모임에서 울려나오는 화해의 소명론에 주목할 필요가 있다고 생각한다. 특히 이번에 돈 브라우닝(Don S. Browing)이 주도하는 그 연구모임에서 로버트 브라우닝과 로이 리드가 프로젝트의 결과물로 펴낸 『용서, 화해, 그리고 도적적 용기』는 이 시대 우리의 소명을 붙잡는 데 강력한 도전을 준다. 이 책은 다음과 같은 성구들로 시작된다:

> 남을 심판하지 말아라. 그러면 하나님께서도 너희를 심판하지 않으실 것이다. 남을 정죄하지 말아라. 그러면 하나님께서도 너희를 정죄하지 않으실 것이다. 남을 용서하여라. 그러면 하나님께서도 너희를 용서하실 것이다(누가복음 6:37). 우리가 우리에게 빚진 모든 사람을 용서하오니, 우리 죄를 용서하여 주시옵고, 우리를 시험에 들게 하지 마시옵소서(누가복음 11:4). 그러나 내 말을 듣고 있는 너희에게 내가 말한다. 너희의 원수를 사랑하여라. 너희를 미워하는 사람들에게 잘 해주고, 너희를 저주하는 사람을 축복하고, 너희를 모욕하는 사람을 위하여 기도하여라. 네 뺨을 치는 사람에게는, 다른 뺨도 돌려대고, 네 겉옷을 빼앗는 사람에게는, 속옷도 거절하지 말아라. 너에게 달라는 사람에게는 주고, 네 것을 가져가는 사람에게서 도로 찾으려고 하지 말아라. 너희는 남에게 대접을 받고자 하는 대로 남을 대접하여라(누가복음 6:27-31). 이 모든 것은 하나님께로부터 옵니다. 하나님께서는 그리스도를 내세우셔서, 우리를 자기와 화해하게 하시고, 또 우리에게 화해의 직분을 맡겨 주셨습니다(고린도후서 5:18).[48]

---

48) Robert L. Browning and Roy A. Reed, *Forgiveness, Reconciliation, and Moral Courage: Motives and Designs for Ministry in a Troubled World* (Grand Rapids: William B. Eerdmans Publishing Company, 2004), 1.

이렇듯 필자는 우리가 우리의 현대생활에서-개인적으로나 사회적으로-용서의 능력에 대한 그리고 화해와 공의의 교역실천에 관한 위의 성서구절들을 온몸으로 실천하고자 부름을 받았다고 확신한다.[49] 우리는 그리스도교 교회야말로 수많은 갈등과 분열 때문에 고통당하는 세계를 위하여 용서와 화해의 심오한 메시지를 갖고 있다고 믿는다. 이러한 갈등은 세계적으로는 2001년 9월 11일 사건으로 야기된 실로 상상조차 하기 힘든 수많은 생명의 상실, 그리고 그로 인한 테러리즘에 관한 전 세계적인 전쟁으로부터, 국내적으로는 민족의 분단과 적대감, 그리고 지역 간의 편견과 빈익빈 부익부에 이르기까지, 그리고 작게는 우리의 결혼생활이나 가족들 안에서 발견되는 것들에 이르기까지, 아니 집단들이나 국가들이나 신앙 공동체들 사이에서 벌어지는 갈등들에 이르기까지 광범위하다. 그들은 모두 다 하나같이 치유를 바라고 있고 마음으로 행동으로 하나가 되기를 위해 울부짖고 있다. 하나님의 사랑하시고 용서하시고 화해하시는 영이 교회의 화해 교역을 훨씬 더 뛰어넘어 상처를 주는 사람들을 헤치고 나아간다. 그것은 사실이다. 그러므로 우리 교회도 자신의 소명에 진실할 수 있는 특별한 길을 분명히 하고 세상에 널리 알릴 수 있어야 한다. 특히, 우리는 그리스도인들이 자신의 사랑하지 못하는 태도와 행동을 고백함으로써 분열을 치유하고, 진정으로 화개하고, 용서를 주고받고, 화해의 씨앗을 심고, 세상에서 우리와 관련된 이들에게 정의와 평화를 가져오도록 다른 이들과 함께 일하는 방법들에 초점을 맞추어야 할 것이다. 더욱이, 교회가 우리 자녀들과 청소년들에게 그리고 그들의 삶의 요소요소

---

49) 위의 책, 같은 곳.

에 도덕적인 힘을 길러 줄 수 있도록 어렸을 때부터 깊이 개입하는 길을 논의해야 할 것이다. 우리는 한편으로는 도덕적인 성품을 길러내는데, 그리고 다른 한편으로는 개인이나 집단이 통회와 회개와 용서와 화해와 평화의 영을 통하여 죄와 도덕적 실패를 치유할 수 있도록 도와주는 것이 바로 교회의 역할 곧 교역실천임을 분명히 해야 할 것이다.[50]

칼 바르트가 우리 세상에 복음을 선포하는 방법에 대하여 종종 인용하곤 했던 말이 있다. 그는 우리가 하나님의 사랑과 용서와 화해의 이야기를 사람들의 구체적인 삶의 쟁점들과 관련시키기 위하여 한 손에는 성서를, 다른 한 손에는 신문을 집으라고 주장했다. 복음과 사람들의 삶의 상관관계에 대하여 바르트가 그렸던 그런 그림들은 인터넷 이전 것이었다. 오늘, 우리는 우리 시대의 쟁점들과 접촉하기 위해서 실로 어마어마한 인터넷 정보, 수백 개의 텔레비전 채널, 비디오, 책, 잡지, 회보, 상업광고, 음악, 미술, 연극, 영화, 그리고 이 모든 것들이 거의 즉각적으로 줄을 잇듯 쏟아져 나오는 현실들에 열려 있어야 한다.[51]

우리는 용서와 화해와 그리고 도덕적이거나 영성적인 거듭남의 탐구에 관한 이런 자료들로부터 쏟아져 나오는 엄청난 양의 메시지들을 바라보면서, 갈라진 사람들, 가족들, 정치적이거나 신앙적인 집단들, 사회단체들, 그리고 국가들이 화해와 치유의 좁은 길을 깊이 갈망하고 있음을 인지할 수 있다. 또 우리는 하나님께서 우리 안에 거하시면서 우리를 사랑의 미래로 부르고 계심을 강하게 인지할 수 있다. 하나님께서는 우리가 불신과 걱정과 미움과 보복, 그리고 정직한 욕구나 책임에 대한 두려움의 골짜기를 지나 용서와 창조적인 화해의 교역실천

---

50) 위의 책, 2.
51) 위의 책, 같은 곳.

을 향하여 나아가도록 부르고 계신다. 그것이 오늘 우리의 소명이다.[52]

그렇다! 소명이란, 하나님께서 우리를 너무나 결정적으로 부르셨기에, 그분의 소환과 은혜에 응답하여 우리의 모든 존재와 행위와 소유가 헌신적이고 역동적으로 그분을 섬기는 데 투자된다는 진리다.[53] 우리가 그분의 부르심에 반응할 때, 하나님은 우리를 앞으로 인도해 가신다. 우리는 그분의 소명을 좇음으로써 창조 의도에 맞는 존재가 된다. 또한 우리는 앞으로 우리가 될 존재, 그것도 부름 받은 백성으로서 재창조될 때에만 될 수 있는 존재가 되는 것이다.[54] 소명이 그리스도인에게 끊임없이 상기시켜 주는 것은, 그리스도인은 이미 도달한 이가 아니라 이 생애 동안 늘 "그리스도의 추종자"요 "그 도"(The Way)를 따르는 이로서 길 위에 있는 사람이라는 것이다.[55] 하나님의 소명은 하나님의 뜻을 이루시기 위한 총체적 관계로 부르시는 소명이다.[56] 하나님은 우리 저마다가 예수 그리스도 안에서 믿음으로 하나님의 자녀가 되도록 부르셨다. 그 소명의 관계 속에서 하나님은 하나님과 함께 풍성히 살아가는 데 필요한 모든 것을 부어주셨다. 그리스도를 닮은 성품은 하나님과 영원한 동역을 위하여 준비시키시는 것이다. 이 얼마나 엄청난 계획이요 엄청난 뜻인가! 하나님이 우리 안에서 우리를 통하여 세상 속에서 강하게 역사하시므로, 우리는 그분께 응답해야 한다. 소명과 책임, 이것은 실로 모든 그리스도인에게 하나님께서 값없이 주는

---

52) 위의 책, 같은 곳.
53) OS Guinness, *The Call: Finding and Fulfilling the Central Purposes in Your Life* (Thomas Nelson, 2003) = 홍병룡 옮김, 『소명』 (서울: IVP, 2006), 21.
54) 위의 책, 52.
55) 위의 책, 174.
56) Richard W. Christopherson, "Calling and Career in Christian Ministry," *Review of Religious Research*, Vol. 35, No. 3 (March, 1994), 219-37.

가장 커다란 특권이다.[57] 우리 인생이 삶의 의미를 가장 강력히 느끼는 것도 바로 이 소명을 분명히 인식할 때이다.[58] 칼 바르트와 본회퍼와 박근원의 간곡한 부르짖음처럼, 진정 내게 주어진 그 소명의 길을 발견하고 힘차게 "주님, 감사합니다!"를 외치며 기뻐 나아가는 그 자리, 바로 그 자리에서 화해의 교역실천을 향한 우리 종교개혁전통의 소명론도 더욱 계승 발전되어야 할 것이다.[59]

2. 그리스도교 '신앙론'

'신앙'이란 무엇인가? 우리 그리스도교에서는 그 신앙을 어떻게 이해하고 가르치고 있는가? 전통적으로 '그리스도교 신앙론' 하면, 교회 안에서 행해지는 교리학습을 중심으로 전개되는 것으로 이해되었다. 교역실천과의 관련 속에서 숙고되어야 할 그리스도교 신앙론은 그 대상과 내용과 현장보다는 방법론이 중심을 이룬다. 그러므로 여기서는 칼 바르트 이전까지 전해 내려온 그리스도교 신앙론의 역사적 전통을 살핀 다음, 이 연구의 핵심으로서 칼 바르트가 신앙론에 대하여 무엇이라고 말하는지는 고찰해 볼 것이다. 그리고 나서 칼 바르트의 그런

---

57) Henry T. Blackaby & Kerry L. Skinner, *Called and Accountable* (New Hope Publishers, 2002) = 최문정 옮김, 『헨리 블랙커비의 소명』 (누란노, 2002, 144).
58) Thomas Naylor 외, *The Search for Meaning* (Abingdon Press, 1994) = 박근원·신현복 옮김, 『삶의 의미를 찾아서』 (서울: 아침영성지도연구원, 1999), 355-60.
59) 그런 의미에서 헨리 나우엔의 소명론을 들여다보려면, Henry J. M. Nouwen, *Gracias!: A Latin American Journal* (Harper & Row, 1993) = 신선명 옮김, 『주님, 감사합니다!: 소명을 찾아 떠나는 한 영성지도자의 속깊은 내면탐구』 (서울: 아침영성지도연구원, 2006); 동 저자, *The Road to Daybreak: A Spiritual Journey* (Image, 1990) = 신현복 옮김, 『새벽의 영성』 (서울: 아침영성지도연구원, 2004)을 참고하라.

신앙론이 우리 개혁전통에서는 어떻게 전해지고 있으며, 궁극적으로 우리 한국에서는 박근원을 통하여 그 신앙론이 어떻게 수렴통합되어 왔는지 그리고 향후 어떤 대안이 가능한지를 신학적 미학의 운치를 가지고 접근해 보려고 한다.

그리스도교 '신앙론'의 역사적 전통

첫째로, 초대교회에서 신앙론은 아주 분명한 것이었다. 새로운 신자들, 다시 말해서, 개종자들을 위한 신앙교육이었던 것이다. 이미 신약성서 안에서도 세례지원자(Katechumenat)라는 개념 안에 그리스도교 신앙 안에서 교육한다는 뜻이 포함되어 사용되었다(갈라디아서 6:6).[60] 고대교회에서도 신앙론은 그리스도교로 개종하려는 사람들이 세례를 받기 전에 실시하는 중요한 신앙지도 방법이었다. 교육은 개인적인 것이었고, 어떤 일반적인 규칙이 있었던 것은 아니다. 교육 방식에 대한 규정은 3세기 초에서야 도입되었다.[61] 4세기에는 세례지원자들이 쇄도했기 때문에 신앙교육의 방식이 완전히 고정되었다. 교리문답에서는 세례상징(예루살렘의 키릴) 또는 세례상징의 역사와 주일설교(서방)가 전면에 부각되었다. 그러나 프랑켄 교회와 게르만족 선교에서는 교리문답 교육이 아무런 역할도 하지 않았다. 신앙론이 새로운 형태를 얻게 된 것은 칼 대제의 개혁정책을 통해서였다. 그는 신앙교육을 영세성사에 입회하는 대부와 세례를 받는 어린이를 위한 것으로 규정하였다. 그러나 어떤 실천적인 의미는 부여하지 않았다. 나중에 평신도들도 고해를 해야 한다는 규정이 일반적으로 관철되면서 고해

---

60) 박근원, 『현대신학실천론』, 308.
61) 위의 책, 같은 곳.

교육이 형성되었는데, 14세기부터 이 고해교육이 큰 영향을 끼쳤다.

둘째로, 종교개혁교회에서 신앙론은 견신례 교육 또는 교리설교의 형식을 취한 공동체 교육으로 발전되었다. 루터는 신앙교육으로서 교리문답에 가장 큰 의미를 부여했다. 루터는 '어린이 교육'인 교리문답 교육을 모르는 사람은 그리스도인이 아니고, 그러기 때문에 성만찬에 참여할 수 없다고 말했다. 루터는 1529년 '소교리 문답'(Small Catechism)을 썼는데, 이 책을 "일반목사들과 설교자들"에게 바쳤다.[62] 루터에 따르면, 이런 교리문답 교육은 주로 십계명, 사도신조, 주의 기도의 세 부분으로 구성되어 있다. 루터의 교리문답은 '소교리 문답'과 '대교리 문답'으로 구별되는데, 소교리 문답은 '거룩한 세례의식, 제단 위에서 진행되는 성례전, 아침저녁기도와 식사기도, 가정예식서와 결혼예식서' 등이 포함되어 있고, 대교리 문답은 설교에서 유래하는데, 설교를 통한 교리문답 교육에 도움이 되어야 했다.[63]

셋째로, 신앙론의 영역에서 새로운 시작은 경건주의에 따라서 비로소 가능했다. 먼저 경건한 에른스트 공작이 교육학적인 방향에서 개혁을 시작했지만, 의미 있는 파급 효과를 끼친 것은 슈페너였다. 슈페너에 따르면, 신앙교육은 인간을 이해하고 인간을 변화시키는 것이어야 했다. 신앙교육은 머리보다 가슴을 중요하게 생각해야 하고, 인격적인 고백으로 끝나야 한다는 것이다. 또한 신앙교육은 견신례 교육으로 끝

---

[62] Martin Luther, "Small Catechism," *The Book of Concord: The Confessions of the Evangelical Lutheran Church*, trans and ed. by Theodore G. Tappert (Philadelphia: Fortress Press, 1991), 338. 여기에 보면, 루터는 당시 실상을 이렇게 알리고 있다: "지금 이 지역에 살고 있는 대중들은 그리스도교 가르침이 무엇인지도 모르고 있으며 불행하게도 많은 목사들은 상당히 무능력하고 가르치기에도 적합하지 않습니다. 사람들이 그리스도인이 되고 세례를 받고 성만찬예식에 참여하고 있다고 할지라도, 그들은 주의 기도나 사도신조나 십계명이 무엇인지도 모르고 있습니다. 그들은 마치 돼지나 정신 나간 짐승들처럼 살고 있습니다."
[63] 김수한, 『마르틴 루터의 삶과 신학 이야기』 (서울: 대한기독교서회, 2002), 196-97.

나서는 안 된다. 슈페너는 루터의 교리문답에서 출발했지만, 천 개 이상의 질문과 답변으로 보충한 교리문답서를 스스로 만들어 사용하였다.[64] 계몽주의는 신앙교육의 방법론 문제를 주요 과제로 삼았다. 계몽주의는 '소크라테스적 교육론'을 강조하고 발전시켰는데, 그것은 사실은 예수와 신약성서로 소급되는 신앙교육 방법론이었다. 교사의 질문이 개별적 주제를 이해시키고, 마침내 학생이 그 주제를 자기 신념으로 만들어가게 하는 방법이었다. 배우는 사람의 자주성과 독자적인 사고 및 작업이 중심에 있었다. 이런 소크라테스적 교육론을 처음으로 강조한 사람은 모스하임이었다.[65] 그러나 1840년경, 소크라테스적 신앙교육 방법론의 시대도 사라졌다. 신학적으로 문제를 제기한 사람은 쉴라이에르마허였고, 교육학적으로 비판을 시도한 사람은 페스탈로치(Pestalozzi)였다. 경건주의와 계몽주의 이래 개인적 종교성이 신앙교육의 핵심주제였다면, 이제 교회가 내보이는 객관적인 교리의 내용이 핵심주제가 되었다. 이런 뜻에서 교파신학이 중요한 영향을 끼치게 되었다. 이런 정신을 반영하는 최초의 교리문답서를 크라우솔드(Krausold, 1843)가 제시했는데, 여기서는 교리개념이 객관성과 중요성을 가지게 되었다.[66]

넷째로, 이후의 신앙론은 특히 유럽과 미국을 중심으로 공적인 종교교육과 관계되어 있다. 학교교육 안에서 종교교육의 위치, 종교의 의미에 대한 문제들이 논의의 주제가 되었고, 교회교육 영역에서는 방법론과 교리, 교회성의 문제가 중요하게 논의되었다. 이런 문제는 그

---

64) 박근원, 『현대신학실천론』, 311.
65) 위의 책, 같은 곳.
66) 위의 책, 312.

리스도교가 국가종교인 국가나, 그리스도교 전통을 여전히 가지고 있는 나라 안에서만이 아니라, 무신론을 표방한 옛 사회주의 국가 안에서도 중요한 쟁점이었다. 최근 문제되는 것은 노동력의 국제적 이동이 활발했던 1960년대 이후부터, 서구 그리스도교 국가들 안에 다원종교적 현실과 세속화의 영향이 강화되면서 공적인 그리스도교적 종교교육이 문제시된다는 점이다.[67]

칼 바르트의 교역실천에 나타난 '신앙론'의 광맥

칼 바르트의 교역실천에 나타난 '신앙론'의 핵심은 '신앙교육론'이고, 그리고 그 신앙교육론의 핵심은 다른 말로 하면 '세례교육론'[68]이다. 그런 의미에서 칼 바르트가 사도신조 해설을 하면서 신앙이 무엇인지를 서술한 글이 있다. 그것을 보면 우리는 칼 바르트의 신앙론, 특히 세례교육론의 광맥을 짚을 수 있을 것이다.

칼 바르트가 쓴 『교회의 신앙고백』(*La Confession de Foi de l'Eglise*)은 칼빈의 신앙문답서에 따르는 사도시조 해설서로서, 바르트가 1941-1943년까지 스위스 뉴샤텔에서 목회자들을 대상으로 열었던 세미나 과정 중 장 루이 뢰바(Jeans Louis Leuba)가 속기하고 정리한 내용을 바르트의 동의를 얻어 1946년에 출판한 것이다. 사실 바르트는 사도신조에 관하여 여러 번 강의를 하였고, 그때마다 정리되어 책으로

---

67) 위의 책, 312-13.
68) Karl Barth, *Die Kirchliche Dogmatik: Das christliche Leben* IV/4 (Zürich: Theologischer Verlag, 1989). 이 글에서 칼 바르트의 신앙론이라는 관점에서 그의 세례교육론에 한정하기로 한다. 좀 더 본질적으로 칼 바르트의 세례론 자체를 이해하려면 이형기, "칼 바르트 신학에 있어서 '세례론'에 관한 연구: BEM 문서의 '세례론'에 조명하여," 『장신논단』, 제17집 (서울: 장신대출판부, 2001), 49-87, 위형윤, "교회일치를 위한 성례전 연구," 『신학지평』, 제10집 (서울: 안양대학교신학연구소, 1999)를 참고하라.

나왔다. 가장 먼저 나온 책이 바로 바르트가 1935년에 네덜란드 학생들에게 사도신조에 대하여 강의한 『나는 믿습니다!』(*Credo*)이다.[69] 1938년에는 영국 기포드 강좌 내용을 담은 스코틀랜드 신앙고백 해설서 『하나님을 인식하라 그리고 그분을 섬겨라』[70], 1946년에는 『교회의 신앙고백: 칼빈의 신앙문답서에 따르는 사도신조 해설』[71], 1947년에는 독일의 본 대학교에서 학생들에게 강의한 『교회교의학 개요』[72], 1948년에는 『하이델베르크 신앙문답에 따르는 그리스도교 교리』[73]가 출판되었다.

독일 고백교회 투쟁의 여명기에 출판되어 "저항했고, 저항하고, 저항할 이들에게" 바쳐진 이 책들에는 언제나 교회가 선포해야 할 복음을 그 중심에 있게 하는 바르트의 지극한 관심과, 동시에 언제나 교회가 세상과 대결하면서 제기되는 중요한 문제들에 대하여 좀 더 단순하고 꾸밈없는 방식으로 대답하려는 의도에 따라 특징지어진 심오한 신학적 작업과 영성적 여정이 있다. 이 책들은 신학적이고 교리적인 측면보다 교역실천적인 관점에서 매우 주목할 만하다. 바르트는 이 작품들 속에서 종교개혁자들과, 특히 칼빈과 대화하는 가운데, 전통을 존중하면서도 자유롭게 개혁자들의 견해를 비판하고, 신학적 대안과 해

---

69) Karl Barth, *Credo* (Munich: Kaiser, 1935; Wipf & Stock Publishers, 2005).
70) Karl Barth, *Gotteserkenntnis und Gottesdienst: nach reformatorischer Lehre: 20 Vorlesungen (Gifford-Lectures) über das Schottische Bekenntniss von 1950* (Evangelische Buchhandlung, 1938) = 백철현 옮김, 『하나님·교회·예배: 스코틀랜드 신앙고백에 대한 해석』 (서울: 기민사, 1987).
71) Karl Barth, *La Confession de Foi de l'Eglise* (Neuchâtel, Switzerland: Delachaux & Nestlé S.A., 1946) = 최영 옮김, 『칼 바르트가 읽은 주의 기도/사도신조』 (서울: 다산글방, 2000).
72) Karl Barth, *Dogmatik im Grundriss* (Zürich: Evangelischer Verlag A.-G., 1947) = 전경연 옮김, 『바르트 교의학개요: 기독교의 본질』 (서울: 성문학사, 1957).
73) Karl Barth, *Die christliche Lehre nach dem Heidelberger Katechismus* (Zollikon-Zürich: Evangelischer Verlag A.-G., 1948) = 백철현 옮김, 『그리스도교 교리의 주제와 내용: 하이델베르크 신앙문답에 관한 해설』 (서울: 그리스도교신학연구소, 1999).

설을 새롭게 내보이고 있다.[74]

『교회의 신앙고백: 칼빈의 신앙문답서에 따르는 사도신조 해설』에는 110개의 문답과 해설이 들어 있다. 그리고 그 내용은 신앙문답에 관한 일반적인 서론(§1-7), 특별한 서론: 하나님에 대한 '신뢰'(§8-14), 사도신조의 서론(§15-20), 첫 번째 조항(§21-29), 두 번째 조항(§30-37; 예수 그리스도의 이름과 칭호의 신학, 하나님의 독생자, 우리 주님, 성육신의 교리, 비하의 교리, 고양의 교리), 세 번째 조항: 성령과 교회(§88-100; 성령, 교회, 죄의 용서, 몸의 부활, 영원한 생명) 등으로 이루어져 있다. 예를 들면, 문답 1번은 다음과 같다:

> §1 문: 인생의 주된 목적은 무엇인가?
> 답: 하나님을 아는 일이다.
> 해설: 칼빈이 살았던 시대의 언어와 그 자신이 사용한 언어에서 '목적'(fin)이라는 말은 단지 마지막에 오는 것, 고정되고 불변하는 것일 뿐만 아니라 인간의 삶 내내 그와 함께 하는 것을 의미하였다. 목적은 이렇게 '삶의 의미,' '삶의 목표'와 같은 것이다. 그것은 인생의 마지막이 아니다: 그것은 하나의 계속적인 행동이다. 그리고 그 행동은 "하나님을 아는 일이다." 그것은 단지 유일한 것일 뿐만 아니라 주된 것이다. 그리고 이차적인 목적들이 있다: 가족, 국가, 직업, 문화 등. 그러나 이 모든 것들은 이 주된 목적과 관계한다.[75]

그리고 필자는 문답 51을 보면, 성육신의 교리 가운데 '화해'의 교역

---

74) Karl Barth, 『칼 바르트가 읽은 주의 기도/사도신조』, 8-9.
75) 위의 책, 91.

실천에 관한 언급을 다음과 같이 하고 있음을 알 수 있다고 생각한다:

> §51 문: 그렇다면 그분은 우리의 고유한 육신을 취하실 필요가 있었나?
> 답: 그렇다. 인간이 하나님에게 반항하여 범죄한 불순종을 인간의 본성 안에서 보상해야 했기 때문이다(로마서 5:15). 그분은 다른 방식으로는 정말 하나님과 인간 사이의 화해를 이룰 우리의 중보자가 될 수 없었다(디모데전서 2:5; 히브리서 4:15).[76]

또 필자가 보기에, 『나는 믿습니다!』(Credo) 속에서는 '자연신학'에 대한 불만족, 그리스도론 중심성, 무가치한 이를 향한 은혜의 선물의 온전한 소여(所與), 우리가 광대한 은혜에 사로잡히기 전에는 죄의 심각성을 실제로 볼 수 없다는 인식, 하나님이 행하신 일에 대한 답변으로서 감사의 삶인 그리스도인의 삶, 그리스도 안에서 죄와 죽음이 진실로 정복되었으며 따라서 우리들 앞에는 언제나 새로운 상황이 놓여 있다는 기쁜 확신 등의 내용이 들어 있다고 여겨진다. 우리는 이 책을 통하여 바르트에게서 주석가와 설교가, 학자와 선포자, 교사와 증인의 과제가 모두 하나의 소명 안에서 결합되어 있다는 사실을 발견하게 된다. 이 강연은 히틀러의 그림자가 이미 유럽을 덮쳐왔을 때 서둘러 낸 흔적이 있다. 악한 날들이 앞에 있었던 것이다. 바른 신념이 바른 행동을 위한 토대로서 중요하게 되었다. 확실히 바르트는 잘못된 신념이 잘못된 행동에 이를 수 있다는 사실을 느끼고 있었다. 지금처럼 그 때도 신앙의 역사적인 표현에 대한 성찰은 현재의 기피가 아니라, 현재 안에서

---

76) 위의 책, 91.

책임적으로 살아가기 위하여 스스로를 무장하는 시간이었다.[77]

이렇게 볼 때, 필자는 칼 바르트가 그리스도교 공동체를 '학교'라고 일컬은 것이 매우 타당했고 본다.[78] 교인들뿐만 아니라 온 세상을 향하여 신앙교육을 하는 교역실천의 중요한 과제를 교회를 떠맡고 있다는 생각에서다. 바르트는 이 일에 참되고 온전한 '교회의 박사'(doctor ecclesiae)로서 성령의 역할을 강조한다.[79] 그런 의미에서 한국교회 교역실천 현장에서 수요기도회나 세례교육 등을 통하여 칼 바르트처럼 사도신조만이라도 제대로 신앙교육을 할 수 있다면, 그런 신앙학교 역할을 수행할 수 있다면 참 좋겠다는 생각을 해본다.[80] 교역자가 어떤 신앙론을 갖고 있느냐에 따라 그 교회 공동체의 향방이 달라지기 때문이다.[81] 그리고 교역자 한 사람의 신앙론보다는 교회 공동체가 함께 의견을 수렴하고 통합하는 총제적인 신앙론이 나와야 할 것이라고 본다.

칼 바르트 '신앙론'의 한국적 수렴통합

위에서 우리는 칼 바르트 교역실천론에 나타난 '신앙론'의 광맥을 탐구해 보았다. 그렇다면 이러한 칼 바르트의 신앙론을 한국교회의 교역실천 현장에 적극적으로 수렴통합할 수 있는 길은 무엇일까?

첫째로, 필자는 우리 개혁교회 후손들이 칼 바르트의 신앙론을 한국적으로 수렴통합하려면 반드시 개혁전통에서 칼 바르트의 신앙론에 깊이 뿌리를 두고 있는 '막스 뚜리앙'의 신앙론도 함께 주목할 필요가

---

77) Karl Barth, *Credo*, ix-xi
78) Karl Barth, *CD* IV/3, 870.
79) *CD* IV/3, 871.
80) 강영선, 『기독교에 관한 대학생들의 질문 60가지』 (서울: 한신대학교출판부, 2004).
81) 강영선, "교회공동체에서의 지도력 개발을 위한 연구: 지도력 기초이론을 중심으로," 『신학연구』, 제38집, (서울: 한신대학교 한신신학연구소, 1997), 55-96.

있다고 생각한다.[82] 막스 뚜리앙은 프랑스에 있는 떼제 공동체[83]의 수사로서 거의 한평생을 세계교회협의회 '신앙과 직제' 부서에서 연구원으로 일해 왔다. 그에 따르면, 참다운 신앙이란 어떤 폐쇄적인 교리에 머무는 것이 아니고, 그리스도교의 진리를 받아들이면서 그것을 생명력 있고 개방적인 신앙으로 키워가는 것이다.

> ……일치의 토대는 진리이다. 그러나 진리는 사랑이 있는 곳에서 그리고 일치를 추구하는 곳에서만 충분히 표현될 수 있다. 따라서 신앙은 영속적인 일치의 확실한 보증이다. 그리고 에큐메니칼 개방성이야말로 신앙을 통한 결정적인 갱신의 근거이며, 그리스도교 진리를 좀 더 깊이 아는 일이다.[84]

이렇듯 필자가 볼 때에, 막스 뚜리앙이 말하는 그 개방성은 세상을 향한 개방성이기 전에 저마다 다른 교회 전통들에 대한 개방성을 전제로 한 열려진 신앙이라고 생각되어 폐쇄적인 우리 한국교회에 시사하는 바가 매우 크다고 여겨진다. 우리의 공통된 그리스도교 신앙을 표현해 보려고 집필된 이 책에는 40개 장들이 "나는 길이요 진리요 생명"이라고 하신 그리스도의 말씀을 좇아 진리, 길, 생명 세 부분으로 나누어져 있다. 첫 번째 '진리' 편에서는 사조신조를 통하여 잘 알고 있는 방식대로 성부 성자 성령 그리고 교회에 대하여 기초신앙으로 삼

---

82) Max Thurian, *L'essentiel de la foi* (Taizé: Les Presses de Taizé, 1978) = 박근원 옮김, 『그리스도교 기초신앙』(서울: 대한기독교서회, 1993). 박근원은 신앙과 생활을 함께 묶는 에큐메니칼적인 신앙교육 교재로 이 책을 강력히 추천하고 있다.
83) 위의 책, 236-37. 화해와 일치를 호소하는 이 공동체의 맑은 목소리 그윽한 옹달샘은 마침내 1982년 페루 리마에서 세계교회협의회가 성취한 '세례·성만찬·교역' (BEM) 곧 리마문서를 낳게 하였는데, 그 주역이 바로 막스 뚜리앙이었다.
84) 위의 책, 7.

을 만한 요소들을 함께 다루고 있다. 두 번째 '길' 편에서는 은혜의 방편 곧 하나님께서 우리에게 다가오시는 방법인 말씀과 성례전, 그리고 우리가 하나님께 다가가는 방법인 개인기도와 예전기도에 관하여 언급하고 있다. 세 번째 '생명' 편에서는 우리가 하루하루 살아가는 방법에 영향을 끼치고 있는 아주 중요한 점들 곧 사랑의 열매들에 서술하고 있다. 필자는 막스 뚜리앙의 이 세 가지 구분을 존중하여 믿음으로 모이는 교회의 교역실천에서는 진리 편을, 사랑으로 세우는 교회의 교역실천에서는 생명 편을, 희망으로 보내는 교회의 교역실천에서는 길 편을 집중 조명하고 가르칠 수 있는 한국형 신앙교육 교재를 만들어 세례교육이나 각종 신앙집회 때 살려쓰면 어떨까 생각해 본다.

둘째로, 필자는 우리 개혁교회 후손들이 칼 바르트의 신앙론을 한국적으로 수렴통합하기 위해서는 칼 바르트와 막스 뚜리앙으로 이어지는 종교개혁전통의 신앙론을 에큐메니칼적으로 계승하고 있는 박근원의 신앙론에 귀를 기울일 필요가 있다고 생각한다.

무엇보다도, 박근원의 신앙론은 '교육적'인 신앙론이다. 곧 그의 신앙론은 신앙교육론이고 또 신앙교육론은 세례교육론이다. 이 세례교육만은 담임목사가 직접 기획하고 실시하는 것이 매우 중요하다고 박근원은 말한다. 담임목사의 교역신학, 공동체 비전과 신앙노선, 신앙생활지침 등을 일정기간, 예컨대 부활절 전 3개월 정도 제대로 가르칠 수 있다면 더할 나위 없이 좋겠다는 말이다. 그런 의미에서 박근원은 교역실천 현장에서 그런 신앙론을 뿌리내리기 위하여 몸소 신앙교육교재를 만들어 보급하기도 하였다. 『하나님의 초청』과 『하나님의 백성』이 그것이다.[85] 사실 이 교재는 세례 및 견신례 지원자들에게 신앙교육을 하기 위한 교재였다. 박근원은 머리말에서 이렇게 밝힌다:

우리의 신앙 대상은 물론 예수 그리스도이시다. 그래서 이 예수 그리스도가 어떤 분이신지부터 묻고, 그분에 대한 모든 것을 담고 있는 신구약성서의 내용을 간략하게 정리하였다. 그리고 예수 그리스도를 믿는 신앙과 초대교회 사도들의 증언에 기초를 둔 교회가 어떻게 오늘의 교회로까지 발전되었는지를 설명하였다. 그러면서 세계적이고 동시에 구체적인 여러 모양의 지교회에 속한 교인이 된다는 것이 어떤 의미가 있는지를 열거하였다. 교회생활의 핵심인 예배와 성례전 참여와 그 밖에 신앙생활의 이모저모를 정리하였고, 그리스도의 몸으로서 교회가 이 세계 속에서 어떤 사명이 있는지도 해설하였다. 아울러 교회 안팎에서 그리고 오늘뿐만이 아니라 내일을 내다보면서 예수 그리스도의 제자로서 산다는 것이 어떤 것인지도 설명해 보았다.[86]

이렇듯 이 교재의 내용은 교리문답을 위한 교과서 같은 성격을 탈피하여, 우리가 우리의 모든 것을 바쳐서 살아야 할 '신앙'이 무엇인지를 해설해 놓은 신앙 안내서라는 점에서 여타의 교리문답서들과는 분명하게 차별화된 작품이었다고 필자는 생각한다.

다음으로, 박근원의 신앙론은 '개혁적'인 신앙론이다. 그는 평생을 사도 바울과 요한 칼빈과 칼 바르트와 막스 뚜리앙으로 이어지는 종교개혁 전통에 오롯이 서서 자신의 신앙론을 펼쳐 왔다. 사실, 박근원은 한국기독교장로회의 '개혁' 모티프였던 '4대문서'(1969-73, missio dei 신학)와 '제5문서'(1987, JPIC 신학), 그리고 새천년 '개혁적 신앙과 신학'의 지표가 되었던 '희년문서'(2003, Jubilee 신학) 등 교단의

---

[85] 박근원, 『하나님의 백성: 신앙교육교재』; 동 저자, 『하나님의 백성: 지도자용』; 동 저자, 『하나님의 초청: 신앙교육교재』 (서울: 한국기독교장로회 총회교육원 출판부, 1985).
[86] 박근원, 『하나님의 백성: 신앙교육교재』, 2-3.

개혁적 신앙론 형성에 주도적인 역할을 해왔다. 그 가운데서 특히 박근원이 주역을 한 『장로교 신조모음』은 그 개혁적 신앙론의 세계적인 보고(寶庫)라고 할 수 있다.[87] 거기에는 온 세계 개혁전통의 다양한 신앙고백서와 신앙문답서들이 놀라울 정도로 가득 수렴되어 있다. 칼 바르트가 주도한 바르멘 신학선언도 물론 거기에 들어 있다. 그리고 박근원은 이러한 세계적인 개혁전통에 입각하여, 우리 한국교회의 신앙론이 어떤 방향으로 수렴통합되어 가야 할 것인지도 분명히 밝히고 있다:

> 이제 우리는 공동체를 해방하는 교육과 함께 그리스도인 개개인의 영성을 기르는 교육을, 역사 안에서 일하시는 하나님을 체험하게 하는, 교육과 더불어 초월해 계시는 하나님을 만나게 하는 교육을, 그리고 예언자로서 역사를 변역하는 교육과 함께 제사장으로서 상한 심령을 어루만지고 낫게 하는 치유교육과 하나님을 아는 지식으로 생명과 복을 누리게 하는 지혜교육을 창조적으로 통합해 가려고 한다.[88] 희년교육의 목표는 하나님 나라를 이루는 제자양육에 있습니다. 예배를 통하여 하나님의 은총을 경험하고, 성령을 통해 생명의 능력을 풍성히 받고, 정의와 사랑과 평화의 영성을 말씀을 통해 간직할 그리스도인의 제자훈련을 받습니다. 하나님 나라를 전하고 이룰 제자입니다. 일이란 인격의 표현이고, 인격은 영성의 표현입니다.[89]

이 글에서도 드러나듯이, 필자가 볼 때에 박근원의 신앙론은 이렇

---

87) 박근원·김경재·박종화 엮음, 『장로교 신조모음』 새역사희년기념문집 제2권 (서울: 한국기독교장로회, 2003), 8.
88) 한국기독교장로회총회, 『희년문서』 새역사희년기념문집 제1권 (서울: 한국기독교장로회총회 출판부, 2003), 47.
89) 위의 책, 84.

듯 희년신학에 따른 개혁적 신앙론이요, 또 그것은 좀 더 구체적으로 희년교육에 따른 개혁적 신앙교육론을 표방하고 있다고 여겨진다.

끝으로, 박근원의 신앙론은 '에큐메니칼적'인 신앙론이다. 그리스도교 신앙론은 어떤 형태로 전개되든 그 기본 방향은 에큐메니칼한 것이어야 한다는 것이 그의 지론이다. 박근원은 그리스도교 신앙교육이 개인적 성취욕과 교파 이기주의에 봉사하는 것이 되어서는 안 되고, 모든 신앙교육이 하나님의 선교(missio dei)과 정의, 평화, 창조세계의 보존(JPIC)이라는 에큐메니칼적인 세계적 외침들과 맥락을 같이해야 한다고 말한다.[90] 사실, 에큐메니칼 신앙교육이 교회갱신과 관련하여 등장한 것은 1978년 웁살라에서 열린 세계교회협의회 총회 이후였다. 이런 에큐메니칼 지평이 그리스도교의 경계를 넘어서 인류 전체, 지구로까지 확대됨으로써 그리스도인은 그들이 지역적 지평을 넘어서 지구적으로 사고하도록 도전받게 되었다. 특히 제3세계의 경제적, 정치적, 군사적 예속의 현실과 해방운동은 제1세계 교회와 그리스도인에게 그들의 선교, 발전, 평화운동, 인권운동 등의 영역에서 의식화 교육을 강화하도록 촉구하였다. 파울로 프레이리의 의식화 교육 방법론의 영향을 받은 독일의 신학자 에른스트 랑에는 에큐메니칼 신앙교육을 참여와 변화를 지향하는 운동으로 이해하였다. 그래서 박근원은 이러한 에큐메니칼 신앙교육은 갈등지향적, 존재지향적, 참여적, 경계초월적, 선취적, 실천지향적, 사회적, 문화상호적 신앙교육이라고 말한다.[91]

셋째로, 필자는 칼 바르트, 막스 뚜리앙, 박근원으로 이어지는 종교개혁전통의 신앙론을 더욱 계승 발전시키기 위하여 다음과 같은 질문

---

90) 박근원, 『현대신학실천론』, 326.
91) 위의 책, 327-28.

을 스스로 던져볼 필요가 있다고 생각한다: "앞으로 이 땅 한반도에서 우리의 신앙론은 어떤 모습이어야 하는가?" 필자가 보기에, 그것은 다름이 아니라, 칼 바르트가 그토록 부르짖었듯이, '화해'를 향한 신앙론이어야 한다고 본다. 이 화해를 향한 교역실천으로서 한국 그리스도교 신앙론의 정립이 미래 후학들에게 너무나 절실하게 요청된다는 말이다. 그런 의미에서, 필자는 화해의 교역실천을 위한 미래 한국 그리스도교의 신앙론에서는 곳곳에 '화해'라는 주제를 충분히 담아내야 한다고 생각한다. 특히, 세례교육을 할 때 화해라는 관점에서 신앙교육이 제대로 이루어지도록 구성을 할 필요가 있다고 생각한다.

화해의 신앙교육에서 무엇보다 중요한 것은 복음은 '땅 위의 평화'를 상상할 수 있는 영감을 심어준다는 확신이다(누가복음 2:14).[92] 우리 주 예수 그리스도는 하나님의 나라를 말과 행동으로 선포하시면서, 하나님의 나라가 어떠한지를 보여 주셨다. 하나님의 나라는 진리와 정의, 회개와 용서의 나라로, 먼저 온 사람이 나중이 되고 지도자가 모든 사람을 섬기는 나라이다. 바울은 자신의 편지에서 어떻게 화해 공동체가 세워질 수 있는지 교회에 가르쳤다. 화해 공동체는 성령의 열매 곧 "사랑과 기쁨과 평화와 인내와 친절과 선함과 신실과 온유와 절제"의 열매를 맺는다(갈라디아서 5:22-23). 공동체 구성원은 서로를 사랑하고, 서로 평화롭게 살며, 복수는 하나님께 맡기고 박해하는 이를 축복하도록 요청받는다(로마서 12:9-21).

그러나 많은 사람들이 평화가 없는 곳에서 파괴된 관계와 불의로

---

92) Jasjit S. Suri, ed., *You are the Light of the World: Statements on Mission by the World Council of Churches 1980-2005* (OCSL Press, 2005) = 김동선 옮김, 『통전적 선교를 위한 신학과 실천』(서울: 대한기독교서회, 2007), 187-88.

말미암아 생긴 깊은 상처를 피상적으로만 치료하고 평화를 선포하였다(예레미야 6:14). 희망의 실현은 인내, 목회적 예민함, 적절한 신앙교육 체계를 요구한다. 우리가 인간이라는 자각은 신앙교육 과정의 중요한 요소로 작용한다.[93] 그리스도교 인간학의 관점에서 본다면, 인간은 하나님으로부터 용서 받은 존재이다. 그리고 신학적인 범주에서 보면, 용서는 윤리적인 결과를 가져온다. 그리고 용서를 통한 화해의 교역실천은 진실 말하기(truth-telling)와 정의를 수반한다. 곧 정의의 신앙교육이 필요하다는 말이다. 화해의 교역실천은 반드시 값비싼 제자직(discipleship) 곧 정의의 신앙교육을 지향하지 않으면 안 된다.

화해의 패러다임 안에서 신앙교육을 준비하는 것은 기존의 신앙교육 모형에 중요한 함축적 의미를 제시한다.[94] 교회가 가르치는 내용과 형태도 화해라는 관점에서 강력한 도전을 받게 된다. 그리스도인은 화해의 교역실천에 헌신할 때, 화해의 역동성과 과정뿐만 아니라 화해 교역의 다양한 차원이 왜 중요한지 배우고 가르칠 필요가 있다.[95] 이를 위하여 진리를 확립하고, 아픈 기억을 치유하고, 정의를 행하고, 다른 사람을 용서하고, 또 다른 사람으로부터 용서를 받아야 한다. 정의를 위하여 자기를 비우고 십자가를 지는 화해의 영성, 화해의 신앙교육이 절실히 요구된다는 말이다. 이러한 화해의 신앙교육을 목회자가 직접 세례교육을 통하여 심층적으로 실시하는 것이 향후 그리스도교

---

93) 위의 책, 188.
94) 위의 책, 190.
95) 이러한 화해의 신앙교육을 위하여 각 교회가 저마다 자신만의 독특한 역사와 '신앙' 노선과 비전을 담은 신앙교육 교재를 집필하는 일도 매우 의미 있을 것이라고 생각한다. 각 교회 공동체의 '신앙'을 다지고 펼치는 일에 그런 신앙교육 교재가 분명한 길잡이가 되어 줄 것이다. 이를 위해서 박종화, 『경동교회 신앙고백 해설서』 (서울: 한국기독교장로회 경동교회 60주년 기념사업추진위원회, 2005)를 참고하라.

신앙론의 핵심이 되어야 할 것이다.

3. 그리스도교 '생활론'

종교개혁자들이 실천신학을 교회의 '영성생활'(vita spiritualis)을 다루는 학문으로 정의했듯이, 그리스도교 생활론은 그리스도인의 영성생활이 개인, 가정, 교회, 사회에서 어떻게 구체화될 수 있는가를 탐구하는 것이다.[96] 실천신학이 그리스도인의 신앙생활 전 영역을 포괄적으로 다루는 것일진대, 우리는 그 삶을 구체적으로 가능하게 하는 내용과 방법을 탐구하지 않으면 안 된다. 성서에서 주어진 계명들을 오늘이라는 구체적인 삶의 현장 곧 개인생활, 가정생활, 교회생활 그리고 사회생활에서 어떻게 실천하느냐를 밝힐 필요가 있다. 그것이 바로 그리스도교 생활론이다. 그러므로 여기서는 칼 바르트 이전까지 전해 내려온 그리스도교 생활론의 역사적 전통을 살핀 다음, 이 연구의 핵심으로서 칼 바르트가 생활론에 대하여 무엇이라고 말하는지는 고찰해 볼 것이다. 그리고 나서 칼 바르트의 그런 생활론이 우리 개혁전통에서는 어떻게 전해지고 있으며, 궁극적으로 우리 한국에서는 박근원을 통하여 그 생활론이 어떻게 수렴통합되어 왔는지 그리고 향후 그 대안은 무엇인지를 신학적 미학의 운치를 가지고 접근해 보려고 한다.

---

[96] 박근원, 『현대신학실천론』, 157.

그리스도교 '생활론'의 역사적 전통

첫째로, 그리스도교 생활론의 본디 모습을 살펴보려면 초대교회, 특히 사도행전의 공동체를 주목할 필요가 있다. 그 당시 성도들은 "사도들의 가르침을 받아 서로 교제하며 떡을 떼며 기도하기를 힘썼다." 또 성경은 이렇게 묘사하고 있기도 하다:

> 믿는 사람이 다 함께 있어 모든 물건을 서로 통용하고 재산과 소유를 팔아 각 사람의 필요에 따라 나누어 주고 날마다 마음을 같이하여 성전에 모이기를 힘쓰며 집에서 떡을 떼며 기쁨과 순전한 마음으로 음식을 먹고 하나님을 찬미하며 또 온 백성에게 칭송을 받았다(사도행전 2:42-47).

필자가 볼 때도, 이처럼 성전을 중심으로 하나님을 예배하고 서로 친교를 나누고 소유를 같이 나누어 쓰는 공동체가 그리스도교 생활론의 본디 모델이었다고 생각된다.[97]

둘째로, 이런 공동체적 생활론은 콘스탄티누스 대제에 따라 그리스도교가 국가 종교화하기까지 계속 되었을 것이다. 그러나 박해 상황이 특권을 누리는 상황으로 바뀌면서 그리스도교 생활론에도 큰 변화가 오게 되었다. 성직자 계급의 등장이 그 예다. 이들은 성서해석은 물론 교회행정과 신도들의 신앙생활에까지 독자적인 목소리를 내는 특권계급으로 등장했다. 따라서 신앙생활은 이들이 내보이는 제반 규율과 지시를 따르는 것을 뜻했다. 성직자와 평신도 사이의 계층화 현상도 큰 변화로 다가왔다. 신분상의 차이는 물론 제반 불이익을 평신도들이 감

---
97) 위의 책, 157-58.

수해야 했다. 따라서 '서로 교제하고 마음을 같이하는 일'이 어렵게 되었다. 또 성직자 중심의 계층적 교회가 중세 봉건체제의 이념적·실천적 동반자로 군림하게 되었다. 그리하여 성도간의 영성적인 교제뿐만 아니라 물질적인 교제마저 불가능해지고 말았다.[98]

셋째로, 종교개혁은 이런 역사적 과오를 바로 잡고, 초대 그리스도교의 모습으로 돌아가자는 운동이었다. 이때 무엇보다도 중요한 것은 계층화의 상징이라고 할 수 있는 교황무오설의 폐기와 성서를 교회 전통과 권위로부터 해방시켜, 성서로부터 직접 영성적인 샘물을 마시게 하자는 것이었다. 여기서 주목할 것은 루터가 주장한 '만인사제론'이다. 모든 신도가 다 하나님 앞에 직접 예배할 수 있으며, 어떤 인위적 제도나 매개를 필요로 하지 않는다는 것이다. 또 성서를 여러 나라 말로 번역하여 누구나 성서의 진리에 접할 수 있게 하였다. 특히 신앙과 관련된 일곱 가지 성례전은 두 가지(세례와 성만찬)만 남기고 폐지함으로써, 신도의 신앙생활에서 성직자가 매개 역할을 하던 영역을 줄였다. 그렇게 함으로써 신도들이 더 자율적이고 책임적으로 신앙생활을 할 수 있게 하였다.[99]

넷째로, 그런데 계몽주의와 과학기술의 진보 때문에 제기된 세속화는 종래의 그리스도교 생활론에 커다란 충격과 변화를 가져왔다. 그리스도교적 세계관과 인간관이 무너지고 사람들은 이제 새로운 가치와 가능성을 가지고 자기들의 세계를 자율적으로 형성해 갈 수밖에 없게 되었다. 특히 근대에 와서는 다양한 흐름을 가진 무신론적 사회주의 운동들의 도전을 받아 그리스도교는 뿌리에서부터 흔들리게 되었다.

---
98) 위의 책, 158.
99) 위의 책, 158-59.

성서의 세계관은 낡은 것으로 부정당하고, 무신론자들의 출현은 그리스도인으로 산다는 것을 더욱 어렵게 만들었고, 그리스도교 진리는 '아편'으로 정죄당하기까지 하였다.[100]

다섯째로, 이런 상황에서 그리스도교 신자들 사이에서도 그리스도교 진리는 옛것이어서 오늘의 상황에 적용될 수 없다는 역사적 상대주의가 한편에서 등장하게 되었고, 다른 한편으로는 그리스도교의 가르침이란 예수 같은 '성인'이나 실천할 수 있는 것이라는 실천적 상대주의가 퍼지게 되었다. 게다가 신앙생활은 문자적 계율에 얽매인 바리새주의라고 비난하면서, 모든 것을 상대주의적 해석에 맡겨 편리한대로 자기에게 유리한 것만을 선택하는 부르주아적 신앙생활론도 등장하였다.[101]

칼 바르트의 교역실천에 나타난 '생활론'의 광맥

칼 바르트의 교역실천에 나타난 '생활론'의 핵심은 '영성생활론'이고, 그 영성생활론의 핵심은 다른 말로 하면 '기도생활론'이다. 그런 의미에서 그가 교회력에 따라 드린 기도문이 최근에 책으로 나왔는데 주목할 부분이다.[102] 또 1947-1949년에 칼 바르트가 스위스 뉘샤텔에서 프랑스어를 사용하는 목회자들을 대상으로 열었던 세미나에서 칼빈의 신앙문답서에 따르는 '주의 기도' 해설을 강의하면서 기도가 무엇인지를 서술한 글이 있이 있는데, 그 때 패레(A. Perret) 목사가 속기한 것을 룰랭(A. Roulin) 목사가 정리하여 1953년에 펴냈다. 한편 영어

---

100) 위의 책, 159.
101) 위의 책, 159-60.
102) Karl Barth, *Fifty Prayer* (Louisville: Westminster John Knox Press, 2008).

권에서는 그보다 먼저 1952년에 출판되었고, 벌써 2002년에 50주년 기념판까지 나왔다.[103]

> 종교개혁은 우리에게 하나의 위대한 전체로서 나타난다: 연구, 사상, 설교, 토론, 논쟁, 그리고 조직적 활동. 그러나 그 모든 것보다 더 중요한 것이 있다. 우리가 아는 바로는, 그것은 끊임없는 기도이다……나는 나의 욕구들, 나의 생각들, 나의 불행들과 함께 하나님 앞에 서 있다; 나는 그분과 함께 살아야 한다. 살아간다는 것은 하나님과 함께 살아간다는 것 이외에 다른 아무것도 나이기 때문이다. 여기서 나는 크거나 작은 삶의 절박한 요구들과 기도의 필요성 사이에 끼여 있다. 종교개혁자들은 우리에게 가장 우선적인 것은 기도하는 것이라고 말한다……종교개혁자들은 기도는 형편의 문제가 아니라는 것을 우리에게 회상시켜 준다. 그것은, 그리스도인의 생활에서, 필수적이고 본질적인 행위이며, 그 자체로 우러나와야 하는 행위이다.[104]

이것을 보면 칼 바르트의 생활론, 특히 기도생활론의 광맥이 어디에 다다라 있는지를 짚을 수 있다고 필자는 생각한다. 곧 칼 바르트에 따르면, 교회의 개혁자들은 기도하는 사람들이었고, 칼빈이나 루터 같은 종교개혁자들은 기도의 중요성과 그 의의에 대하여 한 마음이었다. 루터는 기도란 하나님의 명령에 대한 순종이라고 보았고, 칼빈은 기도란 하늘 아버지께 대한 예수 그리스도의 중보에 근거하고 있다고 보았

---

103) Karl Barth, *La Prière* (Neuchâtel, Switzerland: Delachaux & Nestlé S.A., 1949) = originally trans. by W. L. Jenkins(1952) and edited by Don E. Saliers from the translation of Sara F. Terrien, *Prayer*, 50th anniversary edition (Louisville: Westminster John Knox Press, 2002) = 최영 옮김, 『칼 바르트가 읽은 주의 기도/사도신조』 (서울: 다산글방, 2000).
104) 위의 책, 3, 23, 27.

다고 바르트는 말한다. 또 바르트는 칼빈의 말을 인용하여, 기도는 성인들이나 천사들이 아니라 하나님께만 말해져야 하고 성령에 따라 주도되어야 하며, 기도는 마음으로부터 드리는 자유로운 기도로서 감정이 있어야 하되 터무니없는 공상이 안 되도록 예식서를 통하여 훈련도 받아야 한다고 양면을 다 말한다. 바르트는 종교개혁자들이 이해한 기도란 동시에 말이고, 생각이며, 삶이었다고 힘주어 말한다.[105]

칼 바르트는 신학하는 것 또는 신앙하는 것은 기도하는 마음으로 복종하는 것이라고 하여, 기도는 모든 지적 활동을 통하여 하나님을 탐구하는 데 필수적인 조건임을 말하고 있다. 기도는 우리의 삶, 곧 이 세상의 절박한 사정들에 얽혀 있는 우리의 삶과 관계한다는 칼빈의 말에 바르트도 공감을 보낸다. 그래서 우리가 살고자 한다면, 기도는 우리의 탐색이 되어야 한다는 것이다. 기도는 하나님을 행하여 나아가면서, 그분께 우리에게 부족한 것–힘, 능력, 용기, 평안, 신중함–을 주시라고 요청하고, 우리가 율법을 복종하고 그분의 계명을 지킬 수 있는 방법을 주시라고 요청하는 것을 의미한다는 것이다. 또 바르트는 기도는 복음과 율법 안에서 우리에게 이미 말씀하신 그분께 우리가 말하는 것을 의미한다고 말한다. 우리가 순종의 불완전성과 신앙의 실패 때문에 괴로워할 때, 우리는 그분과 대면하고 있다는 것을 깨닫게 된다는 것이다. 그분 때문에 우리는 곤란을 당하고 있으며, 단지 그분만이 우리를 치유하실 수 있다는 것이다. 그렇게 해주시라고 그분께 요청하기 위하여, 우리는 기도드린다고 바르트는 강조한다.[106]

한편, 바르트는 기도는 은총이고 하나님의 선물이라고 말한다. 바

---

105) 위의 책, 4-7.
106) 위의 책, 19-21.

르트에 따르면, 하나님은 예수 그리스도의 아버지이셨고, 참 사람이신 예수 그리스도는 기도하셨다. 그리고 그분은 아직도 기도드리고 계신다. 이것이 우리가 예수 그리스도 안에서 드리는 기도생활의 근거이다. 그것은 마치 우리의 모든 기도가 예수 그리스도 안에서 요약되기 때문에 하나님 자신이 우리의 요구에 응답하기로 맹세하셨다는 것과 같다. 하나님은 대답하시지 않을 수 없다. 기도드리시는 이가 바로 예수 그리스도이시기 때문이다. 바르트는 하나님께서 인간의 기도에 굴복하시고, 자신의 계획을 변경하시고, 인간의 기도에 응답하신다고 하는 사실은 약함의 표시가 아니라고 강변한다. 그분 자신의 존엄과 능력의 광채 안에서, 그분은 그렇게 되시고자 원하셨고 여전히 그러하시다는 것이다. 그분은 예수 그리스도 안에서 인간이 되셨던 하나님으로 자리매김 되기를 바라신다. 거기에 그분의 영광이, 그분의 전능이 있다고 바르트는 말한다. 그분은 우리의 기도에 굴복함으로써 그 자신의 영광에 손상을 입지 않으신다. 오히려 그렇게 되심으로써 그분은 자신의 위대함을 드러내신다. 바르트는 하나님은 예수 그리스도 안에 계실 때 가장 위대하시다고 말한다. 만일 하나님이 우리의 기도에 응답하신다면, 그것은 단지 그분이 우리에게 귀를 기울이시고 우리의 신앙을 키우시기 때문만이 아니라, 그분이 하나님 곧 성부 성자 성령 하나님이시고 그분의 말씀이 성육신하신 하나님이시기 때문이다. 그러기에 바르트는 하이델베르크 신앙문서를 인용하여, 기도는 아주 단순하게 하나님을 향한 감사의 우선적인 행위라고 단언한다.[107]

또 바르트는 인간의 행위로서 기도는 단지 잡담이나 일련의 빈말이

---

107) 위의 책, 23-30.

나 중얼거림일 수 없다고 말한다. 입술로만 하는 기도는 죄다 불필요하며 하나님께 불쾌하고 모욕적인 것이라고 경고한다. 이 점에서 바르트는 우리가 이해하지 못하는 언어로 드리는 기도나, 기도할 때 회중이 이해하지 못하면 그것은 하나님을 조롱하는 일이고 잘못된 위선이라는 칼빈의 견해를 존중한다. 우리가 이해할 수 있는 언어로, 우리에게 의미가 있는 언어로 생각하고 말해야 한다는 것이다. 또 인간은 안락의자에 앉아 편하게 쉬면서 "성령이 나를 위하여 기도할 것이다"라고 말해서는 안 된다고 분명히 말한다. 인간은 기도하도록 강요받고 있으며, 기도하지 않으면 안 된다는 것이다. 바르트에 따르면, 하나님께서는 우리를 부르시고, 개인적으로 그리고 공동체 안에서, 그러한 기도에 참여하게 하신다. 이 기도는 겸손의 행위인 동시에 승리의 행위이다. 우리가 이 행위를 수행을 능력을 받았기 때문에 우리에게 이 행위가 요구된다는 것이 바르트의 생각이다.[108]

바르트는 이런 종교개혁적인 관점에서 '주의 기도'에 주목한다. 그러면서 우리더러 종교개혁자들이 말한 것처럼 '주의 기도' 형식을 지니는 것에 만족하자고 제안한다. 그리고는 주님께서 가르쳐 주신 기도를 기원(The Invocation), 주의 기도의 탄원들(The Petitions of the Lord's Prayer), 처음 세 가지 탄원(The First Three Petitions), 마지막 세 가지 탄원(The Last Petitions), 송영(The Doxology) 순으로 하나씩 하나씩 상세하게 해석하면서 어떻게 생활에 적용할 것인지 깊은 통찰을 가져다준다.[109]

---

108) 위의 책, 30-33.
109) 김윤규, "별세의 삶을 위한 기도: '주의 기도'의 측면에서," 『신학연구』, 제44집, (서울: 한신대학교 한신신학연구소, 2003), 311-44.

칼 바르트 '생활론'의 한국적 수렴통합

위에서 우리는 칼 바르트 교역실천론에 나타난 '생활론'의 광맥을 탐구해 보았다. 그렇다면 이러한 칼 바르트의 생활론을 한국교회의 교역실천 현장에 적극적으로 수렴통합할 수 있는 길은 무엇일까?

첫째로, 필자는 우리 개혁교회 후손들이 칼 바르트의 생활론을 한국적으로 수렴통합하려면 반드시 동시대의 아픔을 공유하며 칼 바르트의 영성지도를 받았던 '본회퍼'의 생활론도 함께 주목할 필요가 있다고 생각한다. 본회퍼를 빼놓고는 칼 바르트 교역실천론의 흐름을 제대로 감 잡을 수가 없기 때문이다.

본회퍼는 무엇보다도 그리스도교 생활론에서 중요한 것이 영성훈련임을 힘주어 말하고 있다. 그는 "자유의 도상에 있는 정거장"이라는 시에서 영성훈련에 대하여 이렇게 노래하고 있다: "자유를 찾아 떠나려거든 욕망과 너의 지체가 너를 이리저리 끌고 다니지 못하도록 너의 지각과 영혼을 훈련하는 일을 배우라. 너의 영혼과 신체를 정결히 가지고 너에게 정해진 목표를 찾아 자기를 복종시키고 순종하라. 훈련 없이는 자유의 비밀을 맛본 자가 없다."[110] 우리의 지각과 영혼을 훈련하고 자기를 쳐서 복종하는 삶을 살지 못할 때, 우리는 복음을 듣기는 하고 믿는다고는 하지만 울리는 꽹과리에 불과하다는 것이 본회퍼의 생각이다.

그리고 본회퍼는 그리스도교 영성생활에서 묵상생활의 의미를 세 가시로 나누어 생각했다. 첫째, 나는 왜 묵상하는가? 나는 그리스도인으로서 성서에 나타난 하나님의 말씀을 더욱 깊이 이해하기 위하여 묵

---

110) 박근원, 『현대신학실천론』, 160.

상한다. 나는 설교자로서 하나님의 말씀을 바로 선포하기 위하여 묵상한다. 나는 기도자로서 기도의 훈련을 위하여 명상한다. 나는 경건하지 못한 서두름과 불안을 떨쳐버리고 하나님의 직무를 바르게 수행하기 위하여 묵상한다. 둘째, 나는 무엇을 묵상하는가? 새 날을 시작하기 전에 하나님을 만나고 사람을 만나기 전에 하나님의 말씀을 대하고, 그리스도에 대한 믿음으로 하루를 살 수 있는 길을 찾는다. 셋째, 나는 어떻게 묵상하는가? 자유롭게 하는 명상과 성서를 읽고 하는 묵상이 있다. 어느 경우든지 우리는 성령의 도움을 구하는 기도로 묵상을 시작한다. 그리고 나서 성서의 텍스트를 택해 읽고 거기에 대하여 묵상한다.[111]

또 본회퍼는 공동생활을 통한 성도의 사귐을 강조하고 있다. 이 사귐은 성만찬의 사귐까지 나아가야 하며, 그럼으로써 사귐의 목적에 이를 수 있다고 강조하고 있다. 실제로 본회퍼는 핀겐발데 신학교 안에서 형제의 집을 세워서 공동생활을 함으로써 엄격한 영성훈련을 실시했으며, 모든 것을 함께 나누고 같이 살고 같이 기도하고 서로 죄를 고백하고 용서하였다. 이러한 공동체의 삶을 바탕으로 나온 책이 『신도의 공동생활』이다.[112] 본회퍼는 단순한 사귐이 아닌 예수를 중심으로 한 본질적인 사귐을 강조하고, 그것은 기도와 성례전에 따라서 완성된다고 말한다.[113] "남과 함께 사는 하루"에서는 기도와 성서읽기의 중요성과 찬양에 대해서 말하고 있다. 기도는 한 번 사람의 마음에 가득 차

---

111) 위의 책, 161. 박근원은 이 책에서 '명상'(meditation)이라는 말을 쓰고 있으나, 이후 쏟아져 나온 갖가지 세속적인 명상과 구별하기 위하여 이 글에서는 '묵상'으로 통일하였다.
112) Dietrich Bonhoeffer, *Gemeisame Leben*, Auflage: 26 (Gütersloher Verlagshaus, 2001) = 문익환 옮김, 『신도의 공동생활』 제2판 (서울: 대한기독교서회, 2006).
113) 위의 책, 19-48.

있는 괴로움과 즐거움을 털어놓고 마는 것이 아니라, 예수 그리스도 안에서 꺾이지 않고 꾸준히 하나님의 뜻을 배우고, 자기 것으로 만들고, 자기의 마음에 인을 치는 것이다. 또한 자유로운 기도가 주관에 사로잡혀 제멋대로 드리는 기도가 되지 않으려면, 기도할 때 성서를 읽는 일도 겸하는 것이 도움이 되며, 이로써 기도는 튼튼한 밑받침과 터전을 얻는다. 또한 성서를 배워 보겠다고 혼자 애쓰지 않는 사람을 복음적인 그리스도인이라고 할 수 없다고 하면서 성서의 중요성을 말하며 읽는 방법까지 자세히 말하고 있다. 찬양을 많이 부를수록 우리가 맛보는 기쁨은 더 커지고, 무엇보다 마음을 모으고 훈련을 거쳐서 즐겁게 함께 노래하는 것이 우리의 공동생활에 더 풍성한 축복을 가져다 줄 것이라고 말한다.[114] "홀로 있는 날"에서는 고독과 묵상을 강조한다. 홀로 있을 수 없는 사람은 사귐 앞에서 마음을 가누어야 하고, 사귐 속에 서 있지 않는 사람은 고독 앞에서 마음을 가누어야 한다고 말한다. 또한 혼자서 성서를 읽고 혼자 기도하고 혼자 남을 위한 기도를 드리기 위하여 묵상의 시간을 가져야 함을 강조한다.[115] 또 본회퍼는 '섬김'은 혀에 굴레를 씌우는 것이며, 온유하게 대하는 것이며, 남의 말에 말없이 귀를 기울이는 것이며, 헌신적으로 남을 돕는 것이며, 서로의 짐을 져주는 것이며, 말씀으로 섬기는 것이라고 말한다.[116] "죄의 고백과 성만찬"에서는 죄의 고백을 듣고 사죄를 해주는 형제는 그리스도를 대리하고 하나님의 현재를 나타낸다. 형제 앞에 죄를 고백하는 겸허 속에서, 영성적으로 신체적으로 깊은 굴욕의 아픔 속에 선다는

---

114) 위의 책, 49-96.
115) 위의 책, 97-114.
116) 위의 책, 115-40.

것은 "하나님 앞에 선다!"는 것을 의미한다. 고백한 죄는 관계를 단절하고 공동체를 파괴하는 힘을 잃는다. 죄를 고백함으로써 더 이상 자기를 정당화하려는 노력을 거두고 예수 그리스도의 십자가의 사귐에로 뚫고 들어가기 때문이다.[117] 본회퍼의 이런 공동생활은 사회와는 관계없는 개인적인 영성생활로 숨어드는 것이 아니라, 오히려 그 사회가 가고자 하는 방향을 수정하려는 준비를 강화시켜 주는 것이다.

둘째로, 필자는 우리 개혁교회 후손들이 칼 바르트의 생활론을 한국적으로 수렴통합하기 위해서는 칼 바르트와 본회퍼로 이어지는 종교개혁전통의 생활론을 에큐메니칼적으로 계승하고 있는 박근원의 생활론에 귀를 기울일 필요가 있다고 생각한다. 그는 자신의 생활론을 다음과 같이 피력한다:

> 모이는 교회에서 행하는 중요한 일 가운데 하나는 '영성생활'이다.[118] 매일매일의 영성생활을 통하여 우리는 부활하신 주님의 현존을 경험한다. 십자가에서 죽임을 당하셨지만 사흘 만에 부활하신 예수를 통하여 우리는 세상 속에서 병들고 찌들리고 억눌리고 피폐해지는 자신의 감정과 삶과 영혼의 회복을 경험한다. 영성생활에서 우리는 하나님의 은혜와 축복을 누리며 하나님의 사랑이 의미하는 것을 새롭게 인식한다. 우리 자신의 죄된 모습을 바르게 보며, 새로운 삶으로 인도하시는 말씀과 능력을 얻는다. 결국 모이는 교회를 통하여 자신의 영성생활이 늘 기름지고 풍성하도록 자극받고 충천하고 보완하게 된다. "너희가 내 말을 마음에

---

117) 위의 책, 141-57.
118) 박근원, 『교회와 선교』, 125. 박근원은 본디 이 책에서 '예배'라는 표현을 쓰고 있으나, 나중에 펴낸 그의 『현대신학실천론』의 분류를 고려해서 좀 더 정확히 말하면 매일매일의 '영성생활'을 말하는 것으로 보인다.

새기고 산다면 너희는 참으로 나의 제자이다. 그러면 너희는 진리를 알게 될 것이며 진리가 너희를 자유롭게 할 것이다"(요한복음 8:31-32, 공동번역 개정판). 또한 모이는 교회를 통하여 하나님의 말씀을 마음에 새기고 살게 된다. 곧 주님 안에서 사는 생활을 영위할 수 있도록 '모이는 교회'를 통하여 힘을 얻는 것이다.

이 글에서 나타난 것처럼, 필자가 볼 때, 평소 박근원은 그리스도교 생활론이 개인생활, 가정생활, 교회생활, 사회생활 등으로 구분되는데, 그 중에서 가장 중요한 것은 이처럼 개개인의 '영성생활'이라고 생각했던 것이 아닌가 여겨진다.[119] 박근원은 그런 의미에서 개인의 영성생활을 위하여 묵상생활, 기도생활, 찬양생활, 성서읽기생활이 꾸준히 필요하다고 본다. 특히 하나님의 말씀을 읽고 그 의미를 묵상을 통해서 내면화하고 그 뜻을 생활에 옮기기 위해서 그리스도인의 생활은 묵상적인 삶이 되어야 한다고 말한다.[120] 오늘같이 복잡하고 급변하는 생활 속에서 그리스도인들이 잃고 있는 것이 '묵상생활'인데, 고독의 자리에서 하나님을 만나 성서 말씀대로 사는 영혼의 훈련으로서 묵상생활은 매우 중요하다는 것이다.[121] 또 박근원은 기도생활, 이것은 영성생활의 알파요 오메가라고 말한다.[122] 예수의 제자들은 주님에게 기도를 가르쳐 달라고 함으로써, 그리스도인의 중요한 훈련 가운데 하나가 '기도생활'이라는 것을 분명히 보여주었다고 말한다.[123] 또 '찬양생활'은 개인의 영성생활에서 빼놓을 수 없는 요소라고 말한다. 홀로 또

---

119) 박근원, 『현대신학실천론』, 160.
120) 박근원, 『오늘의 교역론』, 187.
121) Henri Nouwen, *Out of Solitude: Three Meditations on the Christian Life* (Indiana: Ave Maria Press, 1977) = 신현복·홍은혜 옮김, 『고독의 영성』 (서울: 이침영싱지노연구원, 2001).
122) 박근원, 『오늘의 교역론』, 같은 곳.

는 가족과 함께 찬양을 부르는 일이나, 좋은 성가를 듣는 일은 지친 영혼을 소생시키며, 또 복잡한 현대생활에서 벗어나 진정한 영의 세계로 들어가게 한다는 것이 박근원의 생각이다. 또 영성생활의 원천은 무엇보다 성서에 나타난 하나님의 말씀을 읽고 새기는 일이라고 말한다. '성서읽기생활'은 우리의 영성생활에서 오아시스 같은 것으로서, 이를 체계 있게 읽고 연구하는 일이야말로 대단히 중요하다고 본다(디모데후서 3:15-17).[124]

박근원에 따르면, 가정생활은 그리스도교적 입장에서 볼 때, 신앙의 전승과 신앙적 교육을 위한 최적의 장이기도 하다. 그러나 최근, 가정이 입시중심의 교육, 맞벌이, 늘어나는 이혼율 등으로 제 기능을 못하거나 파괴되는 경우가 급증하고 있다. 이런 현실에서 가정이 최소단위의 신앙공동체로서 기능을 회복하기 위해서는 파트너적인 관계 곧 자유를 보장하는 그리스도의 사랑이 놓여 있어야 한다. 정기적인 가정 기도회, 특별한 가정 기념일 기도회, 함께 성서읽기 등은 교회학교가 다 채우지 못하는 신앙교육의 중요한 몫을 담당할 것이다. 특히 가정을 중요시해 온 우리의 전통 문화를 복음으로 배척해서는 안 된다. 오히려 그 전통의 진수를 복음으로 승화시켜 보전하는 삶의 실천방안을 창출해 가야 할 것이다.[125]

또 박근원은 개인의 영성생활은 교회생활 곧 예배생활, 전도생활, 봉사생활과 연결되어야 한다고 본다.[126] 그리스도교 신앙은 단독자의

---

123) 박근원은 이 기도생활을 돕기 위하여 '매일기도' 등 수많은 기도자료들을 한국교회에 내보이기도 하였다. 더 자세한 것은 박근원 엮음, 『새천년 영성기도자료』 전5권 (서울: 대한기독교서회, 2001)를 참고하라. 이 자료는 제1권 『어린이 기도서』, 제2권 『푸른이 기도서』, 제3권 『젊은이 기도서』, 제4권 『새가정 기도서』, 제5권 『공동체 기도서』로 되어 있다.
124) 박근원, 『현대신학실천론』, 162-63.
125) 위의 책, 163-64.

자기 훈련이 아니라 교회라는 공동체를 통한 집단적 삶의 훈련이이라는 것이다. 교회 공동체는 그리스도인의 신앙 훈련을 위한 절대적인 장이다. 교회생활에서 핵심은 예배생활인데, 하나님께 드리는 찬양, 감사, 간구, 죄의 고백 등을 내포하고 있는 예배 없이는 교회가 존재하는 참 의미가 밝혀지지 않기 때문이다. 또 그리스도인 생활에서 자기 성장을 가져오는 길은 무엇보다도 그리스도의 말씀을 타인에게 전도하는 일이다(마태복음 28:19-20). 그리스도인의 신앙생활에서, 전도는 예배를 통하여 하나님으로부터 받은 사랑과 감사를, 그리고 새로운 삶의 경험과 가치를 타인들과 같이 나누려는 삶의 양식이다. 그리고 새로운 삶의 경험과 가치를 타인들과 같이 나누려는 삶의 양식이다. 또 그리스도인은 교회 안팎에서 봉사를 함으로써 교회 공동체의 지체로서 일하게 되고 또 그렇게 함으로써 신앙의 성장을 경험하게 된다. 교회의 모든 직분은 봉사를 위하여 주어진 것이기 때문에 교회 안팎에서 명예직이란 존재할 수 없다. 봉사생활에는 전문화와 청지기 정신이 필요하다.[127]

박근원은 사회생활에서는 노동과 직업, 소유, 정치와 국가, 대중매체와 여론, 자연과 환경, 여가와 스포츠 등이 쟁점이 될 수 있다고 보고 있다. 특히 종교개혁자들은 직업(Beruf)을 소명(Berufung) 곧 '성화의 장'(Ort der Heiligung)으로 보았을 뿐만 아니라, 직업을 통한 선한 행위를 '선택'의 외적 표징으로 보았다고 말한다.[128] 또 소유는 인격과 그리스도교 신앙생활의 시금석이 된다고 말한다. 건강한 자기 삶을 실

---

126) 박근원, 『오늘의 교역론』, 188.
127) 박근원, 『현대신학실천론』, 168.
128) 위의 책, 170.

현하는 데 필요한 만큼의 소유면 족하다는 것이 그리스도교 전통의 가르침이라고 못 박는다.[129] 또 박근원에 따르면, 그리스도인은 정치적 권력에 대하여 파수꾼의 직무를 지니고 있기에, 국가에 대한 그리스도인의 복종은 비판적 이성과 하나님의 정의를 바탕으로 해야 한다. 곧 국가가 법치국가로서의 기능과 민주국가로서의 기능을 할 수 있도록 돕고 감시하는 것이 그리스도인의 삶의 과제라고 보고 있다.[130] 또 대중매체의 여론 조작과 공작을 막고 진리가 통할 수 있는 길을 모색하는 것이 중요하다고 말한다. 또 환경문제는 창조질서의 보전이라는 신학적 차원의 문제이기 이전에 인류의 생존에 직결된 현실적 문제이기 때문에, 우리의 삶을 위한 계명이라고 강변한다.[131] 또 그리스도인들은 건강한 신체와 그것을 통한 창조적 생활을 가능하게 하는 여가의 선용과 함께,[132] 스포츠가 제 기능을 다하도록 프로그램을 개발해야 한다고 주장한다.[133]

박근원은 이 밖에도 문화와 예술, 전쟁과 평화, 분단과 통일 등 현실적인 문제들이 생활론에서 더 다루어질 필요가 있다고 본다. 그러나 이 모든 문제가 특정한 행동 모델을 제시할 수 없고, 다만 그리스도교적 또는 신율적 관점에서 상황에 따라 판단하고 프로그램을 만들고 실천을 할 수 있을 뿐이라고 말한다. 여기서 무엇보다도 중요한 것은 어떤 불변의 원리가 아니라 하나님의 말씀에 귀를 기울이는 일이 그리스도

---

129) 위의 책, 172.
130) 위의 책, 173-74.
131) 위의 책, 174-75. 세계교회협의회도 1984년 캐나다의 밴쿠버에서 열린 세계대회에서 '정의, 평화, 창조질서의 보전' (JPIC)을 중심 과제로 채택했다.
132) 김윤규, "주 2일 휴무제를 대비한 '역동적 예배' (dynamic worship)의 역할: '예배 갱신' (liturgical movement)을 중심으로," 『신학연구』, 제45집, (서울: 한신대학교 한신신학연구소, 2004), 323-75.
133) 박근원, 『현대신학실천론』, 175-76.

교 생활론에 중요한 판단기준이 된다는 점이다. 하나님 말씀의 경청, 교회 전통과의 자문, 현실에 대한 이성적 판단, 그리고 용기 있는 행위가 그리스도인다운 삶의 길이 될 것이다. 그러나 박근원은 그리스도교 생활론에서 실천이 없다면 다른 것은 아무 소용도 없다고 말한다.[134]

셋째로, 필자는 칼 바르트, 본회퍼, 박근원으로 이어지는 종교개혁 전통의 생활론을 더욱 계승 발전시키기 위하여 다음과 같은 질문을 스스로 던져볼 필요가 있다고 생각한다: "앞으로 이 땅 한반도에서 우리의 생활론은 어떤 모습이어야 하는가?" 필자가 보기에, 그것은 다름이 아니라, 칼 바르트가 그토록 부르짖었듯이, '화해'를 향한 생활론이어야 한다고 본다. 그런 의미에서, 필자는 화해의 교역실천을 위한 미래 한국 그리스도교의 생활론에서는 곳곳에 '화해'라는 주제를 충분히 담아낼 수 있어야 한다고 생각한다.

특히 이 화해의 생활론은 좀 더 구체적으로 화해의 영성생활, 더 나아가 화해의 '영성지도'(Spiritual Direction)라는 관점에서 다루어질 필요가 있다고 본다. 여기서 영성지도란 예수 그리스도를 통하여 하나님과 화해를 경험하고 "이제 사는 것은 내가 아니라 그리스도"(갈라디아서 2:20)라고 고백하는 사람들의 신앙생활을 지도하는 영적인 훈련을 의미한다.[135] 더 쉽게 말하면, 그리스도인의 기도생활을 지도해 줌으로써, 서로가 주님 안에서 화해를 체험하며 영혼의 친구(Soul Friend)가 되는 일이다.[136] 우리들의 생활 속에서 하나님과의 화해, 인간 상호간

---

134) 위의 책, 176-77.
135) 박근원, 「오늘의 교역론」, 182.
136) Kenneth Leech, *Soul Friend: Spiritual Direction in the Modern World*, New Revised Edition (PA: Morehouse Publishing, 2001) = 신선명·신현복 옮김, 「영혼의 친구」 (서울: 아침영성지도연구원, 2006), 90-91.

의 화해, 그리고 세계와의 화해를 촉구하시는 성령의 역사를 깨닫도록 도와주며, 영혼의 어두운 밤과 같은 인생의 위기 상황에서도 신앙적인 결단을 내릴 수 있도록 지원하는 일이다.[137]

신구약성서에 나타난 영성지도의 두 모델은 모세가 이스라엘 백성을 이끌고 출애굽을 단행하기 직전에 40일 동안 사막에서 받은 시련과 경험(출애굽기 3:1-4:23), 그리고 예수 그리스도께서 공생애 활동을 시작하시기 전 역시 40일 동안 광야에서 겪으신 시련이다(마태복음 4:1-11). 이런 영성지도의 사례들이 단편적으로나마 신구약성서에 많이 기록되어 있다. 그리스도인의 신앙생활은 그리스도 안에서 온전한 경지 곧 거룩하게 되고 영성적으로 성숙하게 되는 경지에까지 이르러야 한다(빌립보서 9:3). 결국 영성지도란 예수 그리스도를 믿는 신앙인이라면 누구에게나 요청되는 신앙수련이었던 것이다.

영성지도의 전통 가운데 가장 오랜 전통이 있고 또 많은 영향을 끼친 활동으로는 '사막의 교부들'(Desert Fathers)을 들 수 있다.[138] 모세와 예언자들, 세례 요한과 예수 그리스도의 영성지도의 장이던 사막을 역시 훈련장으로 삼아 거기서 스스로를 훈련시켜서 신도의 영성생활의 맥을 이어준 이들이었다. 사막에서 한 인간이 고독의 영성을 통하여 자기 스스로를 직면하게 되고 사생결단으로 하나님 앞에서 자기를 정립하는 기회를 삼은 것이다.[139] 성 안토니와 카시안 같은 사막교부들

---

137) Gerald G. May, M.D., *The Dark Night of the Soul: A Psychiatrist Explores the Connection Between Darkness and Spiritual Growth* (New York: HarperSanFrancisco, 2004) = 신선명·신현복 옮김, 『영혼의 어두운 밤』 (서울: 아침영성지도연구원, 2006), 149-74.
138) Henri Nouwen, *The Way of the Heart: Desert Spirituality and Contemporary Ministry* (HarperOne, 1991) = 신현복 옮김, 『사막의 영성』 (서울: 아침영성지도연구원, 2002), 20.
139) Henri Nouwen, *Out of Solitude: Three Meditations on the Christian Life* (Indiana: Ave Maria Press, 1977) = 신현복·홍은혜 옮김, 『고독의 영성』 (서울: 아침영성지도연구원, 2001).

의 영향은 오늘까지도 크게 미치고 있다. 『참회록』을 쓴 성 어거스틴의 영성지도 전통도 이들과의 맥락이 없이는 이해할 수가 없을 것이다.

다른 영성지도의 큰 맥은 동방교회 신앙생활을 통해서 이어지고 있다. 동방 정교회의 영성지도는 사막교부들의 전통과 다른 것이 아니며, 그것을 계승한 것이라고 볼 수 있다. 사막의 영성이 '헤서케즘'(hesychasm)이라는 동방교회 신앙생활론의 모델로 발전하게 된 것이다.[140] 신학과 신비주의의 조화, 침묵의 영성,[141] 마음의 기도[142] 같은 것들이 특징으로 드러난다. 동방교회 영성지도 전통에서는 구원이란 궁극적으로 온 세계의 변화를 의미한다. 물질세계의 변화와 구원까지도 기도의 대상이 되고 신앙생활의 관심이 되었던 것이다.

수도원 생활이 그리스도교 전통에서 중요한 영성지도의 보루가 되어온 것은 다시 설명할 필요가 없을 정도이다. 성 베네딕트를 중심으로 시작된 수도원은 철저하게 신도의 영성지도를 위한 것이었다. 시간에 따른 엄하고 규칙적인 기도생활을 주축으로 한 이들의 생활훈련이 확장되어 가는 그리스도교의 발전과정에서도 결정적인 역할을 한 것을 우리는 알고 있다.[143] 중세에 프란체스코 수도회와 도미니코 수도회로 이어지는 수도원 전통에서 영성지도의 진수를 보존할 수 있었다. 수도원을 통한 영성지도의 맥은 16세기 예수회 운동에 이르러 크게 꽃

---

140) Henri Nouwen, 『사막의 영성』, 124. 헨리 나우웬에 따르면, 헤서케즘은 사막의 영성을 가리키는 용어로, 헤서케스트(hesychast)는 쉬지 않는 기도에 이르는 방법으로 고독과 침묵을 추구하는 남성과 여성을 뜻하는 말이다.
141) Wayne Oates, *Nurturing Silence in a Noisy Heart: How to find Inner Peace* (Augsburg, 1996) = 신현복·신선명 옮김, 『침묵의 영성』(서울: 아침영성지도연구원, 2001).
142) 권명수, "관상기도 집중 수련의 효과에 대한 경험적 연구: 자기 개념과 하나님 이미지 변화를 중심으로," 『신학연구』, 제45집 (서울: 한신대학교 한신신학연구소, 2004), 199-237.
143) 렉시오 디비나에 대해서는 Michael Casey, *Sacred Reading: The Ancient Art of Lectio Divina* (Liguori Pubns, 1996) = 강창헌 옮김, 『거룩한 책읽기: 고대 그리스도인들은 어떻게 성경을 읽었을까』(시울: 성서와함께, 2007)를 참고하라.

을 피웠다고 볼 수 있다. '영성수련'이라는 영성지도 지침은 오늘까지도 가톨릭의 중요한 신앙지침으로 내려오고 있다. 오늘 널리 알려진 토머스 머턴(Thomas Merton) 같은 20세기의 성자도 이런 수도원 전통이 낳은 기도의 열매인 것이다.[144]

가톨릭교회 전통과 영성지도의 관계에서 그 밖의 다른 하나의 큰 맥은 14세기 때 꽃을 피운 신비주의이다. 그 당시 유행하던 시대적인 사건인 신비주의의 영향을 그리스도교가 수용해서 꽃피웠던 것이다. 줄리안(Julian of Norwich)은 성 안젤름(St. Anselm)의 사상을 발전시켜 하나님의 모성(maternal image)을 강조한 신비주의 영성신학의 대변자가 되었다. 『그리스도를 본받아』의 저자인 토마스 아 켐피스(Thomas á Kampis)도 이 신비주의 영성지도의 거성이라고 말할 수 있다.

그러면 종교개혁 이후엔 이런 영성지도의 맥이 끊어졌던 것인가? 결코 그랬던 것은 아니다. 가톨릭교회 전통의 수도원 중심의 영성지도에 대한 거부반응이 한동안 지배적이었고, 신학적인 표현으로 말해서 성례전적인 영성에 비판이 가해지기 시작하였다. 그런가 하면 이른바 말씀 중심의 신앙적 영성이 미처 정립되지 못한 채 종교개혁 운동은 확산되게 되었다. 박근원은 이런 요인들이 개혁교회의 영성지도에 지금까지도 다소 거부반응적이고 소극적인 입장의 뿌리가 되었다고 말한다. 그러다가 개신교 전통에서도 그 나름의 영성지도 운동이 움트고 영성지도 훈련이 본격화하게 되었다. 여러 갈래의 흐름이 있으나 그 주종을 정리해 보면 크게 서너 가지의 지류를 추적할 수가 있다.

---

144) 권명수, "머턴의 '내적 체험'에 나타난 관상사상의 발달: 관상과 행동의 관계를 중심으로", 『신학연구』, 제47집, 2005년 12월호 (서울: 한신대학교 한신신학연구소, 2005), 241-60; Thomas Merton, *Inner Experience: Notes on Contemplation* (Harpercollins, 2004) = 윤종석 옮김, 『묵상의 능력』(두란노, 2006), 100-14.

하나는 16세기 이후 서구 복음주의 본산에서 움이 튼 경건주의의 영성지도이다. 모라비안의 화산에서 터져 나와 오늘 형제교단(Brudergemeinde)으로 맥을 잇는 말씀 믿음 봉사를 영성지도의 주축으로 하는 개혁교회 주류의 흐름이다. 루터와 칼빈 전통의 광맥에서 터져 나온 영성지도 운동이라고 말할 수 있다. 이 주류와 맥은 상통하면서 좀 더 달리 발전된 것이 청교도들의 영성지도이다. 17세기 이후 네덜란드와 영국 등지에서 발상되어 북미 대륙의 교회 선교에 기틀이 된 운동이다. 리처드 백스터(Richard Baxter)의 『그리스도인의 생활모범』과 『개혁교회의 목자상』, 그리고 존 번연(John Bunyan)의 『천로역정』 등이 이 영성지도 운동의 맥을 이은 것이다. 존 웨슬리의 성화 중심의 영성지도 운동은 이상의 두 흐름을 이어받으면서 새로운 영성을 발전시켰다. 박근원은 성령운동, 부흥운동의 불길은 이상에서 맥이 집히는 개혁교회 각성운동의 도관에 불이 붙어 확산된 것으로 보아야 한다고 말한다. 또 19세기 이후의 세계선교 운동은 이 각성운동의 영성적 열매이고, 20세기에 와서 정립되어 가는 에큐메니칼 영성지도 운동도 이러한 세계선교 운동의 열매라고 말한다.[145]

이런 개혁교회 영성지도의 광맥을 더듬어 보면, 종교개혁자들의 개혁정신에 뿌리를 박아 성서중심, 말씀중심, 신앙중심의 영성지도가 그 비중을 이루어 왔다. 그러나 그 유형에서 극히 경건주의적이고 개인주의적이며 나중에는 교회지상주의로 발전해 왔으나 오늘엔 위의 영성적 잠재력을 기반으로 한 세계지향직 영성으로까지 발전하게 되었다. 가톨릭교회의 영성지도 전통에 못지않게 개혁교회도 영성지도의 다양

---

145) 박근원, 『현대신학실천론』, 178.

성을 드러내고 있다. 아주 최근에는 신구교 영성지도의 울타리를 넘어 그리스도교 영성지도의 공동 광장으로 점점 폭넓게 다가가는 느낌도 있다. 박근원은 이런 영성지도 운동과 그 훈련에서도 다양성 속에서 일치의 추구가 바람직한 역사적 교훈이라고 말한다. 개혁교회 안에서 일고 있는 수도원 운동이 이런 방향에서 영성지도 운동을 시도하고 있다. 스코틀랜드의 '아이오나 공동체,' 프랑스의 '떼제 공동체,' 그리고 미국의 '코이노니아 농장' 같은 데가 그 대표적인 영성지도 센터가 되고 있다.

그런데 여기서 신도들의 영성생활을 지도한다고 할 때, 그 영성지도의 핵심은 무엇이야 할까? 그것은 앞에서도 여러 번 밝혔듯이, 말씀과 성령 안에서 화해의 직분을 감당하라는 그 부르심에 합당하게 살아가도록 교인들을 공동체적으로 영성적으로 훈련시킴으로써 그들이 하나님과 바른 관계를 회복하도록 돕는 것을 의미한다. 그런 의미에서 영성지도는 한 인간의 영성적인 생활이라든가 종교적인 생활의 한 국면에 대한 지도만을 뜻하는 것이 아니다. 박근원은 그리스도인의 영성지도란 전인적인 신앙훈련이어야 한다고 주장한다.[146] 전인적인 인간이 하나님과 화해함으로써 복음화되어 이웃이나 세계를 향하여 화해의 복음을 실천하며 살도록 돕는 일이다. 그러기 위해서는 이 화해의 복음을 우리 속에 받아들여 그것이 내 속에서 다시 한 번 성육신되는 경험을 해야 되는 것이다. 이 화해의 교역실천에 수반되는 고통과 시련, 또 그것을 견디어 내기까지는 끈질긴 훈련이 요청된다. 영성지도

---

146) 김재준은 이것을 '생활신앙'이라는 말로 표현하고 있다. 신앙생활보다는 전인적인 생활신앙으로 고쳐 부르는 것이 더 바람직하다고 보는 것이다. 자세한 것은 장공 김재준 목사 기념사업회가 펴낸 『김재준 전집』 전18권 (오산: 한신대학출판부, 1992) 가운데 특히 제8권 『신앙생활과 생활신앙』을 참고하라.

란 바로 이런 화해의 교역실천을 위한 영성생활 지도를 뜻한다. 그리고 칼 바르트, 본회퍼, 박근원으로 이어지는 이 화해의 생활론 곧 화해의 영성지도는 미래 후학들의 끊임없는 노력을 통하여 개인생활, 가정생활, 교회생활, 사회생활 등에서 그리고 특히 노동생활,[147] 직장생활[148] 등에서도 통전적인 관점을 견지한 채, 한국적인 매일기도[149]나 한국적인 성화상[150] 등을 개발하여 다양하게 실천될 수 있어야 할 것이다.

이상으로 '교회의 모임'과 화해의 교역실천을 다루었다. 이 일을 위하여 여기서는 화해의 교역실천을 위한 그리스도교 '소명론'과 '신앙론'과 '생활론'을 살펴보았다. 먼저 칼 바르트 이전까지 전해 내려온 저마다의 '역사적' 전통과 칼 바르트의 교역실천에 나타난 소명론과 신앙론과 생활론의 '광맥'을 탐사해 보았다. 그 다음에는 칼 바르트 교역실천론의 한국적 수렴과정을 분석하기 위하여 박근원이 추천하는 칼 바르트 교역실천론의 개혁적 계승자들, 곧 소명론에서는 '본회퍼'를, 신앙론에서는 '뚜리앙'을, 생활론에서는 다시 '본회퍼'를 살펴보았다. 그리고는 실제로 '박근원'이 한국교회를 향하여 평생을 전개해 온 에큐메니칼적이고 개혁적인 소명론과 신앙론과 생활론을 칼 바르

---

[147] 강원돈, 『인간과 노동: 노동윤리의 신학적 근거』 (서울: 민들레책방, 2005), 22-34; 위형윤, "노동과 휴식에 관한 실천신학적 고찰," 『기독교사상』, 제524호, 2002년 8월호 (서울: 대한기독교서회, 2002), 219-42.
[148] Bill Hybels, *Honest to God: Becoming an Authentic Christian* (Grand Rapids: Zondervan, 1990) = 최종훈 옮김, 『나는 크리스천입니다』 (서울: 생명의 말씀사, 2008), 206-29. 특히 이 책의 제11장, "직업이 축복의 통로가 되게 하라"를 참고하라.
[149] Robert Strand, *365 Moments to Cherish* (New Leaf Press, 1997) = 박근원·신현복 옮김, 『영혼의 친구 365: 매일기도서』 (서울: 아침영성지도연구원, 1999).
[150] Henri Nouwen, *Behold the Beauty of the Lord: Praying With Icons*, Revised edition (Ave Maria Press, 2007) = 심영혜 옮김, 『묵상의 영성』 (서울: 아침영성지도연구원, 2002).

트의 교역실천론적 자리에서 들여다보았다. 그러고 나서, 필자는 박근원의 이런 개혁적 계승 작업을 이 땅에서 더욱 더 발전시키기 위하여 각 분야별로 대안적인 화두를 던져 보았다. 다시 말해서, 칼 바르트 교역실천론의 신학적 주음인 '화해'에 초점을 맞추어 믿음으로 교회 공동체를 모으기 위하여 소명론에서는 '탈근대사회의 소명' 문제를, 신앙론에서는 '세례교육' 문제를, 생활론에서는 '영성지도' 문제를 제시해 보았다. 이제 다음 장에서는 칼 바르트 교역실천론의 교회 공동체적 존재양식 가운데 두 번째 쟁점인 '교회의 세움' 부분에 관하여 논의해 보고자 한다.

제4장

교회의 세움

 교회의 모임과 세움과 보냄 가운데 이제 다루어야 할 부분은 두 번째 세움 부분이다. 교회의 세움에서는 성도들이 서로 화해하면서 그리스도교 공동체를 세우기 위하여 가장 핵심적으로 필요한 예배와 설교와 목양을 살펴볼 것이다. 전통적인 신학에서는 이 부분을 목회신학이라고 불렀다. 그러나 여기서는 그것이 목회자 한 사람의 과업이 아니라 교회 공동체 전체의 섬김이라는 관점에서 다루게 될 것이다.

1. 그리스도교 '예배론'

 예배(liturgia)는 "하나님의 일"(*opus Dei*)이요,[1] "하나님의 백성 모두의 사업"이다.[2] 예배는 하나님과 인간의 대화요(Herman Wegman), 구

---

1) Franklin M. Segler and Randall Bradley, *Christian Worship: Its Theology And Practice* (B&H Publishing Group, 2006), 3. 이 말은 칼 바르트의 표현이다. 그에 따르면, "예배는 *opus Dei*, 곧 그 스스로를 위하여 수행되는 하나님의 일이다."

원의 축제요(J. J. von Allmen), 메시아적인 간주곡(Jürgen Moltmann)이다.³⁾ 예배란 교회가 자신을 종교적 공동체로 표현하는 가장 중요한 행사이다.⁴⁾ 예배는 그 자체가 목적이지 그 밖의 어떤 것을 위한 도구가 아니다.⁵⁾ 그렇다면 도대체 어떻게 해야 하나님을 참으로 예배할 수 있단 말인가? 우리는 그 힌트를 암시받기 위하여 예배의 어원을 다시 한번 되짚어 볼 필요가 있다. '예배'(禮拜)란 '예법'(禮法)을 갖추어 하나님을 '경배'(敬拜)하는 것이다.⁶⁾ 그렇다. 우리가 하나님을 참으로 경배하려면, 거기에 적중한 예법을 갖추어야 한다. 그 말은 곧 예배를 이끄는 우리 개혁교회 집례자들과 예배에 참여하는 우리 개혁교회 회중들에게 제 몸에 맞는 자연스러운 예배의 에티켓이 필요하다는 말이다. 우리도 부끄럽지 않고, 하나님께서도 진정 기뻐 받으실 수 있도록. 그렇다면, 이러한 전제를 바탕으로 먼저 칼 바르트 이전까지 전해 내려온 그리스도교 예배론의 역사와 칼 바르트의 본격적인 예배론과 그 한국적 수렴통합 그리고 향후의 대안은 어떠해야 하는지를 살펴보도록 하자.

그리스도교 '예배론'의 역사적 전통

첫째로, 신약성서 시대의 예배는 그 구조와 구성요소에서 문제가

---

2) 박근원, 『교회력과 목회기획』 (서울: 쿰란출판사, 2003), 19.
3) 박근원, 『오늘의 예배론』 (서울: 대한기독교서회, 1992), 17-20.
4) 박근원, 『현대신학실천론』 (서울: 대한기독교서회, 1998), 201.
5) 한국기독교장로회총회, 『희년예배서-교역자용』 (서울: 한국기독교장로회총회 출판부, 2006), 23.
6) 이것은 박근원의 독특한 통찰이다. 그에 따르면, 예배의 어원마다에는 그 문화적인 출처와 특성이 반영되어 있다. 곧 Eucharist(그리스어: 감사의 제전), Liturgy(그리스어: 전체 회중의 예전), Cult(라틴어: 그리스도교의 제의), Gottesdienst(독일어: 하나님 자신의 섬김), Worship(영어: 하나님께 절대가치를 부여), 禮拜(동북아: '예' 법을 갖추어 드리는 하나님 경 '배') 등이 그것이다. 박근원 엮음, 『기독교와 관혼상제』 (서울: 전망사, 1984), 3-5.

많다.[7] 그럼에도 불구하고, 유대 민족의 한 사람이었던 예수를 통하여 예배의 영역에서도 매우 '새로운 징조'가 시작되었음을 분명히 알 수 있다. '주의 기도'가 그 예다.[8] 사도시대 예배생활에 관한 신약성서의 가장 중요한 자료는 고린도전서 11:20이하, 12:14; 사도행전 2:42, 46 이하, 5:42, 20:7이하 등이다. 여기에 사도서신의 영광송과 인사말 그리고 요한계시록이 추가된다. 요한계시록은 땅 위의 예배를 구성하는 요소로서 적지 않게 하늘예배를 표현하고 있다. 초대교회의 예배 체험에 결정적인 영향을 가져온 것은 부활 사건이다.[9] 사도행전은 빵을 떼는 일이 교회생활의 구성요소이며, 그 일을 위하여 지체들이 집으로 모여 들었다고 전한다(사도행전 2:42, 46). 사도행전 20장 7절 이하에 처음으로 드로아라는 이방 그리스도교 지방에서 사도의 설교와 그 후 계속해서 빵을 떼는 일에 관한 이야기가 기록되어 있다. 이에 대하여 오스카 쿨만은 "만찬의 축제가 모든 집회의 기초요 목적이었다."고 주장한다.[10]

둘째로, 속사도 시대의 예배에서 중요한 자료는 기원후 96년 경 어떤 로마 감독이 고린도교회 앞으로 보낸 '클레멘스의 첫 번째 편지'(ⅠClemensbrief)이다.[11] 예배의 틀에 관해서는 언급이 없지만 예배의 여러 구성요소에 관하여 중요한 기록이 남아 있는데, 그 가운데 가장

---

7) 박근원,『오늘의 예배론』, 23; 동 저자,『현대신학실천론』, 204. 박근원은 우리가 신구약성서에서 그리스도교 예배의 원형을 찾아보고자 하나 그것이 결코 여의치 않으며, 역사적 사실로서 예배에 대한 완전한 상은 확인할 수 없다고 보고 있다. 교회의 태동처럼, 예배의 출현도 예수의 부활 후 그분을 따르던 제자들의 공동체적인 모임에서 비롯되었다는 것이다.
8) William Nagel, *Geschichte des christlichen Gottesdienstes* (Berlin: Walter de Gruyter, 1970) = 박근원 옮김,『그리스도교 예배의 역사』(서울: 대한기독교서회, 2006), 15.
9) Cheslyn Jones, Edward Yarnold, Geoffrey Wainwright and Paul Bradshaw, eds., *The Study of Liturgy* (New York: Oxford Univ. Press, 1978/1992), 20.
10) William Nagel,『그리스도교 예배의 역사』, 24.
11) 위의 책, 31.

중요한 것은 긴 '중보의 기도'(59:3-61:3)다. '안디옥의 이그나티우스의 일곱 번째 편지'에서는 예배, 특히 성만찬을 교회생활의 중심으로 인정한다.[12] '디다케'는 열두 사도를 통하여 여러 민족들에게 보낸 주님의 교훈으로, 예배학자들은 이 문헌 7:1-4의 세례, 8장의 금식과 매일기도를 위한 규정, 특히 9장과 10장과 14장의 성만찬과 애찬에 관한 기록에 관심을 표한다.[13] '로마황제 트라야누스에게 보낸 동생 플리니우스의 편지'를 보면, 일요일 이른 아침에 예배드리는 것과 말씀의 예배 뒤에 한 번 흩어져 짧은 휴식을 갖고 그 뒤에 세례 받은 사람들만 식사에 새롭게 모여 들었다는 것을 유추하게 된다. 2세기 중엽에 로마나 고린도에서 쓰였던 '클레멘스의 두 번째 편지'에는 현존하는 가장 오래된 교회의 설교가 있다. '변증론'은 속사도 시대 말기에 '순교자 유스티누스'가 쓴 것으로, 예배에 관한 최초의 정확한 서술이 있다. 유스티누스에 따라 처음으로 말씀예배와 성만찬예배의 명확한 연결을 볼 수 있다. 성만찬 기도는 이미 제정사를 포함하고 있었고, 여기에서 '성령임재의 기도'에 관한 가장 오래된 증언을 확인할 수 있다.[14]

셋째로, 2세기 후반부터 4세기 초, 초기 가톨릭 시대의 예배는 교회 일치 의식과 하나님의 유일한 교회라는 자각, 신앙고백과 사도적인 직제의 수행과 군주적인 감독제도 그리고 구약성서와 동등한 위치를 차지하는 '사도적인' 정경으로서의 신약성서가 밑바탕이 되었다. 이레니우스는 성만찬 신학의 이해에서 중요한 인물로서, 성만찬의 요소를

---

12) 박근원, 『현대신학실천론』, 205.
13) William Nagel, 『그리스도교 예배의 역사』, 34.
14) William D. Maxwell, *A History of Christian Worship: An Outline of its Development and Forms* (Grand Rapids: Baker Book House, 1935/1982) = 정장복 옮김, 『예배의 발전과 그 형태』 (서울: 쿰란출판사, 1998), 42.

"교회가 사도들로부터 받아서 전체 세계 안에서 하나님께 봉헌하는 새로운 봉헌제물"이라고 말했다. 이레니우스의 제자 히폴리투스의 사도전승은 고대교회 예배에 관한 기록문서 중 가장 중요한 것 가운데 하나이다. 세례에 관한 서술에서 로마교회의 신앙고백을 처음으로 접하게 되는데, 그것이 이른바 '사도신조'(Apostolicum)라고 부르는 것이다. 테르툴리아누스는 아프리카 출신으로 애찬을 성만찬과는 다른 축제로 서술하고 있다. 키프리아누스는 테르툴리아누스에게서 큰 영향을 받았고 '아우구스티누스 이전의 서방교회에서 권위 있는 스승'으로 알려졌다.[15] 오리게네스는 설교를 통하여 예배의 연설이 설교의 형태로서 성서본문을 한 절 한 절 따라가며 해설하는 형식으로 발전시켜 그 규범적인 영향을 제공하였다.

넷째로, 4세기 이후 동방교회의 예전은 콘스탄티누스 대제의 종교와 교회 정책에 따라 제국교회가 형성되는 과정에서 고대의 제의나 로마 황제의 궁중예식에서 채용된 호화스런 의례를 덧입게 되었다. 예전에서 제복을 착용하여 일반 신도나 회중에 대한 사제의 지위를 강화하는 방향으로 발전했다. 이집트 하류 지역의 감독 트무이스의 세라피온이 쓴 기도서 가운데 감독의 봉헌기도가 가장 중요하다. 기도서는 이집트 교회 특유의 것인 알렉산드리아의 '마가의 예전'과 밀접한 관계가 있다. 폭넓게 영향을 끼친 북시리아 예전은 '안디옥 예전'이 그 대표격이다. 4세기 말에 쓰인 『사도헌장』(Apostolischen Konstitutionen)에서 '안디옥 예전'을 충분히 읽어 낼 수 있다.[16] '예루살렘 예전'의

---

15) 위의 책, 48. 성만찬에 대하여 이레니우스에게서 싹텄던 것이 히폴리투스의 성만찬 기도로 특히 성령임재의 기도로 구체화되어, 이제 키프리아누스에 이르러 진정한 봉헌제물로서 "그리스도의 피를 바치는 행위"라는 성만찬의 본질이 바로 밝혀지게 되었다.
16) 위의 책, 59.

가장 오래된 자료로 감독 키릴루스의 제자 요한네스로 부터 유래하는 '비밀입교문답'과 '에테리아'의 순례기가 있다.[17] 콘스탄티노플은 10세기 이후 크리소수토무스가 직접 쓴 것으로 알려진 '도시예전'으로 동방교회에 널리 영향력을 행사한 예전의 중심지가 되었다.[18] '크리소수토무스 예전'에 가깝고 그것과 함께 후세에 영향을 준 것으로, 이른바 '바실리우스 예전'이 있다.[19] '성 요한네스 크리소수토무스의 예전'은 일요일과 축제일 예배에서, '바실리우스의 예전'은 특정한 날(예컨대, 금식 일요일, 사순절 일요일, 새해, 주현일)의 예배에서 사용한다.[20]

다섯째로, 그리스 정교회의 예배는 처음 체험하는 사람에게는 어떤 힘이 작용하는 것 같은 예배의식으로 범람한 큰 강줄기처럼 느껴진다. 이 예배에는 '클레멘스의 예전'의 여러 가지 형식이 눈에 띄기는 하지만, 그 틀은 몇 개의 중요한 예배 과정에서 연결 행위로 조립되고 해설적이고 상징적인 기도와 성구의 삽입으로 확대 발전된 결과이다. 정교회의 예전에 관해서는 그 예배당을 실제로 관찰하지 않고서는 한 마디도 말할 수 없다. 일반적으로 황금색으로 빛나는 러시아의 양파 모양의 지붕은 "하늘을 향하여 타오르는 불길처럼 보여서 이로써 땅 위의 사랑이 하늘을 향하여 응답하는 것"처럼 느껴진다. 예배당 내부는 세례대가 위치한 회당 입구의 넓은 공간과 본당으로 나누어진다. 성화상은 예배의 대상이 아니고 엎드려 경의를 표하는 경배의 대상이다. 성화상은 그리스 정교회와 러시아 정교회 이외의, 분리된 민족교회들에게는 별 의미가 없다. 시리아 정교회에는 성화상이 거의 존재하지 않

---

17) 박근원, 『오늘의 예배론』, 27.
18) 위의 책, 28.
19) William Nagel, 『그리스도교 예배의 역사』, 67.
20) 박근원, 『현대신학실천론』, 207.

는다. 제단 위에는 옆으로 누워 있는 십자가와 복음서, 환자의 성만찬 예식을 위하여 성별된 빵과 포도주를 넣어둔 성궤가 놓여 있다. 동방정교회의 예전은 선포의 근원적인 기초이며, 설교를 제대로 듣기 위한 전제이다. 성극처럼 정교회의 예배는 구원 사건을 구체화하는 점에서 시각에 뿌리를 둔 그리스 문화와 깊은 관계가 있다.[21]

여섯째로, 초기 서방교회의 예전은 5세기 중엽부터 라틴어권 전체에 걸쳐서 '미사'(missa)라는 명칭으로 통용되었다.[22] '교회력'이 미사에 크게 영향을 주었다.[23] 4세기 이후, 모든 서방교회 예배는 당시 서방세계의 문화적 언어인 '라틴어'를 단독으로 사용하게 되었다. 6세기까지는 지역과 직접 관련이 있는 많은 형식 가운데 '갈리아 형'과 '로마 형' 두 가지 기본 틀이 있었다. 북아프리카에는 반달족의 습격으로 오래된 예전이 남아 있지 않다. 예전 자료로서 아우구스티누스 (Augustinus, 354-430년)의 저서를 연구한 룃처(W. Roetzer)는 북아프리카가 독자적인 예전을 가지고 있었다고 주장한다. '밀라노 유형'의 미사로는 암브로시우스(Ambrosius, 약 340-397년)의 미사 양식이 있는데, 그가 특별한 애정을 가지고 심혈을 기울였던 것은 라틴어의 민요, '찬가'(Hymnen)를 미사를 제외한 예배생활에 적용한 것이었다.[24] 중세기 초 프랑크 왕국의 독자적 예전인 '갈리아 유형'의 미사를 보면, 7-8세기의 귀중한 자료로서 몇 개의 '소예전서'(작은 주일 미사

---

21) William Nagel, 『그리스도교 예배의 역사』, 71-81.
22) 위의 책, 83. '미사'라는 명칭은 "가시오, 집회는 끝났습니다!"(Ite, missa est[sc. ecclesia])라는 간단한 해산 정식에서 유래한 것이다.
23) Thomas Talley, *The Origins of the Liturgical Year* (Collegeville: The Liturgical Press, 1991), 160-88.
24) 위의 책, 88. 찬송가를 부르는 것은 맨 먼저 동방교회의 영역에서 시작된 것이었으나, 밀라노를 통하여 서방교회 전체에 퍼지게 되었다. 그러나 도시 로마의 예전은 이것을 수용하지 않았다.

집)와 '성례전서'(교회력에 따라 변화하는 기도와 미사 예문 그리고 그 밖의 미사에 관한 많은 기도문) 그리고 '성서일과 모음'(교회력에 따른 성서낭독 자료)이 있다. 아라비아화된 그리스도인들인 '모자라베 유형'의 미사는 갈리아 유형의 예전과 다른 또 하나의 예전 유형이다.[25] 추기경 크시메네스가 1,500년 경 지금은 존재하지 않는 사본을 편집한 『미사자료집』이 유일한 것이다. 켈트(아일랜드, 스코틀랜드, 웨일스) 교회의 예전은 597년 캔터베리의 아우구스티누스 선교 이전까지 앵글로 색슨족의 침략 때문에 남아 있는 것이 없다. 『스토베-미사예전서』에는 '정식미사' 이외에도 성인의 축제, 참회자, 죽은 이를 위한 미사도 포함되어 있다.

일곱째로, 로마교회 미사예전은 4세기에 이르러 전체교회에서 교회예배의 통일된 기본구조로서 '유스티누스의 틀'이 등장하였다. 그리스어 예전에서 '라틴어 예전'으로의 전환은 교황 다마수스(Damasus, 366-384) 시대에 일어난 것 같다. 교황 레오 1세(440-461년)는 로마예전에서 기도 언어의 독특한 창조자였는데, 그 특징은 함축성과 담백함이었다.[26] 로마 예전 용어의 철저한 냉정성과 간결성과는 대조적으로, 프랑크 왕국의 토양에서는 그 용어가 분명한 감정의 강조와 낱말의 풍요가 특징으로 드러난다. 로마-프랑크 유형의 미사에서 예배 정식서의 통일은 최초로 개혁된 대수도원, 특히 클뤼니(Cluny) 수도원을 선두로 시작되었다. 나중에 도미니쿠스 수도회의 『미사정식』(1244년), 프란체스코 수도회의 『예전서』 등이다. 무엇보다도 교황 인노켄티우스 3세(1198-1216년)의 『로마 교황청의 미사 예전서』는 다시

---

25) 박근원, 『현대신학실천론』, 209.
26) William Nagel, 『그리스도교 예배의 역사』, 104-10.

한 번 간결성에 접근하려는 시도였으며, 뒤에 교황 피우스 5세는 이것을 미사개혁의 기초로 삼았다.[27]

여덟째로, 루터의 종교개혁과 예배는 신앙의인론(Rechtfertigungslehre) 곧 하나님의 생명창조의 힘은 죄인을 해방하여 인간의 본분을 회복한다는 신학에 근거하고 있다.[28] 전통적인 예배에 대한 최초의 간섭은 루터가 비텐베르그에 있는 동안에 바르트부르크에서 일어났다. 오늘까지도 보존된 가장 오래된 종교개혁교회 독일어 미사의 정식은 1522년에 시작되었는데, 편집자는 뇌르들링겐의 카르멜 수도원장이었던 '카스파르 칸츠'였다. 루터는 1523년 초안 "비텐베르크 교회를 위한 미사와 성만찬의 정식"을 간행했다.[29] 1523년 부활절에 튜링겐 지방의 알쉬테트에서 토마스 뮌처는 "종교개혁교회 독일어 미사"를 소개하였다. 놀라운 사실은 전통적인 종래의 미사와 밀접한 관계를 지니고 있었다. 성만찬 제정사는 로마의 미사봉헌문에서 그대로 번역했고, 미사의 전통적인 음악 형식도 그대로 답습하고 있다. 또 그는 모든 것이 찬미와 감사 지향적이기를 원했다. '뉘른베르크'에서는 아우구스티누스회 수도원장인 볼프레히트가 1524년 5월에 수도원 미사에서 루터의 "미사정식"의 성만찬 예식 부분을 독일어로 번역해서 사용했다. 루터의 1526년 '독일어 미사'는 보름스의 예배정식과 정반대의 극을 표상한다. '독일어 미사'는 단축되었으면서도 복음을 통해 정화된 최소한도의 형태이기 때문이다.[30] 실제로 중세시대의 '희생미사'와 '보

---

27) 위의 책, 120-37.
28) 위의 책, 143-45. 루터도 칼 바르트처럼 예배를 '하나님의 활동'(*opus Dei*)이라는 관점에서 보고 있다.
29) 박근원, 『현대신학실천론』, 210. 루터는 아주 주저하면서 예배의 개혁을 시도했고, 철저한 예배개혁에는 반대했다.
30) 박근원, 『오늘의 예배론』, 32.

이기 위한 미사'로부터 다시 한 번 성서에 근거한 교회의 '만찬축제'를 루터가 만들어 냈다.[31]

아홉째로, 스위스 개혁교회의 예배에서 츠빙글리(Huldrych Zwingli, 1484-1531)의 예배개혁을 빼놓을 수 없다. 츠빙글리와 취리히에서 남부독일에까지 번진 종교개혁운동은 신앙의 요구에 따른 미사정식으로부터 이탈을 근거로 시작되었다.[32] 루터가 말했던 '은총의 방편'으로서 성만찬이 츠빙글리에게는 무의미하게 되었다.[33] 파렐은 1535년에 제네바에서 미사를 폐지하고, 그 대신 1536년에 날마다 아침 설교예배를 시작했다. 1년에 세 번의 간단한 양식의 성만찬 예식을 집행했다. 칼빈은 1542년에 제네바의 예배생활을 위하여 결정적으로 새로운 정식의 작성을 착수하였다.[34] 그는 츠빙글리와는 대조적으로 매월 아니 매주 성만찬 예식을 원하였다. 초대교회 때와 같은 '공중예배'의 회복에 관심이 많았던 그에게서 성만찬은 살아있는 표징이었다. 그러나 성만찬 예식에 전체 회중이 참여하게 하기 위하여 1년에 네 번의 일요일로 제한하기에 이른다.[35] 성만찬 예식에 앞서 언제나 설교예배가 선행하였다.

열째로, 영국교회의 예배에서 『공동기도서』(*Book of Common*

---

31) William Nagel, 『그리스도교 예배의 역사』, 156-59.
32) 위의 책, 161-66. 그는 1523년에 "최종적인 주제와 신조항목에 대한 설명과 그 이유"라는 개혁에 대한 기본강령을 출판하여, 성인숭배와 미사를 신랄하게 비판했다. 그의 예전개혁 운동의 중심은 설교예배였고, 성만찬 예식은 1년에 네 번으로 한정되었으며, 교회 찬송은 폐지되었다.
33) 박근원, 『오늘의 예배론』, 33. 만인사제직에 따라 츠빙글리 때부터 앉아서 성만찬을 받게 되었다.
34) William Nagel, 『그리스도교 예배의 역사』, 167-69. 칼빈은 사제가 아니었기에 미사로부터 이탈하기가 다른 개혁자들보다 비교적 쉬웠다. 칼빈의 예전적 업적은 1524년에 쓰고 1545년에 보완하여 완성시킨 『교회의 기도와 노래의 형식, 성례전 집례의 방법과 결혼 축복예식, 고대 교회의 관습에 준함』에 포함되어 있다.
35) 박근원, 『오늘의 예배론』, 34.

Prayer)는 교회 자체의 개혁에 관한 입장을 포괄적이면서도 구속력이 있는 방식으로 표명하고 있다. 그래서 영국교회 신자를 위하여 이 기도서는 성서 다음으로 중요한 위치를 차지한다.[36] 이 기도서는 예배서이기도 하고 찬송가이기도 하고 교리문답서이기도 하다. 영국교회에서는 "기도의 법칙은 신앙의 법칙"이라는 원리를 충실히 실천하고 있다. 기도서의 "예배집행 규정"은 예배 실천의 방법에 관하여 놀라울 정도로 폭을 넓혀 놓았다. 이 포괄성은 같은 예배를 개혁교회 칼빈주의적인 냉정한 방식으로 아니면 고도의 예전적인 형식으로도 체험할 수가 있었다. 로마 가톨릭 교회의 전통과 종교개혁교회의 정신을 함께 지닌 이 공동기도서가 널리 온 세계를 향해 발신하는 교회일치의 강한 자각은 영국교회로서는 한없이 심오한 의미를 가지게 된다. 이 기도서가 이렇게 넓은 영역에서 그리스도교 예배의 기준으로서 에큐메니칼적인 의미를 지니고 있다는 것은 오늘 기도서의 전부가 아니면 일부분이 차이가 있다고 해도 200개 이상의 언어로 번역되고 있다는 사실로부터 쉽게 짐작할 수가 있다.

열한째로, 경건주의와 계몽주의에 따른 예전 전통의 붕괴를 살펴볼 필요가 있다. 루터교의 정통주의는 비복음적인 것을 제거한 미사 전통에 따라 바른 복음의 선포와 성만찬 집례의 장이 확보되었다는 인식이 있었으므로 '여러 가지 예식'에 관해서는 어느 정도의 관용으로 정신적인 자유를 가지고 대처할 수 있었다. 경건주의 운동은 정통주의의 신앙고백 문서의 교리와 객관적인 교회 세도의 절대화에 대하여 비난하였나.[37] 승생과 성화 그리고 그리스도인의 의무인 이웃의 영혼을 돌

---

36) William Nagel, 『그리스도교 예배의 역사』, 171-78.
37) 박근원, 『현대신학 실천론』, 215.

보는 일이 첫째 의무라고 주장하였다. 슈페너는 자신의 저서 『경건한 소망』을 통하여 독일 루터교회 안에서 경건주의 돌출에 일조하였고, 프랑케가 추진했던 '가정예배'는 지나친 분파주의 성향을 초래하였다. 1744년에는 헤른후트 형제단의 최초의 『예전서』가 나왔다.[38] 계몽주의와 합리주의의 '예전운동'은 예배에 관한 근본적인 연구뿐만 아니라 새로운 인식으로부터 실제적인 결론을 도출하려고 노력하였다.[39]

열두째로, 18세기 말에는 경건주의와 대조적으로 헤르더(Johann Gottfried Herder, 1744-1803년)가 설교의 주도적인 지위를 반대하고 도덕주의를 비난하였으며, 본연의 감정이 제자리를 차지할 수 있기를 갈망했다. 19세기에 예배의 신학에 관한 연구에 관심이 있었던 사람들은 대체로 두 가지 경향으로 나누어진다. 하나는 예배를 하나님에 대한 활동적인 봉사요 축제로 이해한 '쉴라이에르마허'(1768-1834)와[40] 그 제자들이고, 다른 하나는 신앙적인 각성 운동에 활력을 제공했던 루터교의 신조주의자들이었다. 예전의 실천운동에 동참한 하르낙(Theodosius Harnack, 1817-1889)은 『실천신학』 제1권 "예배를 통한 교회의 자기 형성"에서 '그리스도교 계시의례'의 본질은 그 목적과 내용에 따라 '하나님의 은사와 헌신'이라는 두 개의 측면을 하나로 통일시키고 있다고 정의한다. 또 프로이센의 빌헬름 3세가 1824년에 출판한 『예전서』는 종교개혁의 예전적인 기본원칙 복귀와 많은 연방교회 나름의 자기 신앙고백적인 선 자리에 따라 그 뒤 한 세기 동안에 독일 종교개혁교회 예전의 발전에 큰 영향을 끼치게 되었다. 최초의 예전개

---

38) William Nagel, 『그리스도교 예배의 역사』, 180.
39) 위의 책, 190-91.
40) 박근원, 『현대신학실천론』, 216.

혁 운동은 역시 예배를 축제로 이해한 당시 슈트라스부르크의 신학자 '프리드리히 슈피타'(Friedrich Spitta, 1852-1924년)와 '율리우스 슈멘트'(Julius Smend, 1857-1930년)의 지도 아래 시작되었다.[41] 그 뒤 새로운 예배갱신 운동도 초기의 예전운동과 마찬가지로 인간중심주의에 사로잡혀 있었다.[42] 현대 종교개혁교회의 예배생활에 제일 영향을 끼친 것으로는 최초 모임 장소였던 노이마르크의 '베르노이헨'(Berneuchen) 기사 농장의 이름을 딴 베르노이헤너 운동이다.[43] 여기서 필자가 보기에 특별히 언급할 가치가 있는 것은 '알피르스바흐의 교회 활동'이다. 우리의 연구 주제인 칼 바르트의 교역실천론이 이것에 큰 영향을 끼쳤고, 그 나아갈 방향까지도 시사하고 있기 때문이다.

칼 바르트의 교역실천에 나타난 '예배론'의 광맥

"개혁교회는 하나님의 말씀으로 늘 개혁된다."[44] 이것이 개혁교회의 모토이다. 그렇다면 개혁교회란 하나님의 말씀으로 모이고, 하나님의 말씀으로 세우고, 하나님의 말씀으로 보내는 공동체라고 말해도 과언이 아닐 것이다. 그런 의미에서 본다면, 개혁교회 예배란 무엇인가? 그것은 하나님의 말씀을 듣기 위하여 모이는 예배, 하나님의 말씀으로 세우는 예배, 하나님의 말씀을 실천하기 위하여 보내는 예배가 아니겠는가? 이러한 예배 이해는 신앙을 '순례'의 관점에서 이해하려 할 때 더욱 자명해진다. 오랜 인류 문화 속에 산재해 있는 갖가지 의례의 과

---

41) William Nagel, 『그리스도교 예배의 역사』, 209-10.
42) 위의 책, 211.
43) 위의 책, 212.
44) Howard L. Rice and James C. Huffstutler, "The Church Reformed, Always Being Reformed by the Word of God," *Reformed Worship* (Louisville: Geneva Press, 2001), 1.

정을 분리(separation), 전이(transition), 통합(aggregation)의 세 단계로 보는 프랑스의 인류학자 아르놀 반 제넵(Arnold van Gennep)의 의례분석 틀을 빌려,[45] 인류학자 빅토 터너(Victor Turner)는 한 단계에서 다음 단계로 통과하는 역학구조를 심층적으로 설명하여 세계를 깜짝 놀라게 한 바가 있다.[46] 그로부터 10년 뒤, 그는 그리스도교 문화 전체를 하나의 신앙순례로 이해할 수 있는 가능성을 내보인 바 있다.[47] 그의 독특한 통찰에 힘입어, 우리는 그리스도교 예배 자체도 신앙순례의 관점에서 매우 신선하게 바라볼 수 있게 되었다. 곧 하나님 나라의 백성들이 하나님 나라를 향하여 신앙순례를 하는 과정에서, 매주일 예배를 통하여 공동체를 모으고 세우고 보낸다는 상징적인 이미지! 이 이미지는 예배의 본질을 회복하려는 이들에게 탁월한 상상력을 꿈꾸게 해준다.

말씀과 성령 안에서 모이고(Sammlung) 세우고(Erbauung) 보내는(Sendung) 공동체. 우리는 이것이 개혁교회의 가장 대표적인 신학자 칼 바르트가 이해한 교회의 존재 양식이라는 것을 잘 알고 있다.[48] 믿음으로 모이고, 사랑으로 세우고, 희망으로 보내는 화해의 공동체.[49] 칼 바르트가 소묘하고 있는 이러한 교회의 풍경은 우리 개혁교회 교역 실천론의 핵심적 은유이기도 하고, 여기서 말하려는 우리 개혁교회 예

---

45) Arnold van Gennep, *Les rites de passage* (Paris: La haye, 1908) = 전경수 옮김, 『통과의례』 (서울: 을유출판사, 1985), 8, 41.
46) Victor Turner, *The Ritual Process: Structure and Anti-Structure* (New York: Cornell Univ. Press, 1969) = 박근원 옮김, 『의례의 과정』 (서울: 한국심리치료연구소, 2005), 144-46, 307-308.
47) Victor Turner, *Image and Pilgrimage in Christian Culture* (New York: Columbia Univ, 1978).
48) Karl Barth, *Die Kirchliche Dogmatik* (Zurich: Theologischer Verlag, 1989). 그 가운데서도 제4부에 속하는 '화해론' (Die Lehre von der Versohnung, Doctrine of Reconciliation)을 보면, '그리스도론에 상응하는 성령의 사역' 곧 "공동체의 모임(Ⅳ/1.62), 공동체의 세움(Ⅳ/2.67), 공동체의 보냄(Ⅳ/3.72)" 부분이 나온다.
49) 정승훈, "'칼 바르트와 자연신학'의 논쟁을 보면서," 『말씀과 교회, 제28호』 (서울: 기장신학연구소, 2002); David L. Muller, *Karl Barth* (Hendrickson Pub, 1991) = 이형기 옮김, 『칼 바르트의 신학사상』 (서울: 도서출판 엠마오, 1996).

배론의 잠긴 문을 여는 열쇠이기도 하다. 우리 개혁교회 예배 진행의 상징적인 유비도 바로 여기서 찾을 수 있다는 말이다.[50] 그런 의미에서 우리 개혁교회 후손들은 저 휘몰아치는 칼 바르트 신학의 폭풍의 눈 속으로 곧장 들어가서, 바로 거기서 우리 개혁교회 예배의 본질을 파헤치고 그 미래 또한 가늠해 볼 수 있어야 할 것이다. 이처럼 교회를 모임과 세움과 보냄의 공동체로 이해하려는 칼 바르트의 통전적인 신학적 통찰이 온 세계교회의 예배와 예전에 끼친 영향력은 실로 장대하다. 제2차 바티칸공의회[51]나 리마문서(Lima Document)[52]에서 공히 "하나님 나라의 순례하는 백성"이라는 표현을 쓴 것도 시대적인 정황으로 볼 때 당대 세계 신학의 거봉이었던 칼 바르트에게서 크고 작은 영향을 주고받았음을 짐작해 볼 수 있다. 또 북미주 개혁교회들의 예배도 그 큰 틀에서 볼 때 바로 이러한 칼 바르트의 모임과 세움과 보냄의 신학에 깊이 뿌리 내리고 있음이 갈수록 더 밝혀지고 있다.[53]

그렇다면, 칼 바르트의 신학에 따라 믿음으로 모이는 예배, 사랑으로 세우는 예배, 희망으로 보내는 예배를 어떻게 상징적으로 잘 표현할 수 있을까? 그 순서 하나하나에 우리 개혁교회다운 심도 깊은 예법을 어떻게 창조적으로 적용할 수 있을까? 우리 개혁교회 몸에 맞지 않

---

50) Manfred Josuttis, *Der Weg in das Lebens: Eine Einführung in den Gottesdienst* (Gütersloh, Ch. Kaiser, 1991).
51) 한국천주교중앙협의회, "전례헌장," 『제2차 바티칸공의회 문헌』 한글개정판 (성바오로출판사, 2002).
52) 더 자세한 것은 WCC, *Baptism, Eucharist, Ministry* (WCC Faith and Order Paper no. 111, 1982)과, 박근원이 그것을 번역한 자료인 세계교회협의회, 『세례·성만찬 교역』 (리마분서; 한국기독교교회협의회, 1993)과, 그리고 이 문서의 수렴과정과 결과를 담은 WCC, *Baptism, Eucharist, Ministry: 1982-1990: Report on the Process and Responses* (WCC Faith and Order Paper no. 149, 1990)를 참고하라.
53) Horace Allen, *A Lectionary* (Consultation on Church Union, 1974). 호레이스 앨런이야말로 '칼 바르트의 예배론'으로 박사학위를 받는 등 영어권에서 칼 바르트를 예배학석으로 가장 잘 이해하고 있는 사람이라고 말할 수 있다.

는 예법, 남의 옷을 걸친 듯한 서구식 말투나 순서나 상징, 이런 것들을 이제는 과감히 개혁해 갈 수는 없을까? 그러면서도 세계적으로 물려받은 개혁적 예배유산만은 고이 살려갈 수 있는 혜안은 없을까? 교회의 3중적 존재 양식을 염두에 두면서, 우리 개혁교회 예배의 신학적 본질이 무엇인지, 그리고 특히 모이고 세우고 보내는 예배 진행의 전체 리듬 속에 깃들어 있는 저마다의 상징적인 예법을 어떻게 이해하고 발전시켜 가야 할 것인지 살펴보도록 하자.

    우선, 모이는 예배가 진정으로 그 의미를 발하려면 그 속에 모임의 신학이 녹아들어야 한다. 그러기 위해서는 칼 바르트의 모임의 신학에 관한 몇 가지 예배론적 질문을 던져볼 필요가 있다. 모이는 예배 속에 '믿음'이 표현되고 있는가?[54] 칼 바르트에 따르면, 모임의 신학에서 그 키워드는 바로 믿음이다. 바르트의 이런 신학적 키워드를 모임 부분에서 '예배 전 활동, 예배 준비, 예배 부름, 모임송, 죄의 고백, 용서의 선언' 등을 통하여 예술적으로 문학적으로 상징적으로 적절히 표현해 볼 수 있을 것이다. 또 모이는 예배 속에 '참 하나님'이 표현되고 있는가?[55] 예수 그리스도는 참 하나님, 곧 스스로 낮아지신 분이다. '영광송, 입례송, 경배송, 모임 찬송, 기원, 개회 기도' 등이 그런 신학을 담아 표현할 수 있는 상징적인 순서가 될 수 있을 것이다. 모이는 예배 속에 '교만'이 표현되고 있는가?[56] 교만 곧 죄는 예수 그리스도에 대한 인식의 빛에서 보면 불신앙이다. 우리는 모이는 예배에서 '죄의 고백' 시간에 이런 신학을 담아낼 수 있을 것이다. 모이는 예배 속

---

54) Karl Barth, *KD* IV/1, 826.
55) *KD* IV/1, 207.
56) *KD* IV/1, 459.

에 '신앙의인'이 표현되고 있는가?[57] 심판을 통하여, 하나님은 자신의 의를 선포하시고, 자신을 성실한 분으로 선포하신다. 이런 바르트의 신앙의인 신학을 모임 부분의 '용서의 선언' 속에 충분히 녹일 수 있을 것이다. 모이는 예배 속에 '그리스도의 몸'이 표현되고 있는가?[58] 교회 공동체는 그리스도의 몸이다. 그것은 그리스도의 지상적-역사적 실존 형태이다. 이런 그리스도의 몸을 모임의 예배에서 가장 잘 구현할 수 있는 상징적인 순서는 아마도 앞뒤에 있는 그리스도의 몸의 지체들과 반갑게 나누는 '평화의 인사'일 것이다. 모이는 예배 속에 '말씀'이 표현되고 있는가?[59] 교회의 참된 표지는 인간이 하나님의 말씀을 듣는다는 것이다. 칼 바르트의 이런 신학적 대전제는 무엇보다도 예배 시작을 하나님의 말씀으로 시작하는 '예배 부름' 속에서 더욱 분명하게 드러날 수 있을 것이다. 모이는 예배 속에 '십자가와 부활'이 표현되고 있는가?[60] 바르트에 따르면, 교회 공동체는 십자가와 부활 사이에 있다. 칼 바르트의 이런 신학을 '모임송, 개회기도, 죄의 고백, 용서의 선언' 등에서 예술적으로 감춰서 표현할 수 있을 것이다. 모이는 예배 속에 '시간'이 표현되고 있는가?[61] 모이는 교회는 예수 그리스도께서 부활자로서 오심과 그리고 마지막에 오심 사이에, 곧 중간지대에 존재한다. 바르트의 이 신학을 '영광송, 신앙의 확인, 개회 기도' 등에서 충분히 녹일 수 있을 것이다. 모이는 예배 속에 '교회'가 표현되고 있는가?[62] 바르트의 네 가지 교회 본질 곧 교회의 일치성, 거룩

---

57) *KD* IV/1, 507.
58) *CD* I /2, 215.
59) *KD* IV/1, 650.
60) *KD* IV/1, 352.
61) *KD* IV/1, 738.
62) *CD* IV/1, 669-721.

성, 보편성, 사도성에 대한 신학을 '예배 전 활동, 예배 준비, 예배 부름, 죄의 고백, 평화의 인사' 등에서 좀 더 예술적으로 형상화하여 상징적으로 표현해 볼 수 있을 것이다. 모이는 예배 속에 '성령'이 표현되고 있는가?[63] 화해의 신적인 행동에 인간이 능동적으로 참여하는 것은 성령에 따라서만 가능하다. 처음부터 이 예배에 성령의 임재가 있어야 한다는 이러한 바르트의 신학은 모임 부분의 '예배 부름, 기원' 등에서 반드시 표현됨으로써 회중들에게 성령께서 함께 하심을 반복적으로 일깨워 주어야 할 것이다.

그렇다면, 교회가 왜 모이겠는가? 모여서 무엇을 하자는 것인가? 이런 것들을 생각하면 우리는 세움의 신학을 중요하게 다루지 않을 수가 없다. 모여든 교회를 어떻게 일구고 가꿀 것인지 그 신학적인 초점이 여기서 분명하게 드러나야 하기 때문이다. 그럼, 칼 바르트의 그런 세움의 신학에 대한 몇 가지 질문들을 통하여 우리 개혁교회 예배의 선 자리를 검토해 보기로 하자. 세우는 예배 속에 '사랑'이 표현되고 있는가?[64] 바르트에게서 세움의 신학, 그 키워드는 사랑이다. 바르트의 이런 신학이 '설교, 성도의 교제, 중보의 기도, 성만찬, 감사의 기도' 등에서 상징적으로 표현될 수 있을 것이다. 세우는 예배 속에 '참 인간'이 표현되고 있는가?[65] 바르트는 세움 부분에서 예수 그리스도를 참 인간, 곧 하나님을 통해서 들림 받은 인간으로 인식한다. 바르트의 이런 신학적 선언을 '성가대 찬양, 설교, 신앙의 확인, 성만찬' 등에서 상징적으로 드러낼 수 있을 것이다. 세우는 예배 속에 '태만'이

---

63) *KD* I/1, 494.
64) *KD* IV/2, 901.
65) *KD* IV/2, 1.

표현되고 있는가?[66] 바르트에 따르면, 예수의 현실과 마주치는 인간은 태만이라는 죄를 통하여 규정된다. 바르트의 이런 신학이 '설교, 신앙의 확인, 성만찬 기도' 등에서 상징적으로 표현될 수 있을 것이다. 세우는 예배 속에 '성화'가 표현되고 있는가?[67] 바르트는 거룩하신 분과 거룩하게 된 사람들 곧 성도들에 관하여 말한다. 우리는 바르트의 이 거룩의 신학을 '신앙의 확인, 설교, 세례, 성만찬' 등에서 상징적으로 구현할 수 있을 것이다. 세우는 예배 속에 '신앙고백'이 표현되고 있는가?[68] 교회 공동체가 한 목소리로 자신들의 신앙을 고백할 때, 거기에 진정한 사귐과 사랑이 존재한다. 바르트의 이런 신학적 통찰이 세움의 예배 속에 있는 '신앙의 확인'에서 다양한 방법으로 표현될 수 있을 것이다. 세우는 예배 속에 '성도의 교제'가 표현되고 있는가?[69] 바르트는 어느 경우에나 교회 공동체는 다만 성도들의 사귐을 통하여 살아 있고 성장한다고 말한다. 바르트의 이런 신학이 '성도의 교제, 교회 소식, 중보의 기도, 성만찬 나눔' 등에서 자연스럽게 표출될 수 있을 것이다. 세우는 예배 속에 '성서'가 표현되고 있는가?[70] 공동체의 보존은 그 공동체가 이 예언자적이며 사도적인 말씀에 따라 유지될 때 일어나는 것이라고 바르트는 주장하고 있다. 그렇다면 두말 할 필요 없이 바르트의 이 신학은 '성경봉독, 설교' 등에서 선명하게 드러날 수 있을 것이다. 세우는 예배 속에 '질서'가 표현되고 있는가?[71] 바르트는 오직 그리스도의 눈으로만 교회 공동체의 삶 일반에 나타나는 질

---

66) *KD* IV/2, 423.
67) *KD* IV/2, 565.
68) *KD* IV/2, 770.
69) *KD* IV/2, 725.
70) *CD* IV/2, 706.
71) *CD* IV/2, 676이하.

서와 특정한 형식 곧 율법과 법률에 대하여 물어야 하고 그런 관점에서만 왜 그런가도 지적될 수 있다고 말한다. 바르트의 이런 신학은 하늘의 질서를 연상케 하는 '세례, 성만찬' 등에서 매우 은유적으로 비추어질 수 있을 것이다. 세우는 예배 속에 '세례'가 표현되고 있는가?[72] 바르트에 따르면, 교회 공동체에는 세례를 통한 사귐이 있어야 한다. 우리가 베푸는 '세례 예식' 속에 이런 신학적인 감각이 충분히 표현될 수 있을 것이다. 세우는 예배 속에 '성만찬'이 표현되고 있는가?[73] 성만찬 예식은 미래에 있을 메시아 왕국의 잔치를 미리 누리는 희망의 잔치이다. 바르트의 이 신학적 성찰을 세움 부분의 '성만찬 예식' 안에서 충분히 반영할 수 있을 것이다.

다음으로, 모여서 세워진 교회는 다시 보내야 한다. 교회는 주님으로부터 보냄을 받은 공동체이기 때문이다. 그럼, 보냄의 신학에 대한 몇 가지 질문들을 통하여 우리 개혁교회 예배의 미래를 상상해 보기로 하자. 보내는 예배 속에 '희망'이 표현되고 있는가?[74] 바르트에 따르면, 보냄의 신학에서 그 키워드는 '희망'이다. 이 희망은 세계의 모순과 피조성의 자유 안에서 누리는 희망이다. 바르트의 이 희망의 신학이 보냄의 예배 속에서, 특히 '보냄 찬송, 보내는 말씀' 등에서 확연하게 드러날 수 있을 것이다. 보내는 예배 속에 '화해의 보증인'이 표현되고 있는가?[75] 바르트에 따르면, 예수 그리스도는 하나님과 우리 사이의 화해의 보증인이시며 증인이시다. 이런 바르트의 신학이 '보냄 찬송, 보내는 말씀' 등에서 감동적으로 터치될 수 있을 것이다. 보내는

---

72) *KD* IV/2, 770.
73) *CD* IV/2, 40.
74) *KD* IV/3, 393.
75) *KD* IV/3, 1.

예배 속에 '거짓 증언'에 대한 식별이 드러나고 있는가?[76] 세상으로 나아가 참을 위하여 살고, 거짓에 대해서는 분명히 거절할 수 있도록 이 보냄 부분에서 저마다 주님 앞에 결단하게 해야 한다. 바르트의 이러한 신학이 '보냄 찬송' 등에서 충분히 표현될 수 있을 것이다. 보내는 예배 속에 '소명'이 표현되고 있는가?[77] 바르트에 따르면, 하나님은 모든 사람을 부르신다. 그것이 소명이다. 바르트의 이러한 신학은 '보내는 말씀, 보냄 찬송' 등에서 더욱 새롭게 표현될 수 있을 것이다. 보내는 예배 속에 '찬양'이 표현되고 있는가?[78] 공동체는 하나님을 찬양할 자유를 가졌고, 자신들이 이것을 명령받은 것으로 알고 있다. 바르트의 이러한 신학은 '보냄 찬송, 보냄 행렬' 등에서 예술적으로 잘 표현될 수 있을 것이다. 보내는 예배 속에 '복음의 명시적 선포'가 표현되고 있는가?[79] 이것은 공동체에 위탁된 사신을 공동체 안에서 엄숙히 전달하는 일이다. 바르트의 이러한 신학은 '보내는 말씀' 등에서 그 날의 설교 본문이나 내용 중 핵심을 한 문장으로 언급함으로써 한 번 더 선명하게 표현될 수 있을 것이다. 보내는 예배 속에 '교육'이 표현되고 있는가?[80] 그리스도교 공동체는 학교이다. 바르트의 이러한 신학은 '예배 후 활동' 등에서 체계적으로 기획될 수 있을 것이다. 보내는 예배 속에 '전도'가 표현되고 있는가?[81] 전도하지 않는 교회는 아직, 또는 더 이상, 교회가 아니다. 바르트의 이러한 신학이 '보내는 말씀, 보냄 행렬, 예배 후 활동' 등에서 진지하게 표현될 수 있을 것이

---

76) *KD* IV/3, 425.
77) *KD* IV/3, 602.
78) *KD* IV/3, 991-94.
79) *KD* IV/3, 994-97.
80) *KD* IV/3, 997-99.
81) *KD* IV/3, 999-1002.

다. 보내는 예배 속에 '선교'가 표현되고 있는가?[82] 공동체 선교의 목표는 이교도들에게 하나님의 역사와 말씀을 증언하는 것이다. 바르트의 이러한 신학이 '보내는 말씀, 보냄 찬송, 보냄 행렬' 등에서 자연스럽게 표현될 수 있을 것이다. 보내는 예배 속에 '신학'이 표현되고 있는가?[83] 신학은 하나님이 정해 주신 교회 활동과 하나님이 정해 주신 영성 교역을 위하여 봉사한다. 바르트의 이러한 신학이 '보내는 말씀, 보냄 찬송, 축도' 등에서 표현될 수 있을 것이다. 보내는 예배 속에 '기도'가 표현되고 있는가?[84] 공동체가 기도하지 않을 때, 공동체는 일하지 않는 것이며, 공동체의 행동 전체는 공허하고 아무것도 아니다. 바르트의 이러한 신학은 '축도, 예배 후 활동' 등에서 예술적으로 잘 표현될 수 있을 것이다. 보내는 예배 속에 '영혼의 치유'가 표현되고 있는가?[85] 영혼을 치유하려면 하나님이 창조하시고 유지하시는 것이므로 그 치유의 약속과 희망을 불안과 고통 속에 있는 사람들에게 전해야 하는 부담을 가져야 한다. 이러한 바르트의 신학이 '보내는 말씀, 보냄 찬송, 예배 후 활동' 등에서 자연스럽게 표출될 수 있을 것이다. 보내는 예배 속에 그리스도교적 존재와 행위의 '모범'이 표현되고 있는가?[86] 공동체에 이런 대표적 인물이 없다면, 공동체의 삶은 건강하지 않을 것이며, 그 증언도 웅변적이지 않을 것이다. 이러한 바르트의 신학은 '교회 소식, 보내는 말씀' 등에서 자연스럽게 드러날 수 있을 것이다. 보내는 예배 속에 '복지'가 표현되고 있는가?[87] 바르트에

---

[82] *KD* IV/3, 1002-1007.
[83] *KD* IV/3, 1007-11.
[84] *KD* IV/3, 1011-14.
[85] *KD* IV/3, 1014-17.
[86] *KD* IV/3, 1017-20.
[87] *KD* IV/3, 1020-26.

따르면, '디아코니아'는 일반적으로 '복지'를 의미하며, 공동체의 어떤 일정한 행위를 위미할 뿐만 아니라 전체 폭과 깊이를 지닌 행위를 나타낸다. 이러한 바르트의 신학이 '교회 소식, 예배 후 활동' 등에서 구체적으로 표현될 수 있을 것이다. 보내는 예배 속에 '예언자적인 행동'이 표현되고 있는가?[88] 바르트에 따르면, 바로 지금 무엇이 하나님의 뜻인지, 선하고 기쁘고 완전한 것인지, 자유롭고 분명한 결정을 내려야 한다. 이러한 바르트의 신학이 '교회 소식, 예배 후 활동' 등에서 자연스럽게 표출될 수 있을 것이다. 보내는 예배 속에 '친교'가 표현되고 있는가?[89] 공동체의 증언은 인간과 인간 사이의 친교를 세우는 행위이다. 이러한 바르트의 신학이 '교회 소식, 예배 후 활동' 등에서 자연스럽게 표출될 수 있을 것이다. 이렇듯 교회의 '보냄'(sending)은 세움 받은 교회가 세상에서 화해를 실천하기 위함이다. 예수 그리스도를 통한 하나님의 화해 역사를 위하여 세상을 향해 보냄 받는 일로 교회는 그 사명이 완성된다. 오늘 세계교회 예배의 구조도 '모임, 세움(말씀·성만찬), 보냄'으로 재정립되고 있는데, 그것도 모두 이런 신학적인 재인식의 결과라고 할 수 있을 것이다.[90]

칼 바르트 '예배론'의 한국적 수렴통합

위에서 우리는 칼 바르트 교역실천론에 나타난 '예배론'의 광맥을 탐구해 보았다. 그렇다면 이러한 칼 바르트의 예배론을 한국교회의 교역실천 현장에 적극적으로 수렴통합할 수 있는 길은 무엇일까?

---

88) *KD* IV/3, 1026-30.
89) *KD* IV/3, 1030-34.
90) *CD* IV/3.2. 762이하; 박근원, 『오늘의 교역론』, 58-59.

첫째로, 필자는 우리 개혁교회 후손들이 칼 바르트의 예배론을 한 국적으로 수렴통합하려면 반드시 칼 바르트의 종교개혁적 예배론을 이어받은 '폰 알멘'의 예배론도 함께 주목할 필요가 있다고 생각한다. 폰 알멘(J. J. von Allmen)은 그리스도교 예배는 "나를 기념하라"(기념사, anamnesé, 고린도전서 11:24이하; 누가복음 22:19)는 그리스도의 명령에 그 기원을 두어야 하며, 이 사건을 거행하라는 명령에 순종하는 그리스도교의 예배는 화해하지 못한 세상의 종말과 위대하고 궁극적인 화해 속에 들어감을 찬양하는 것에 한정되어 있다고 말한다.[91] 또 폰 알멘에 따르면, 예배는 예수 그리스도를 통한 하나님의 구원 역사의 요약이다. 예배는 그 구원 역사의 반복이요, 그 구원 사건에 대한 인간들의 응답 행위이다. 그런 의미에서 매주일의 예배는 예수 그리스도의 부활을 축하하는 그 축제의 반복이다.[92] 또한 예배가 구원의 역사가 되기 위해서는 그리스도교 예배에 성령의 개입 곧 성령임재의 기원(épiclese)이 필요하다고 말한다.[93] 이렇듯 예배가 구원의 축제라는 그의 표명은 장례예식장 분위기를 연상케 하는 우리 한국교회 예배현장에 시사해 주는 점이 매우 크다고 생각한다.

또 하나 폰 알멘의 예배론에서 중요한 것은 예전적 형식화의 조건들이다. 첫째는 명료성이다. 폰 알멘에 따르면, 예배는 공동체적이기 때문에 모든 회중은 이 예배 안에서 무엇이 일어나는가를 알아야 한다. 그러므로 이 예배의 명료성은 세 가지 면에서 고려되어야 하는데, 먼저 사람들이 예배에서 무엇이 일어나는가를 알아야 한다. 다음으로

---

91) J. J. von Allmen, *Célébrer le Salut: Doctine et Pratique du Culte Chrétien* (Geneve: Labor et Fides, 1984) = 박근원 옮김, 『구원의 축제』 (서울: 도서출판 진흥, 1993), 25.
92) 위의 책, 28.
93) 위의 책, 33.

사람들은 반드시 예배의 언어를 이해해야 한다. 다시 말해서, 예배가 예배드리는 이들의 일상 언어로 거행되도록 고풍스런 형식들을 벗어 버리려는 노력을 해야 한다. 그리고 사람들이 예배 안에서 말해지는 것을 들어야 한다.[94] 둘째는 단순성이다. 폰 알멘에 따르면, 단순성은 무미건조함이나 형식적인 태만, 또는 형식에 관한 도케티즘적 초조함과 혼동될 수 없다. 그것은 오히려 그 중심을 향하고자 하는 예배의 방향정위의 의지이고 집중이다. 예배의식적 단순성은 우선 예배의식적 복잡성에 대한 반대가 아니라 산만함에 대한 반대이다. 이것은 예배의 요소들 사이의 관계를 조정하는 질서를 존중하는 것인데, 예배가 그의 절정의 때를 향해 진행되어 가는 것을 나타내도록 형식화하는 것이다. 폰 알멘은 예배의 정점은 성만찬이라고 말한다. 따라서 예배가 좀 더 나은 성만찬을 준비하고 또 성만찬이 좀 더 기쁘고 좀 더 생생한 것이 되게 하려면 더욱 더 단순한 것이 되어야 한다는 것이다.[95] 셋째는 아름다움이다. 폰 알멘에 따르면, 이 아름다움은 예배의 명료성을 위하고 예배의 단순성을 표현하기 위한 것이다. 예배의식적 아름다움이 단지 모든 탐미적이고 자기중심적인 의에 대해서만 항거하는 것은 아니다. 그것은 무관심과 조잡함, 그리고 난잡함과 예배의식적인 몰염치를 반대한다. 예배 안에서 주님께서 말을 걸어오시는 방식은 등 뒤를 탁 치며 말을 거는 그런 방식이 아니라, 격을 갖춰 진실로 친밀하게 말을 거는 방식이다. 게다가 예배가 주님과 교회 사이의 만남이라는 바로 그 사실이 이 만남을 고상하게 하고 현재하시는 주님을 영화롭게 하는 것을 요청한다.[96] 이런 세 가지 요소는 오늘도 우리의 예배를 예배답

---

94) 위의 책, 143-45.
95) 위의 책, 145-46.

게 해가는 데 매우 중요한 지침이 될 수 있다고 본다.

폰 알멘의 예배론에서 또 하나 꼭 살펴보아야 할 것은 예전적 형식화에서 자유의 한계 문제이다. 폰 알멘은 예배의식적 형식화는 엄격하고 동시에 자유롭다고 말한다. 엄격한 것은 그리스도교 교회의 예배의 문제이기 때문이고, 자유로운 것은 예배의식이 종말론적인 놀이, 곧 사람들이 이 땅 위에서 놀도록 초대된 모든 놀이 중에서 최고로 아름다운 놀이이기 때문이라는 것이다. 그러나 놀이가 방종이나 난장판이나 싸움판으로 변질되지 않도록 규율을 따르는 자유를 필요로 한다고 말한다. 그렇다면 어떤 한계들 속에서 이 자유를 나타낼 수 있고, 또 나타내야 하는가? 우선 그것은 장소와 시간이라는 허용된 변화 속에서 나타나야 한다고 폰 알멘은 본다. 이것은 단지 예배의식적인 언어의 수준에서만이 아니다. 감사와 중재의 행위 속에서 나타나는 관심사들의 수준에서 그리고 예배가 지속되는 내내 음악에서 나타나는 취향의 수준에서 그렇다. 설령, 종교개혁이 때로 과도하게 예식의 자유를 강조하고, 때로 형식으로 표현되는 내용이 서로 뗄 수 없게 연결되어 있다는 것은 의심한다고 할지라도 관심사들, 취향들, 한 장소와 한 시대의 문화는 예배의 형식 속에서 그 자체를 드러내야 할 파기할 수 없는 권리를 가지고 있다는 것이다. 이것은 예배갱신의 물꼬를 열어가려는 우리 개혁교회 후손들이 꼭 새겨들어야 할 교훈이라고 생각한다. 예배에서 갱신할 수 있는 것이 있고 그럴 수 없는 것이 있다는 그의 말이 필자에게는 매우 가슴 깊이 들려온다.[97]

---

96) 위의 책, 146-47.
97) 위의 책, 147-51. 폰 알멘에 따르면, 그리스도교의 예배는 통째로 개혁하지 못한다. 우리는 성서봉독, 세례, 성만찬을 그 자체로시는 개혁할 수 없다. 우리가 개혁할 수 있는 것은 그 의식을 둘러싸고 있는 상징체계나 그 진행방법 등이다.

둘째로, 필자는 우리 개혁교회 후손들이 칼 바르트의 예배론을 한국적으로 수렴통합하기 위해서는 칼 바르트와 폰 알멘으로 이어지는 종교개혁전통의 예배론을 에큐메니칼적으로 계승하고 있는 박근원의 예배론에 귀를 기울일 필요가 있다고 생각한다. 종교개혁자 칼빈[98]에게서 유유히 흐르는 저 예배개혁의 물결은 칼 바르트에게서 고여 거대한 샘터가 되었고, 칼 바르트의 그 샘터에서 길어 올린 개혁교회 예배전통의 시냇물은 장 자끄 폰 알멘에게 졸졸졸 흘러 내려와 예배 속에서 구원의 축제를 벌이고도 남을 만큼 널따란 강을 이루었으며, 개혁교회 예배갱신의 저 푸르디푸른 강물은 우리 한국교회의 박근원에게까지 흘러넘쳐 오늘의 한반도 상황에서 적극 수렴되고 통합되는 역사가 이루어졌으니 하나님의 섭리하시는 그 손길이 놀라울 뿐이다. 무엇보다도 박근원은 평생을 교회갱신은 예배갱신으로부터 가능하다는 교역실천론적 소명감을 가지고 세계교회 예배현장을 종횡무진 누볐으며, 그 결과 가장 전통적인 예배 틀, 가장 개혁적인 예배 틀, 가장 에큐메니칼적인 예배 틀 등을 뛰어넘어 가장 한국적인 예배 틀에 이르기까지 다양한 실험들을 내놓았다. 또 박근원은 개혁교회 정체성을 살려 교인들의 참여를 이끌어내기 위하여 갖가지 새로운 응답송을 발굴하고, 그 날의 말씀과 축제의 성격에 따라 각종 기도문을 개발하였으며, 한국적인 운율에 맞추어 새로운 시편도 발표하는 등 한국교회 예배갱신의 역사에 실로 커다란 발자국을 남겼다.[99] 그는 예배에서 가장 중요한 것을 축제화, 상황화, 세계화라고 생각하고,[100] 그것을 교역실천 현장에서 실천하고자 관련 전문가들을 만나고 후학들을 격려하고 물

---

[98] Karl Barth, *The Theology of John Calvin* (Wm. B. Eerdmans Publishing Company, 1995). 바르트는 자신의 뿌리를 칼빈에게까지 잇대어 감으로써 그 개혁적 정통성을 확고히 하고 있다.

질을 투자하는 등 피나는 노력을 감행하였다. 그 결과, 축제화를 위하여 교회력에 따른 각종 성만찬 예식을 풍성하게 개발할 수 있었고, 최근에는 마른 뼈가 살아나듯 예배예식의 뼈에 의례라는 생기를 불어넣는 작업까지 강조하고 있다.[101] 상황화를 위해서는 이미 한국적인 성만찬 도자기를 개발한 바 있고, 한국적인 가락으로 시편과 응답송을 짓고, 한국적인 교회력과 성서일과를 선보이는가 하면, 또 한국적인 예배의상까지 개발하는 단계에 들어가 있다.[102] 세계화를 위해서는 리마 예식서를 우리나라에 소개하여 세계대회 어디를 가도 예배 안에서 호흡을 같이 할 수 있게 되었으며, 박근원의 지도로 만들어진『희년예배서-교역자용』은 온 세계교회를 넘나드는 방대한 자료준비와 10여 년에 걸친 지속적인 연구개발 끝에 나온 가장 세계적인 예배연구의 결정판이라고 할 수 있다. 그러나 뭐니 뭐니 해도 필자가 보기에, 박근원의 예배론에서 가장 두드러진 공헌은 우리 한국교회의 각종 산만한 예배

---

99) 박근원은 세계교회의 예배흐름을 탁월한 균형감각을 가지고 통전적으로 소화하여 우리 한국교회가 수렴통합해야 할 개혁신동의 예배갱신 주제들을 깊이 이식함으로써 새로운 한국적 예배모델을 개발하는 데 타의 추종을 불허할 만큼 지대한 공헌을 하였다. 그의 평생에 걸친 예배신학을 들여다보려면 우선적으로 박근원,『오늘의 예배론』(서울: 대한기독교서회, 1992); 동 저자,『교회력과 목회기획』(서울: 쿰란출판사, 2003) 등을 참고하라. 그리고 그가 꾸준히 연구해 온 새로운 예배자료들을 살펴보려면 세 번에 걸친 대대적인 편찬작업, 곧 박근원 엮음,『새로운 예배자료』전5권 (도서출판 진흥, 1994); 동 저자 엮음,『새천년 영성기도자료』전5권 (서울: 대한기독교서회, 2001); 동 저자 엮음,『예배자료 21』전5권 (서울: 대한기독교서회, 1998) 등을 참고하라. 그리고 그가 최근에 의례의 상징적인 중요성에 깊이 천착하여 펴낸 기념비적인 예배자료로는 한국기독교장로회총회,『희년예배서-교역자용』(한국기독교장로회총회 출판부, 2006)을 참고하라.
100) 박근원,『오늘의 예배론』, 37-48.
101) 박근원은 빅토 터너의『의례의 과정』을 번역하였고, 실제로 다양한 의례들을 개발하여『희년예배서』를 통해 소개하고 있다. 이 밖에도 박근원, "한국 그리스도교 죽음의례의 재정립,"『말씀과 교회』(서울: 기장신학연구소, 2004); 동 저자, "동아시아의 근대화와 종교의례,"『말씀과 교회』(서울: 기장신학연구소, 2006)를 참고하라.
102) 박근원, "성만찬 집기의 한국문화적 표현,"『오늘의 예배론』, 269-303; 동 저자, "한국가락찬송으로 드리는 예배," 미간행 자료; 동 저자, "한국 개신교의 하나님 예배,"『이성과 신앙』(수원: 수원가톨릭대학교, 1999); 동 저자, "한국교회 예배의상 개발을 위한 제안," 미간행 자료.

틀들을 크게 세 가지 곧 주일예배, 매일기도, 목회예식 등으로 나누어 저마다 체계적인 교통정리를 완성했다는 점이다.[103]

그 가운데서 우선적으로 생각해 보아야 할 것은 '주일예배'의 정립이다. 그에 따르면, 주일예배는 그리스도께서 친히 제정하시고 명하신 것으로서, 구원역사의 회상이며 축제이다.[104] 주일예배 안에서 우리는 창조 때부터 계속되어서, 예수 그리스도의 죽음과 부활을 통해 이루어진 하나님의 구원의 역사를 기념한다. 그리고 그리스도의 다시 오심을 통해 궁극적으로 완성될 최종구원을 대망한다. 이 기념과 기다림 가운데서 이 주일예배는 성령의 임재 안에서 하나님의 구원을 현재 맛보고 누리는 기쁨의 잔치가 된다.[105] 교회는 이 주일예배를 통하여 탄생하고 자라며 그 사명을 다한다. 주일예배의 자리에 모임으로 교회가 세워진다. 말씀과 성만찬을 통해 교회는 유지되고 자란다. 보냄을 통해 교회는 복음을 증거하는 하나님 나라의 사명을 펼친다. 박근원은 세계교회 '예배서'와 호흡을 같이 하며 주일예배의 구조를 칼 바르트가 주창한 '모임-세움(말씀과 성만찬)-보냄'이라는 3중 구조로 정립을 하였는데,[106] 그 가운데서도 한국교회에 가장 큰 반향을 일으킨 것을 꼽는다면 바로 말씀과 성만찬의 균형을 시도했다는 점일 것이다.[107]

또 하나 박근원의 예배론에서 백미는 '매일기도'의 발굴이다. 그에 따르면, 매일기도는 설교와 성만찬을 포함한 주일예배 이외에 매일 일정한 시각에 드리는 것으로서, 우리 신앙생활에 매우 중요한 요소이다.[108] 매일기도는 성서와 오랜 교회 전통에서 유래하고 있다.[109] 이천

---

103) 한국기독교장로회총회, 『희년예배서-교역자용』, 11-15.
104) 위의 책, 19-20.
105) Mariaane H. Micks, *The Joy of Worship* (Seabury Classics, 2004) = 김윤규 옮김, 『기쁨이 넘치는 예배』(오산: 한신대학교출판부, 2008), 13.

년 동안 동서양 교회는 이런 성서의 근거에 따라 매일 일정한 시간을 정해 기도하는 전통을 이어왔다.[110] 오늘 세계교회는 아침기도와 저녁기도를 축으로 하는 기도일과를 권장하고 있다. 우리 인생은 자연의 주기와 계절의 숨결에 따라 살아간다. 매일 아침과 저녁은 빛과 어둠이 교차하는 시간이다. 아침과 저녁에 드리는 매일기도를 통해 우리는 창조세계와 모든 시간을 다스리시는 하나님을 만난다. 박근원은 우리의 새벽기도도 이천 년 동안 교회에서 드려온 이 매일기도라는 풍요한 영성전통의 빛에서 이해할 수 있다고 말한다. 이 매일기도를 드림으로 주일예배와 그 외의 평일에서의 모든 신앙모임과 훈련의 조화를 이룰 수 있다는 것이다. 또 그리스도인 개개인의 일상적인 영성을 키워갈 수도 있다고 본다. 그에 따르면, 매일기도의 핵심요소는 기도이지만, 시편과 성서와 찬송도 중요하다. 또 매일기도 안에, 그리고 매일기도의 순서 사이에 침묵의 요소가 있다. 그 어떤 모임이든, 모이는 시간에 따라, 이 매일기도로 시작하고 끝맺을 수 있다고 말한다.[111]

---

106) 박근원이 호흡을 같이 한 세계교회 예배서 가운데 칼 바르트의 교역실천론적 구조에 따라 모임-세움-보냄으로 예배틀을 내보인 것은 『미국 장로교 예배서』 곧 Theology and Worship Ministry Unit for the Presbyterian Church, *Book of Common Worship* (Westminster John Knox Press, 1993); 『미국 연합감리교 예배서』 곧 United Methodist Church, *The United Methodist Book of Worship* (The United Methodist Publishing House, 1992); 『캐나다 연합교회 예배서』 곧 The United Church of Canada, *Celebrate God's Presence: A Book of Services for The United Church of Canada* (Toronto: United Church Publishing House, 2000), 그리고 뒤늦게 독일에서도 이러한 맥락에서 다시 펴낸 『독일 종교개혁교회 예배서』 곧 UEK und VELKD, *Evangelisches Gottesdienstbuch: Agende fur die Evangelische Kirche der Union und fur die Vereinigte Evangelisch-Lutherische Kirche Deutschlands* (Berlin: Luther-Verlag, 1992) 등이 있고, 이것과 맥락을 같이하여 한국적 상황에서 수렴통합하여 펴낸 것이 바로 『한국기독교장로회 희년예배서-교역자용』이다.
107) 박근원이 개발한 교회력에 따른 성만찬예식 틀을 보려면, 박근원, 『교회력과 목회기획』 (서울: 쿰란출판사, 2003), 224-83를 참고하라.
108) 박근원, "21세기 그리스도교 예배와 음악의 전망," 『말씀과 교회』, 2002, 56.
109) 한국기독교장로회총회, 『희년예배서-교역자용』, 179.
110) Robert E. Taft, *The Liturgy of the Hours in East and West* (Collegeville: The Liturgical Press, 1993).

박근원의 예배론에서 또 하나 중요한 것은 '목회예식'의 개발이다.[112] 그에 따르면, 목회예식은 '주일예배'와 '매일기도' 외에 교회 안팎에서 베푸는 갖가지 예식들로서, 다양한 목회상황에 따라 믿음예식, 희망예식, 사랑예식, 축복예식, 목양예식 등 다섯 가지로 분류할 수 있다.[113] 이 '목회예식'도 모이고 말씀을 듣고 응답하고 보내는 네 마당의 예전적인 구조를 갖추어야 한다. 그러면서도 응답하는 부분에서는 그때그때 상황에 맞는 그리스도교 고유의 상징적인 의례들이 있어야 한다. 박근원에 따르면, '목회예식'은 개인이나 공동체의 상황에 따라, 또 나라와 민족에 따라 다양하고 풍성하게 베풀 수 있다. 그러나 너무 많은 예식들이 무질서하게 남발되어서는 안 된다고 말한다. 또 '목회예식'의 풍성함이 세속적인 허례허식으로 변질되어서도 안 된다고 일침을 놓는다. 특히 이 목회예식은 교역자의 전유물이 아니기에, 만인제사장의 선 자리에서 한 집안의 어른이나 구역장 같은 평신도 지도자가 기도로 준비하여 이 예식들을 은혜롭게 이끌 수 있도록 지도해가야 한다고 말하는 부분은 향후 우리 개혁교회의 교역실천 현장에서 반드시 실현시켜야 할 절실한 과제라고 생각한다.[114]

셋째로, 필자는 칼 바르트, 폰 알멘, 박근원으로 이어지는 종교개혁 전통의 예배론을 더욱 계승 발전시키기 위하여 다음과 같은 질문을 스스로 던져볼 필요가 있다고 생각한다: "앞으로 이 땅 한반도에서 우리의 예배론은 어떤 모습이어야 하는가?" 필자가 보기에, 그것은 다름이

---

111) 박근원, 『교회력과 목회기획』, 180.
112) 박근원은 초기에는 '상황예식'(occasional liturgy)이라는 말을 사용하였으나, 요즘에는 최종적으로 '목회예식'(pastoral liturgy)으로 용어를 통일하고 있다. 박근원, "21세기 그리스도교 예배와 음악의 전망," 78.
113) 박근원, 『교회력과 목회기획』, 267-68.
114) 위의 책, 263-64.

아니라, 칼 바르트가 그토록 부르짖었듯이, '화해'를 향한 예배론이어야 한다고 본다. 이 화해를 향한 교역실천으로서 한국 그리스도교 예배론의 정립이 미래 후학들에게 너무나 절실하게 요청된다는 말이다. 그런 의미에서, 필자는 화해의 교역실천을 위한 미래 한국 그리스도교의 예배론에서는 곳곳에 '화해'라는 주제를 충분히 담아내야 한다고 생각한다. 특히 '화해의 의례'들을 다양하게 개발할 필요가 있다고 본다.

무엇보다도 먼저, 모이는 교회를 위한 화해의 의례로서 '예배 전 활동'을 들 수 있다. 예배가 공식적으로 시작되기 전, 하나님의 백성들이 함께 예배드리기 위하여 나오는 시간이다. 예배가 시작되기 30분 전부터 할 수 있다. 다음의 순서들 가운데 지교회 상황에 따라 알맞게 선택하거나 다듬어 쓸 수 있을 것이다. 비공식적인 대화나 교제나 인사. 악기를 사용한 음악. 비공식적인 찬양. 회중 음악의 리허설. 환영과 알림. 조용한 묵상기도(Silent Meditation) 등. '예배 준비'는 본격적인 예배로 들어가기 직전의 시간이다. 다음의 순서들 가운데 지교회 상황에 따라 알맞게 선택할 수 있을 것이다. 악기를 사용한 서곡, 합창, 슬라이드를 통한 화면 제시, 비디오 클립, 독창, 성경봉독과 독창의 조합, 드라마, 예전적인 동작이나 춤, 성시나 다른 그리스도교 문학작품 읽기 등.[115]

예배 준비 시간이 지나면 곧바로 '예배 부름' 시간으로 들어간다. 예배는 하나님의 부르심으로 시작된다. 이 은총의 부르심에 응답하여 백성들이 나아와 모인 자리가 예배의 자리이다. 하나님이 친히 오셔서, 자신이 손수 베푸시는 풍성한 구원의 생명 가운데로 우리를 부르신다. 그리스도의 이름으로 우리는 이 하나님의 부르심에 응답하면서

---

115) 주승중·유재원, "21세기 한국교회 예배를 위한 영성," 『제24회 한국실천신학회 정기학술세미나』(2007), 70-71.

믿음의 공동체로 모인다. 예배 부름은 교회력에 따라 다양하게 진행할 수 있다.[116] 그날의 주제에 맞는 성구를 한 곳 읽고 나서 예배로 부르는 것이 가장 바람직하다. 만일 '입례송'을 부르면서 '모임 행렬'을 하며 예배로 나아가는 교회라면, 예배 부름을 입례송 다음에 할 수 있다. '모임 찬송'은 회중이 하나님을 찬양하게 하는 데 그 목적이 있으므로, 그분의 전능하심을 기쁨으로 경배하며 찬송할 수 있는 것이어야 한다. 하나님을 찬양하며 부족한 존재임에도 구원의 잔치 가운데로 불러 주신 은총에 감사드려야 한다. 그것은 삼위일체 하나님에 대한 경배와 찬양이어야 한다. '기원'은 개회 기도라고 부르기도 한다. 집례자가 예배를 위하여 아주 간단하게 드리는 기도여야 한다.

'성시 교독'은 시편 교독이라고도 불리는데, 집례자와 회중이 서로 나누어 읽을 수도 있고, 노래로 부를 수도 있다. 초대교회는 시편송을 화답의 형식으로 부르면서 말씀의 예전으로 나아갔기 때문에(에베소서 5:19; 골로새서 3:16) 시편송을 부르기에 가장 적합한 순서이다. 그러나 많은 교회가 시편송을 잃어버렸고, 그 흔적으로 남아 있는 시편교독으로 대신하고 있는 셈이다. 『희년예배서』에는 이런 안타까움 때문에 우리 가락에 맞춘 시편노래들이 개발되어 있다.

'죄의 고백'과 '용서의 선언'은 화해의 의례들 가운데 핵심이다. 그리스도교 경험 한가운데 놓여 있는 고백과 용서는 억압으로부터의 자유와 하나님과의 화해에 대한 경험이기 때문이다. 이 시간에 우리는 개인과 공동체가 하나님께 용서받아야 할 죄를 고백하게 된다. 그리스도교 예배는 하나님과의 만남이자 대화이다. 그런 대화의 사건은 죄

---

116) 한국기독교장로회총회, 『희년예배서-교역자용』, 81-84.

없으신 하나님과 죄인인 인간 사이에 용서와 화해의 사건을 전제로 해야 하므로(이사야 6:1-7; 마태복음 5:23-24),[117] 하나님의 말씀을 듣기 전에 반드시 자기의 지난날 죄와 허물을 하나님께 고백하는 순서를 가져야 한다. 그런 다음에 하나님이 주시는 용서의 약속을 하나님의 말씀으로 선포해야 한다. 그래서 칼빈을 비롯한 종교개혁가들은 이 순서를 가장 중요하게 생각하였던 것이다. 이 고백의 기도는 모두가 함께 기도문을 읽으면서 할 수도 있고, 연도 형식으로 할 수도 있다. 그리고는 짧게나마 각 개인이 침묵하는 가운데 자신의 죄를 고백하는 시간도 주어야 한다. 용서의 선언을 할 때에는 성서 구절을 읽어주고 그것에 근거하여 우리의 죄가 용서받았음을 선언하는 것이 바람직하다.[118]

'평화의 인사'는 여기 말고도 예배 가운데 다른 여러 곳에서도 할 수 있다. 그러나 칼 바르트가 모임의 신학에서 그리스도의 몸을 표현되어야 한다고 한 말을 생각하면, 여기 예배 전반부에서 앞뒤좌우 회중들과 평화의 인사를 나누며 서먹한 분위기를 극복하고 구원의 축제를 나누는 것이 바람직하지 않을까 생각해 본다. '영광송'은 하나님의 말씀을 통하여 용서의 선언이 주어진 다음에, 용서 받은 이의 당연한 반응으로서 삼위일체 하나님께 영광을 돌리는 시간이 되어야 할 것이다.

다음으로, 세우는 교회를 위한 화해의 의례로서는 '오늘의 기도'라고 불리는 조명의 기도부터 살필 필요가 있다. 이것은 종교개혁가 칼

---

117) Kenneth Leech, *Soul Friend: Spiritual Direction in the Modern World*, New Revised Edition (PA: Morehouse Publishing, 2001) = 신선명·신현복 옮김, 『영혼의 친구』 (서울: 아침영성지도연구원, 2006), 319-20.
118) 위의 책, 320-21. 제2차 바티칸공회의는 교회를 '화해의 성례전'으로 묘사하였다(*Lumen Gentium* ch. 1. para. 1). 그러니까 그리스도의 몸 안에서 우리가 하는 행동들은 모두 이 화해의 성례전에 속하는 것이다. 용서의 선언은 '복음의 수많은 합법적 표현들 가운데 하나다. 용서를 받은 화해 공동체의 중요한 특징인 것이다' (*Ian Ramsey in Contact*, March 1970, 13)

빈이 가장 소중하게 여긴 순서 가운데 하나이기도 하다. 하나님 말씀의 저자이신 성령의 조명 없이는 말씀을 제대로 듣지도 깨닫지도 못하기 때문이다. 그래서 하나님 말씀을 읽고 선포할 때 회중이 그 속에서 하나님 음성을 들을 수 있도록 드리는 기도여야 한다. 한국 상황에서는 이 부분에 장로님들의 대표 기도가 있는데, 그렇더라도 장로님들의 그 기도 속에 꼭 이런 내용이 포함되도록 예배교육을 행할 필요가 있다. '성경봉독'을 위해서는 다양한 현대적 접근이 필요하다. 찬양으로 성경봉독하기, 연도로 성경봉독하기, 대화체로 성경봉독하기, 드라마로 성경 나타내기, 노래를 곁들여 성경 읽기, 성경봉독으로 설교를 대신하기, 극적인 독백 형식으로 성경을 이야기해 주기, 성경 본문과 관련된 영상자료를 함께 보여 주며 본문을 읽기 등. 그리고 성경봉독은 성서일과에 따라 매주일 구약성서-서신서-복음서 순으로 읽는 것이 바람직하다. '성가대 찬양'은 말씀 봉독에 대한 응답의 행위이다.

'설교'는 화해의 의례를 위하여 매우 중요하다. 사도 바울에 따르면, 구원은 설교의 어리석음을 통해 이루어진다(고린도전서 1:21). 그러므로 설교에서는 화해의 말씀이 선포되고, 하나님의 용서가 이루어진다.[119] 설교는 영혼의 치유에 매우 중요한 부분이다. 그것은 화해를 위한 예전적인 행위로서, 응답을 요구한다. 아이러니컬하게도, 설교단을 좀 더 자주 사용하라는 요구는, 교회가 목회상담에 대한 관심을 간과하고 있다고 고소하는 한 정신의학자로부터 시작되었다.[120] 설교는 하나님께서 우리에게 다가오시는 순서이다. 여기서 설교자가 본문을 해석하고 적용하면서 선포한다. 다양한 설교 형식이 요구된다. 이야기

---

119) 위의 책, 321-22.
120) Karl Menninger, *Whatever Became of Sin?* (Hawthorn Books, 1973), 228.

설교,[121] 대화 설교, 일인칭 설교, 전개식 설교, 네 페이지 설교 등. 예술적이고 시각적인 설교 자료를 적절히 활용할 수 있으나, 현대의 첨단장비를 너무 의존함으로써 그 본말이 전도되거나 균형이 깨져 회중들의 거부감을 자아내는 일이 없어야 한다.

회중이 하나님 말씀을 들은 뒤, 그 말씀에 적극적으로 '응답'하는 것은 성서에서 찾아볼 수 있는 가장 귀한 모습 가운데 하나이다. 하나님의 영광을 보면서 체험한 이사야는 하나님의 부르심에 이렇게 응답하였다. "내가 여기 있나이다. 나를 보내소서"(이사야 6:8). 예배는 구경하기 위한 사건이 아니다. 적극적인 행동으로 참여하여야 한다. 제자로의 초청, 응답의 찬송, '신앙의 확인'이 있을 수 있다. 신앙의 확인에서는 니케아 신조나 사도 신조를 읊거나 노래할 수 있다. 아니면 각 교단의 신앙선언문을 연도로 할 수도 있다.

여기서 화해의 교역실천은 '세례예식'을 통해서 수행되기도 한다. 세례예식에서는 죄의 고백과 용서의 선언의 근본적인 행위가 발생한다. 우리는 '죄의 용서를 위한 세례'를 믿는다. 성 암브로서크가 주장한 것처럼, 교회는 "물과 눈물을 동시에 소유한다: 세례의 물과 회개의 눈물"(*Letters* 41:12).[122] 그 순서는 예식사–지원자 나옴–서약–물 성별의 례–세례–선언–환영 순으로 하는 것이 바람직하다. 어른세례, 견신례, 아이세례가 함께 있을 경우에는 예식문이나 의례를 따로따로 하지 않고 통전적으로 묶어서 한꺼번에 할 수 있는 안목이 필요하다.[123] 세례

---

121) 강영선, "이야기설교론 연구: 민중설교의 커뮤니케이션을 중심으로," 『신학연구』, 제29집, (서울: 한신대학교 한신신학연구소, 1988), 157-94.
122) Kenneth Leech, 『영혼의 친구』, 322-23; Alexander Schmemann, *Of Water and the Spirit* (1974), 11-12.
123) 한국기독교장로회총회, 『희년예배서-교역자용』, 58-63.

받은 이들이 자신이 받은 세례를 상기하며 갱신하는 세례서약 갱신예식을 여기서 베풀 수도 있다.

'성도의 교제'에서는 앞부분에 있는 평화의 인사와 다른 형식으로 진행해 본다. 여기서 교회 소식을 알린다. '중보의 기도'는 앞에서 알게 된 교회 소식들을 중심으로 회중이 한 마음으로 드리는 기도가 되어야 한다. 다양한 형식이 있을 수 있다. 대표 기도, 인쇄해 놓은 기도문, 제단으로 초대, 침묵 기도, 구체적으로 제목을 제시한 기도, 태그팀 기도, 특별한 기도가 필요한 사람을 위한 기도, 간구 기도, 기도 카드를 이용한 기도, 기쁨과 축하를 나누는 기도, 치유와 완전함을 위한 기도, 교독 형식의 기도 등.

'봉헌'은 예배의 가장 중요한 순서 가운데 하나이다. 봉헌 전에 짧은 성구를 읽거나, 봉헌 후 봉헌 기도를 드릴 수 있다. 봉헌 중에는 음악이 연주되거나, 합창이나 독창이나 회중 찬송이 있을 수 있다. 짧은 봉헌송을 계속 부르는 것도 좋다. 성만찬이 이어진다면, 이 때 떡과 잔을 봉헌물과 함께 가지고 나올 수도 있다. 그날 세례를 받은 이들이 상징적으로 봉헌물을 가지고 나올 수도 있다.

'성만찬' 축제는 화해의 교역실천에서 가장 중요한 요소이다.[124] 사랑과 자비를 통해 이웃과 하나가 된 사람들만이 초대받을 수 있기 때문이다(마태복음 5:24; 고린도전서 11:18). 예식 그 자체에서는, 상호적인 고백, 평화의 증표 공유, 공동체의 어울리지 못하는 사람들에 관한 반복적인 표현들이 화해의 중요성을 강조한다. 그리스도는 '우리가 그리스노의 성령을 통해 하나가 될 수 있도록,' '우리의 화해를 위한 희생양'

---

[124] Kenneth Leech, 『영혼의 친구』, 323.

으로 제공된다. 죄의 용서를 위해 계약의 피가 흐르고(마태복음 26:28), 성만찬 예식에서는 그 보혈의 능력을 통해 죄의 용서가 전달된다. 잘 알듯이, 성만찬은 성령의 역사를 통하여 우리 가운데 거하시는 부활의 주님이 임재하심을 축하하는 예식으로서, 그리스도교 예배에서 가장 결정적인 순간이다. 온전한 예배는 말씀과 함께 성만찬이 있어야 한다. 성만찬 예식의 의미를 글로써 모두 설명할 수는 없다. 그러므로 성만찬 예식을 할 때마다 하나님의 말씀의 빛 안에서, 직접 계시하시는 그 분의 뜻을 분별하도록 노력해야 한다(누가복음 24:32). 성만찬 예식은 전체 교회가 참여하는 예식이기 때문에 항상 공중 예배의 한 부분으로 행해야 한다. 성만찬 예식은 미래에 있을 메시아 왕국의 잔치를 미리 누리는 희망의 잔치이다. 그러므로 성만찬 예식은 교회가 규정한 초대가 아니라 모두에게 개방된 초대, 곧 주님의 초대에 강조를 두어야 한다. 예배하는 공동체인 교회는 성만찬을 통하여 주님의 신비를 맛보게 되며, 하나님 사랑은 성만찬을 통하여 보이는 은혜로 우리에게 주어진다.

'성만찬 초대'에서는 오늘 베푸는 성만찬의 의미를 간단하게 설명한다. '성만찬 기도'는 초대교회 때부터 전해내려 온 아주 중요한 기도문이다. 좀 길지만, 교회력의 상황에 맞게 잘 다듬어서 사용할 수 있는 방법도 『희년예배서-교역자용』에 많이 개발되어 있다. '거룩송'과 '제정의 말씀'과 '기념송'을 순서대로 진행한 다음, '성령 임재의 기원'을 한다. 그것은 성령께서 회중에게 임재하시어, 그들을 하나로 모으시고 그들이 믿음 위에 굳건히 설 수 있도록 집례자가 간절한 마음으로 드리는 기도이다. 그리고 그 기도 끝에 '주님의 기도'를 드림으로 마무리를 한다.

'떡과 잔 의례'는 모두가 보이도록 높이 들고 한다. 예수께서 떡을 몸소 떼시고 잔을 높이 드신 것처럼, 성만찬 예식을 인도하는 목사도 떡을 회중 앞에서 떼고, 포도주를 따르거나 그 잔을 높이 들어 회중에게 보여준다. 그것은 우리를 구원하시기 위해 희생하신 예수 그리스도의 죽음을 기념하는 것이다. 그러나 부활 후의 성만찬은 부활의 기쁨을 함께 나누는 내용이 보충되어야 한다. 그러고 나서 '하나님의 어린 양송'을 부를 수 있다.

'성만찬 참여'는 그 날 세례를 받은 사람부터 시작하는 것이 바람직하다. 나와서 받는 것이 원칙이고, 앉아서 받더라도 한 줄씩 그 줄 전체가 일어나서 받고 앉도록 훈련되어야 한다. 이 떡을 먹고 이 잔을 마심으로 회중은 그리스도의 고난과 부활에 참여하게 된다. 따라서 성만찬 예식은 우울한 기념식이 아닌 부활의 잔치이다. '성만찬 후의 감사기도'는 일치와 결단이 들어가는 것이 바람직하다.[125] 혹 성만찬을 베풀지 않았더라도, 봉헌-감사의 기도-주님의 기도로 진행하되, 이 부분에서 매주일 성만찬의 신학을 감춰서 감사의 기도를 드릴 수 있는 안목을 갖는 것이 매우 중요하다.

마지막으로, 보내는 교회를 위한 화해의 의례로서는 '보냄 찬송'부터 언급할 수 있을 것이다. 이것은 사명과 섬김에 초점을 둔 것이라야 바람직하다. '보내는 말씀'은 그 날 예배 부름에 사용한 본문이나 그 날 봉독한 성서일과 가운데 한 구절을 읽어 줄 수 있다. 또는 성경을 인용하여 회중에게 간단한 분부를 할 수도 있다. '축도'는 회중이 세상 삶에서 능력 있는 삶을 살도록 하나님의 말씀으로 복을 비는 것이

---

125) 주승중·유재원, "21세기 한국교회 예배를 위한 영성," 79.

다. 루터나 칼빈 같은 종교개혁가는 주로 아론의 축도(민수기 6:24-26)를 즐겨 사용하였다. 현대적인 감각으로 감친 축도들도 많이 개발해 놓았으므로 그것들을 살려쓰는 것도 좋을 것이다.[126]

그런 다음에는, 성가대의 '축복송'이 울려 퍼진다. '보냄 행렬'이 있을 경우, 성가대 축복송 다음에 촛불 점화를 맡은 이가 다시 점화봉에 불을 밝히고 제단의 촛불을 끈다. 그러고 나서, 온 회중이 보냄송을 부르는 가운데 점화자, 집례자, 예배위원, 성가대 순으로 세상을 향하여 나아간다. 보냄 행렬이 없을 경우라면, 조용한 음악으로 예배를 마친다. 회중은 자리에 앉아서 묵상할 수도 있다.

그리고 여기서 우리는 보냄의 예전이 세상을 향한 것이라는 점에 착안하여, 보냄의 예배가 예배당 안에서 그치지 않고 예배당 밖으로 나가면서 계속 이어진다는 생각을 해볼 수 있다. 상징적이지만 충분히 가능하고 실제로 많이들 하고 있는 일이다. 예배당 안에서 드리는 예배가 마친 뒤, 보통 식사를 하러 교회 식당으로 가거나 성경공부 모임을 갖는다. 또는 결석자들을 찾아가 심방을 하거나, 아픈 이들에게 치유 기도를 해주고, 불우시설을 방문하여 봉사활동을 하기도 한다. 거리나 이웃집을 찾아가 전도를 하면서 복음을 전하고, 각 기관별로 선교활동을 떠나기도 한다. 사회활동에 참여하며 참과 거짓을 식별해 내고 예언자적인 행동을 드러내기도 한다.

칼 바르트는 이런 일들을 보냄의 예전이 확대된 것이라고 생각한 것은 아닐까? 일요일의 하나님 예배가 월요일의 하나님 예배로 이어져야 한다는 생각을 사무치게 하고 있었던 것은 아닐까? 보냄의 예전

---

[126] 한국기독교장로회총회, 『희년예배서-교역자용』, 166-67; 박근원 엮음, 『새로운 예배자료』; 동 저자 엮음, 『예배자료 21』 등에 많은 예들이 수록되어 있다.

이 이렇게 세상으로 이어져 하나님 찬양, 복음의 명시적 선포, 가르침, 전도, 선교, 신학, 기도, 영혼의 치유, 그리스도교적인 존재와 행위의 모범, 복지, 예언자적인 행동, 친교 공동체 등으로 계속 확장되어야 한다고 본 것은 아닐까?

2. 그리스도교 '설교론'

진정 설교란 무엇인가? 설교란 오늘의 청중을 위하여 성서적 전승을 예배의 틀 안에서 해석하는 그리스도교적 연설로서, 그리스도교 안에 있는 청중의 확신을 강화하고 삶의 방향을 장려하기 위한 것이다.[127] 설교는 청중의 위치에 있는 '총체적 인간'에게 말하는 '총체적 인간'의 행위이다.[128] 그리스도교 '설교론'은 교회의 설교에 대한 이론을 표현하기 위하여 17세기에 형성된 전문용어이다. 그리스도교 '설교론'이라는 말을 처음 사용한 사람은 레이저(W. Leyser, 1592-1649, Cursus homileticus)였다. '설교'(praedicatio)라는 개념은 교회 공동체 앞에서 하는 연설을 나타내기 위하여, 4세기 경 '그리스도인 키케로'(Cicero)로 알려진 락탄티우스(Lactantius)가 처음 도입했다. 아우구스티누스 이래 '호밀리아'(homilia)와 '세르모'(sermo)로 분리되었는데, '호밀리아'는 성서구절의 지속적인 주석을, '세르모'는 주제에 따라 상호 관계된 연설을 뜻하는 것이었다. 중세기에는 설교를 '세르모'로 이해했다. 종교개혁은 중세의 언어사용을 수용했지만, 공적인 집회에

---
127) 박근원, 『현대신학실천론』, 248-49.
128) 위의 책, 247-48.

서 연설로서 '콘티오'(contio)와 '독트리나'(doctrina)를 선호했고, 이로써 설교의 전망으로서 교리를 강조했다.[129] 그럼, 이제 이런 이해 속에서 먼저 칼 바르트 이전까지 전해 내려온 설교론의 역사적 전통을 살펴보고, 칼 바르트의 설교론과 그 개혁적 계승, 그리고 한국적 수렴통합의 과정과 향후 그 대안은 무엇인지를 함께 모색해 보도록 하자.

그리스도교 '설교론'의 역사적 전통

첫째로, 신약성서에서는 설교에 관하여 세 가지 개념이 등장한다. 첫 번째 단어는 '케리그마'(kerygma)로서, 그리스도교 신앙을 근거 짓는 경험의 내용(로마서 16:25)은 물론 사건으로서(고린도전서 2:4) 케리그마를 뜻한다. 이와 유사한 의미를 '아코에'(Akoe)가 가지고 있다(로마서 10:17). 교회 안에서 그리스도교적 말씀을 빈번하게 나타내는 두 번째 단어는 '파라칼레오'(parakaleo)인데, 이 단어는 생활과 관련된 행동과 의지에 대한 호소로서 '훈계'(로마서 12:1)와 종교의 기초를 확신시키기 위한 '위로'를 뜻한다. 세 번째 단어는 '디다스칼리아'(Didaskalia)로서, 회당에서 가르치는 '교리'(마태복음 4:23), 교훈적인 선포(사도행전 4:2), 공동체의 전체 그리스도교적 가르침의 관계성(디모데후서 4:3)을 나타낸다.[130]

둘째로, 신약성서 이후 일반적으로 가장 오래된 교회 설교는 이른바 "두 번째 클레멘트의 편지"(기원후 약 150년경), 곧 고린도에서 있었던 한 설교자의 설교로 알려져 있다.[131] 기원후 5세기까지 설교의 발전은

---
129) 위의 책, 248.
130) 위의 책, 같은 곳. 박근원은 '디다스칼리아' 설교라는 말 대신에 '디다케' 설교라는 말을 사용하기도 한다. 그래서 이 글에서는 '디다케' 설교로 통칭하기로 한다.
131) 위의 책, 231.

주로 세 지역을 중심으로 전개되었는데, 먼저 북아프리카 교회가 첫 번째 중심지였다. 주로 호교론적 설교를 한 테르톨리아누스(기원후 220년경 사망), 시프리아누스(기원후 258년 사망), 특히 오리게네스(기원후 254년 사망)가 이 시기의 대표적 설교자들이다. 가장 많은 신학적 설교를 남긴 사람은 오리게네스인데, 그의 설교는 주로 알레고리적이고 교의적인 성격이었고, 케사레아에서 즉석으로 한 설교들이었다. 두 번째 중심지는 동부지역, 곧 대 카파도키아 지역에서 행해진 설교들이다. 대 바실리우스(329-379), 나치안주스의 그레고리(390년 사망), 니사의 그레고리(395년 사망), 예루살렘의 키릴(386년 사망), 요하네스 크리소스토무스(407년 사망) 등이 대표적인 설교자들이다. 이 시기 설교는 고전적인 수사학과의 관련성에서 주교의 과제로 성장했다. 문체론적 기술과 대중성과 교육을 통하여 설교는 제의에서 중요한 사건이 되었다. 그러나 이런 설교의 문화는 위대한 설교자들의 1세대가 지난 뒤 더 이상 지속될 수 없었다. 세 번째 중심지는 서부지역에서 형성되었다. 로마의 히폴리투스(3세기)는 이미 설교가로 알려져 있었다. 그러나 지금까지 남아 있는 것은 베로나의 제노(372년 사망), 마일란드의 암브로시우스(339-397), 히에로니무스(420년 사망), 특히 아우구스티누스(354-430)의 설교들이다. 이 지역의 설교들은 제노 이래, 주로 실천적이고 도덕적인 성서해석에 따라 규정되었다. 아우구스티누스는 천 편 이상의 설교를 남겼는데, 학문적 전통, 기술적 성서해석, 신학적이고 윤리석이고 실전적인 목적의식을 결합함으로써 설교를 통하여 생동적인 신앙과 실천적인 경건의 기초를 놓으려고 시도하였다.

셋째로, 중세기 설교는 민중을 종교적으로 교육하는 수단이었고, 회개로 호소하는 도구였을 뿐이다. 중세기 설교가 가장 먼저 영향을 받은 시기는 칼 대제(Karl der Große) 때였다.[132] 칼 대제는 제국의 국경을 확대하고 국가와 교회를 결합하여 이교도적인 생활양식을 그리스도교화하려고 했는데, 그 방법으로 그는 조직의 일원화와 교육을 동원한 것이다. 그래서 교리교육이 등장했고, 801년부터 매주 일요일과 공휴일에 정기적으로 설교가 시행되었다. 칼 대제의 이런 개혁정책은 교회생활을 근본적으로 바꾸는 것이었다. 이제부터는 모든 성직자가 민중 언어로 설교를 해야 했다. 이런 황제의 계획은 성공을 거두지 못했는데, 그 이유는 교회가 이 계획에 동참하지 않았기 때문이다. 설교가 새로운 정국을 맞게 된 것은 탁발승단이 조직되고 확대되면서 새로운 설교자 집단, 곧 수도승이 생기면서부터였다.[133] 이들의 설교는 오직 하나의 주제를 가지고 있었는데, 곧 회개가 그것이었다. 14세기 이후부터는 속죄가 중요한 주제였다. 수도승의 설교는 주로 알레고리적으로 해석될 수 있는 예화 중심의 설교였는데, 이 예화들은 자연으로부터 또는 성인들의 이야기에서부터 뽑은 것들이었다. 14세기부터 교회의 설교는 다른 측면에서 보충되기 시작했는데, 곧 신비주의가 그것이다.[134] 이들의 탁월한 지도자는 마이스터 엑크하르트(Meister Eckhart, 1328 이전에 사망)와 그의 제자인 요하네스 타울러(Johannes Tauler, 1361년 사망), 하인리히 소이제(Heinrich Seuse, 1366년 사망) 등이었다. 신비주의의 설교의 특징은 대중적인 회개 설교와는 달리 추상적이고 철학적인 언어로 설교한다는 데 있었다. 이들 설교의 유일한 주제는 영혼의 불꽃 속에서 하나님이 탄생한다는 것이었다. 아버지를 통한

---

132) 위의 책, 233.
133) 위의 책, 234.
134) 위의 책, 같은 곳.

아들의 영원한 내재적 삼위일체적 탄생은 영혼 속에서 그리스도가 탄생하는 것을 뜻했다. 스콜라철학 시대에 신학이 대학의 학문으로 제도화되면서부터, 설교는 다른 형태를 갖게 되었다.[135] 이 시대의 설교는 기술적인 주제와 다양한 차별과 논증의 특징을 가졌고, 이런 스콜라적 방법론은 학문적 설교의 영역을 넘어서 훨씬 폭넓게 확대되었다. 이 시기 설교의 공통점은 도덕적이고 교회적인 질서를 이행하는 데 있었다. 설교는 설교를 듣는 사람들로 하여금 세속적이고 영적인 질서에 적응할 것을 요청하는 것이었다. 중세후기의 설교는 회개 설교, 개혁 설교, 민중 설교, 속죄 설교, 신비주의적 설교, 학문적 설교, 스콜라주의적 설교 등 대단히 다양한 모습을 지녔는데, 특히 대중적 형태로 널리 퍼질 수 있었다.[136]

넷째로, 종교개혁시대는 성례전적 교회로부터 말씀의 교회로 이전, 곧 종교의 영역에서는 중세로부터 근대로 넘어가는 전환기를 뜻하는 것이었다. 루터는 '말씀' 속에서 인간의 하나님 이해를 위한 결정적인 범주를 보았다.[137] 복음은 "본래 문자가 아니라 말해진 말씀"인데, "그리스도 자신이 무엇을 쓴 것이 아니라 단지 말씀하셨고, 그리스도의 가르침도 문서가 아니라 복음이기 때문"이라는 것이다. 실제로 또 외적으로 말씀되고 들려진 말씀이 그리스도인의 하나님 이해가 기초하는 사건이라는 것이다. 말씀이 신앙의 기초를 놓는다는 확신, 말씀과 설교와 신앙은 서로 상응관계에 있다는 확신은 설교 자체가 하나님의 말씀이라는 주장에서 드러난다. 이 말은 설교와 설교를 통하여 말해진

---

135) 위의 책, 235.
136) 위의 책, 235-36.
137) 위의 책, 236.

외적 말씀이 신앙과 그리스도적 실존을 위하여 절대적인 관련성을 형성한다는 것을 뜻한다. 그러므로 루터에게서 외적인 말씀과 하나님의 말씀은 우선적으로 설교에서 표현된다. 설교는 성서나 교리의 해석이지 단순한 인용이 아니다. 설교에서는 역사적 성서와 현재의 삶이 상호 연관되어야 한다. 그러므로 설교는 단순히 본문을 주석하는 것만이 아니라, 현재를 해석하는 것이다. 교회를 관통하는 모든 운동과 변화가 직접적으로 설교에 반영되어야 한다는 것이다.[138] 종교개혁교회 설교론은 엄밀한 뜻에서 멜랑히톤의 수사학과 설교 실천에 대한 글과 함께 시작된다.[139] 그는 수사학적 유형을 설교론에 수용함으로써, 수사학을 개혁교회 설교 과제의 도구로 만들었다. 이것이 가능했던 것은 멜랑히톤이 설교를 본질적으로 교리설교로 이해했기 때문이다. 설교의 종교개혁적 성격은 그 내용에 따라서 규정되었는데, 설교는 곧 종교개혁교회 신앙의 중요하고 기초적인 문제들을 다루어야 했고 또 가르쳐야 했다. 그러므로 설교는 동시에 학문적 과제이기도 하였다. 성서의 본문들이 교의학적 교리에 의거하여 해석되어야 했기 때문에 수사학적 교육이 목사의 교육에 필연적이라고 멜랑히톤은 보았다.[140]

다섯째로, 경건주의의 등장과 함께 이런 형식적인 설교론이 비판을 받기 시작했다. 경건주의 설교의 대표자인 람바흐(J. J. Rambach, 1693-1735)는 설교의 세 가지 목적을 제시했는데, 구원 사실의 진리를 청중에게 확신시키고 죄 때문에 왜곡된 마음을 하나님의 영이 거하시는 집으로 교화시키고 영원한 축복을 얻는 것이 그것이다. 계몽주의

---
138) 위의 책, 238.
139) 위의 책, 같은 곳.
140) 위의 책, 239.

는 설교론의 전환기를 마련했다는 점에서는 계몽주의와 서로 연결되어 있다. '현대설교의 창시자'로 알려진 모스하임은 청중을 두 가지 측면에서 교화시키려고 했는데, 먼저 이해를 통하여 곧 청중의 이해와 일체가 되어야 할 진리를 해명함으로써, 그리고 청중의 의지를 교화시키려고 하였다. 합리주의의 발전과 함께 종교의 우선적 과제는 실생활에 영향을 끼치는 것으로 설정되었다. 이와 관련하여 합리주의의 특징이라고 할 학습 설교, 교육 설교가 등장했다. 설교가 자유, 평등, 평화, 공기의 정화 등 일상생활의 문제를 다루기 시작했던 것이다. 마레촐은 설교자는 그리스도가 옛날에 가르치신 것을 가르칠 것이 아니라, 그리스도가 오늘 가르치실 것을 가르쳐야 한다고 주장했고, 슈팔딩은 단순한 동시대 사람들의 이해를 돕기 위하여 이론적인 종교론을 배제할 것을 호소했다. 그러나 이 시기의 설교는 실천에 크게 미치지 못했다.[141]

여섯째로, 현대 설교론의 기초를 놓은 신학자는 쉴라이에르마허인데, 그는 설교를 경건한 자의식의 전달로 이해했다. 그는 설교의 목적을 교회 공동체의 종교적 의식을 예수 그리스도를 토대로 한 은총 의식으로 강화하는 데, 그리고 성령의 역사를 통하여 시작되는 그리스도인의 모든 생활에 심층적으로 참여하는 데 두었다. 쉴라이에르마허는 그 시기까지 전승된 설교의 과제, 곧 청중의 인격적 그리스도교, 공동체성과 악의 극복방향, 그리스도와 성서에 대한 관계, 종교개혁교회 안에서 설교의 특별한 위치 등을 적절하게 종합했다. 설교학 발전에서 쉴라이에르마허가 한 공헌은 그가 설교자의 인격과 설교자의 책임을 설교론과 영성생활에 새롭게 부여했다는 것이다. 그러나 그 뒤 설교론

---

141) 위의 책, 239-40.

의 발전에 쉴라이에르마허가 끼친 영향은 그리 큰 것이 못되었다. 19세기 초 설교론에 관한 쇼트와 테레민의 책이 두 권 나왔는데, 모두 쉴라이에르마허의 설교론과 아무런 진지한 연관성도 없었다. 이 시기에 영향력 있었던 설교학자는 니취인데, 그는 처음으로 세 권의 실천신학 교과서를 써냈다(1847-1867). 그는 설교가 교회생활의 기초에서부터 출발하여 다시 교회생활의 기초라는 목적을 향해 나아간다고 말한다. 설교는 주님의 공동체의 교화를 향한 복음의 연장된 선포이며, 성서를 통하여 중재된 하나님의 말씀의 선포인데, 이 선포는 현재 상태와 생동적인 관계를 맺으면서 소명 받은 증인을 통하여 일어난다는 것이다. 19세기 개신교 설교의 실천은 부흥 운동의 영향을 크게 받았는데, 19세기 말에 가서야 역사적-비판적 방법을 통하여 등장한 문제들이 설교론에서도 분명하게 드러났다.[142]

일곱째로, 20세기 초 설교론은 막대한 호경기를 겪었다. 세계대전이 시작되기 전까지 거의 해마다 한 권 이상의 설교론 교과서, 또는 설교론의 기본 문제에 대한 단행본들이 출간되었다. 이것은 매주일 설교의 실천과 설교론 모두에 부딪친 문제들이 좀 더 분명하고 진지하게 취급되었고, 그에 대한 대안이 모든 측면에서 요구되었다는 것을 나타낸다. 그 뒤에는 수십 년 동안 의도에 따라 고정된 형태의 설교, 특히 부흥 운동에 따라 다양한 영향을 받은 설교가 그 영향력과 의미를 눈에 띄게 상실했다는 경험이 놓여있다. 이 위기는 시간이 가면서 더욱 심화되었는데, 특히 변증법적 신학은 설교의 경험적 위기를 교회 선포의 구조적 또는 원칙적 위기로 판단되어야 한다고 보았다.[143] 훨씬 중

---

142) 위의 책, 241-42.

요한 것은 개별적 설교 안에 있는 '하나님의 말씀'을 성서의 말씀 안에 있는 '하나님 말씀'에 가능한 밀접하게 접근시킴으로써 정당화하려고 노력하는 것이었다. 설교론의 최근 발전은 크게 세 단계로 나누어 살펴볼 수 있다. 1945년 이후 시기에는 설교의 원칙들이 설교론 토론의 중심에 서 있었다. 1960년대에는 경험적 문제에 대한 관심이 전면에 부각되었다. 10여 년 전부터는 개별적 문제를 포괄하는 설교론과 설교에 대한 총체적 이해를 모색하려는 분위기가 확대되고 있다.

칼 바르트의 교역실천에 나타난 '설교론'의 광맥

개혁교회 전통의 '실천신학,' 그 학문적인 실체로서의 그리스도교 '설교론'은 지난 세기의 대표적인 신학자인 칼 바르트(Karl Barth, 1886-1968)의 신학으로 대변된다. 바르트는 16세기 종교개혁자 마르틴 루터(Martin Luther)와 요한 칼빈(John Calvin)의 신학을 계승 발전시키면서, 특히 블룸하르트 부자(Johann Ch. Blumhardt, 1805-1880 / Christoph Blumhardt, 1842-1919)의 영향을 받았다. 아직도 그가 성취한 신학의 광맥에서 '실천신학'을 발전시킬 여지가 남아 있지만, 그의 동료와 후학들이 일구어 놓은 학문적인 업적으로도 개혁교회 전통의 신학을 가늠하고도 남는다. 칼 바르트의 『설교학 원강』은 그 자신이 1932/33년에 독일의 본(Bonn) 대학에서 '설교학 세미나' 강의 요목으로 작성 배부하였던 내용과 '설교준비의 실연' 과정 기록들을 오랜 뒤에 모아서 수록한 것이다.[144] 20세기 초반에 바르트 자신을 주축으로

---

143) 위의 책, 244. 칼 바르트는 이 주제를 1922년에 "설교한다는 것이 무엇을 뜻하는가?"라는 질문으로 요약했다. "어떻게 설교할 것인가"라는 질문이 아니라, "사람이 어떻게 설교를 할 수 있단 말인가?"라는 질문을 바르트는 제기한 것이다.

해서 일어났던 새로운 신학운동의 맥락에서 '설교학'의 위치를 바로 이해하고 그의 강조점을 파악할 수 있는 귀중한 자료이다. 이 책은 이런 면에서의 고전적인 가치도 매우 중요하지만, 오늘 세계교회가 직면한 설교실천의 위기에서 가장 적절한 길잡이로서 재평가를 받고 있는 것이기도 하다.

바르트의 신학은 직접 간접으로 그 신학 전체가 '설교학'이었다고 말할 수 있다. 신학의 목적은 설교에 있고, 신학은 설교준비를 위한 것 이상도 이하도 아니라고 여러 곳에서 역설하였다. 그가 자기 평생의 역작『교회교의학』을 하나님의 말씀 중심의 신학으로 전개하면서 그 '말씀'의 세 가지 양식을 '계시·성서·설교'로 집약하고 있다. 설교야말로 바르트 신학에서 아주 핵심적인 요소인 것이다. 칼 바르트는 이런 중요한 설교론을 따로 정리할 겨를이 없었다. 본대학에서 설교학 세미나를 한두 번 개설한 뒤 곧바로 나치와의 투쟁에 직면했던 것이다. 그가 중심이 된 독일 고백교회 운동과 그 파장에서 성취된 '바르멘 신학선언'(1934)이 이 역사적인 사실을 대변해 준다. 시간이 한참 지난 1965년에야 본대학에서 행했던 1930년대 초 칼 바르트의 '설교학 세미나' 자료를 발굴하기에 이르렀다. 1932년 바르트 설교학 세미나에 직접 참여하였던 퓌르스트(Walter Fürst)가 바르트의『기념논문집』(Antwort)에 기고한 "칼 바르트의 설교론"이라는 논문을 출발점으로 자료들이 수집되기 시작하였다. 그 내용들이 비교분석 과정을 거쳤으며, 바르트 자신도 자신의 말년에 이렇게 다듬어진『설교학 원강』의 출판을 허락하였다. 이에 대한 퓌르스트 교수의 추천사 한 토막이다:

---

144) Karl Barth, *Homiletik: Wessen und Vorbereitung der Predigt* (Zurich: EVZ-Verlag, 1966) = 박근원 옮김,『설교학 원강』 (서울: 전망사, 1981).

설교자의 책임에 대한 문제는 그 출발에서 칼 바르트 신학의 출발점이며 또한 종착점이다. 그렇기 때문에 그가 1932-1933년 사이에 가진 설교학 시간이 실제로 대단한 성황을 이루었다는 것은 놀라운 일이 아니다. 여기서 바르트의 교의학 첫 권이 막 출판된 다음, 복음과 율법의 관계, 교회와 세계의 관계에 대한 문제들이 해명되었다……바르트의 수강생들은 아주 분명히 잘못 걸어갈 수 있었다고 느낀 그 길을 바르트로 말미암아 그분을 확실한 발걸음으로 뒤따라 갈 수 있었다……이 설교학의 내용은 오늘도 여전히 생생한 생동력을 가지고 있다.[145]

필자는 이 글에서 설교자의 책임 부분이 바르트 신학의 출발점이라는 말에 실천신학 전공자로서 매우 공감을 한다. 그리고 바르트를 안다고 하는 사람들이 이 사실을 놓칠 때 그 길은 궤도를 이탈한 기찻길이 될 수 있다는 우려 섞인 경고에 다시 한 번 이 글의 본질 부분에 주목을 하게 된다.

그렇다면, 이제부터는 종교개혁전통에서 칼 바르트가 진정 설교의 기준을 무엇이라고 생각했는지, 그리고 그런 관점에서 우리의 설교비평 기준은 어떠해야 하는지를 조심스레 몇 가지 검토해 보고자 한다.

첫째로, 칼 바르트는 '성서적 설교'를 강조한다.[146] 설교는 성서를 해석하는 것이다. 그런 의미에서 설교가 얼마나 성서적인지를 분명히 꿰뚫어 볼 수 있어야 한다. 이것은 말씀의 신학으로 대표되는 우리 종

---

145) 위의 책, 3. 칼 바르트의 『설교학 원강』은 그것 자체가 요약이기 때문에, 더 집약할 수가 없다. 개혁교회의 '설교론'은 그것을 읽음으로써 시작되어야 한다. 특히 그의 둘째 강의인 '설교의 기준'은 모든 설교의 분석과 비평에서 그 척도로 검토되어야 할 내용들이다.
146) 신현복, "설교비평의 본질과 기준," 『신학연구』 제50집 (서울: 한신학술원신학연구소, 2007), 223.

교개혁전통에서 볼 때도 설득력이 매우 높다.[147] 교회에서 진리가 실제로 선포되지 않으면 안 된다고 할 때, 교회의 모든 언어는 이 진리의 문서와 만나야 되고 그 숙고를 통하여 선포되지 않으면 안 된다. 설교는 자기 자신의 언어에서 유래되어서는 안 된다. 그 어떤 경우에서도 설교의 형식과 내용이 성서해석과 동떨어져서는 안 된다. 설교가 본문 해석이 되도록 설교자가 성서와 마주 서 있는가? 그렇다면 그것만으로도 설교비평자는 그 설교에 충분한 점수를 줄 수가 있어야 한다. 설교자가 한 자 한 자 성서본문에서 눈을 떼지 않고 집요한 관심을 기울이고 있는가? 주어진 본문에 주의를 기울이고 있는가? 본문의 고유한 케리그마가 드러나고 있는가? 설교가 본문에서 무엇을 깨달았는가? 무엇을 계속 무시하고 있는가? 본문에서 받아들인 것을 어떻게 말로 나타내는가? 그것을 어떤 관련 속에 두고 설교하는가? 본문이 어떻게 현대의 말로 옮겨졌는가? 다만 여러 말로 설명되고 있을 뿐인가? 그렇지 않으면 번역되고 있는가? 예언과 성취로서, 구약성서와 신약성서의 관계적 의미를 잘 포착하고 있는가? 설교가 성서적인 데서 생기는 한계를 지키고 있는가? 성서는 하나님의 말씀이다. 설교자의 가동성이란 이 하나님의 말씀 곧 사건의 운동 속에 들어가 그것에다 자기 자신을 맡기는 일이다. 그와 같이 하여 자기 자신이 성서 그 자체에 따라 어떤 곳이든지 인도되지 않으면 안 된다. 흔히 이런 사실을 도외시할 때, 목사냄새가 너무 많이 나는 설교자, 광신자 같은 설교자, 따분한 설교자가 된다.

---

147) Karl Barth, 『설교학 원강』, 79. 여기서 바르트는 설교의 성서적 성격을 다섯 번째로 내보인다. 그 스스로 말씀의 신학자라고 자부하면서도 설교의 기준 가운데 성서적 성격이 다섯 번째로 물러나 있는 것이 다소 이상해 보이지만, 그 내용은 매우 중요한 메시지들로 가득 차 있다.

둘째로, 칼 바르트는 '복음적 설교'를 강조한다.[148] 설교는 복음을 선포하는 것이다. 그런 의미에서 설교가 예수 그리스도의 피 묻은 복음을 얼마나 선명하게 드러내고 있는지를 철저히 짚고 넘어가야 한다. 내용과 실천 둘 다에서 케리그마와 디다케의 차이를 확실하게 알아두는 것이 중요하다. 여기서 또 복음적이라 함은 계시적이라는 말과 일맥상통한다.[149] 설교는 이미 일어났고 또 장차 올 하나님의 계시, 곧 예수 그리스도의 현현과 재림을 선포해야 할 과제를 지니고 있다. 초림과 재림, 설교는 이 두 개의 점 사이에서 선포되어야 한다. 따라서 설교비평에서는 이런 계시적 성격이 분명하게 드러나고 있는지를 살펴보아야 한다. 설교가 지적인 논증이나 미학적인 표현으로 하나님의 진리를 증명하려고 하는 것은 아닌가?[150] 설교가 하나님의 현실성을 창조하려고 하는 것은 아닌가? 하나님의 위탁을 받은 설교자는 자신을 억제하고 그 위탁에 복종해야 하는데, 거꾸로 회중에 대하여 자기가 그리스도를 가지고 있다거나 성령을 가지고 있다는 인상을 불러일으키는 것은 아닌가? 설교자는 본문의 고유한 사고흐름에 단순하게 함께 따라가 거기에 머물러야 하는데, 성서를 벗어나 임의적인 대지구분을 하고 있는 것은 아닌가?[151] 설교자가 자기 교회의 교황이 되어 자기 자신의 관념을 하나님의 말씀인 것처럼 안이하게 취급하고 있지는 않은가? 죄를 용서받아야 할 죄로 취급하는가? 율법이 복음과 연결되어

---

148) 신현복, "설교비평의 본질과 기준," 227.
149) Karl Barth, 『설교학 원강』, 43.
150) 위의 책, 45. 바르트는 예술품으로서의 그리스도상이나 교회당에 있는 십자가상뿐만 아니라 마음속에 하나님 상을 만드는 것까지도 문제를 삼고 있는데, 좀 과민한 반응이 아닌가?
151) 위의 책, 46-47. 바르트는 본문을 비약하여 임의적인 대지구분을 하는 것은 이론적으로나 실천적으로 설교에서 절대로 배제하지 않으면 안 된다고 하는데, 이것도 설교의 창조적인 준비를 생각해 볼 때 좀 과도한 축자적 반응이 아닌가?

있는가? 다시 한 번 말하지만, 설교는 복음이다. 설교는 일어나고 있는 계시이다. 또 설교는 이와 같은 것으로 일어나고 있다. 따라서 설교는 이 전제 아래 무조건 세워지지 않으면 안 된다. '그리스도'인 말씀은 그리스도에 대한 논술이 아니라 사건이다. 하나님께서 그리스도 때문에 우리와 함께 계신다, 곧 임마누엘 하나님이 우리와 함께 계신다, 이것이 모든 설교의 출발점이요 중심점이다. 그리스도인에게는 이 출발점이 무조전적인 것처럼 목적도 무조건적이다. 일찍이 나타나신 그리스도와 같이 다시 오실 그리스도가 모든 설교의 중심이 되어야 한다. 그리스도가 오실 것이라는 사실과, 우리가 그분의 날을 대망하고 있다는 사실을 말하는 데 설교자는 종속되어야 한다. "말씀이 육신이 되었다"라는 것은, "아멘, 주 예수여, 오시옵소서!"를 이어서 뜻할 때 올바른 설교가 될 수 있다. 결국 그리스도교적인 설교는 무조건적으로 '희망의 설교'가 아니면 안 된다.

셋째로, 칼 바르트는 '신학적 설교'를 강조한다.[152] 설교는 신학을 빚어내는 것이다. 그런 의미에서 설교가 얼마나 신학적인지를 반드시 짚고 넘어가야 한다. 이 설교에서 그리스도론을 어떻게 취급하는가? 복음과 율법과의 관계는 어떠한가? 설교가 말하는 교의학적인 내용은 무엇인가? 이 설교의 체계, 이 설교에서 사용되는 여러 가지 이미지, 그 호소로서의 성격이 신학적으로 적절한가? 원칙적으로, 신학적인 반문이나 비평을 받기에 적절하지 못한 설교라면, 그 설교의 사건 속에서는 아무것도 일어나지 않는 법이다. 또 신학적 설교란 이 설교에 잠정적 성격이 드러나 있는가를 묻는 것이다. 여기서 잠정적이라는 말

---

[152] 신현복, "설교비평의 본질과 기준," 231.

은 예비적이라는 말과 맥을 같이 한다.[153] 설교란 뒤에 도래하는 것에 선행하여 이 도래를 마치 왕의 길을 예비하는 사자처럼 오직 그것을 증언하는 일이다. 설교 그 자체는 하나님의 명령과 축복 속에 율법과 약속을 지니고 있는 한 죄인의 사역으로 이해되지 않으면 안 된다. 설교는 변함없는 죄인의 사역이다. 자기 자신으로서는 이 일에 대하여 능력도 좋은 의지도 가지고 있지 못하다. 오직 하나님의 명령을 받고 있을 뿐이다. 설교는 결코 완성이 아니다. 오직 앞으로 올 것의 징조에 지나지 않는다. 그러면서도 설교자는 약속되어 있는 하나님의 축복을 앞에 놓고, 자기에게 내려진 명령 때문에 희망 속에서 자기 자신을 위로할 수 있다. 설령 자기의 무력함과 무능력을 깨닫고 있다 하더라도 말이다. 그는 단순히 율법 아래가 아니라, 약속 아래 곧 하나님의 축복 아래 있는 것이다. 자기의 일은 가난한 것임에도 불구하고, 결코 헛된 것이 아니다. 오직 이러한 성화에 따라서만 설교는 알 수 있고, 또 허용되어 있다. 또 신학적 설교에서는 이 설교에 고백적 성격이 드러나 있는가도 물어야 한다. 설교는 교회의 주님으로부터 맡겨진 위탁을 반복함으로써 교회를 세우는 일이다.[154] 따라서 설교는 신앙고백에 근거해야 한다. 설교가 복종이고 소명이고 과제라면, 결국 설교는 신앙고백의 성격을 갖지 않으면 안 된다. 신앙고백은 신앙의 선언(professio fidei)이다. 우리들이 믿고 있는 것을 밝히는 것이다. 설교는 아버지와 아들과 성령을 나는 믿는다고 하는 이 신앙고백, 신조를 가지고 답하

---

153) Karl Bath, 『설교학 원강』, 74-75. 바르트는 여기서 말하는 설교의 잠정성(Vorlaufigkeit)이란 다시 말해서 설교의 예비성(Vorausgeschicktheit)을 의미한다고 말한다.
154) 위의 책, 65. 바르트는 생활이니 영혼이니 가정이니 도덕심이니 하는 것들은 이 세상 지식들이 더 잘 알고 있으므로, 그런 것에 집착하면 교회도 설교도 무용지물에 지나지 않는다고 경고한다.

는 것이다. 신앙고백은 들은 사실에 대한 인간의 응답이다. 이것은 영수증이다. 교회가 이 응답을 말한다면, 곧 주님의 위탁을 듣고 이것을 상기하고 되풀이하는 일을 고백한다면, 교회는 올바른 기반 위에서 늘 되풀이하여 건설된다. 이것이 설교의 건덕성이다.

넷째로, 칼 바르트는 '상황적 설교'를 강조한다.[155] 설교는 상황에 잇닿아 있어야 한다. 그런 의미에서 설교가 얼마나 상황적인가를 끊임없이 물어야 한다. 상황적이라는 말은 교회적이냐, 회중적이냐, 역사적이냐 한은 말과 매한가지다. 그렇다면 그 설교가 '교회적'인지 아닌지는 어떻게 알 수 있는가? 설교는 '교회라는 장소에서,' 곧 교회의 실재나 위탁과 구체적으로 연결해서 선포되지 않으면 안 된다.[156] 설교는 은혜의 증거인 세례와, 희망의 증거인 성만찬, 교회를 기초 짓는 진리의 문서인 성서를 구체적으로 지향하고 있어야 한다. 설교의 장소는 임의의 장소가 아니다. 세례와 성만찬과 성서에 따라 한계 지어진 장소이다. 설교는 오직 그곳만을 지향하고 있어야 한다. 그래야 우리는 그 설교를 가리켜 "참 교회적이구나!"라고 말할 수 있다. 다음으로 그 설교가 '회중적'인지 아닌지는 어떻게 알 수 있는가?[157] 설교는 특정한 현재의 인간에게 향해져 있다. 그것은 그들의 생활이 예수 그리스도 안에 근거와 희망을 가지고 있다는 뜻이다. 듣는 사람들의 구체적 상황이 무엇인가? 그것이 설교에서 다루어지고 있는가? 설교는 텅 빈 장소에서 선포되는 것이 아니다. 설교를 듣는 인간을 선포로 이끌어 가는 것이 설교이다. 더구나 특정한 장소와 때에, 전적으로 특정한 현

---

155) 신현복, "설교비평의 본질과 기준," 234.
156) Karl Barth, 『설교학 원강』, 57.
157) 위의 책, 92.

재의 인간에 대해서 말이다. 회중은 '제2의 본문'이다.[158] 그렇다면 본문과 관련해서 제기했던 질문이 여기서도 쏟아져 나와야 한다. 이 특수한 상황이 어떻게 받아들여지는가? 무엇이 간과되고 있는가? 본문과 그 해석이 회중의 상황과 어떻게 관련되는가? 이 상황에 특별히 호소해 오는 것은 무엇인가? 설교자는 진심으로 자기 회중을 '사랑하고' 있는가? 회중의 실제적 상황에 열려져 있으면서도 동시에 그 상황을 초월해 있는가? 그 때 그 때 회중 한 사람 한 사람에게 무엇을 말할 것인지 박자를 잘 맞추고 있는가? 회중의 상황에 적시적절한 설교를 위하여 때를 자각하고 있는가? 또 그 설교가 '역사적'인지 아닌지는 어떻게 알 수 있는가?[159] 바르트는 우리 설교자들에게 한 손에는 성경을, 다른 한 손에는 신문을 들라고 말하였다. 여기서 신문을 들라는 말은 우리의 설교가 우리가 서 있는 땅에 발을 딛고 있어야 한다는 뜻이다. 이 땅의 역사 현실을 도외시한 채, 하늘에 붕 떠 있는 추성적인 설교만으로는 안 된다는 것이다. 성서는 언어를 통해서 담고 있는 하나님의 행위 곧 계시는 근본적으로 역사적이다. 구약성서 기자들도 역사적 사건을 하나님의 계시행위로 이해했다. 신약성서 기자들도 역시 종말론적인 하나님 나라를 지향함으로써 나름대로 역사를 해석하고 있다. 어느 한 사건이 그것 자체로 종결되는 게 아니라 역사적 과정을 통해서 새롭게, 더욱 근본적으로 해석되는 것이다. 이게 바로 역사의 본질이기도 하다.

다섯째로, 칼 바르트는 '전인적 설교'를 강조한다.[160] 설교는 설교

---

158) Rudolf Bohren, 『설교학 실천론』, 293.
159) Karl Barth, 『설교학 원강』, 92.
160) 신현복, "설교비평의 본질과 기준," 238.

자라는 전 인격을 통하여 선포된다. 그런 의미에서 설교에서 설교자가 얼마나 전인적으로 드러나는지도 조심스럽게 살펴볼 수 있어야 한다. 우선 설교자의 독자성이 문제이다. 설교는 오직 전인적인 회개와 감사에 따라서만 선포될 수 있다. 따라서 그것은 설교자의 자유로운 언어이다. 설교자가 독자적이 되려면 심판과 은혜에 따라 움직여야 한다. 설교자는 나 자신의 생각을 지녀야 한다. 주석에 묻혀 머물고 있어서는 안 된다.[161] 설교자는 자율적이어야 한다. 다른 설교자의 동작을 흉내 내어 연극을 해서는 안 된다. 설교자의 언어는 성실성이 있어야 한다. 자기 자신의 말로 선포해야 한다. 설교는 또 간결해야 한다. 다음은 설교자의 직분정당성이다. 설교가 선포되는 것은 교회의 섬김을 위하여 설치된 그런 하나님의 소명에 따른 특별한 자격과 책임을 통해서이다. 설교를 한다는 것은 늘 소명에 관한 일이다. 그러나 이 소명은 결코 인간의 일이 아니다. 하나님의 소명이 설교자에게 자격을 부여하지 않으면 안 된다. 이 직분담당자는 자기 자신이 이 직분에 부르심을 받았다는 사실을 내적으로 느끼지 않으면 안 된다.[162] 목양서신에서 이 직분담당자에게 요구하는 것은 "비난 받을 것이 없고," "잘 가르치는" 일이다. 사도직과는 대조적으로 감독직은 저마다 장소에 매여 있다. 그곳 회중의 뜻에 따라 세워진다.

칼 바르트 '설교론'의 한국적 수렴통합

위에서 우리는 칼 바르트 교역실천론에 나타난 '설교론'의 광맥을

---

161) Karl Barth, 『설교학 원강』, 89-90. 그러면서 바르트는 설교 그 첫 마디부터 본문에 따른 중심적 선포로써 시작해야 한다고 말한다.
162) 위의 책, 70.

탐구해 보았다. 그렇다면 이러한 칼 바르트의 설교론을 한국교회의 교역실천 현장에 적극적으로 수렴통합할 수 있는 길은 무엇일까?

첫째로, 필자는 우리 개혁교회 후손들이 칼 바르트의 설교론을 한국적으로 수렴통합하려면 반드시 칼 바르트의 종교개혁적 설교론을 이어받은 '루돌프 보렌'의 설교론도 함께 주목할 필요가 있다고 생각한다. 특히 여기서는 그의 설교비평론을 중심으로 몇 가지를 고찰해 보고자 한다.

보렌이 가장 우선적으로 강조하는 것은 '찬미'(Lob)로서의 설교비평이다.[163] 설교비평은 설교에 대하여 찬미하는 것이다. 설교비평에서는 이것이 무엇보다도 우선되어야 한다. 설교가 본문의 찬미이기를 바라듯, 설교비평은 설교의 찬미를 그 목적으로 삼는다.[164] 설교비평은 설교에 대하여 "아멘"이라고 말하는 것을 나타내는 것에 불과하다. 설교를 하는 이에게도 정열이 필요하지만, 설교를 듣는 이에게도 그런 의미에서 정열이 필요하다. 성령의 임재를 체험적으로 아는 방법이라는 의미에서, 설교자나 회중이나 정열의 공감이 필요한 것이다. 그런 정열적 공감으로서 설교비평은 그래서 설교에 확실히 도움이 된다. 따라서 성급하게 깊은 생각 없이 하는 설교비평은 설교비평으로서의 자격이 없다. 설교비평을 한답시고 설교비방을 해서는 안 된다. 설교비평이 자칫 설교자의 인격과 삶에 대한 비난이나 욕설에 가까운 난도질로 이어져 상처가 되면, 그리고 설교비평이 설교자에 대한 감시로 둔갑해 버린다면, 한국교회 강단은 더욱 위축되고 말 것이다. 모든 사람의 설교가 한 설교비평자의 마음에 쏙 들 수는 없다. 설사 같은 사람이 한 설교라도

---

[163] 신현복, "설교비평의 본질과 기준," 218.
[164] Rudolf Bohren, *Predigtlehre*, 544-45.

비평자의 입장에서 볼 때 언제나 마음에 들 리도 없을 터이다. 그러기에 한 설교에 부정적인 느낌이 혹 들더라도 그 설교행위 자체는 긍정해야 한다. 나쁜 설교를 논하는 경우에라도 찬미는 거리에 숨어 있는 법이다. 설교비평은 바로 이 찬미의 자리에서 출발해야 한다.

그 다음으로 보렌이 강조하는 것은 '물음'(Fragen)으로서의 설교비평이다.[165] 설교비평은 설교에 대하여 묻는 것이다. 그것은 다음과 같은 세 가지 물음과 잇대어 있다. 무엇이 들려오는가? 무엇을 근거로 이 설교가 선포되는가? 무엇을 목표로 이 설교가 선포되는가?[166] 첫 번째 질문은 설교의 호소와 관련이 깊다. 내 마음을 붙잡는 것이 무엇인가? 모든 회중을 대표하여 설교비평자는 자신이 받은 개인적인 첫인상에 주목한다. 자신의 마음을 붙잡는 것(감동시키는 것)이 무엇인가를 파악할 때, 설교비평자는 다른 이들에게 호소하는 것이 무엇인가도 이해할 수 있게 된다. 호소해 오는 것이 무엇인가를 말하는 것은 설교의 각 부분이 어떠한가, 그 구조는 어떠한가, 그 문체는 어떠한가, 그 언어수단은 어떠한가 등을 분석한다는 뜻이다. 이렇듯 마음을 사로잡는 것은 영의 작용이다. 설교비평은 그런 감정을 일종의 검증에 맡긴다. 설교비평의 최종심판기관은 교회의 회중이다. 두 번째 질문은 설교의 근거와 관계가 깊다. 곧 본문, 교회와 신학, 회중, 설교자 등에 대하여 분석적인 반문을 던지는 것을 요구한다. 이 설교가 본문에서 무엇을 깨달았는가? 이 설교의 체계나 이미지나 호소가 조직신학적으로 적절한가? '제2의 본문'인 회중의 특수한 상황이 어떻게 받아들여지고 있는가? 설교가 말하고 있는 것에 설교자 자신은 어떻게 관여되

---

165) 신현복, "설교비평의 본질과 기준," 219.
166) Rudolf Bohren, *Predgitlehre*, 546-53.

고 있는가? 세 번째 질문은 설교의 목표와 관련이 깊다. 곧 설교의 미래를 내다보며 이 설교가 개인적으로, 교회적으로, 정치문화적으로 어떤 효과가 있을 것인지를 묻는 것이다. 이 설교가 이 한 사람의 인간을 "풀고," 회개로 마음을 움직이게 하고, 새로운 존재를 향하여 일깨워 주는 일이 어느 정도까지 가능한가? 설교 가운데 내보인 교회론이 이 설교를 들으며 형성되어 갈 '교회'에 대하여 어떤 관련을 가질 것인가? 이 설교를 듣고 회중이 비판적 정치의식과 사회적 책임감을 깨달아, 과거로부터 해방하여 미래를 향해 나아갈 수 있을까? 설교비평의 이런 물음들을 통하여 우리 설교는 더욱 더 찬미 받고 우리 교회는 더욱 더 성숙해질 것이다.

또 보렌이 강조하는 것은 '해석'(Interpretation)으로서의 설교비평이다.[167] 설교비평은 설교에 대하여 해석하는 것이다. 설교명상이 설교에 관하여 되풀이해서 고찰함으로써 이를 받아들이는 것이라면, 또 설교분석이 설교가 만들어지는 형성과정이나 목적 등을 연구하는 것이라면, 설교비평은 한 걸음 더 나아가 그 설교 가운데 숨어 있는 여러 가지 가능성을 묻고 해석하는 것이다.[168] 설교명상이나 설교분석에서 이미 그 기초가 정해진 것을 그런 식으로 발전시켜 나가는 것이다. 거기에 있는 실마리를 받아들여서 더욱 더 전개함으로써 설교가 지니는 여러 가지 가능성을 발견해 나가는 것이다. 이것이 설교비평이다. 그런 의미에서 설교비평은 설교의 해석으로서 실천적인 부분을 감당하고 있다고 할 수 있다. 이렇듯 실교의 해석으로서 설교비평은 그 본질에서 보더라도 설교 자체와 구별할 수 없다. 이미 선포된 설교와 설교

---

167) 신현복, "설교비평의 본질과 기준," 220.
168) Rudolf Bohren, *Predgitlehre*, 545.

비평과의 관계는 성서본문과 설교와의 관계와 같다. 그래서일까? 설교자의 수고를 경솔하게 비평하는 이를 보면, 그 비평 자체가 잘못되어 있는 경우가 대부분이다.

또 보렌이 강조하는 것은 '이해'(Verstehen)로서의 설교비평이다.[169] 설교비평은 설교에 대하여 이해하는 것이다. 그것은 이해의 기쁨을 가져다준다. 설교비평은 설교를 듣고 이해하는 데 도움을 주려는 것이다. 오늘 선포되는 이 설교를 어떻게 이해해야 할지 그 눈과 귀를 활짝 열어 준다. 그래서 마침내는 설교를 듣고 이해하는 일이 얼마나 기쁜 일인지를 재촉하는 데 그 목적이 있다.[170] 설교비평도 설교와 똑같이 말씀을 섬기는 길이다. 그러나 설교비평이 설교와 구별되는 것처럼, 설교비평의 수단도 설교의 수단과는 구별된다. 예컨대, 이야기되는 설교와 인쇄된 설교의 차이가 그것이다. 이야기되는 설교에서는 설교자 자신이 보고 자체가 되어서 함께 말한다. 설교자는 언어만으로 말하는 것이 아니고 그 자신의 모든 것을 다하여 말하는 것이다. 반면에 인쇄된 설교는 벌써 하나의 문헌적인 본문을 보여주는 것이다. 인쇄물이기는 하지만 보통 그것은 실제로 이야기된 것이다. 또 그것이 이야기됨으로써 완성된다. 설교비평은 이 사실을 주목하지 않으면 안 된다. 이야기된 설교는 하나의 행동, 행위, 사건이기까지 하다. 그리고 인쇄된 설교는 그 사건을 문서로 증언하는 것이다. 설교한다는 것은 말하는 것이다. 말하는 이는 그 말을 사람들이 들어주기를 바란다. 그러기에 설교비평은 말하는 것과 듣는 것을 서로 관련짓지 않으면 안 된다. 그런 의미에서 설교비평은 설교의 효과를 묻는 것이다. 그리고 설교비평

---

169) 신현복, "설교비평의 본질과 기준," 221.
170) Rudolf Bohren, *Predgitlehre*, 545-46.

이 설교의 효과를 묻는다면, 그것은 또 회중을 묻는 일이 된다. 회중이 듣는다는 것을 함께 생각하는 일 없이 설교비평이 설교를 듣고 이해하는 데 도움을 주기란 그래서 거의 불가능하다.

또 보렌이 강조하는 것은 '창조'(Schöpfung)로서의 설교비평이다.[171] 설교비평은 그 스스로 창조하는 것이다. 설교가 창조적 행위이듯이, 설교비평도 또 하나의 창조적 행위라는 말이다.[172] 판단한다는 것은 본질적으로 말해서 생산한다는 것과 같은 말이다. 여기서 중요한 것은 차이점이 아니라 공통점이다. 설교자가 성서본문이 증언하고 있는 내용의 증인이라면, 설교비평자는 설교자가 증언하는 내용의 증인이다. 이 경우에 설교비평은 설교 자체의 단편적 성격을 존중하지 않으면 안 된다. 설교를 자꾸만 비평자가 보완하려고 해서는 안 된다. 그럴 경우, 설교비평은 자기 자신의 단편적 성격도 간과하게 되고, 자신의 과제도 다할 수 없게 된다. 그렇게 되면 설교가 지니는 가능성이 아닌 본문이 지니는 가능성을 발견하게 될 것이다. 그래서 설교가 아닌 본문에 적용하려고 할 것이다. 이것이 설교비평이 직면하는 문제이다. 설교비평자가 설교자의 시어머니 노릇을 해서는 안 된다. 본문분석이 이러면 되니 안 되니 잔소리가 많아지면 이미 비평은 안 들리게 된다. 비평을 받는 이의 마음이 닫히기 때문이다. 설교로 설교되게 하라. 설교비평이 설교의 단편적 성격을 있는 그대로 평가해 주고 설교자의 자유를 존중해 줄 수 있어야 한다. 그래야 설교비평도 그 자체로 설교비평일 수 있는 넓은 자유가 허용되는 법이다.

마지막으로 보렌이 강조하는 것은 '신율'(Theonomie)로서의 설교

---

171) 신현복, "설교비평의 본질과 기준," 222.
172) Rudolf Boluen, *Predgitlehre*, 545.

비평이다.[173] 설교비평은 설교를 들여다보되 자율도 타율도 아닌, 신율적 관점으로 들여다보아야 한다. 이런 의미에서 설교가 얼마나 신율적인가를 진솔하게 물어야 한다. 여기서 신율적이라는 말은 성령론적 사고(Pneumatologische Denken)를 한다는 말과 일치한다.[174] 성령론적 사고란 지난날 신학적 거성들의 교회중심적이며 그리스도중심적인 신학이 너무나 수직적인 약점을 지니고 있다고 느껴, 그것을 수평적으로 보완하여 세계중심적이며 성령중심적인 사고로 전환해 가자는 것이다. 또 종래처럼 성령의 활동마저도 교회 안의 활동에 국한시키지 않고, 교회 밖의 세계에서도 활동하시는 성령의 역사를 강조하는 표현이다. 이런 사고를 루돌프 보렌은 '신학적 미학'(Theologische Ästhetik)으로 새롭게 정리하고 있다. 실천신학이 지적인 사변에만 머물지 말고, 수평적으로 우리 인간의 삶 전 차원에 관련되는 미학(美學)이 되어야 한다는 것이다. 설교도 그런 의미에서 볼 때 성령의 역사 속에서 선포되는 기적이다. 설교에서 인간의 적극적인 참여가 전제되지만, 결국은 성령께서 모든 것을 신율적으로 주관해 가신다. '신율적 상호작용'(Theonome Reziprozität)이라는 표현이 그것이다. 따라서 이런 신율적 관점에서 문제제기를 해보아야 한다. 설교구조가 설교자 혼자 수직적으로 선포하는 일방적 방식은 아닌가? 수평적으로 대화설교나 교인이 모두 설교 사건에 참여할 수 있는 가능성이 엿보이는가? 설교내용이 교회 안의 경건생활에만 국한된 종래의 수직적 설교를 벗어나지 못하고 있는가? 아니면 인간의 삶 전체를 말씀과 성령의 사건에 연관시키고 있는가? 문학과 예술, 의사소통이론, 정보이론, 나아가서 사이버네

---

173) 신현복, "설교비평의 본질과 기준," 239.
174) Rudolf Bohren, 『설교학 실천론』, 302-303.

틱스이론까지도 수평적으로 고루 반영하고 있는가? 설교에서 이런 신율적 사고가 분명하게 드러나고 있는지를 통찰력 있게 들여다볼 수 있어야 한다.

둘째로, 필자는 우리 개혁교회 후손들이 칼 바르트의 설교론을 한국적으로 수렴통합하기 위해서는 칼 바르트와 루돌프 보렌으로 이어지는 종교개혁전통의 설교론을 에큐메니칼적으로 계승하고 있는 박근원의 설교론에 귀를 기울일 필요가 있다고 생각한다. 그는 자신의 설교론을 다음과 같이 피력한다:

> 얼마 전 이번 학기의 설교론 강의 요청을 받으면서 나로서는 좀 망설여졌다. 정년퇴임한 지도 꽤 오래되고 또 설교학 교수로서 소임을 다하지 못한 회한이 없지 않기 때문이다. 나의 솔직한 심회라도 표현해서 후학들에게 한 퇴직교수의 아쉬움을 마지막 강의의 여운으로 남겨 두었으면 한다[175].……칼 바르트의 『설교학 원강』을 출발점으로 개혁교회 설교론의 맥락을 정리하여 출발점으로 삼고자 한다. 다음으로 루돌프 보렌의 『설교학 원론』과 『설교학 실천론』을 다시 한 번 통독하면서 그 저작의 내용에서 집히는 '설교비평의 원리' 같은 것을 정리해 보았으면 한다. 지난날 여러분이 이 저작을 단편적으로 읽었을 수는 있겠으나, 이번에는 전체적으로 함께 읽고 숙고해 보았으면 한다. 그런 접근이 거의 시도되지 않았기 때문이다. 적어도 이런 개혁교회 전통의 설교신학 범주에서 '현대교회 설교비평의 내용과 방법론'을 간추려 정리하는 작업을 해보았으면 한다.[176]

---

[175] 이것은 박근원이 한신대학교 신학전문대학원 박사과정(2006년 가을학기)에서 지도한 "현대교회 설교비평 연구" 과목의 연구자료집에 나오는 박근원의 "이번 강좌를 개설하면서 남기고 싶은 말"의 한 대목이다.

이렇듯 박근원의 자전적 고백에 따르면, 1973년 가을에 미국의 유학과 목회생활을 마무리하고 '실천신학' 교수로서 한신에 부임했다. 그곳에서 '교역론 중심의 실천신학' 보따리를 가지고 조금은 얼떨떨하게 신학교육 현장에 임했다. 한신 전통에서는 처음으로 실천신학 전임교수가 된 셈이다. 그로서는 무슨 보따리를 먼저 풀어야 할지 당황했고, 학교당국에서도 그에게 어떤 것을 기대했는지조차 막연했다. 그가 이 학교에 다닐 때에는 실천신학 과목으로 두 과목, 목회학(김재준)과 설교학(김정준)을 배웠던 것이 전부였다. 그분들의 뒤를 이어서 훌륭한 선배 목사들이 초청강사로 이 분야의 명맥을 이어온 것이다: 설교학(조덕현), 목회학(이영찬). 그리고 전문분야는 아니었지만 안희국 교수가 현장의 요구에 부응하는 학과목들을 가르치고 있었다.

박근원은 이렇게 학문적인 기반이 없었던 한신의 실천신학 교육풍토에 임해서 혼자 좌충우돌하며 온갖 현장의 요구에 응할 수밖에 없었다. 선배들로부터 물려받은 교재라고는 김재준 목사의 번역으로 되어 있는 『목사학』이라는 책 한 권뿐이었다. 교재의 부족을 메꾸기 위해서 번역작업을 서둘렀다. 그리고 '오늘의' 자로 시작되는 일련의 교역실천론 전문서적을 펴냈다. 『오늘의 목사론』(1978), 『오늘의 설교론』(1980), 『오늘의 교역론』(1982), 『오늘의 선교론』(1984), 『오늘의 예배론』(1992) 등이 그것이다. 그것은 한국교회 실천신학계에서는 최초의 기획으로서, 비로소 실천신학도 학문이 될 수 있음을 선언한 역작이었다. 그러나 박근원은 여기에 안주하지 않고 늘 세계 실천신학계의 향방을 예의주시하며 저마다의 수정증보판을 내놓기도 하였다.[177]

---

176) 위의 박사과정(2006년 가을학기) 연구자료집에 나오는 '강의계획서'를 참고하라.

1978년과 그 다음해는 그래도 박근원에게 학문적인 좌절을 딛고 일어설 수 있는 기회가 되었다. 독일 하이델베르크대학의 실천신학 교수인 루돌프 보렌의 대작 『설교론』을 번역해 보지 않겠느냐는 출판사의 제의와 그 초역을 위한 재정적인 후원까지 약속을 받았다. 또 1979년에 이 설교론의 저자인 루돌프 보렌이 일본에 들렀다가 한국을 방문했을 때는 한두 차례 그의 강연 통역을 맡기도 하였다. 한국어판에 그의 저서의 '머리말'을 즉석에서 써 받기도 하였다. 그 다음해인 1980년 여름학기에는 그와 함께 하이델베르크대학에서 안식년 연구학기를 보낼 수 있도록 허락을 받기도 하였다. 박근원은 보렌과 함께 하이델베르크대학에서 보낸 시간들은 자신의 생애 최고의 학문적인 향연이었다고 고백한다. 그가 하이델베르크에 머무는 동안 한국에서는 루돌프 보렌의 책이 『설교학 원론』, 『설교학 실천론』으로 출간되었다.

박근원은 1980년 가을학기에 귀국하자마자 한신대학 학장직을 맡게 되었다. 당시 대학은 종합화의 격동기에 있었다. 그 때 겪었던 어려움은 한신 공동체 모두의 출애굽이라고나 할까! 혼선과 진통의 연속이었다. 박근원은 그 때의 심경을 이렇게 회고한다:

> 나 개인적으로 생각하면, 그 동안의 학문적인 연구와 신학교육에 제동이 걸렸던 것이 무엇보다도 아쉬웠다. 내가 독일에 머무는 동안 갓 출간되었던 나의 『오늘의 설교론』과 루돌프 보렌의 『설교학 원론』, 『설교학 실천론』을 교재로 설교학 강의를 할 기회가

---

177) 그러나 박근원은 "당시의 한국 상황이나 한신의 교육풍토가 모든 것을 불가능하게 하였다. 정상적인 수업이 어려웠다. 한 학기에 한두 주 정상수업 하고 그 학기를 종강한 경우도 허다했다. 내 『오늘의 설교론』의 학문적인 결실은 그래서 별다른 결실을 거둘 수가 없었다."고 그 때를 회고한다. 자세한 것은 위의 연구자료집에 나오는 박근원의 "이번 강좌를 개설하면서 남기고 싶은 말"을 참고하라.

없어져 버린 것이다. 그것은 학장직을 그만 두고서도 학제의 변화와 교과목 개편으로 원상회복이 어렵게 되었다. 그 막간에 번역한 칼 바르트의 소책자 『설교학 원강』도 한 번도 교재로 써 보지 못하고, 그 번역료 대신에 받은 700여 권의 책을 우리 교단 산하의 목회자 모두에게 선물로 기증한 일도 있다. 내가 준비했던 이런 교재들을 내 스스로 한 번도 직접 후학들에게 전수하지 못한 회한이 남게 되었다. 그 책과 그 내용들이 그 후 20여 년 동안 우리의 후학들에게는 물론 한국교회 목회현장에서 얼마나 기여를 했는지가 자못 궁금해진다.[178]

그러나 필자는 우리가 이러한 상황 속에서도 박근원이 설교론과 관련하여 매우 중요한 사실들을 전수하고 있음을 잊지 말아야 한다고 생각한다.

박근원의 설교론 가운데 무엇보다도 중요한 것은 '케리그마 설교'와 '디다케 설교'의 구분이다. 박근원은 우리의 모든 설교를 이 둘로 나누어 주일낮 예배에서는 케리그마 곧 선포설교를 하고, 그 밖의 각종 신앙집회에서는 디다케 곧 강해설교를 하는 것이 가장 바람직하다고 말한다. 그렇다. 뭐니뭐니해도 성서에서 설교의 원형을 찾아볼 때 가장 중요한 키워드는 그래도 역시 '케리그마'(kerygma)다.[179] 그것은 부름 받은 설교자가 선포하는 복음적 메시지를 가리키는 말이다. 케리그마는 예수 그리스도께서 완성하신 십자가 복음의 핵심을 선포하는 것이다.[180] 케리그마가 이토록 중요한 위치를 점유하고 있음에도 불구하고,

---

178) 위의 박사과정(2006년 가을학기) 연구자료집에 나오는 박근원의 "이번 강좌를 개설하면서 남기고 싶은 말"을 참고하라.
179) 김윤규, "목회적 설교 유형과 설교 실연 연구 I: 교리적 설교, 본문(주석)설교, 강해설교 실연 및 분석과 평가," 『신학연구』, 제42집, (서울: 한신대학교 한신신학연구소, 2001), 397-429.

이에 대한 이해와 관심은 다드(C. H. Dodd)의 책 『사도적 설교와 그 발전』이 나오기 전까지는 미미한 정도였다.[181] 이에 반하여, 디다케 설교는 일차적으로 그리스도인으로서 구원을 체험한 사람들에게 하나님의 말씀을 가르칠 목적으로 증거되는 설교하고 박근원은 말한다. 여기서 가르침이란 교훈적인 것으로서 복음의 실천 강령을 일컫는다. 이러한 두 가지 설교구분 곧 선포(kerygma)와 교육(didache)의 차이는 내용에 있지, 의사소통의 전달이나 장소나 시간 양태에 있지 않다.[182] 아직 주님을 모르는 사람들에게는 무언가 디다케 이상의 것이 필요하고, 주님을 모셔 들인 사람들에게는 케리그마 이상의 것이 필요하다.[183] '처음의 선포'(Initial proclamation)는 케리그마(kerygma)요, '처음의 호소'(Initial appeal)는 디다케(didache)인데, 이것을 동시에 외쳐야 한다.[184] 박근원은 만일 한 설교자가 복음을 전할 때 어떤 편파적인 자리에 서지 아니하고 온전한 복음을 전하고자 한다면, 그의 설교는 위의 두 가지 형태의 설교를 균형 있게 다루어야 할 것이라고 줄곧 말해 왔다.

박근원의 설교론 가운데 또 하나 특기할 만한 것은 '교회력과 성서

---

180) Richard Lischer, ed., *Theories of Preaching* (The Labyrinth Press, 1987), 341; Karl Barth, "Revelation, Sacrament, and Doctrine," *The Preaching of the Gospel* (S.C.M. Press Ltd., 1963), 33. 칼 바르트에 따르면, 케리그마는 주님의 날 쪽으로 움직여 가기 위하여 그리스도의 현현으로부터 출발하는 것을 의미한다. 따라서 신약성서의 설교는 이 이중의 움직임, 곧 "하나님께서 자신을 계시하셨다"와 "하나님께서 자신을 계시하실 것이다"에 그 초점이 맞추어져 있다.
181) C. H. Dodd, *The Apostolic Preaching and Its Developments*, Reprinted (Baker Book House, 1980).
182) 박근원, 『현대신학실천론』, 248.
183) C. H. Dodd, *The Apostolic Preaching and Its Developments*, 13, 17, 74-78; Richard Lischer, *Theories of Preaching*, 22-26; DeWitte T. Holland, *The Preaching Tradition: A Brief History* (Nashville: Abingdon Press, 1980), 11.
184) 처음의 선포: 예수, 그분은 기적과 선행으로 말미암아 인정받으셨고, 유대인에 의하여 빌라도에게 넘겨져 죽임을 당하셨다. 그러나 하나님은 그를 죽은 자 가운데서 일으키셨고 그를 주(Lord)와 메시아(Messiah)로 삼으셨다. 이러한 모든 것은 성경(Scriptures)에 따른 것이다. 처음의 호소: 그러므로 회개하라, 세례를 받으라, 그러면 너희가 성령(Holy Spirit)을 받을 것이다.

일과에 따른 세 본문 설교'이다.[185] 박근원은 교회력[186] 가운데서도 특히 '창조절' 로 시작되는 '삼위일체력' 을 우리 한국교회에 처음으로 소개한 장본인이다. 그것은 서방교회의 교회력 틀이 너무 예수 그리스도의 생애 중심으로만 형성되어 있어서, 니케아·콘스탄티노플 신조와 사도신조의 신앙고백에 따라 한 해를 성부의 계절(창조절), 성자의 계절(대림절·성탄절·주현절·사순절·부활절), 성령의 계절(성령강림절)로 재구성한 것으로서, 요한 칼빈과 마르틴 부쳐의 개혁의지를 계승한 스코틀랜드의 유산을 다시 조정한 것이다. 이 개혁안은 교회력의 틀에 성서 본문을 배열했다기보다는 설교본문으로서 성서에 교회력의 의미를 배열했다는 데 그 특징이 있다. 로마 가톨릭 교회의 미사일과에서 비롯된 '통상축제력' 의 전통을 수렴하면서 이런 개혁교회 전통의 창조적인 개혁안을 제시한 것이 바로 맥아더(A. Alan McArther)의 안인데,[187] 박근원은 이런 삼위일체력에다 양력에 따른 민족적인 기념행사와 음력에 따른 우리 겨레의 민속절기를 수렴통합하여 한국 실정에 맞는 교회력으로 보완할 것을 강조하고 있다. 또 실제로 그런 총체적인 한국적 교회력과 성서일과의 탄생을 지향하면서 세 본문 설교의 구체적인 시안들을 한국교회에 여러 차례 선보인 바 있다.[188]

또 박근원이 개발한 '설교준비 12단계 프로그램' 은 매우 독창적이

---

185) 박근원, 『교회력과 목회기획』 (서울: 쿰란출판사, 2003), 8-51, 88-223.
186) 위의 책, 2-4.
187) 위의 책, 285.
188) 위의 책, 285-332; 동 저자, 『오늘의 설교론』, 343-420. 위 두 책에는 박근원이 직접 세 본문으로 설교한 내용들이 들어 있다. 그리고 후학들과 함께 세 본문 설교의 가능성을 탐구한 결과들을 살펴보려면, 박근원 엮음, 『교회력에 따른 예배와 설교자료』 전6권 (서울: 대한기독교서회, 1998-2003)을 참고하라. 이 자료들은 『해 뜨는 언덕에 올라』 (1999), 『은총의 해를 누리며』 (2000), 『생명을 빚어가는 해』 (2001), 『하늘에서 부는 바람』 (2002), 『온 땅의 새 바람으로』 (2003), 『바람 몰고 온 사람들』 (2004) 등으로 이루어져 있다.

고 짜임새가 있다.[189]

 그 가운데 『오늘의 설교론』은 귀국해서 설교학 강의를 하면서 교내외 잡지에 실렸던 것을 묶어서 펴낸 한국교회 최초의 설교학 교재였다. 그 중에서 '설교착상법'은 독창적인 것으로, 다른 외국 유학생으로부터 설교학 공부를 하면서 한국에서 이런 독창적인 것이 있다는 것을 발견하고 놀랐다는 후평을 듣기도 하였다. 그런데 정작 1970년대 후학들로서 이 방법론을 터득한 사람이 얼마나 될까![190]

이렇듯 필자가 볼 때도, 박근원의 설교착상법이 한국교회에 제대로 착상되지 못한 아쉬움은 있다. 하지만 전혀 그 시도들이 없지 않았던 것은 아니라고 본다. 필자도 이 12단계 착상법을 출발점으로 삼아 이제껏 설교준비의 노하우들을 쌓아오고 있기 때문이다. 그런 과정들 속에서 필자가 나름대로 느낀 것이 있다. 곧 박근원은 대화로서의 설교를 강조하면서, 그 설교의 형태나 종류를 주석설교(expository sermon)와 상황설교(life situation sermon)로 크게 나누고, 설교자의 창의력과 상상력을 살려쓰는 방법으로 바로 이 12단계 설교준비 방법론을 내보이고 있다는 생각이다. 곧 주석설교 준비 12단계는 1단계 성서본문의 이해, 2단계 상황의 선택, 3단계 본문과 상황의 연결, 4단계 설교의 목표 설정, 5단계 설교의 골자, 6단계 설교의 윤곽, 7단계 설교 윤곽 및 내용의 재고, 8단계 설교 내용의 초안, 9단계 설교의 시론과 제목, 10

---

189) 박근원, 『오늘의 설교론』, 62-148.
190) 위의 박사과정(2006년 가을학기) 연구자료집에 나오는 박근원의 "이번 강좌를 개설하면서 남기고 싶은 말"을 참고하라.

단계 설교의 결론 작성, 11단계 설교의 본문 작성, 12단계 마지막 설교 원고 등으로 이루어져 있다. 반면에 상황설교 준비 12단계는 1단계 상황의 선택, 2단계 성서 본문의 선택, 3단계 상황과 본문의 연결, 4단계 설교의 목표 설정, 5단계 설교의 골자, 6단계 설교의 윤곽 등이고, 그 다음 7단계부터 12단계는 주석설교 준비 단계와 똑같다.[191] 이러한 12단계 설교준비 방법론은 지금 같은 인터넷 시대라면 더욱 정교하게 프로그램화해서 한국교회 설교자들에게 체계적으로 제공할 경우 많은 공헌을 할 수 있을 것이라고 생각한다.

셋째로, 필자는 칼 바르트, 루돌프 보렌, 박근원으로 이어지는 종교개혁전통의 설교론을 더욱 계승 발전시키기 위하여 다음과 같은 질문을 스스로 던져볼 필요가 있다고 생각한다: "앞으로 이 땅 한반도에서 우리의 설교론은 어떤 모습이어야 하는가?" 필자가 보기에, 그것은 다름이 아니라, 칼 바르트가 그토록 부르짖었듯이, '화해'를 향한 설교론이어야 한다. 이 화해를 향한 교역실천으로서 한국 그리스도교 설교론의 정립이 미래 후학들에게 너무나 절실하게 요청된다는 말이다.

그런 의미에서, 필자는 화해의 교역실천을 위한 미래 한국 그리스도교의 설교론에서는 곳곳에 '화해'라는 주제를 충분히 담아낼 필요가 있다고 생각한다. 특히 '화해의 설교'라는 관점에서 다양한 방법들을 개발할 필요가 있다고 본다. 물론 박근원의 주장처럼, 본디 설교는 케리그마 설교와 디다케 설교, 크게 두 가지로만 단순 압축하는 것이 가장 바람직하다고 본다. 그런데 역사적으로는 이 두 가지 외에 '파라칼레오' 설교가 있었음을 앞에서 살펴보았다.[192] 그리고 바르트의 화

---

191) 박근원, 『오늘의 설교론』, 70.
192) DeWitte T. Holland, *The Preaching Tradition*, 11; 박근원, 『현대신학실천론』, 248.

해의 교역실천론을 생각하면 이 '파라칼레오' 설교를 다시 살려써야 하지 않나 하는 기대도 하게 된다. 물론 그 방법은 전혀 다른 세 가지 설교 방법이 따로 행해지는 것이 아니라, 이왕에 우리 설교전통에서 전승되어온 '파라칼레오 설교'의 가능성을 위 두 설교 곧 '케리그마 설교'와 '디다케 설교' 위에 내용과 전달 면에서 폭넓게 세례를 주면 어떨까 하는 것이다. 그렇다고 하면, 우리는 매번 설교할 때마다 그 형식이 케리그마 선포설교이든 디다케 강해설교이든 상관없이, 바르트가 말하는 화해의 설교[193] 곧 '파라칼레오 설교'를 내용적으로 충분히 담아낼 수 있을 것이라고 생각된다.

그렇다면 어떻게 해야 좀 더 효율적인 파라칼레오 설교를 할 수 있을까? 그것은 일명 '파라칼레오 입체설교'[194]가 아닐까? 바르트처럼 동시대성의 뜨거운 쟁점을 가지고 하나님의 화해를 선포하되, 본회퍼처럼 삶으로서 설교하며, 그 구체적인 전달기법은 클링안처럼 기존설교의 매너리즘을 탈피한 싱싱한 설교가 바로 그런 파라칼레오 입체설교가 아닐까? 이런 관점에서 파라클레오 입체설교자가 취해야 할 행동 9가지는 실용가능성, 즐거움, 구체성, 타인이나 교회나 세상으로부터 검증의 중요성, 신체적이거나 감정적인 조건을 갖지 않음, 조작이 없는

---

193) Kurt I. Johanson, *The Word in this World: Two Sermons by Karl Barth* (Vancouver: Regent College Publishing, 2007); William H. Willimon, *Conversations with Barth on Preaching* (Nashville: Abingdon, 2006). 이 책들은 바르트의 설교 가운데 그 동안 너무 간과되어 온 '화해'의 주제들을 다루고 있다. 전자에서는 그 당시 일어난 타이타닉호 사건을 주제로 바르트가 어떻게 하나님의 화해와 치유와 구원을 선포하고 있는지를 보여주고 있고, 후자에서는 그리스도 안에서 진행되는 하나님의 화해교역에 대한 기저과 증연을 힘주어 선포하는 것이 바로 설교라는 바르트의 주장이 일목요연하게 제시되어 있다.

194) Ralph Garlin Clingan, *An Action Preaching Manual* (Seoul: The Preaching Academy, 2002) = 허정갑 옮김, 『입체설교』 (프리칭아카데미, 2005), 9. 클링안은 'Action Preaching'이라는 표현을 통하여 실연적 설교를 논하고 있다. 그리고 그는 칼 바르트와 장자크 폰 알멘 등의 신학에 힘입어, 이런 입체설교의 모본으로 클레이톤 파월, 디트리히 본회퍼, 마틴 루터 킹 등을 열거하고 있다.

자연스러움, 목적성, 성서의 인물이나 저자나 편집자 의도의 분석이 설교 속 등장인물의 행동과 일치하기 등이다. 파라클레오 입체설교를 위한 12가지 고려요소들도 있다. 곧 강하고 맑은 목소리, 명확한 말하기 능력, 건강한 신체, 성서를 정확하게 해석하는 능력, 단어를 사용하는 능력, 행동이 습관화될 때까지 지속적으로 반복하는 것, 다른 사람을 위하여 일하고 경청하는 능력, 망설임 없이 설교를 행동으로 옮기는 추진력, 집중력, 용감함, 의지력, 상식 등이다. 여기서 가장 중요한 것은 설교자의 목소리, 신체, 정신이 얼마나 건강한가 하는 것이다.[195]

또 하나 파라칼레오 입체설교에서 중요한 것은 설교자의 설교가 강단에서 그치지 않고 강단 밑에서도 삶으로 설교되느냐 하는 것이다.[196] 본회퍼의 행동을 상기해 보라. 간수들은 그 설교자를 교수대로 데리고 가서 옷을 벗기고 매달며 흐느꼈다. 그들은 본회퍼가 자신들과 죄수들에게 영혼의 치유자(Seelsorger)와 영혼의 친구(Soul Friend)가 되어 주었기 때문에 눈물을 흘린 것이다. 그러나 그 설교자는 울지 않았다. 그는 웃었다. 그들이 그 설교자의 목에 밧줄을 걸자, 본회퍼는 자신의 마지막 설교를 하였다. 그들에게는 이것이 끝을 의미했다고 기록하고 있지만, 그 설교자에게는 이것이 시작을 표시하는 것이었다. 어디 본회퍼뿐인가? 이 땅 한반도에서도 억압과 압제에 항거하며 수많은 설교자들이 삶으로 증언된 설교를 선포하지 않았던가! 아니, 우리가 믿는 예수 그리스도야말로 십자가 형틀 위에서 자신의 삶을 던져 인류에게 설교를 하시지 않았던가! 바로 이런 설교의 백미들이 드러나고 있는지 살펴볼 수 있는 혜안이 필요하다.

---

195) 위의 책, 103.
196) 위의 책, 104.

그런데 사실 우리는 클링안의 이런 통찰이 이미 칼 바르트의 설교론을 이어받은 폰 알멘에 따라 이미 충분히 제기되고 있음을 알 수 있다. 폰 알멘은 예배 안에서 설교가 어떠해야 하는지를 논하면서, 설교의 특수한 성격을 존중한다는 것은 '하나님 말씀의 무한한 다양성'을 인정한다는 것을 의미한다고 밝히고 있다. 설교가 오직 하나의 참 진리를 전달해야 한다고 하더라도, 그것이 그저 지루한 것이 되어 버리면 안 된다는 것이다. 그런 설교는 나쁜 설교라는 것이다. 왜 그렇게 설교가 지루해져 버리는 걸까? 그것은 설교자의 환경과 편견과 인간적인 성격이 설교의 중요한 역할을 장악해 버리기 때문이라고 말한다. 목사가 이런 지루한 설교를 하지 않으려면 어떻게 해야 될까? 가장 좋은 처방은 될 수 있는 대로 목사가 자기 자신의 설교 본문을 선택하는 일에서 자유로워지는 것이라고 알멘은 주장한다. 결론적으로 말해서, 설교의 본디 특성을 존중한다는 것은 설교가 읽는 것이 아니고 '선포'되어야 함을 뜻한다는 것이다. 우리는 회중이 이해하는 언어와 상징으로 말을 해야 한다. 그들을 똑바로 보면서 형제들끼리 말을 거는 어조로 해야 한다. 설교를 할 때 우리는 강의를 하는 것이 아니다. 우리는 하나님의 이름으로 그들의 삶에 관여하면서, 그들을 경고하기도 하고 야단을 치기도 하고 또 달래기도 한다. 그들에게 똑바로 살도록 용기를 주면서 말이다. 폰 알멘의 말처럼, 이런 '복음의 생명력 있는 말씀'을 선포하려면 준비 없이 즉흥적으로 하는 따위의 게으름을 피워서는 안 된다. 그리고 사람이 연극에서 자기 대사를 배우는 것처럼, 그저 설교를 암기하려고만 해서도 안 될 것이다.[197]

---

197) Jean-Jacques von Allmen, *Preaching and Congregation* (John Knox Press, 1962) 38이하.

3. 그리스도교 '목양론'

'신학'(神學)의 꽃은 '실천'(實踐)에서 피어나고, 실천의 꽃은 '교역'(敎役)에서 피어나며,[198] 교역의 꽃은 '목회'(牧會)에서 피어나고, '목회'의 꽃은 '목양'(牧羊)에서 피어난다.[199] 그렇다면 과연 '목양'이란 무엇인가? 잘 알려져 있듯이, 목양이란 독일어로 Seelsorge이다.[200] 그런데 이 말은 더 거슬러 올라가면 라틴어 cura animarum과 잇닿아 있다.[201] 물론 animarum은 영혼(soul)을 뜻하는 anima의 소유격이다. 우리가 흔히 말하는 이 soul은 히브리어 nepesh와 그리스어 psyche의 가장 일반적인 번역이다. 많은 성서학자들은 이 두 성서원어를 오늘의 단어로 꼭 꼬집어 말하라면 person이나 self라고 주장한다.[202] 이렇게 이해하였을 때 가장 유익한 점은, 이 두 단어가 전인성(wholeness)을 내포하고 있다는 사실이다. self도 한 사람의 일부가 아니라 그 통전성을 뜻한다. personhood도 우리의 어떤 부분이 아니라 우리 존재의 통전성을

---

198) 박근원, 『현대신학실천론』, 13-46. 특히 36을 보면, 쉴라이에르마허는 *Die Praktische Theologie*에서 실천신학을 모든 신학의 왕관으로 표현하고 있음을 알 수 있다. 그리고 루돌프 보렌이 『신학연구총론』(*Einführung in das Studium der evangelischen Theologie*)에서 7가지로 나눈 신학실천 분야를 박근원은 9가지로 분류하면서 그 핵심을 '교역론'으로 보고 있다. 교역의 본질을 묻는 교역실천적 연구는 Ray S. Anderson, ed., *Theological Foundations for Ministry* (Edinburgh: T. & T. Clark, Ltd., 1979)를 참고하라.

199) 신현복, "칼 바르트의 신학실천과 교역론," 『신학연구』제49집 (서울: 한신학술원신학연구소, 2006), 195-97. 그 동안 한국교회 안에서 '목회'(牧會)라는 말이 너무 광범위하게 사용된 나머지, '교역'(敎役)이라는 말과 혼동을 빚음으로써 본디 의미를 상실하고 있다. 그래서 여기서는 요한복음 21:15-17의 뜻을 살려 길 잃은 한 마리의 양을 찾아 영혼의 돌봄과 영혼의 치유를 베푼다는 의미에서 '목양'(牧羊)이라고 하기로 한다.

200) Eduard Thurneysen, *Die Lehre von der Seelsorge/Seelsorge im Vollzug* (Zollikon-Zurich: Evangelischer Verlag A.-G., 1946/1968) = 박근원 옮김, 『목회학 원론/실천론』(서울: 한국신학연구소, 1975/1977); 신현복, "목회의 역사적 전통이해," 『신학연구』제47집 (서울: 한신대학교출판부, 2005); 동 저자, 『목회의 성서적 전통이해: 맬러비의 데살로니가 목회론을 중심으로』(신학석사논문, 1990).

201) John McNeill, *A History of the Cure of Souls* (New York: Harper & Row, 1951).

202) David Banner, *Care of Souls* (Grand Rapids: Baker Books, 1998), 21-22.

가리킨다. 그리고 여기서 라틴어 cura는 영어로 care 또는 cure라고 두 가지로 번역된다. 그러므로 종합해 볼 때, 목양의 어원적 뿌리는 cura animarum 곧 통전적인 의미에서 '영혼의 돌봄'(care of soul)[203] 또는 '영혼의 치유'(cure of soul)[204]와 밀접하게 연결되어 있다고 할 수 있다.

그런데 솔직히 그 동안 우리는 이 두 가지 어원 가운데 영혼의 돌봄을 더 중요시하는 경향이 있어 왔다. 그래서 목양을 '돌봄'이라는 차원에서만 접근하려고 하였다. 그러나 갈수록 급변하는 현대사회와 그 속에서 갖가지 상처를 입은 현대인들을 생각해 볼 때,[205] 우리는 목양을 자칫 방관자적인 선 자리에서 단순히 돌본다는 것에 자족할 할 것이 아니라, 어렵지만 적극적으로 선교 현장에 뛰어들어 상처 입은 하나님의 백성들을 '치유'한다는 소명감을 회복하지 않으면 안 된다는 위기의식을 느끼고 있다. 그런 의미에서 오늘 목양의 본질은 '영혼의 치유'라고 재천명할 수 있을 것이다.[206] 목양은 '영혼의 치유'라는 교역실천론적 개념과 직결될 때 비로소 그 꽃이 활짝 피어난다고 할 수 있다.

그렇다. 누가 뭐래도 하나님은 '사랑'이시다. 예수가 이 땅에 오셔

---

[203] Gerald G. May, M.D., *The Dark Night of the Soul: A Psychiatrist Explores the Connection Between Darkness and Spiritual Growth* (New York: HarperSanFrancisco, 2004) = 신선명 · 신현복 옮김, 『영혼의 어두운 밤』 (서울: 아침영성지도연구원, 2006); Thomas Moore, *Care of Soul: A Guide for Cultivating Depth and Sacredness in Everyday Life* (New York: HarperCollins, 1992) = 김영운 옮김, 『영혼의 돌봄』 (서울: 아침영성지도연구원, 2007).

[204] 그리스도교 목양론의 핵심이 영혼의 치유라는 관점은 McNeill, Oden, Thurneysen, Clinebell 등을 통하여 깊이 있게 탐구되었다. 특히 클라인벨은 『전인건강』(*Well-Being*)에서 전인건강의 7중 행로 그 핵심에 영성 곧 영혼의 치유가 자리하고 있음을 힘주어 밀하고 있다.

[205] 신현목, 『내 마음의 그림자』 (서울: 아침영성지도연구원, 1996); 동 저자, 『목마른 시슴의 노래』 (서울: 아침냉성지도연구원, 1999); 동 저자, "영혼의 치유 시리즈," 『한국기독교장로회총회 회보』 2004. 1-12월호 (서울: 한국기독교장로회총회, 2004).

[206] 박근원, 『현대신학실천론』, 31; 정태기, 『내면세계의 치유』 (서울: 규장, 2000); 동 저자, 『나는 치유하는 목회자인가?』 (서울: 크리스찬치유목회연구원, 2000); Dorothy S. Becvar, *Soul Healing* (BasicBooks, 1997); Francis MacNutt, *Healing* (Ave Maria Press, 1999) = 신선명 옮김, 『치유의 영성』 (서울: 아침영성지도연구원, 2006).

서 우리를 위하여 하신 일이 무엇인지를 묵상하다 보면 이 사실이 자명해진다. 하나님께서는 예수 그리스도를 보내셔서 세상의 생명이 되게 하셨다. 요한일서의 저자가 단언하듯이, 예수가 이 땅에 오신 것은 "우리가 그분으로 말미암아 살게 하기 위함이었다." 저자는 계속해서 이렇게 말한다: "사랑하는 여러분, 하나님께서 이렇게까지 우리를 사랑하셨으니, 우리도 서로 사랑해야 합니다"(요한일서 4:9-11). 그런 의미에서 '영혼의 치유'(cure of soul)의 근거와 동기는 바로 하나님의 사랑이다.[207] 이 사랑의 교역을 실천하는 교회가 성령의 임재를 강하게 간구할 때, 그 속에서 선한 목자 되시는 예수가 증거 된다: "오소서, 오소서, 위로의 주님, 상처 입은 우리를 치유해 주소서."[208] 예수는 모든 목사들 가운데 최초의 목사이시다. 그분이 우리더러 자신이 돌보아 줄 것이니 우리 걱정을 맡기라고 이르신다(베드로전서 5:7). 사실 아픈 이들과 죽어 가는 이들을 돌보는 것은 모든 종교의 의무이자 사랑스러운 자비의 표출이다. 각 종교적 전통의 의례와 형식들에 따르면, 깨어진 관계, 소외, 슬픔, 용서, 질병, 죽음에서 비롯되는 반복적인 울부짖음 때문에 갖가지 '영혼의 치유'가 생겼다. 우리 그리스도교도 마찬가지이다. 그런 의미에서 우리 그리스도교에서 말하는 '영혼의 치유'는 그리스도인들이 교역실천 현장에서 그리고 때때로 개인적이거나 공동체적인 필요와 위기 속에서 서로 간에 베푸는 후원이라고 정의할 수 있다.[209]

---

207) 신현복, "목회의 역사적 전통이해," 261.
208) 이것은 중세기부터 전해내려 오는 한 응답송 가사를 우리말로 감처 본 것이다. Presbyterian Church (U.S.A.), *Services for Occasions of Pastoral Care* (Supplemental Liturgical Resource 6; Louisville, KY: Westminster/John Knox Press, 1990), 7.
209) Directory for Worship, *The Constitution of the Presbyterian Church (U.S.A.), Part Ⅱ: Book of Order* (Louisville, KY: Office of the General Assembly of the Presbyterian Church, 1989), W-6.1003.

따라서 여기서는 먼저 칼 바르트 이전까지 전해 내려온 그리스도교 목양론의 역사적 전통을 훑어보고, 그 다음으로 칼 바르트의 교역실천에 나타난 '목양론'의 광맥을 본격적으로 탐사해 본 뒤, 그 다음에는 칼 바르트의 목양론이 어떤 방식으로 개혁적 계승을 이루고 있는지를 분석해 보고, 마지막으로는 칼 바르트의 '목양론'이 박근원에 따라 한국적 상황에서 어떻게 수렴통합되고 있는지 그리고 향후 그 대안은 어떤 것이 있는지를 살펴보려고 한다.

그리스도교 '목양론'의 역사적 전통

첫째로, 구약성서의 목양론은 '약속'에 토대를 둔 목양론이었다. 하나님의 창조와 도우심, 인간의 잠재력과 단절, 가족의 소외와 화해의 약속, 그리고 절망과 죽음에 직면해서도 희망을 품고 인내하는 목양론이었다.[210] 목양을 실천했던 최초의 사람들은 고대 이스라엘의 지도자, 곧 제사장과 예언자와 현자들이었다.[211] 이스라엘 초기 예언자들의 선교는, 하나님의 메시지를 그 민족의 다양한 집단에게 전파하는 데서 그치지 않고, 야훼의 뜻이 제대로 이루어지고 있는가를 지켜보기 위한 목양적인 경계에까지 이르렀다. 고전 시대의 예언자들은 주로 이스라엘 민족을 향한 메시지를 전파하였는데, 저마다 개인들에게 알맞도록 그것을 적용시켰다. 이러한 전통을 상속받은 에스겔은, 개인들에게 하나님의 심판을 선언할 뿐만 아니라 우리가 전통적으로 '영혼의

---

210) Presbyterian Church (U.S.A.), *Services for Occasions of Pastoral Care*, Supplemental Liturgical Resource 6 (Louisville, KY: Westminster/John Knox Press, 1990). 이 책에는 개혁전통에서 바라본 목양론의 역사가 압축되어 있는데, 필자도 여기서 그 자료에 크게 의존하였음을 밝혀 둔다.
211) Charles V. Gerkin, *An Introduction to Pastoral Care* (Abingdon Press, 1997) – 유영권 옮김, 『목회직 돌봄의 개론』(서울: 은성, 1999), 28.

치유'(cure of souls)라고 칭하는 것까지 발달시킴으로써, 이 유형을 더욱 확대시켜 놓았다.[212]

둘째로, 예수의 목양론은 '섬김'에 토대를 둔 목양론이었다. 예수는 자기 자신의 사역을 통해서, 민족과 개개인을 향한 하나님의 뜻을 선포하는 예언자적 전통을 이어나가셨다. 또한 예수는 사람의 아들, 예언자, 특히 종과 같은 용어들을 완성하고 변형시키셨다. 그분의 온 생애는 섬김의 사역이었다. 그분은 섬김을 받기 위해서가 아니라 섬기기 위해서 오셨다(마태복음 10:45). 그분의 제자들은 그분이 명령하신 대로 행동하였다: 서로 사랑하라(요한복음 15:12). 그러므로 원시 그리스도교는 언제나, 칼 융의 표현대로, "인간의 마음을 지니고 온 세계를 떠돌아다녔다." '영혼의 치유'라는 그리스도교 목양론은 부활하신 예수로부터 권능과 힘뿐만 아니라 영감과 심상까지도 끌어낸다.[213] 예수는 선한 목자이시다(요한복음 10:11). 히브리 성서에서 이 복음의 배경을 찾아보면, 하나님의 백성을 지킨다는 메시야 사상으로 거슬러 올라간다. 하나님은 이스라엘의 목자이시다(시편 23:1, 80:1, 이사야 40:11). 이 용어는 다윗과 같이 하나님의 기름부음을 받은 통치자들에게도 적용된다. 예수에 따라 새롭게 도입된 사상은, '선한 목자'(good shepherd)는 양들을 위해서 자기 목숨도 내어준다는 것이다.[214] 그리스도교 목양론은 이것을 본보기 삼고, 선한 목자의 경계, 용기, 그리고 사랑 안에서 그 영감

---

212) 신현복, "목회의 역사적 전통이해," 263.
213) T. Bonhoeffer, *Ursprung und Wesen der christlichen Seelsorge* (Munchen, 1985), 30이하. 특히 'Grundstrukturen judischer Seelsorge'; Klause Winkler, *Seelsorge* (Berlin: Walter de Gruyter GmbH & Co. KG, 2000) = 신명숙 옮김, 『목회상담: 영혼돌봄』, 107.
214) Charles V. Gerkin, *An Introduction to Pastoral Care*, 32. 요한복음에 나타난 대로, 자신을 선한 목자라고 말씀하시는 예수의 출현으로 말미암아 목자의 이미지는 성직자의 중심 이미지가 되었다.

을 발견한다. 예수가 시작하신 것을 이렇게 제자들이 이어갔던 것이다.

셋째로, 초대교회의 목양론은 '세례'에 토대를 둔 목양론이었다.[215] 제자들은 예수의 영으로부터 권능을 받고 예수의 사역을 자신들의 것으로 전수 받았다. 예수가 가르치신 대로, 제자들 역시 가르쳤다. 곧 예수가 세례를 받으신 것처럼, 제자들 역시 세례를 받았고, 예수가 부르신 이들에게 세례를 베풀었다. 예수가 죽은 이들 가운데서 다시 살아나신 것처럼, 제자들 역시 새로운 삶 속으로 걸어 들어갔다:

> 그러므로 우리는 세례를 통하여 그분의 죽으심과 연합함으로써 그분과 함께 묻혔던 것입니다. 그것은, 그리스도께서 아버지의 영광으로 말미암아 죽은 사람들 가운데서 살아나신 것과 같이, 우리도 또한 새 생명 안에서 살아가기 위함입니다(로마서 6:4).

이렇듯 "회개를 위하여" 물로 세례를 베풀었던 세례 요한의 세례와 달리(마태복음 3:11), 예수의 세례는 죽음과 부활을 위한 세례였다고 필자는 생각한다. 예수의 세례는, 우리도 예수처럼 죽음을 이기고 부활함으로써 예수와 하나가 될 수 있음을 보여주는 증거요 상징이었다(로마서 6:5). 그러므로 세례는 그리스도의 제자가 되고 지체가 되는 지속적인 사건이었다. 세례는 교회의 삶과 교역의 중심이며 원천이었다. 교회의 모든 교역실천이 지니는 의미와 확인은 바로 이 세례예식으로부터 비롯되었다. 또 로마제국 전체의 모든 그리스도교 공동체에서 병든 사람들, 죽어 가는 사람들, 가족을 잃은 사람들, 가난한 사람들, 곤란에 빠진 사람들에게 베풀었던 '영혼의 치유,' 그 '사랑'(*agape*)은 다양

---

215) 신현복, "목회의 역사적 전통이해," 264.

한 형태의 목양적 관심으로 표출되었다. 바울은 유명한 본문(고린도전서 13장)에서 이 아가페에 관하여 언급한다.[216] 야고보서 5:14-16의 유명한 본문은 병자들 위문, 영적인 대화, 고백과 용서의 선언, 신체적 회복 등을 포함하는 목양론에 관하여 언급하고 있다.[217]

넷째로, 중세교회의 목양론은 '성례전'에 토대를 둔 목양론이었다. 11세기 말까지 가톨릭의 주도 아래,[218] '영혼의 치유' 교역은 몸과 마음과 영혼의 고통을 치유해 주는 신적인 은총의 능력이 중심이 되었다. 제4차 라테란 공의회(Lateran Council, 1215)는 성직자들에게 이르기를, "노련한 의사의 방법에 따라, 상처 입은 사람들의 상처에 포도주와 기름을 부어라"라고 하였다(Canon 21).[219] 중세교회는 일곱 가지 성례전[220]-세례예식, 견신예식, 성만찬예식, 참회예식, 성유예식, 안수예식, 결혼예식-이 모두 다 그리스도에 따라 마련된 것이지만, 그렇다고 해서 일곱 가지 모두가 구원에 반드시 필요한 것은 아니라고 가르쳤다. 물론 남용이나 형식주의도 없진 않았지만,[221] 고백과 병자 심방

---

216) Klause Winkler, 『목회상담: 영혼돌봄』, 111. 빈클러는 오늘 우리가 사용하는 '목양'이라는 말이 신약성서에 나오는 단어들, 곧 위로하기(고린도후서 13:11; 데살로니가전서 4:18, 5:14), 권면하기(데살로니가전서 2:11, 5:11; 디모데전서 4:13), 바로잡아주기(갈라디아서 6:1), 다함께 도와주기(빌립보서 4:3), 서로 짐을 져주기(고린도전서 12:25; 고린도후서 11:28), 서로 섬기기(베드로전서 4:10) 등과 같은 개념이라고 설명하고 있다.
217) 신현복, "목회의 역사적 전통이해," 267.
218) Charles V. Gerkin, An Introduction to Pastoral Care, 35; Klause Winkler, 『목회상담: 영혼돌봄』, 113-43. 콘스탄틴 황제의 그리스도교 공인시기까지는 터툴리안(Tertullian, 160-220, 『참회에 관하여』) 등이 있었고, 그리스도교 공인시대부터 종교개혁시기까지는 영혼의 돌봄을 모든 예술 중 최고의 예술로 이해한 대 그레고르(Gregor dem Großen, 540-604, 『목회규칙서』) 등이 있었다.
219) Disciplinary Decrees of the General Councils, trans. H. J. Schroeder (St. Louis: B. Herder Book Co., 1937), 160-63.
220) 가톨릭에서는 이 일곱 가지를 칠부성사 곧 세례성사(洗禮聖事), 견진성사(堅振聖事), 성체성사(聖體聖事), 고해성사(告解聖事), 종부성사(終傅聖事), 신품성사(神品聖事), 혼인성사(婚姻聖事)라고 말한다.
221) 신현복, "목회의 역사적 전통이해," 269.

은 가톨릭 공동체의 신체적·사회적·영성적 통전성에 공헌하였다. 참회는 목사와 참회자들 사이의 상호작용을 위한 목양적·성례전적 도구를 제공해 주었다. 그것은 참회자로 하여금 고통스럽거나 괴로운 양심의 짐을 벗어 버릴 수 있도록 도와주었다. 병자 심방은 그리스도를 대신하는 성직자를 사람들의 집안으로 불러들였으며, 병자들을 위한 기도는 그 무엇도 그들을 그리스도의 사랑이나 그리스도의 지체의 애정으로부터 갈라놓을 수 없다는 확신을 심어 주었다.

다섯째로, 개혁교회 목양론은 '말씀'에 토대를 둔 목양론이었다.[222] 개혁자들은 모두 중세의 참회의 성례전을 거부하고, 참회하는 죄인이 누구의 중재도 없이 직접 하나님께 고백해야 할 필요가 있다고 강조하였다. 하지만 다른 한편으로, 그들은 예배를 위하여 모인 회중들 앞에서 하는 고백의 가치와 신실한 상담자 앞에서 하는 사적인 고백의 가치를 모두 인정하였다. 상담은 본디 말씀을 대언하는 목사가 맡아야 했지만, 평신도들도 얼마든지 이 교역을 담당할 수 있었다. 1520년에 루터(1483-1546)는 '영혼의 치유' 주제들-악마의 7가지 측면과 하나님의 상보적인 7가지 축복-에 관한 논문을 출간하였다. 그는 "지치고 무거운 짐을 가득 짊어진 사람들을 위한 14가지 위로"를 생각해 냈다. "그리스도의 능력 때문에 생기는 이 기쁨과 그리스도의 은총 때문에 생기는 이 은사들을 생각할 때, 작은 악마가 어찌 우리를 괴롭힐 수 있겠는가?"[223] 1518년, 울리히 츠빙글리(Ulrich Zwingli, 1484-1531)는 신실한 복음 선포 다음에는 신실한 '목양'이 뒤따라야만 한다고 주장하였다. 죄인들이 온전해질 수 없다면 그리스도께서 베푸신 온전한 구

---

222) Klause Winkler, 『목회상담: 영혼돌봄』, 113-43.
223) 신현복, "목회의 역사적 전통이해," 269-70.

원 역사도 아무런 소용이 없다는 것이었다. 『제2차 헬베틱 고백』(The Second Helvetic Confession, 1566년에 채택)은 츠빙글리의 사위이자 계승자인 하인리히 불링거(Heinrich Bullinger, 1575년 사망)의 마지막 뜻이자 유언이기도 했다.[224] '영혼의 치유' 교역에 관한 한, 목사의 임무는 용기 없는 이들을 위로하고, 범죄자들을 책망하고, 넘어진 이들을 일으켜 주고, 가난한 이들을 도와주고, 병든 이들을 심방하는 것까지 모두 포함되었다. 칼빈(John Calvin, 1509-1564)은 목사직에는 이중적 기능-거룩한 삶에 대한 선포와 격려-이 깃들어 있다고 주장하였다: "진실하고 신실한 목사의 직무는, 자신이 목양하도록 임명받은 사람들을 공적으로 가르치는 일뿐만 아니라, 될 수 있는 한 개개인을 특별히 훈계하고 권고하고 상담하는 일까지도 포함된다." 주일 중보의 기도에서, 칼빈은 몸과 영이 고통 받고 있는 이들을 위해 이런 드렸다:

> 오 온갖 위로의 하나님이시여, 저희는 하나님께서 찾아오시어 십자가와 환난으로-가난, 수감, 질병, 추방, 또는 온갖 형태의 육체적 비극이나 영의 고통을 통하여-연단하신 이들을 하나님께 맡깁니다. 그들이 올바른 길로 갈 수 있도록 연단하신 하나님의 아버지 같은 사랑을 그들이 잘 깨달아 이해할 수 있도록 해주옵소서. 그리하여 그들이 온 마음을 다하여 하나님께 돌아오도록 해주옵소서. 그리고 돌아온 다음에는 충만한 위로를 받아 모든 질병으로부터 낫게 해주옵소서.[225]

---

224) The Second Helvetic Confession, *The Constitution of the Presbyterian Church (U.S.A.), Part 1: Book of Confession*, 5.095.
225) "The Form of Church Prayers," *Liturgies of the Western Church*, ed. and trans. by Bard Thompson (Cleveland: Collins-World, 1961), 200.

이렇듯 제네바의 가혹한 법률 제정자라고 하는 칼빈의 부당한 평판은, 그의 '영혼의 치유' 교역이 지니는 현명하고도 온화한 측면을 가려 버렸다고 필자는 생각한다. 그의 편지들은 대부분 죽음의 곤경을 다룬다. 그의 아내인 이델레뜨(Idelette)가 그 도시의 전염병 때문에 사망하였다. 칼빈의 경우, 죽음을 받아들인다는 것은 우리가 하나님과 화해하도록 만드는 은총의 증거이다. 칼빈은 한 편지에서, 사랑의 하나님을 믿고 칼빈 자신을 신뢰하며 죽어간 친구 노르망디 부인(Mme. de Normandie)의 죽음에 관하여 설명한다. 우리는 그의 설명에서 두 가지 점에 주목할 수 있다. 첫째, 교회 구성원들 모두가 죽어 가는 사람 곁에 모여서, 그 죽어 가는 사람에 대한 교역실천에 동참한다. 둘째, 죽어 가는 여성은 교회 주일예배의 말씀들을 회상하면서 자신에게 위로가 될 만한 것들을 암송한다.

> 그녀가 이렇게 읊조리고 있을 때, 상당히 많은 사람들이 안으로 들어왔다. 나는 때때로 이 상황에 적합하다고 생각되는 말씀들을 몇 가지 선포해 주었다: 그리고 우리는 그녀에게 긴박하게 필요한 것들을 놓고 하나님께 탄원을 올리기도 하였다. 그녀는 한 번 더 자신이 얼마나 많은 죄를 지었는지를 선언한 뒤, 하나님께서 그 죄들을 다 용서해 주시기를 간구하였다. 그녀는 자신의 구원을 즐거운 마음으로 확신하고 있었다. 그녀는 일편단심 예수만 의지하고 전심으로 그분만 신뢰하였다……나중에, 그녀는 내 손을 잡고 이렇게 말했다: "정말 기뻐요. 이 모든 게 하나님의 은혜지요. 그분이 저를 이 죽음의 자리까지 이끌어 주셨어요."[226]

---

226) *Calvin: Institutes of the Christian Religion*, trans. Ford Lewis Battles, ed. John T. McNeill, in Library of Christian Classics (Philadelphia: Westminster Press, 1960), vol. Ⅰ, 638-39(3.4.12).

필자가 볼 때는, 이렇게 칼빈도 영혼의 치유 문제에 충분히 심층적인 관심과 영성적인 촉수를 발달시키고 있었건만, 시대적인 환경과 후세들의 편견 때문에 이런 사실들이 제대로 드러나지 않고 있다는 판단이 든다.

특히 칼빈의 주장에 따르면, 고해 성사는 "여러 가지 면에서 교회에 해를 끼쳤다."[227] 고해 성사의 옛 체계가 양심에 무거운 짐을 지웠으며, 위로를 안겨주기보다는 오히려 절망이나 위선을 가져왔다고 본 것이다. 그러나 고백은 그것이 꼭 필요한 사람들에게는 무척 도움이 되는 방법으로 추천할 수 있었기에, 그는 교회에 세 가지 종류의 고백을 제안하였다. 첫째, 한데 모인 회중이 "용서의 선언의 권한을 부여받은" 그리스도의 대사(ambassador)를 통한 용서를 간구한다. 둘째, 교회에 범죄를 저지른 개인이 회개를 선언하고, 회중과 하나 되기 위하여 되돌아온다. 셋째, 그러나 칼빈의 주장에 따르면, 사적인 용서의 선언은 그것이 양심의 해방을 원하는 사람들에 따라서 사용될 때에만 유효하고 이롭다:

> 믿음을 지닌 회중 모두를 향한 일반적인 약속을 듣고도 여전히 어떤 의심에 빠져 있는 이들은, 아직도 용서에 다다르지 못한 것 마냥, 근심걱정을 떨쳐버리지 못하는 경우가 왕왕 발생한다. 마찬가지로, 그가 자기 마음의 비밀을 자신의 목사에게 흉허물 없이 털어놓고, 자신의 목사에게서 특별히 자신을 직접 겨냥하여 던져지는 복음, "기운을 내라, 네 죄가 용서받았다."(마태복음 9:2을 감침)는 메시지를 듣게 될 경우에는, 마음의 안심을 얻고 전에 자

---

[227] 신현복, "목회의 역사적 전통이해," 274.

신을 옥죄었던 불안으로부터 자유를 누리게 될 것이다.[228]

필자가 볼 때에, 칼빈의 이런 주장은 오늘 영혼의 치유 교역실천 현장에서 심심치 않게 목격되는 현실이다. 그러므로 이런 사실에 대하여 눈을 감으라고 하기보다는 그 영성적인 기준과 교회 공동체적인 질서를 제시해 가는 것이 더 마땅하다고 생각된다. 예컨대, 칼빈이 "양심의 해방을 원하는 사람들에 따라서 사용될 때에만 유효하고 이롭다"고 전제를 단 것처럼.

다른 한편, 병자 심방에 관한 스코틀랜드 존 녹스(John Knox, 1515?-1572)의 가르침은, 그 이후 개혁교회들의 모든 '영혼의 치유' 교역에 훌륭한 모델을 제공해 주었다:

> 병자 심방은 반드시 필요한 일이다. 하지만 그럼에도 불구하고, 그것에 관련된 규칙들을 모두 규정한다는 것은 어려운 일이다. 따라서 우리는 그것을 독실하고 사려가 깊은 목사의 판단에 맡긴다……게다가, 심방을 받은 사람은 내내 그의 위로를 받을 수 있다: 목사는 그곳에 머물면서 그 사람을 위하여 기도해 줄 뿐만 아니라, 필요할 경우에는 공적인 기도를 통해서 회중에게 그 사람을 맡길 수도 있다.[229]

이러한 녹스의 말은 영혼의 치유에 대한 현실타당하고 교회 공동체적인 교역실천 방안을 수립하는 데 매우 중요한 근거가 있다고 필자는

---

228) *Calvin: Institutes of the Christian Religion*, vol. Ⅰ, 638-39(3.4.12).
229) William D. Maxwell, *The Liturgical Portions of the Genevan Service Book: Used by John Knox While a Minister of the English Congregation of Marian Exiles at Geneva*, 1555-1559 (London: Faith Press, 1931), 160-61.

생각한다. 또 대부분 녹스가 작업을 한 『권징조례서』 (*Book of Discipline*)는 사적인 경고로부터 훈계로, 그런 다음에는 공적인 책망으로, 그리고 마지막에는 엄숙한-무서운-추방으로 이어지는 범죄자 취급 절차를 설명해 준다. 녹스의 『예전』 (*Liturgy*, 1560)은 "공적인 회개의 가치가 있는 범죄"에 관하여 정교한 가르침을 제공해 준다. 18세기까지 그 제도는 경건한 율법주의로 점점 퇴보하였다.[230]

칼 바르트의 교역실천에 나타난 '목양론' 의 광맥

과연 칼 바르트 교역실천의 진정한 핵은 무엇일까? 단순히 그가 지식 일변도의 신학적 사변만 늘어놓고 있는 것은 아닐진대, 그런 신학이라면 이토록 세계적인 신학이 되지 못했을 터인데, 그의 교역실천적 태풍의 눈 속에서는 어떤 영적 갈증과 목마름이 타들어 가고 있단 말인가? 누군가의 신학이 신학다워지려면, 그의 신학을 가능케 하는 영혼의 불꽃같은 에너지가 타올라야 한다. 천지를 쾅쾅 울리고 어두운 세력을 한 방에 쓰러뜨리며 듣는 이가 전율을 느낄 만한 영혼의 절규가 있어야 한다. 그것이 그 사람에게서 쏟아져 나오는 교역실천의 출발점이다. 바르트도 시대의 아들이다. 그렇다면 분명 그도 무언가 당대의 신학이 신학답지 못함을 뼈저리게 절감하면서 새로운 신학실천, 새로운 교역실천의 판을 짜려고 몸부림치지 않았을까? 그러기에 그 많은 역작들을 열정적으로 토해낼 수 있지 않았을까? 그렇다면 그 교역실천적 열정의 뜨거운 감자는 무엇이었을까? 우리는 그 동안 그의

---

[230] Klause Winkler, 『목회상담: 영혼돌봄』, 159-71. 경건주의와 합리주의 시대에 개혁교회에서 영혼의 치유를 표방하였던 인물로 경건주의주의 아버지 스페너(Philipp Jacob Spener, 1635-1705) 등이 있다.

교역실천적 삶의 자리를 검토하면서 너무 사회정치적으로만 검토하려 하지 않았던가? 나치 치하에서 Nein!의 신학을 온몸으로 쓰려 했던 그 당시의 고백교회 신학들을 모르는 바 아니다. 그러나 그것만으로는 되지 않는다. 거기에 머무르면, 우리는 또 다시 서구신학의 포로가 되고 말 것이다.

다시 한 번 묻거니와, 신학이란 무엇인가? 그것은 교회를 위한 학문이다. 교회가 있기에 신학이 존재하는 것이다. 그렇다면 교회의 본질은 무엇인가? 주님께서 부활하신 뒤 시몬 베드로에게 주신 명령, "내 어린 양을 먹이라(Feed my lamb), 내 양을 치라(Take care of my sheep), 내 양을 먹이라(Feed my sheep)."는 세 마디에서 볼 수 있듯이, 교회의 본질은 주님께서 맡겨 주신 어린 양들을 먹이고 치는 것이다(요한복음 21:15-18). 그것이 곧 교회의 본질, 교역의 본질, 목회의 본질, 그리고 나아가서 목양의 본질 곧 '영혼의 치유'이다. 그것이 바로 종교개혁교회 교역실천의 본질이다. 바르트가 주목한 것이 바로 그것 아니었을까? 당시의 서구신학과 서구교회가 진보와 보수 양쪽 모두에서 정치의 포로가 되어, 이념의 포로가 되어, 그 본질을 호도하고 비틀어 곱새기고 있을 때, Nein! 그것은 신학이 아니다! 목 터져라 부르짖었던 것이 아닐까? 스스로 바르티안이 되기를 거부했던 그는 늘 새롭게 출발하고 늘 새롭게 전향하고 늘 새롭게 고백하려고 몸부림을 쳤다. 교조화된 이념이나 사상에 안주하지 않으려고 스스로를 끊임없이 개혁시켰다. 그러기에 바르트야말로 진정한 의미에서 "교회는 항상 개혁되어야 한다!"는 종교개혁 전통의 교역실천가라고 말할 수 있는 것이 아닐까?

그렇다. 삶을 떠난 신학은 처음부터 존재하지 않는다. 20세기 신학의 거장 칼 바르트에게도 이 진실은 비껴갈 수 없었을 것이다. 그렇다.

바르트가 영혼의 치유자라면, 거기에는 그에 걸맞은 삶의 여정이 있지 않았을까? 그런 삶의 여정들이 칼 바르트의 영혼과 신학에 어떤 깊은 자국을 남기지는 않았을까? 그런 궁금증을 가지고 바르트를 바라볼 때, 우리의 주목을 끄는 몇 가지 사실이 있다. 이제 우리는 개혁전통의 신학적 파노라마 가운데 하나의 거대한 광맥을 이루고 있는 칼 바르트의 교역실천을 중심으로 조심스럽게 그의 목양론을 조명해 보고자 한다.[231]

첫째로, 바르트는 몸소 영혼치유의 삶을 살았다.[232] 이를 증명해 주는 네 가지 이야기가 있다. 그 하나가 자장가 이야기다. 이상하게 들릴 수도 있겠지만, 바르트의 그 어린 영혼을 가장 강렬하게 사로잡은 것은 아벨 부르크하르트(Abel Burckhardt)의 바젤 독일어로 된 수수한 형식의 자장가였다. 바르트는 이 자장가를 늙어서도 감사한 마음으로 기억하였다. 그리고 그 자장가를 자신의 첫 번째 신학수업으로 인정하려고 하였다. 그 자장가는 고향을 그리워하는 자명성으로서 신앙 진리의 현실성을 부각시켰다. 그리곤 "주제 자체로"(Zur Sache selbst) 인도하였다. 그래서 바르트는 자신의 『교회교의학』 속에서 이 노래에 대한 애틋한 기념비를 세웠던 것이다.[233] 영혼치유의 언어가 자장가의 고운 선율에서 시작될 수 있다는 사실에 신선한 충격을 금할 길이 없다.

또 하나는 모성적인 돌봄 이야기다. 바르트의 아버지가 쉴라터(Schlatter)의 후임자로 초빙됨으로써 바르트는 1889년 베른(Bern)으로 이사하였다. 그리고 거기서 중고등학교 시절과 대학생활을 시작하였다. 바르트가 부모님의 교육과 충돌하지 않은 것은 아니었다. 무엇보

---
231) 신현복, "칼 바르트의 신학실천과 교역론," 195-200.
232) 신현복, "목회의 역사적 전통이해," 198-201.
233) Karl Barth, *Church Dogmatics* IV/2 (Edinburgh: T. & T. Clark, 1956-1974), 125.

다 율법을 끊임없이 유보함으로써 사랑을 실천하라는 어머니의 준칙 때문에 뒤늦게야 선한 그리스도교적 정신 속에서 교육의 참 길을 찾게 되었다. 훗날 전개된 바르트의 신학적 결단과 발전은 부모와의 갈등 상황으로부터 나왔다고 해도 과언이 아니다. 그런 식의 심층심리학적 해석은 어머니, 아니 무엇보다 할머니 자토리우스(Satorius)의 영향을 떠나서는 생각할 수 없다.[234] 바르트는 할머니의 안아주는 품을 경험하면서 외롭고 상처뿐인 영혼이 어떻게 치유될 수 있는지를 몸소 깨달아 간 것은 아닐까? 바르트의 푸른 영혼을 더욱 푸르게 했던 이런 모성적인 돌봄의 환경이 그를 더욱 더 영혼치유의 푸른 초장으로 자연스레 인도했으리라 짐작해 본다.

또 하나는 모차르트 이야기다. 해마다 모차르트 탄생기념일이 되면, 우리는 온 세상 음악가들의 입에서 놀랍게도 신학자 바르트의 이름이 오르내리는 것을 목도할 수 있다. 그만큼 바르트는 모차르트의 음악을 사랑하였다. 그의 장엄한 음악을 통하여 하나님의 장엄한 말씀의 신학을 마침내 집대성할 수 있었다. 모차르트 없는 바르트, 바르트 없는 모차르트를 그래서 우리는 도저히 상상할 수가 없는 것이다. 1968년 12월 10일, 바르트는 바젤에서 세상을 떠났다. 죽기 바로 전에 바르트는 한 인터뷰에서 자신의 삶과 사유의 구성적 동기를 사랑하는 모차르트의 음악을 듣는 것과 연결하면서 자신의 신학실천 대상을 이렇게 요약하였다: "세상을 위한 하나님, 인간을 위한 하나님, 땅을 위한 하늘."[235] 이 얼마나 장대한 신학과 음악의 조화이런가! 바르트를

---

234) T. F. Torrance, *Karl Barth: Biblical and Evangelical Theologian* (T. & T. Clark Publishers, 1991) = 최영 옮김, 『칼 바르트』 (서울: 한들출판사, 1997).
235) Geoffrey W. Bromiley, *An Introduction to the Theology of Karl Barth* (T. & T. Clark Publishers, 1991) = 신옥수 옮김, 『칼 바르트 신학개론』 (서울: 크리스챤다이제스트, 1994).

영혼치유의 신학자로 이끈 소중한 만남이 모차르트였음은 그래서 두고두고 생각해 볼 일이다.

그리고 가장 직접적으로는 자펜빌 이야기가 있다. 어쩌면 영혼의 치유와 관계된 가장 직접적인 이야기일 수도 있을 것이다. 바르트는 베른 지역의 유라(Jura)에서 짧은 전도사 생활과 1908년 목사고시 후 『그리스도교 세계』 지의 공동편집위원 자격으로 1년 동안 마르부르크에 되돌아왔다. 그 뒤에 제네바에서 보조목사로, 그리고 마침내 1911년부터 자펜빌(Safenwil)에서 목사로 섬겼다. 바르트는 그곳 자펜빌에서 11년을 섬기면서 영혼을 치유하는 것이 목양의 본질임을 절감하게 된다. 주님께서 부활하신 뒤 시몬 베드로에게 주신 명령, "내 어린 양을 먹이라(Feed my lamb), 내 양을 치라(Take care of my sheep), 내 양을 먹이라(Feed my sheep)."는 세 마디에서 명령에 따라, 바르트도 자펜빌의 양떼들을 먹이고 쳤던 것이다(요한복음 21:15-18). 그것이 바르트의 목양 현장이었고, 바르트가 몸소 체험한 '영혼의 치유' 현장이었다. 특히 교인들의 대다수를 이루는 노동자들의 가난한 삶과 마주치게 됨으로써 이론적으로나 실천적으로 영혼치유의 문제에 본격적인 관심을 기울이게 된다. 목양자로서 교인들의 상처 입은 영혼을 치유하면서 그가 뼈저리게 느낀 것은 "신학이 교회를 위한 학문"[236]이 되어야 한다는 것이었다. 그가 얼마나 교역실천적인 고민을 집요하게 하였는지를 깊이 느끼게 하는 대목이다. 바르트 자신은 자펜빌 목양경험을 통하여 평생 교회라는 어머니 품에 안겨 "교역실천적인 실존"의 방식으로 삶을 불태웠던 영혼의 치유자 예수 그리스도의 증언자가 되었다. 교회에

---

236) T. F. Torrance, 『칼 바르트』, 6.

군림하기보다 교회를 섬기는 신학. 교회에 의한, 교회를 위한, 교회의 신학. 그러기에 바르트의 신학은 그 핵심에 늘 '교회'와 '실천' 이라는 두 가지 핵심주제가 꿈틀거리고 있었는데, 그 영혼치유의 신학적인 과제를 부여안게 된 결정적인 동기가 자펜빌 목양현장이었음을 우리는 그래서 한시라도 잊지 말아야 할 것이다.

둘째로, 바르트는 몸소 영혼치유의 신학을 펼쳤다.[237] 좀 더 구체적으로 설명하자면, 우리 개혁교회 신학실천(Doing Theology)의 원리 가운데 가장 핵심적인 주제는 무엇보다도 먼저 종교개혁의 신학적 기초였던 '신앙의인론'에서 찾을 수 있다.[238] 칼 바르트도 종교개혁교회 전통에 서서 신앙의인론을 매우 사려 깊게 다루고 있다. 그리고 바르트의 신앙의인론은 그 핵심에 '영혼의 치유'라는 목양적 본질과 뿌리가 닿아 있다.[239] 바르트는 이 신앙의인론을 그리스도교 신앙의 총체로 이해하는 루터주의와는 달리, 종교개혁교회 전통을 따라 하나님의 주권과 여기에서 비롯되는 인간으로서 인의를 강조한다. 바르트에 따르면, 예수 그리스도를 통하여 인간을 구원하시려는 하나님의 영원한 계획이 쇠 된 인간으로서 인의의 토대이다. 인간의 인의는 예수 그리스도의 삶, 죽음, 부활을 통하여 성취된 것에 전적으로 의존한다.

인간은 죄인이다. 인간은 이 역사 속에서조차 여전히 죄인으로 존재한다. 그런데 그 인간이 어떻게 이 역사에서 의로운 이가 될 수 있는가? 어떻게 인간이 같은 하나님의 심판에 따라 "죄인인 동시에 의인" (simul peccator et justus)일 수 있는가? 이렇게 하나님의 심판이 인간의

---

[237] 신현복, "목회의 역사적 전통이해," 201-203.
[238] 박근원, "신학실천의 실천원리," 『현대신학실천론』, 65-75.
[239] 최영, "의인론의 관점에서 본 치유," 『말씀과 교회』 제31호 (서울: 기장신학연구소, 2003), 34..

교만 곧 죄에 대한 하나님의 결정적인 반대요, 따라서 인간의 현실적인 구원이 될 수 있는가? 이것이 바로 신앙의인론에서 다루고 있는 문제다. 다시 말하면, 신앙의인론은 죄 된 인간이 하나님의 분노 아래 있으면서도 동시에 그분의 은혜 가운데서 용서받고 받아들여지는 역사(Geschichte)의 문제이다.

하나님과 불의한 인간 사이에 적극적이고 긍정적인 관계가 가능하기 위해서는 인간의 불의를 능가하는 '우월한 의'가 있어야 한다. 동시에 그 우월한 의가 불의한 인간에 관하여 행사되고, 그 행사에 따라 인간의 불의가 제거되며, 새로운 인간의 의가 수립되어야 한다. "이 우월한 의는 하나님의 의이다. 그것의 행사는 하나님의 심판이다. 이 사건에서 사람의 인의가 일어난다."[240] 죄 된 인간이 그리스도로 말미암아 의롭다고 여김을 받는 과정은 절대적으로 수수께끼이다. "그것은 예수 그리스도 안에서 하나님의 의로우신 행동을 인식하는 것이다. 설령 그것이 우리를 지배하고 우리에게 적용되었을지라도, 그것은 언제나 하나의 낯선 의(justitia aliena)이다. 그것은 첫째로 그리고 본질적으로 그리스도의 의(justitia Christi)이고, 단지 그러기 때문에 우리의 의, 나의 의(nostra, mea justitia)가 된다."[241]

그런데 어떻게 이 낯선 의가 우리의 것이 될 수 있을까? 어떻게 그리스도의 의가 나의 의가 될 수 있을까? 그것은 그리스도께서 십자가에서 우리의 비극적인 운명과 저주를 자신의 것으로 만들어 처리하고, 대신에 그분의 의와 생명을 우리에게 주셨기 때문이다. 바르트에 따르면, 그리스도 안에서 일어난 이 화해의 사건은 고린도후서 5장 18-21

---

240) Karl Barth, *CD* IV/1, 529.
241) *CD* IV/1, 549.

절에 언급된 대로, 하나님 자신에 따라 진행된 하나의 '교환'을 통하여 성취된다. 죄 된 인간을 높이기 위하여 하나님 자신이 낮아지신다. 우리가 하나님과 사귐을 얻고 새 생명을 얻도록 하기 위하여 하나님이 친히 인간의 자리에 서고 인간을 하나님 자리에 세운다. 한편으로 이 교환은 '죄인들과 완전한 연대'를 받아들이면서, 이 사람의 죄를 떠맡는 것이다. 다른 한편으로 이 교환은 그리스도께서 우리의 죄를 떠맡기 때문에 우리 자신이 하나님과 올바른 관계에 들어가게 된다는 것과, 사람의 세상이 그리스도 안에서 하나님에게로 돌아선 것을 의미한다. 이 교환 때문에 우리의 죄 된 본성은 그리스도에게 부과되고, 그리스도 안에서 우리의 죄는 객관적으로 제거되었다. 그리스도 안에서 사람이 하나님과 평화를 이루게 된 것이다.[242]

우리의 죄를 그리스도가 대신 짊어지시고 우리를 대신하여 유죄선고를 받으셨기 때문에, 우리에게는 하나님의 무죄선고가 내려졌다. 하나님의 무죄선고에 따라, 사람은 자신의 죄 된 과거로부터 떨어져 나와 자신의 인의에 가득 찬 미래를 향하여 전진한다. 그의 죄에 대한 용서, 그의 신앙인의는 돌이킬 수 없는 연속성 속에서 그가 죄인인 동시에 의인이라는 이 이행, 이 역사로 이루어진다. 의사에게 온 환자는 이미 치료가 되었다. 잃어버린 양은 이미 되찾아졌다. 세리와 죄인들은 주님께서 그들의 식탁에 앉으셨다는 사실만으로 이미 하나님의 백성이 되었다. 죄인으로서 그의 과거가 여전히 그의 현재인 것과 마찬가지로, 의인으로서 그의 미래는 이미 그의 현재이나. 이 섬에서 하나님이 우리와 약속하신 미래는 하나님의 '정확한 미래'(futurum exactum)

---

[242] 최영, "의인론의 관점에서 본 치유," 35.

이다. 그가 그의 과거에 따라서는 여전히 '완전한 죄인'(totus peccator)이지만, 동시에 하나님이 그에게 약속하신 미래에 따라서는 이미 '완전한 의인'(totus justus)이다.[243]

예수는 하나님의 의를 '죄인과 세리와 창녀'에게 가져다주셨던 것처럼, 하나님 나라를 선포하시면서 하나님의 능력을 모든 병든 사람들을 위하여 사용하셨다. 복음서에서 인의와 치유는 전혀 다른 사건이 아니다. 한 분 하나님이 그리스도 안에서 동시에 성취하신 하나님의 단일 행위의 다른 두 형식이다. 확실히 예수는 "온갖 병에 걸린 사람들을 고쳐 주시고, 많은 귀신들을 내쫓으셨다"(마가복음 1:34). 그러나 예수의 치유 이야기가 지닌 교역실천적인 문제는 그분의 고난과 무력하신 십자가 죽음 때문에 비롯된다: "그가 남을 구원하였으니, 정말 하나님의 그리스도이고 택하심을 받은 자이거든 자기나 구원하라지!"(누가복음 23:35). 예수는 이것을 하실 수 없다. 아니, 정확히 말하면, 이것을 하시지 않는다. 그분은 무기력하게 십자가에서 하나님과 사람들의 버림을 받은 가운데 죽임을 당하신다. 그러나 여기서 위대한 치유의 기적이 일어난다![244] "그분은 몸소 우리의 병약함을 떠맡으시고 우리의 질병을 짊어지셨다"(마태복음 8:17). 그분은 우리의 병을 대신 짊어지시는 것으로 우리의 병을 고치신다. "그가 매를 맞음으로 우리의 병이 나았다"(이사야 53:5). 이와 같이 예수는 능력과 권능을 통해서만이 아니라, 자신의 고난과 무력함을 통해서도 치유하신다. 그리스도가 "떠맡지 않으신 것은 구원받지 못한다." 또는 그리스도에 따라 "취해지지 않은 것은 치유되지 않는다."는 그리스 교부들의 구원론적 원리들은

---

243) Karl Barth, *CD* IV/1, 596.
244) 최영, "의인론의 관점에서 본 치유," 36.

여기서도 타당하다. 예수 그리스도의 고난 가운데 하나님은 병들고 연약하고 도울 길이 없으며 장애우가 된 인간의 삶을 받아들이시고, 그것을 자신의 영원한 삶의 일부로 삼으셨다. 하나님은 병과 근심을 자신의 병과 자신의 근심으로 삼으심으로써 병과 근심을 치유하신다. 이것은 하나님이 우리의 죄와 비극적인 운명을 자신의 것으로 삼으심으로써, 우리를 의롭게 하시는 것과 마찬가지이다. 하나님은 우리의 걱정과 근심, 불안과 두려움, 실패와 좌절을 자신의 것으로 삼고, 우리에게는 자신의 평화와 생명, 가치와 존엄성을 주신다.

병에 걸리고 삶에서 좌절을 맛보고 이런저런 사유로 고통을 당하는 사람들! 그들의 질병과 실패와 고통을 하나님께서 몸소 떠맡으시고 짊어지셨다는 성서의 증언은 순전한 복음이다. 고통의 심연에서 기대하지 못했던 놀랍고 은혜로운 교제의 소식이다. 고통을 당할 때 누군가가 함께 한다는 것은 커다란 위로가 된다. 그것도 다른 누군가가 아니라 우리를 죽기까지 사랑하셨던 자비로우신 하나님이 함께 하신다는 사실은 말로 표현할 수 없는 귀중한 선물이다. 사람들은 고통을 당할 때 그 고통 자체 때문에도 괴로워하지만, 그들을 더욱 더 힘들게 하고 아프게 하는 것은 그들 자신이 가치가 없고 사회로부터 버림을 받았다는 생각이다. 그래서 하나님이 고통을 당하는 사람과 함께 하시고 그의 고통을 떠맡고 짊어지신다고 말하는 것은 단순한 수사학적 위로가 아니다. 고통을 당하는 사람들은 하나님의 아들이신 예수 그리스도께서 죄인들과 사회에서 버려진 이들과 교제하시고, 병든 이들과 가난한 이들을 불쌍히 여기시며, 마침내는 성문 밖에서 두 명의 강도들 사이에서 십자가에 달려 죽으셨다는 메시지를 통하여 놀라운 구원의 능력을 체험한다.[245]

사실, 바르트는 자신의 『교회교의학』 '교역론'[246] 부분에서 교회 공동체의 섬김을 논하면서 아주 직접적인 표현으로 '영혼의 치유'(cure of soul)를 언급하고 있다.[247] 바르트에 따르면, 영혼을 치유하는 것은 하나님과 그 일을 위하여 부름 받은 사람이 같이 하는 일이다. 중요한 것은 그리스도인이라면 누구든지 이 책임을 회피할 수 없다는 사실이다. 영혼을 치유하려면 하나님이 창조하고 유지하는 것이므로 그 약속과 희망을 불안과 고통 속에 있는 사람들에게 전해야 하는 부담을 가져야 한다. 영혼을 치유하는 것은 그리스도교 심리치료 또는 목회상담을 통하여 상처 입은 마음을 깊이 경청해 주고 공감해 주면서 하나님 말씀을 단계적으로 알고 영원한 생명으로 갈 수 있도록 인도하는 것이다. 그렇기 때문에 다른 사람을 도와주는 일은 그가 예수의 증인이라는 것을 분명히 드러내는 일이다. 하나님은 이와 같은 일에 그를 사용할 수 있다. 반면 그리스도인으로서 잘못한 것이 있다면, 교회는 마땅히 훈계할 수 있어야 한다. 영혼을 치유하는 것, 여기서 우리가 분명히 알아야 할 것은 이 일은 사람을 섬기는 것이 아니라 하나님과 사람을 섬기는 것이라는 사실이다. 사람을 섬기는 것은 하나님을 위해서이고 하나님을 섬기는 것은 사람을 위해서이기 때문이다. 하나님은 아버지, 친구, 조력자가 되시며 사람은 언약의 말씀을 듣고 증인이 되어야 한다.

바르트는 다른 주제에 비하여 영혼의 치유에 대해서는 상대적으로

---

245) 위의 글, 38.
246) 흔히 바르트의 『교회교의학』 제4권을 '화해론'이라 부르고, 그 가운데서 교회 공동체를 모이고 세우고 흩어지게 하는 "공동체 안에서 성령의 역사" 부분을 조직신학자 김재진은 '성령론'이라고 부른다(그의 책, 『칼 바르트 신학 해부』, 25. 도표 참조). 그러나 바르트가 '교회를 위한 신학'을 펼쳤다는 교역실천론적 선 자리에서 볼 때, 개혁전통의 그리스도교 '교역론'(敎役論)이라고 부르는 것이 더 바람직하다고 본다.
247) Karl Barth, *Die Kirchliche Dogmatik: Die Lehre von der Versöhnung* Ⅳ/3, §§ 72-73 (Zurich: Theologischer Verlag, 1989), 1014-17.

적게 쓰고 있다. 그가 생각하기에 영혼의 치유는 교회의 다른 많은 봉사 가운데 하나이다. 그것은 선교, 기도, 신학처럼 영혼의 치유라는 형식으로 복음을 증언하는 것이다.[248] 이러한 생각에서 바르트는 영혼의 치유를 다음과 같이 정의하고 있다:

> 영혼의 치유란 공동체 안에서, 공동체와 가까운 곳에서, 그리고 공동체 주변에서 개개인을 상대로 보여 주고 증언하는 교회의 일이다.[249]

이 말을 보면, 필자 생각에 바르트는 분명히 영혼의 치유 문제를 목사 개인의 사역이 아닌, 교회 공동체의 교역으로 이해하고 있다고 확신을 갖게 된다. 간단하지만, 정말 중요한 근거 자료가 아닐 수 없다.

또 바르트에 따르면, 영혼의 치유 문제는 심리학적으로만 봐서는 안 되는 매우 심오하고 매우 통전적인 분야다. 바르트는 이렇게 말한다:

> 세속적인 기술이 그치는 곳에서, 또 인간이 하나님과 인간에 대한 하나의 섬김으로서 영혼의 치유에 대한 탁월한 기능을 인식할 때, 비로소 영혼의 치유는 시작된다.[250]

바르트의 이 말은 심리학이나 심리치료 같은 현대의 첨단기법을 영혼의 치유에 살려쓸 수 있지만, 주객이 전도되어서는 안 된다는 뜻으로 받아들일 수 있을 것이다. 맞는 말이다. 지금 우리가 영혼의 치유

---

248) Klause Winkler, 『목회상담: 영혼돌봄』, 53.
249) Karl Barth, KD IV/3, 1014이하.
250) CD IV/1, 885-87.

분야에서 시행착오를 거듭하고 있는 것도 바로 이 대목 때문이다. 필자도 이 부분에서 그 동안 교역실천의 갈등과 혼선을 반복해 왔다. 그런 의미에서 필자는 이 말이 갖는 함축적인 의미가 향후 그리스도교 목양론의 핵심이 되어야 할 것으로 생각한다. 앞으로 종교개혁 전통의 목양론이라면, 바로 이런 바르트의 목양론적 광맥에 분명한 뿌리를 둔 채, 거기서 한 걸음 더 나아가 한층 더 심층적인 영혼의 치유 모델을 개발해 가야 할 것이다.

칼 바르트 '목양론'의 한국적 수렴통합

위에서 우리는 칼 바르트 교역실천론에 나타난 '목양론'의 광맥을 탐구해 보았다. 칼 바르트 교역실천의 꽃인 목양 곧 영혼의 치유! 그가 자펜빌에서 12년 동안 목양을 하면서 내린 교역실천적 결론이기도 하고, 그 교역실천을 다시 학문적으로 반성하고 다듬는 평생의 노정에서 내린 신앙고백적 선언이기도 하였다. 또한 이것은 우리 개혁전통의 교회에서 오늘도 변함없이 울려 퍼져야 할 목마른 사슴의 노래이기도 하다. 그러나 현실은 정반대 아닌가? 교회가 이 땅에서 그리스도의 빛과 소금 역할을 하지 못하는 것도 그 본질에서부터 궤도를 이탈해 있기 때문은 아닐까? 그런 의미에서 우리는 다시금 칼 바르트의 목양론에 귀를 기울이고 그 개혁전통의 뿌리를 확고히 다지지 않으면 안 된다. 그렇다면 이러한 칼 바르트의 목양론을 한국교회의 교역실천 현장에 적극적으로 수렴통합할 수 있는 길은 무엇일까?

첫째로, 필자는 우리 개혁교회 후손들이 칼 바르트 목양론을 한국적으로 수렴통합하려면 반드시 동시대 칼 바르트와 깊은 교역실천론적 대화를 나누었던 친구 '투르나이젠'의 목양론도 함께 주목할 필요가 있다고 생각한다.

무엇보다도 투르나이젠은 바르트의 둘도 없는 친구였다. 자펜빌의 칼 바르트와 로이트빌의 에두아르트 투르나이젠은 서로 그리 멀지 않은 거리에서 교역실천을 하면서 '현장'에서 출발한 목양론을 구상하며 평생 인간적으로 그리고 신학적으로 각별한 우정을 나누었다. 두 살 아래인 투르나이젠은 영적인 형제라고 할 수 있는 바르트와 함께 그리스도교 신앙을 위하여 '자연신학'에 대항해서 또 이성을 중시하는 '신개신교주의'에 저항해서 독립적이고 독창적인 신학을 내보여야 한다는 확고한 믿음을 지니게 되었다.[251] 하나님 말씀의 신학과 변증법적 신학을 주창한 바르트는 평생 신학 동지인 투르나이젠과의 '공동작업'을 완전히 신뢰하고 있었다. 목양 곧 영혼의 치유에 관한 그의 정의는 다음과 같다:

> 영혼의 치유란 교회 안에서 개개인에 대하여 하나님 말씀을 선포하는 것으로 존재한다. 영혼의 치유는 교회의 다른 모든 정당한 행동처럼 교회에 주어진 하나님 말씀의 살아 있는 생동감을 그 기반으로 삼고 있다. 그 말씀은 교회에서 여러 가지 형식으로 선포되어야 한다.[252]

이렇듯 투르나이젠은 목양을 '교회훈련'으로 이해하였다고 필자는 확신한다.[253] 그는 종교개혁가 칼빈의 입장을 따르면서, "교회훈련이

---

251) Klause Winkler, 『목회상담: 영혼돌봄』, 54.
252) Eduard Thurneysen, *Die Lehre von der Seelsorge* (Zollikon-Zurich: Evangelischer Verlag A.-G., 1946) = 박근원 옮김, 『목회학 원론』 (서울: 한국신학연구소, 1975/1977), 7.
253) 위의 책, 25.

란 올바르게 교회 성례전에 참여하도록 도우며 근본적으로 구원의 현실을 체험하도록 돕는 것"[254]이라고 주장한다. 이런 교회질서가 없으면 개인은 교회 공동체에서 떨어져 나가거나 고립되거나 "영적으로 방치된 상태"[255]에 빠질 위험이 있으며, 바로 여기서 목양 곧 영혼의 치유가 시도되고 투입된다. 투르나이젠의 목양 이론에서 핵심적이고 본질적인 것은 "영혼의 치유 내내 나타나는 대화의 단절 현상"[256]이다. 대화 당사자 간의 뚜렷하고 심한 충돌을 의미하는 단절현상은 자연신학과 비슷한 것 또는 그런 신학의 흔적에 반대하여 바르트가 "아니오"라고 거부한 것을 영혼의 치유 중에 반복해야 하고 마지막 선으로 제시해야 한다. 투르나이젠에 따르면, 목양 곧 영혼의 치유는 반드시 '외계의 힘' 같은 죄를 인식하게 만들고 참회로 이끈다.[257] 또 그는 영혼의 치유를 위하여 '도움학문'으로서 심리학이 필요하지만, 그 유혹적인 전제들은 성서에서 말하고 주장하는 인간 이해에 방해가 될 수 있다고 경고하기도 한다.[258]

투르나이젠은 중요한 초기 논문 "신앙의인과 영혼의 치유"에서 새

---

254) 위의 책, 30.
255) 위의 책, 26.
256) 위의 책, 113-27. 그러나 노이스는 투르나이젠이 목회대화의 '단절현상'을 지나치게 강조한 나머지, 목사의 권위나 설교를 통하여 이런 순간을 급조해 낼 수 있다고 보는 것 같다는 비판을 가한다. 헌싱거도 투르나이젠은 하나님의 말씀에 우선권을 두고 오직 말씀만을 토대로 하여 목회대화를 이끌어 나가겠다는 열 때문에, 결국 영혼의 치유 실제에서 신학과 심리학의 불가분리성이 자리 잡을 수 있는 여지를 거의 남겨 두지 않았으며, 또 두 학문의 구별을 지나치게 강조한 나머지 그 둘의 개념적인 일치성을 적절히 설명하는 일에도 실패하고 말았다고 비판한다. Gaylord Noyce, *Pastoral Ethics: Professional Responsibilities of the Clergy* (Nashville: Abingdon Press, 1988) = 박근원 옮김, 『목회윤리』 (서울: 도서출판 진흥, 1992), 98; Deborah van Deusen Hunsinger, *Theology and Pastoral Counseling* (Grand Rapids: W. B. Eerdmans Pub. Co.), 1995 = 이재훈·신현복 옮김, 『신학과 목회상담』 (서울: 한국심리치료연구소, 2000), 134-43.
257) Klause Winkler, 『목회상담: 영혼돌봄』, 60.
258) E. Thurneysen, 『목회학 원론』, 173.

로운 심리학을 주창하였다.[259] 목양 개념의 틀에서 모든 인간적인 가능성을 상대화시키고, 정신적-영성적 성장과정보다는 포괄적으로 그리고 상황적으로 '하나님 말씀'에 사로잡히도록 하자는 것이다. 목양은 서서히 성스럽게 되는 것이라는 경건주의적 입장을 거부하고, 영혼으로서 전인적 인간을 의롭다고 인정해 주는 것 곧 신앙의인과 동시에 필연적으로 따라오는 삶의 변화를 유도하는 것이라고 말한다. 목양에서 본질적인 것 곧 인생의 극심한 고난에서 사람에 따라 임의로 전해질 수 없는 은혜의 복음을 전달하는 것을 다루고자 한다면, 무엇보다도 심리학적인 방법이나 기술을 적용하려는 자세를 포기하자고 요청한다.[260]

또 투르나이젠은 '목양' 곧 영혼의 치유를 어떻게 실천할 것인가를 논하는 책에서 다음과 같이 말한다:

> 부활절과 예수의 재림 사이의 중간 시점에 있는 현재, 목양의 과제와 사명이라는 것은 너무나도 분명하고 중요하다. 영혼의 치유는 그러한 신앙을 일깨워야 한다. 다시 말하면, 인간의 눈으로 볼 때 모순적이나 담대한 사람이 되도록, 세상이 주는 두려움 속에서도 위로받는 존재가 되도록, 그리고 말씀만 의지하도록 일깨워야 한다.[261]

여기서 알 수 있듯이, 필자가 볼 때, 투르나이젠은 예수의 목양을

---

259) E. Thurneysen, "Rechtfertigung und Seelsorge," ZdZ 6 (1968), 77이하.
260) Klause Winkler, 『목회상담: 영혼돌봄』, 66. 투르나이젠의 가장 가까운 학생이자 친구이며 비평가인 보렌은 '하나님의 입장에서 인간을 새롭게 인식하고 이해하기'라는 초기 투르나이젠의 기본적이며 핵심적인 외침은 아쉽게도 사라져 버렸으나, '예언자적인 관점'만은 남아 있다고 말한다.
261) E. Thurneysen, Seelsorge im Vollzug (Zurich, 1968) = 박근원 옮김, 『목회학 실천론』 (서울: 한국신학연구소, 1977), 60.

종말론적인 목양으로 이해하였고, 그 때문에 모든 갈등 상황에서 그리고 그것의 해결에서 가장 중요한 것은 사물에 대한 완전히 변화된 관점 곧 신앙의 눈으로 보는 것이라고 생각하지 않았나 여겨진다.

둘째로, 필자는 우리 개혁교회 후손들이 칼 바르트의 목양론을 한국적으로 수렴통합하기 위해서는 칼 바르트와 투르나이젠으로 이어지는 종교개혁전통의 목양론을 에큐메니칼적으로 계승하고 있는 박근원의 목양론에 귀를 기울일 필요가 있다고 생각한다. 그는 자신의 목양론을 다음과 같이 피력한다:

> 흔히 쓰이는 '목회'라는 말 대신에 '목양'(shepherding)이라는 표현을 사용해서 지금까지의 실천 분야와 구분하고 있음에 주의를 기울일 필요가 있다. 전통적으로 '인간의 영혼'을 치유하고 보살피는 과제는 교역자와 교회의 교역실천에서 중요한 위치를 차지해 왔다……치유(healing), 지탱(sustaining), 인도(guiding)의 차원으로 '목양'의 관점에서 정립한 것은 일관성 있는 발전이었다. 최근에 여기에 '화해'와 '양육'의 기능을 추가해서 실천 영역을 구분하는 경향이 없지 않으나, 앞에 말한 세 고전적인 관점으로 통합하는 것이 오히려 바람직하다고 생각한다……최근에 와서는 그것이 '전인적 해방'의 상담으로까지 전환되어 가는 것은 성서적이고 신학적인 인간 이해에 좀 더 접근하고 있음을 보여 준다……오늘의 교역 과제로서 목양은 이런 경지까지를 목표로 하고 있다.[262]

여기서 알 수 있듯이, 박근원은 애써 목양이라는 말을 목회라는 말

---

[262] 박근원, 『주님의 교회 일구기·가꾸기』 (서울: 아침영성지도연구원, 1999), 34-35.

에서 떼어 내어 독자적으로 생각하도록 유도하고 있다. 필자가 볼 때도 이러한 차별화는 한국교회가 사용하는 목회라는 말의 중독현상과 매너리즘에서 벗어날 수 있는 좋은 대안이라고 여겨진다.

박근원의 목양론은 무엇보다도 '공동체적'인 목양론이다. 다시 말해서, 목양이 목사 개인의 일이 아니라 '교회 공동체'의 교역실천이어야 한다는 것이 그의 목양론의 핵심이다. 교회훈련으로서 목양을 강조한 칼 바르트나 투르나이젠과 맥락을 같이 하는 말이다. 그러나 최근 박근원은 교회 내의 목양에 국한시키는 투르나이젠의 목양론마저 뛰어넘을 필요가 있다고 보고, 헬무트 타케[263]나 클라우스 빈클러[264] 등이 지향하는 세상을 향한 개방적인 목양론에 주목하기도 한다. 또 기존의 '목회'라는 말이 너무 광범위하여 그 의미가 희석되기 때문에 영혼의 치유 차원에서는 '목양'이라는 말로 표현해 갈 것을 주문한다. 또 박근원은 너무 심리학적인 또는 너무 심리치료적인 기술로 나아가 버리는 현대 목회상담가들에게 우려를 보내기도 한다. 그것은 그가 말씀중심의 목양을 강조한 개혁전통에 뿌리를 두고 있기 때문에 나오는 말이기도 하다. 그런 의미에서 박근원은 평생 개혁교회 말씀 전통의 목양적 관심 속에서 유럽의 투르나이젠 외에도 미국 쪽에서 활동하고 있는 씨워드 힐트너, 토마스 오덴, 하워드 클라인벨, 존 패튼,[265] 찰스 거킨,[266]

---

[263] Helmut Tacke, *Glaubenshilfe als Lebenshilfe* (Neukirchen, 1975); 신명숙, "헬무트 타케의 목회상담의 특성회복을 위한 목회신학적 시도," 『한국기독교신학논총』 Vol 53, 279. 타케 역시 '목양'에 머물러 있으나 방법론은 심리학 등에 대하여 개방적이다.
[264] Klause Winkler, 『목회상담: 영혼돌봄』, 빈클러 역시 교회의 목양에 머물러 있으나, 세속 속에서 증언, 복지, 선교 차원의 상담으로 나아가야 한다는 개방성을 시사하고 있다.
[265] John Patton, *Pastoral Counseling: A Ministry of the Church* (Nashville: Abingdon, 1983); 동 저자, *Pastoral Care in Context: An Introduction to Pastoral Care* (Westminster/John Knox press, 1993) = 장성식 옮김, 『목회적 돌봄과 상황』 (서울: 도서출판 은성, 2000). 존 패튼은 특히 공동체적인 목양론을 강조하고 있다.

앤드류 퍼브스[267] 등과도 무수히 많은 신학적 대화를 나누어 왔다.

박근원의 목양론은 또 '개혁적'인 목양론이다. 종교개혁 전통에서 말씀의 신학이 중심이 된 목양론을 힘주어 말하고 있다. 그런 의미에서 자신의 목양론이 칼 바르트의 목양론을 계승한 힐트너의 목양론과 같은 선상에 있음을 내보인다. 특히 박근원은 심리치료가 너무 앞서가는 오늘의 현실에서도 여전히 힐트너의 목양론이 매우 중요한 기준점을 제시하고 있다고 생각한다. 박근원에 따르면, 힐트너는 목회를 친교의 조직(연결, 양육, 보존)과 영혼의 목양(치유, 지탱, 인도)과 복음의 전달(배움, 터득, 축제)로 구분한다.[268] 필자는 이것을 바르트의 교역실천론과 연결지어, 모이는 교회에서는 연결하고 양육하고 보존함으로써 친교를 조직하고, 세우는 교회에서는 치유하고 지탱하고 인도함으로써 영혼을 목양하며, 보내는 교회에서는 배우고 터득하고 축제를 베풂으로써 복음을 전달하는 데 지상목표를 두는 것으로 그 이상적인 교역모형을 만들어 볼 수 있지 않을까 하는 생각도 든다. 특히 영혼의 치유에 관한 아주 실제적인 쟁점과 관련해서는 두 번째 '세우는 교회'에서 치유하고 지탱하고 인도하는 일에 더욱 더 주목하지 않을 수 없다. 이것을 현대적인 감각으로 감치면, 그것은 힐트너가 분류한 세 가지 관점 곧 치유(심리치료: Psychotherapy), 지탱(목회상담: Pastoral Counseling), 인도(영성지도: Spiritual Direction)로 진전시켜 볼 수도

---

266) Charles Y. Gerkin, *The Living Human Document: Re-Visioning Pastoral Counseling in a Hermeneutical Mode* (Abingdon Press, 1994) = 유영권 옮김, 『살아 있는 인간문서』 (서울: 한국심리치료연구소, 1998); 동 저자, *Prophetic Pastoral Practice* (Nashville: Abingdon Press, 1991). 거킨은 해석학적인 목양론의 역사를 일목요연하게 정리하고 있다.
267) Andrew Purves, *Reconstructing Pastoral Theology: A Christological Foundation* (Westminster/John Knox press, 2004). 퍼브스는 '바르트 신학'의 선 자리에서 힐트너, 오덴, 투르나이젠, 몰트만 등의 신학을 근거로 말씀중심의 목회신학을 다시 한 번 역설하고 있다.
268) Seward Hiltner, *Preface to Pastoral Theology* (Nashvill: Abingdon Press, 1958).

있을 것 같다. 좀 무리한 대비가 될 수도 있겠지만, 어찌됐든 바르트와 힐트너의 신학실천적인 유비는 영혼의 치유 공동체 형성을 위한 우리의 다음 연구를 위하여 적지 않은 시사를 던져 준다고 할 수 있겠다. 오늘 미국에서는 바로 이런 힐트너의 제자들, 곧 거킨이나 패튼 같은 사람들이 그래도 심리학에 물들지 않은 그리스도교적 정체성을 가지고 목양론을 펴가고 있다. 박근원은 우리 한국 상황에서도 이런 개혁전통의 기본정신을 중시하는 목양론이 흔들림 없이 뿌리를 내릴 수 있어야 한다고 주장한다.

박근원의 목양론은 또 '전인적'인 목양론이다. 영과 육, 이원론적인 서구신학에서 주장한 목양론의 한계를 극복해 보고자 안간힘을 기울였다. 그런 의미에서 그는 전인건강을 표방하는 친구 하워드 클라인벨이 평생을 통하여 세 번이나 자신의 목양론을 수정하고 끊임없이 업그레이드한 점을 '물구나무서기'라는 클라인벨 식 표현을 인용하면서 높이 평가한다. 박근원 자신의 목양론 형성에 클라인벨과의 대화가 적지 않은 영향을 미쳤음을 내보이는 대목이다. 클라인벨은 특히 목양론을 병리학적인 접근으로만 보지 않고 성서적이고 신학적인 인간이해를 통하여 '전인적 해방'의 목양론으로 접근하고 있으며, 이런 목양론의 과제를 '전인건강' 도표를 사용하여 통전적으로 표현하고 있다. 곧 인간의 몸과 마음, 하는 일과 놀이, 살고 있는 세계와 관계성이 영성의 꽃술로 묘사되고 있다.[269] 박근원은 이런 전인건강이 이제 생태치료에

---

[269] Howard J. Clinebell, *Basic Types of Pastoral Care & Counseling: Resources for the Ministry of Healing and Growth* (Abingdon Press, 1984) = 박근원 외 옮김, 『목회상담신론』 (서울: 대한예수교장로회총회출판국, 1987); 동 저자, *Well Being: A Personal Plan for Exploring and Enriching the Seven Dimensions of Life-Mind, Body, Spirit, Love Work, Play, the World* (HarperCollins, 1992) = 이종헌·오성춘 옮김, 『전인건강』 (서울: 한국장로교출판사, 2000).

까지 미쳐야 한다는 클라인벨의 목양론이야말로 창조론적 관점에서 이 시대 우리 모두에게 매우 중요하다고 말한다.

셋째로, 필자는 칼 바르트, 투르나이젠, 박근원으로 이어지는 종교개혁전통의 목양론을 더욱 계승 발전시키기 위하여 다음과 같은 질문을 스스로 던져볼 필요가 있다고 생각한다: '앞으로 이 땅 한반도에서 우리의 목양론은 어떤 모습이어야 하는가?' 필자가 보기에, 그것은 다름이 아니라, 칼 바르트가 그토록 부르짖었듯이, '화해'를 향한 목양론이어야 한다. 이 화해를 향한 교역실천으로서 한국 그리스도교 목양론의 정립이 미래 후학들에게 너무나 절실하게 요청된다는 말이다. 그런 의미에서, 필자는 화해의 교역실천을 위한 미래 한국 그리스도교의 목양론에서는 곳곳에 '화해'의 주제를 충분히 담아내야 한다고 말한다.

무엇보다 지난 19-20세기 목양론이 바로 이런 '화해'의 목양론이었음을 주목할 필요가 있다.[270] '실천신학'이라는 분야를 개척한 쉴라이에르마허와 니취는 '영혼의 치유'를 신학의 한 분야로 자리매김하였다. 특히 20세기의 '영혼의 치유' 운동은 여러 가지 면에서 '화해의 교역'(The Ministry of Reconciliation)이라고 할 수 있다.[271] 그것은 상담자-목사와 내담자-참회자 사이의 상호작용 수단들 가운데 가장 중요한 것이 되었다. 그리고 잘 알고 있듯이, 힐트너가 자신의 목양론에서 치유, 지탱, 인도라는 세 가지 목양의 기능을 강조한 바 있는데, 클렙쉬와 재클은 이 세 가지 외에 '화해'의 기능을 추가하였음을 다시 한 번 상기할 필요도 있다.[272] 이들에 따르면,

---

270) Klause Winkler, 『목회상담: 영혼돌봄』, 171-93.
271) 위의 책, 193-206.
272) William A. Clebsch and Charles R. Jaekle, *Pastoral Care in Historical Perspective* (New York: Prentice-Hall, Inc., 1964), 56-66.

영혼을 치유하는 목사, 곧 목사의 목양은 대표적인 그리스도인에 따라서 행해지며, 궁극적인 의미와 관심의 맥락에서 문제가 있는 고통 받는 사람들을 치유하고, 지탱하고, 지도하고, 그리고 화해하게 하는 활동을 도와주는 것으로 구성되어 있다.[273]

필자는 왜 이들이 세 가지 기능으로 만족하지 못하고 화해의 기능을 추가시켰을까 이번 칼 바르트의 화해의 교역실천론을 쓰면서 다시 한 번 생각해 보게 되었다. 그리고 결과적으로 그들이 이해한 화해의 기능은 죄를 고백하게 하고 하나님의 말씀으로 '용서'를 선언해 주는 것이었음을 알게 되었다.[274] 더 나아가 그들이 말하는 화해는 다시는 같은 죄를 되풀이하지 않도록 몸과 의지를 강화시키는 '훈련'을 베풀어 주는 것이었다. 한 마디로, 두 개의 양식 곧 용서와 훈련으로서 화해의 기능이 필요하다는 것이었다.[275] 그렇다면 필자 생각에는, 박근원의 주장처럼, 우리 개혁교회 전통에서는 목양의 기능을 계속 부풀려 다양화하기보다 그냥 힐트너가 제시한 3가지 기능으로 단순 압축하되, 그 세 가지 기능 속 모두에다 '화해'의 복음을 덧뿌려 세례를 주면 어떨까 생각해 본다.

또 필자는 로저 허딩이 상담의 목적으로 '화해'의 관점이 중요하다고 말하는 것도 주목할 필요가 있다고 생각한다. 그에 따르면, '화해의 교역'(ministry of reconciliation)은 하나님이 주도권을 쥐신 채 "인간의

---

273) Rodger Hurding, *Roots and Shoots: A Guide to Counselling and Psychotherapy* (Hooder & Stoughton, 1986) = 김예식 옮김, 『치유나무: 목회돌봄 및 상담과 심리치료에 대한 종합적 이해』 (서울: 한국장로교출판사, 2000), 16.
274) 용서에 관해서는 권명수, "존 패튼의 목회신학 방법론," 『신학연구』 제49집 (서울: 한신학술원신학연구소, 2006), 182-86을 참고하라.
275) 이기춘, 『돌봄의 신학』 (서울: 도서출판 감신, 2001), 148-49.

죄를 묻지 않으시고 그리스도를 내세워 인간과 화해하신 것과 맥락을 같이 한다"(고린도후서 5:17-21). 그리고 죄 없으시면서도 "우리가 하나님의 올바른 이들이 될 수 있도록" 우리와의 관계 속에서 "우리를 위하여 죄가 되신" 순종하는 아들 덕분에 인간과 하나님 사이의 대립상황이 변화할 수 있었다는 것이다. 상담의 어느 높은 시점에서 우리가 도우려는 사람이 이렇게 아주 극적으로 변화하기 시작하는 놀라운 광경을 보게 될 수 있다는 것이다. 그러므로 그는 우리가 상담에서도 하나님과 내담자 간에 화해를 하거나, 그리스도교 내담자와 그리스도교를 믿지 않는 이들 간의 화해를 입증하는 것 외에도, 이웃사랑이라는 광범위한 영역에서도 노력을 해야 한다고 강변한다. 회복, 화해, 새로운 조화를 보이는 곳이면 어디에서든 우리는 하나님을 찬미할 수 있어야 한다는 것이다. 남편이 아내와 화해하거나, 불안해하는 청소년이 복잡한 세상 속에서 자신만의 정체감을 찾기 시작한다거나, 동성애적 경향이 있는 젊은이가 성행위는 하지 않지만 그래도 여러 친구들을 사귈 때, 상처한 여인이 감사하는 마음으로 남편의 생을 회고하고 다시금 현재를 창조적으로 살게 될 때 우리는 기뻐할 수 있을 것이라는 말이다.[276]

그런 의미에서, 필자는 화해의 목양론이라는 관점에서 칼 바르트의 신학과 깊은 대화를 시도한 프린스턴신학대학원의 목회상담학 교수 드보라 밴 두젠 헌싱거에게도 주목할 필요가 있다고 생각한다. 그녀에게서 가장 큰 것은 목양 곧 '영혼의 치유'야말로 화해의 교역실천의 핵심이라는 것이고, 화해를 강조한 칼 바르트의 신학이 영혼의 치유라는 그 신비의 물꼬를 여는 열쇠가 될 수 있다는 것이다. 여기서 중요한

---

276) Rodger Hurding, 『치유나무』, 482-83.

것은 신학적 관점을 가지고 치료 작업을 수행하는 특별한 전문기술 곧 하나의 언어를 더 습득하는 것이다. 그런 의미에서 영혼의 치유를 통한 화해의 교역실천에서는, 곧 우리가 추구해야 할 향후 그리스도교 목양론에서는, 영혼의 치유자가 전혀 다른 두 가지 언어 곧 신앙의 언어와 심층심리학의 언어를 둘 다 유창하게 구사할 수 있어야 한다는 것이 드보라 헌싱거의 주장이다.[277]

이런 이중언어적 목양론 곧 영혼의 치유를 통한 화해의 교역실천 탐구를 위하여 드보라 헌싱거는 칼 바르트, 특히 그의 신학의 기초인 '칼케돈 신앙고백 양식'에 주목한다.[278] 칼케돈 신앙고백 양식(A.D. 451)에 대한 바르트의 해석에 따르면, 예수의 신성과 인성은 저마다 완전한 모습으로 나타나며, 따라서 그 둘은 서로 분리되거나 구분됨 없이 그리고 혼동되거나 뒤바뀜 없이 연결되어 있을 뿐만 아니라, 인성에 비해서 신성이 개념적으로 우위를 차지하는 것으로 이해되었다. 칼케돈 신앙고백 양식은 그리스도의 신성과 인성 사이의 복잡하고 신비스런 관계와 관련되어 있다. 칼케돈 신앙고백 양식에 따라 규정된 이 비대칭성이라는 개념은 영혼의 치유자 곧 화해의 교역실천을 위한 그리스도교 목양론에 투신하는 이들의 정의를 새롭게 규정하는 결과를 가져왔다. 곧 영혼의 치유자란 누구인가? 그는 심리학적 담화와 신학적 담화라는 '두 가지 언어를 유창하게' 구사할 수 있는 사람이라는 것이다. 칼케돈 신앙고백 양식의 세 가지 특징은 두 개의 독특한 용어, 곧 신적인 용어와 인간적인 용어 사이에 존재하는 '용해될 수 없는 차

---

277) Debohra Hunsinger, 『신학과 목회상담』, 27. 특히 헌싱거도 바르트나 투르나이젠이나 박근원처럼, 목양론이 한 개인의 일이 아니라 교회의 교역실천이어야 한다고 강조한다.
278) 위의 책, 111-13.

별화'와 '분리될 수 없는 일치성' 그리고 '파괴될 수 없는 순서'로 요약되는데, 화해의 교역실천을 위한 영혼의 치유자는 앞으로도 늘 자신의 목양론 속에 이러한 확신이 충만해야 한다는 것이다.[279] 어찌 보면, 당연한 이야기 아니겠는가? 이것이 칼 바르트가 그토록 강조하고자 했던 바로 화해의 진면목이거늘! 칼 바르트, 투르나이젠, 박근원으로 어지는 그리스도교 목양론의 포기할 수 없는 핵심이 바로 여기에 있거늘! 아무쪼록 향후 그리스도교 목양론의 세 기둥이 될 목회상담, 영성지도, 심리치료가 따로 놀지 않고,[280] 서로 긴밀한 대화를 통하여 진정 아파하는 한 영혼을 온전히 치유하고 화해시킬 수 있는 '희망의 목양론'으로 발전될 수 있었으면 한다.[281]

이상으로 '교회의 세움'과 화해의 교역실천을 다루었다. 이 일을 위하여 여기서는 화해의 교역실천을 위한 그리스도교 '예배론'과 '설교론'과 '목양론'을 살펴보았다. 먼저 칼 바르트 이전까지 전해 내려온 저마다의 '역사적' 전통과 칼 바르트의 교역실천에 나타난 예배론과 설교론과 목양론의 '광맥'을 탐사해 보았다. 그 다음에는 칼 바르트 교역실천론의 한국적 수렴과정을 분석하기 위하여 박근원이 추천하는 칼 바르트 교역실천론의 개혁적 계승자들, 곧 예배론에서는 '폰 알멘'

---

[279] 위의 책, 117.
[280] 목회상담, 심리치료, 영성지도 간의 통전적인 관계정립 방법론을 이해하려면, Kenneth Leech, *Soul Friend: Spiritual Direction in the Modern World,* New Revised Edition (PA: Morehouse Publishing, 2001) = 신선명·신현복 옮김, 『영혼의 친구』 (서울: 아침영성지도연구원, 2006)의 제3장 "영성지도, 목회상담, 그리고 심리치료" 장을 참고하라.
[281] Andrew Lester, *Hope in Pastoral Care and Counseling* (Westminster/John Knox press, 1995) = 신현복 옮김, 『희망의 목회상담』 (서울: 한국심리치료연구소, 1997).

을, 설교론에서는 '보렌'을, 목양론에서는 '투르나이젠'을 살펴보았다. 그리고는 실제로 '박근원'이 한국교회를 향하여 평생을 전개해 온 에큐메니칼적이고 개혁적인 예배론과 설교론과 목양론을 칼 바르트의 교역실천론적 자리에서 들여다보았다. 그리고 나서, 필자는 박근원의 이런 개혁적 계승 작업을 이 땅에서 더욱 더 발전시키기 위하여 각 분야별로 대안적인 화두를 던져 보았다. 다시 말해서, 칼 바르트 교역실천론의 신학적 주음인 '화해'에 초점을 맞추어 사랑으로 교회 공동체를 세우기 위하여 예배론에서는 '화해의 의례' 문제를, 설교론에서는 '파라칼레오 입체설교' 문제를, 목양론에서는 '영혼의 치유' 문제를 제시해 보았다. 이제 이러한 이해를 바탕으로, 다음 장에서는 칼 바르트 교역실천론의 교회 공동체적 존재양식 가운데 세 번째 쟁점인 '교회의 보냄' 부분에 대하여 논의해 보고자 한다.

제5장

교회의 보냄

이제 모이고 세우고 보내는 교회 가운데 우리가 마지막으로 다루어야 할 부분은 그 세 번째 보냄 부분이다. 교회의 보냄에서는 그리스도교 공동체가 세상과 화해함으로써 세상을 위한 교회가 되어야 한다는 칼 바르트의 신학을 토대로 어떻게 세상에서 사회선교를 하며, 사회복지를 실천하고 예언자적 사회증언을 할 수 있겠는지를 살펴보려고 한다. 교역자 한 사람의 역할이나 교회 공동체의 역할로 만족하는 교역실천이 아니라, 궁극적으로 세상에서 하나님 나라를 이루기 위한 창조론적 관점에서 그 큰 그림을 그려보고자 한다.

1. 그리스도교 '선교론'

그리스도교는 선교의 종교이다. 불꽃이 불에 속하는 것처럼, 선교는 교회의 본질에 속하면서 과제이자 제도적 기관이기도 하다. 교회는

'산 위의 도시'로서 존재론적으로 선교적이며(마태복음 5장), 동시에 특별한 과제를 부여안고 세상에 보냄을 받았다(요한복음 20:21).[1] 선교는 삼위일체 하나님의 선교이다. 곧 선교는 행동하는 '믿음'을 통하여 성부의 나라를 선포하고(케리그마), 행동하는 '사랑'을 통하여 성자의 삶을 나누며(디아코니아), 행동하는 '희망'을 통하여 성령의 증언을 간직하는 것이다(코이노니아).[2]

16세기 이그나티우스 폰 로욜라(Ignatius von Loyola)는 예수회 수사들에게 네 번째 서원을 요청했는데 그것이 바로 선교(votum missionis)에 관한 것이었다. 이렇게 해서 '선교'라는 개념이 처음 등장하였다. 그는 1544-1545년에 『선교에 관한 헌장』(constitutiones circa missiones)을 저술했다. 예수회 소속 수사인 호세 아코스타(Jose de Acosta, 1540-1600)는 자신의 책, 『인디언에 대한 구원 선포에 관하여』(De procuranda Indorum salute, 1588)에서 선교를 "하나님의 말씀을 위하여 도시에서 도시로 돌아다니는 여행"으로 이해했다.[3] 그럼, 이제부터 칼 바르트 이전까지 전해 내려온 선교론의 역사적 전통을 살펴보기로 하자.

---

[1] Theo Sundermeier, *Konvivenz und Differenz: Studien zu einer verstehenden Missionswissenschaft* (anläßlich; Geburtstages, Erlangen, Verlag der Ev.-Luth. Mission, 1995) = 채수일 엮어옮김, 『선교신학의 유형과 과제』 (서울: 대한기독교서회, 1999), 13.
[2] Lesslie Newbigin, *The Open Secret: Sketches for a Missionary Theology* (SPCK, 1979) = 최성일 옮김, 『선교신학개요』 (천안: 한국신학연구소, 1995), 29-88. 여기서 뉴우비긴은 믿음의 선포와 사랑의 나눔과 희망을 증언을 선교론의 3중구조로 설명하고 있는데, 필자는 이 3중구조가 믿음으로 모이고 사랑으로 세우고 희망으로 보내는 칼 바르트의 3중구조적인 교회 존재양식과 같은 맥락에서 숙고해 볼 가치가 있다고 본다.
[3] 박근원, 『현대신학실천론』 (서울: 대한기독교서회, 1998), 331.

그리스도교 '선교론'의 역사적 전통

첫째로, 선교의 구약성서적 전거로 이스라엘의 '선택'을 들 수 있다.[4] 하나님이 아브라함을 선택한 것은 땅에 사는 모든 민족이 아브라함으로 말미암아 복을 받게 하기 위함이었다(창세기 12:3). 그럼에도 불구하고 유대교만이 아니라, 그리스도교 안에서도 오늘까지 문제되는 '배타주의'와 '공격적 선교의식'이라는 문제의 뿌리에는 선택사상이 놓여 있다(출애굽기 19:3-6). 이런 선민의식은 곧바로 적대자들에 대한 비타협적인 공격과 자기 정당화로 전환된다(신명기 7:1-6). 이스라엘의 전 역사 과정에서 이런 배타적인 선민의식과 거룩한 전쟁의 합법화는 일관되게 흐르고 있다.[5] 신약성서의 선교는 예수의 인격과 삶과 연관되지 않고서는 이해될 수 없다.[6] 복음서는 비유대인을 향하는 총체적인 세계선교에 예수가 참여하지 않으셨음을 보여준다. 선교를 그리스도교 공동체의 우주적 차원에서 이해하게 된 것은 부활사건 이후였다. 예수의 선교의 핵심에는 다가오는 하나님의 나라가 있다.[7] 이른바 세계선교의 문을 연 이는 사도 바울이었다. 부활하신 그리스도와의 만남이 그의 삶, 그의 인간관과 역사관을 바꾸어 놓았다. 바울은 자기를 부르신 뜻이 이방인 선교에 있다고 확신하였다. 바울은 선교의 목적을 '만물의 일치'에 두었으며, 부름 받은 이들의 과제를 분열된 세계의

---

4) 위의 책, 334-35.
5) 한편, 부르서만은 구약성서의 선교가 꼭 배타적인 것만은 아니라고 말한다. 자세한 것은 Walter Brueggemann, *Biblical Perspectives on Evangelism: Living in a Three-Storied Universe* (Abingdon Press, 1993) = 최성일 옮김, 『복음전파에 대한 성서적 전망』(오산: 한신대학교출판부, 2007)을 보라.
6) 선교에 대한 성서적 이해를 좀 더 자세히 파악하려면 Donald Senior & Carroll Stuhlmueller, *The Biblical Foundations for Mission* (Orbis Books, 1983 = 최성일 옮김, 『선교의 성서적 기초』(서울: 디신글방, 2003)를 참고하라.
7) 박근원, 『현대신학실천론』, 335.

'화해의 일치'(에베소서 3:14-16)에서 찾았다.[8]

둘째로, 중세교회의 선교론과 관련하여, 카르멜리터 파의 토마스 아 예수(Thomas a Jesu)는 1610년에 『선교 동인』을 출판하였다. 1622년에는 로마 교황청에 '선교성성'(Missionskongregation)이 설립되었는데, 나중에는 '포교성성'(Sacra Congregatio de Propaganda Fide)이라는 이름을 가지게 되었다. 제2차 바티칸 공의회 이후에야 그 이름이 '인류복음화성'(Congregatio pro Gentium Evangelizatione)으로 개명되었다. "그리스도는 모든 민족의 빛이다." 이렇듯 장엄한 표현으로 제2차 바타칸 공의회는 공의회 문서들 가운데 가장 중요한 '교회법'을 시작하였다.[9] 그리고 나서 유럽 근대의 선교는 이른바 신대륙의 발견 및 식민지 역사와 함께 전개되었다. 이슬람의 위험에 직면한 유럽은 눈을 새로운 대륙에 돌리기 시작했다. 스페인과 포르투갈의 후원 아래 선교가 진행되었다. 언약을 통하여 교황은 국왕에게 사도직을 수행하기 위한 정복권을 주었고, 그 반대급부로 국왕은 무역 독점과 통치권 수행 권리를 보장받았다. 국왕은 복음의 확대와 이방인의 회개를 지원했다. 그러나 이 시기의 선교는 교회와 국가 권력, 종교적 목적과 정치적 목적의 결탁 때문에 부담을 갖게 되었고, 그 때문에 정교분리의 필요성이 대두되었다. 교회는 1622년 '포교성성'을 설립하여 이 일을 추진했으나, 선교의 정치화를 막을 수는 없었다.[10]

셋째로, 종교개혁교회 영역에서는 17세기 이후부터, 선교개념과 이

---

[8] 위의 책, 335-36. 사도 바울의 선교방법에 대하여 좀 더 구체적으로 이해하려면 Lesslie Newbigin, 『선교신학개요』, 161-74를 보라. 거기에는 유명한 선교학자 맥가브런(Donald McGavran)과 알렌(Roland Allen)이 사도 바울의 선교론을 어떻게 다르게 이해했는지 그 차이가 드러나 있다.
[9] Lesslie Newbigin, 『선교신학개요』, 9.
[10] 박근원, 『현대신학실천론』, 332.

론에 대한 논의가 좀 더 활발해졌다. 필립 니콜라이, 요하네스 하인리히 우르시누스, 고트후리드 아놀드 등은 '그리스도 나라의 확장'으로서 선교를 이해하였다. 경건주의자인 필립 야콥 슈페너(1635-1705)는 하나님 나라의 확대와 그리스도의 영광을 드러내는 것에 선교의 목적이 있다고 확신하면서, "하나님은 이방인들이 자신에게 와서 은혜를 찾기까지 기다리시는 분이 아니다. 하나님은 이방인들에게 은혜를 주시기 위하여 이방인을 찾아 나서신다."고 말했다.[11] 기스베르투스 보에티우스(Gisbertus Voetius, 1589-1676)는 선교 목적을 이방인의 회개, 교회의 이식, 하나님의 영광이라는 단계적 발전으로 이해했다. 니콜라우스 루드비히 폰 친첸도르프(Nicolaus Ludwig von Zinzendorf, 1700-1760)는 『이방인 선교사들에게 보내는 지침서』를 썼고, 영국의 침례교 목사이자 현대 선교의 아버지라고 불리우는 윌리엄 케리(William Carey, 1761-1834)는 "이방인의 회개"와 "이방인을 가르치는 작업"을 선교로 이해했다.

넷째로, 19세기 초에는 선교가 깊은 수렁에 처해 있었다. 그러나 유럽이 새로운 팽창정책에 고무되고, 상업적·정치적·문명적·종교적 동기에 상응하여 아프리카와 아시아에서 식민지를 찾게 되었을 때, 선교도 호기를 맞게 되었다. 선교사는 종교적 영역에서만이 아니라, 문화와 교육과 의학과 기술에서 우월한 위치를 가지고 선교했다. 선교는 대부분 단순하고 무식한 민중들에게 쉽게 받아들여졌으나, 민족의 독립을 지향했던 토착종교인이나 지식인들 사이에서는 언제나 회의적 시각으로 비판 받았다. 아프리카에서는 선교가 식민주의와 결합해 비

---

11) 위의 책, 333.

교적 광범위한 영향을 끼친 반면, 이른바 고등종교가 지배하던 아시아에서는 크게 영향을 끼치지 못하였다.

다섯째로, 현대 선교신학을 독립학문으로 정립한 이는 독일 할레대학의 선교신학 교수 구스타프 바르넥(Gustav Warneck, 1834-1919)이었다.[12] 그는 선교의 목적을 비그리스도인의 회개와 세례에 두었다. 그의 '회심유형'과는 달리, 뢰베너 학파(Löwener Schule)에서는 '이식유형'을 주장하였는데, 그들은 보이는 교회를 확장하는 것이 선교의 목적이라고 보았다. 이 두 유형의 문제는 제도적 교회를 하나님 나라와 동일시한다는 것, 지나치게 유럽중심의 사고틀에 사로잡혀 있다는 것, 타종교 신자들을 선교의 대상으로만 파악하고 있다는 것, 인간은 교회 부속물의 일부가 된다는 것, 인간이 구원이냐 파멸이냐는 시각에서만 계산된다는 것이다.[13]

칼 바르트의 교역실천에 나타난 '선교론'의 광맥

칼 바르트는 그리스도교 공동체를 '세상을 위한 공동체'로 존재하게 하는 근거가 바로 선교이며, 따라서 선교론은 모든 교역실천의 가장 깊은 뿌리라고 보았다. 그에 따르면, 하나님께서 예수 그리스도 안에서 은혜의 언약에 관하여 선포하신 말씀은 여전히 이국적이며, 따라서 새로운 메시지로 취급되어야 한다.[14] 그리스도교 공동체는 이 메시지를 이 세상에, 민족들이나 이방인들에게 전해야 한다는 것이다. 바르트에게서, 사도적 교회가 된다는 것은 선교적 교회가 된다는 것이다.

---

12) Lesslie Newbigin, 『선교신학개요』, 186.
13) 박근원, 『현대신학실천론』, 337-39.
14) Karl Barth, *Church Dogmatics* (Edinburgh: T. & T. Clark, 1956-1974) 가운데 Ⅳ/3, 874를 보라.

이러한 맥락에서 바르트는 선교의 의미와 목적을 다음과 같이 말한다:

> 선교의 과제는 예수 그리스도께서 이방인들을 위해서고 죽으셨고 부활하셨다는 확고한 믿음에 기초해야 한다. 선교는 잘못된 신들을 믿음으로써 잘못된 신앙의 희생자로 전락한 이들 모두를 위하여 구원을 선포하는 것이다. 그리스도교 공동체 자체는 이방 선교 안에서 행동하는 주체이다. 선교의 유일한 목적은 이방 사람들이 복음을 알게 하는 데 있어야 한다. 그리고 선교는 하나님의 영광과 사람들의 구원을 위해서만 추구되어야 한다.[15]

이렇게 볼 때, 칼 바르트에게서 선교의 궁극적인 목표는 순전히 복음의 진리를 전파하는 것이라고 필자는 생각한다. 그리고 그것은 매우 올바른 출발점이라고 여겨진다. 그렇다. 선교는 이른바 타종교들에 대한 진지한 존중을 전제로 하지만, 그것들과 절충하려 하거나 접촉점이나 유사점을 찾으려고 하지는 않는다. 선교는 교회의 전체적인 교역실천과 관련되어 있다. 선교는 설교, 전도, 교육, 복지 등의 형태로 실천된다. 선교는 선교학교 형태로 교육에 기여하고, 의학적인 선교의 형태로 육체적 건강에 기여해야 한다. 선교의 목적은 비그리스도인들을 개종시켜서 개인적인 구원의 즐거움을 누리도록 하는 데 있는 것뿐만 아니라, 이방인들에게 하나님의 역사와 말씀을 증명하는 데도 있다. 하나님은 자신의 소명에 따라 이방인들을 창조하셨고, 이방인들도 자신의 증인으로 삼기 위하여 이방이 그 자체로 준비시키신다.[16] 민족들 사이에서 선교적인 일은 지배나 통치 형태를 취하기보다는 섬김의 형

---

15) *CD* Ⅳ/3, 875.
16) *CD* Ⅳ/3, 876.

태만 취할 수 있다. 선교를 시작할 때나 지속할 때나 마찬가지이다. 선교는 하나님의 부르심을 자각함으로써, 비그리스도인들 스스로가 증인이 되도록, 공동체가 되도록 이끌어야 한다.[17] 따라서 선교의 목적은 비그리스도인들 스스로가 자기 자신의 새롭고 토착적인 선교 공동체를 세울 수 있도록 돕는 것이다.

그렇다면, 선교는 신학과 무슨 관계가 있는가?[18] 1932년 4월 11일, 칼 바르트는 베를린 브란덴부르크 선교회에서 신학자들과 선교사들에게 50개 이상의 질문을 던지며 "현재의 선교와 신학"(Die Theologie und die Mission in der Gegenwart)이라는 강연을 한 적이 있다.[19] 거기서 바르트는 선교사의 열정과 신학은 교회의 독립된 두 가지 교역실천이며, 저마다 그 자체의 타당성을 가짐으로써[20] 신학이 선교와 분명 구별이 되지만,[21] 신학이 선교교역을 배격하거나 선교교역이 신학을 냉대하지 않고, 선교와 신학은 모두 교회를 위한 순종의 다른 시도들이라고 보았다.[22] 흥미로운 것은, 이러한 바르트의 신학이 하르텐쉬타인(K. Hartenstein)을 통하여 구속사적인 선교이해에 영향을 주었다는 점이다. 또 약속사적인 선교신학의 흔적도 바르트의 신학에서 찾아볼 수 있다는 점이다.[23] 필자가 더 놀란 것은, 하르텐쉬타인이 처음 사용한 것으로 보이는 '하나님의 선교'(missio dei)라는 개념도 바르트의 '내삼위

---

17) *CD* Ⅳ/3, 같은 곳.
18) 이후천, "칼 바르트에 있어서 선교와 신학의 관계규정 문제," 『기독교사상』, 제461호, 1997년 5월호 (서울: 대한기독교서회, 1997), 97-112.
19) Karl Barth, "Die Theologie und die Mission in der Gegenwart," in: *Theologische Fragen und Antworten* (Bd. 3; Zollikon, 1957), 100-26 [= in: Zwischen den Zeiten 10 (1932), 189-215].
20) W. Scott, *Karl Barth's Theology of Mission* (Illinois, 1978), 10
21) Karl Barth, "Die Theologie und die Mission in der Gegenwart," 102.
22) 위의 글, 103.
23) T. Sundermeier, "Theologie der Mission," in *Lexikon Missionstheologischer Grund begriffe*, hg.v. K. Muller und T. Sundermeier (Berlin, 1987), 477.

일체적인'(innertrinitarisch) 개념 이해에서 착상을 얻은 것이라는 주장이다.[24] 바르트는 가장 신실한 선교사라면, 가장 확고한 선교동역자라면, 초대교회에서 사용한 그 선교(missio)라는 개념이 삼위일체론에서 왔음을, 곧 하나님의 자기 보냄, 다시 말해서 세상으로 성자와 성령을 보내는 것을 표현한 것이었음을 눈치 챌 수 있어야 한다고 말한다.[25]

이렇듯 바르트에게서 선교는 '교회의 교역'(ein Handeln der Kirche)이었으며,[26] 이것을 전체 교역실천 가운데 하나로 간주하였다.[27] 또 좁은 의미로 볼 때, 바르트는 선교를 교회 안에서 그리고 교회와 함께 하나님의 말씀을 섬기는 이방인 선교로 이해하였다:

> 예수 그리스도를 통하여 나타난 하나님의 자기 계시를 아직 고백하지 않은 사람들, 아직 세례의 표식을 볼 수 없는 사람들, 그분의 음성을 아직 듣지 못한 사람들, 이러한 '아직 아님'(Noch nicht!)에 속한 사람들은 이방인들(die Heiden)이다.[28]

그러나 이와 달리 넓은 의미에서 볼 때, 필자는 바르트가 선교를 아직 복음을 듣지 못한 사람이나 복음을 이미 들었을지라도 복음의 연속적인 들음을 통하여 계속 새롭게 처음을 반복하려는 사람들에게 궁극적으로 예수 그리스도가 인간의 구세주라고 고백하도록 하나님의 말

---

[24] 위의 글, 같은 곳. 그 동안 바르트는 '하나님의 선교' 보다는 '교회의 선교'에 무게 중심을 둔 것으로 알고 있었으나, 여기서 '하나님의 선교'라는 말이 바르트에게까지 소급될 수 있다는 사실에 놀라면서, 바르트가 왜 "신학은 교회를 위해 존재하고, 교회는 세계를 위해 존재해야 한다"고 강조하였는지 새삼 주목하게 된다. 그의 선교론적 관점이 우리가 생각했던 것보다 훨씬 더 시야가 넓었던 것은 아닌지 좀 더 연구해 볼 필요를 느낀다.
[25] Karl Barth, "Die Theologie und die Mission in der Gegenwart," 115.
[26] 위의 글, 100.
[27] Karl Barth, KD IV/3, 989-1034.
[28] Karl Barth, "Die Theologie und die Mission in der Gegenwart," 101.

씀을 선포하는 교회의 교역실천 가운데 한 가지라고 이해하지 않았나 생각된다.[29] 바르트의 이런 선교론은 마태복음 28장 18-20절을 주석하는 데서도 드러난다.[30] "모든 민족을 제자로 삼으라"($\mu\alpha\theta\eta\tau\epsilon\nu\sigma\alpha\tau\epsilon$ $\pi\alpha\nu\tau\alpha$ $\tau\alpha$ $\epsilon\theta\nu\eta$)는 본문은 종말론적 사건과 사도직에 대한 명령이며, 여기서 모든 민족은 제자로 받아들인 사람들만이 아니라 이스라엘을 제외하지 않은 이방인을 포함한다는 것이다. 이것이 새로운 종말론적 공동체이다.[31]

바르트는 선교의 동기와 과제를 결정하는 데서도 철저히 그리스도 중심주의이다. 바르트가 예수 그리스도를 통한 화해의 사건을 강조한다.[32] 그리스도를 통한 화해의 계시야말로 선교의 출발점이며, 교회는 하나님의 부르심에 따라 이 화해의 사건에 참여해야 한다는 것이다. 바르트는 증인으로서 그리스도인(Der Christ als Zeuge)은 교회의 선교를 통하여 하나님의 계시 사건을 드러낼 수는 없고, 예수 그리스도의 직접적인 행동과 선포에 의존해야 한다고 주장한다. 교회의 역할은 단지 선교교역 속에서 예수 그리스도와 함께 동행할 뿐이라는 것이다.[33] 오직 성서만이 유일한 구체적 계시 체계요, 그 밖의 시도들은 모두 인간적 체계일 뿐이라는 것이 바르트의 경고다. 그러기에 교회가 선교를 통하여 증거해야 할 증언의 내용, 곧 선교의 과제는 예수 그리스도 자신밖에는 아무것도 없다고 바르트는 힘주어 말한다(사도행전 1:8).[34]

---

29) 위의 글, 같은 곳.
30) Karl Barth, *KD* IV/3, 553.
31) Karl Barth, "An Exegetical Study of Matthew 28:16-20," in: *The Theology of the Christian Mission*, hg.v. G. Anderson, (New York/Toronto/London, 1961), 64.
32) Karl Barth, *KD* IV/3, 637.
33) W. Scott, *Karl Barth's Theology of Mission*, 12.
34) Karl Barth, *KD* IV/3, 927.

칼 바르트 '선교론'의 한국적 수렴통합

위에서 우리는 칼 바르트 교역실천론에 나타난 '선교론'의 광맥을 탐구해 보았다. 그렇다면 이러한 칼 바르트의 선교론을 한국교회의 교역실천 현장에 적극적으로 수렴통합할 수 있는 길은 무엇일까?

첫째로, 필자는 우리 개혁교회 후손들이 칼 바르트의 선교론을 한국적으로 수렴통합하려면 반드시 칼 바르트의 종교개혁적 선교론을 이어받은 '휘체돔'의 선교론도 함께 주목할 필요가 있다고 생각한다. 우리는 교회의 본질을 떠올릴 때마다 사도행전의 초대교회(사도행전 2:37-47)를 생각한다. 특히 교회가 그의 본질적인 사명을 제대로 감당하지 못할 때는 더욱 초대교회가 그리워진다. 그 초대교회의 본질을 회복하는 일, 곧 "교회를 교회되게" 하는 교회갱신운동의 목소리는 그래서 언제나 우리의 잠자는 영혼을 깨운다. 루터(M. Luther)와 칼빈(J. Calvin)의 종교개혁운동, 그리고 그 정신을 이어받아 20세기 초 칼 바르트(K. Barth)가 주도한 말씀의 신학 곧 신정통주의 운동! 그래서 보렌(R. Bohren)은 신정통주의 신학운동을 제2의 종교개혁이라고 했던가! 이토록 20세기 초, 신정통주의 신학운동이 일어나던 바로 그때, 선교신학에도 큰 변화가 꿈틀거렸다. 1910년, 에딘버러 선교대회를 통하여 에큐메니칼 운동이 시작되었다. 1948년, 세계교회협의회(WCC)가 구성되면서 교회일치운동의 비전이 제시되었다. 이러한 때 나타난 이가 바로 휘체돔(G. F. Vicedom)이다.

그는 1950년대에 『하나님의 선교』(*missio dei*)라는 책을 통하여 새로운 선교개념을 확립시키고 선교신학에 대한 사고의 전환을 가져오게 하였다.[35] 휘체돔에 따르면, 선교는 단순히 주님의 말씀에 복종하고 공동체의 보냄에 의무를 다하는 것만이 아니라, 하나님께서 구원

받은 온 피조물 위에 그리스도의 주권을 세우려는 포괄적인 목표를 가지고 아들을 세상에 보내시는 일, 곧 하나님께서 역사에 친히 개입하심으로써 펼쳐 가시는 '하나님의 선교'에 참여하는 것이다.[36] 그는 무엇보다도 칼 바르트의 선교론이 제대로 계승되지 못하고 있음을 가슴을 치며 이렇게 탄식했다:

> 우리가 간과할 수 없는 사실은, 칼 바르트가 『교회교의학』에서 선교에 대하여 상세하게 다루었음에도 불구하고, 독일의 신학은 선교에 대하여 몰취미하고 둔감한 태도를 여전히 고수하고 있었다는 점이다. 신학은 스스로를 주로 증언의 내용 규정에 한정했고, 선교적 열정에까지 이르러야 한다는 하나님의 요구에는 귀를 기울이지 않았다.[37]

이 글을 읽으면서 필자도 가슴이 뛰는 것을 주체할 수 없었다. 군목으로서 선교의 최일선에서 환영과 세례와 목양과 파송을 매주 거듭하고 있는 절체절명의 삶을 살아가는 필자에게는 신학이 학문적 증언이라는 울에 갇히지 않고 그 울을 뛰어넘어 선교적 열정에까지 이르러야 한다는 말에 절대적인 공감과 지지를 보내지 않을 수 없다. 바르트가 진정 꿈꾸었던 것도 그것이 아니었을까?

휘체돔에 따르면, 교회는 하나님의 손안에 있는 한 도구일 뿐이다. 교회는 보내시고 구원하시는 하나님의 활동의 결과이다. 교회와 선교

---

35) Georg F. Vicedom, *Einführung in Theologie der Mission* (München, 1968) = 박근원 옮김, 『하나님의 선교』 (서울: 대한기독교출판사, 1980).
36) 위의 책, 16.
37) 위의 책, 10-11.

는 하나님의 사랑의 의지에 그 출처를 가진다. 선교는 하나님의 구원 행동을 알림으로써 하나님의 구원 행동이 계속되는 것과 다르지 않다. 그러므로 모든 구원역사(Heilsgeschichte)는 하나님의 선교의 역사이다. 보내심 가운데 하나님은 현존하신다. 보내심은 하나님의 현존방식이며, 이것은 심판과 은총으로 나타난다. 선교는 아들의 보내심, 곧 하나님의 선교에 참여하여 모든 피조물에 대한 그리스도의 지배권을 수립하려는 포괄적인 목적을 가진다. 휘체돔은 선교를 삼위일체적으로 이해한다. 하나님이 그의 아들을 보내고, 아버지와 아들이 성령을 보낸다. 선교의 목적은 인간을 하나님의 지배 아래로 들어오게 하며, 인간에게 하나님의 지배의 결실을 전달하는 데 있다. 하나님의 지배현실에서는 모든 형태의 분열이 극복된다. 사회적 모순과 인종간의 차별도 없어진다(마태복음 8:11; 누가복음 13:29).[38]

이렇듯 당시 휘체돔을 비롯하여 프라이타크(W. Freytag), 세계교회협의회, 세계루터교연맹, 제2차 바티칸공의회(concilium vaticanum secundum, 1962. 10. 11~1965. 12. 8) 등이 서 있었던 자리를 '구원사적 모델'(Das heilsgeschichtliche Modell)이라고 할 수 있다. 구원사적 선교 모델은 선교의 역사가 아브라함의 소명에서 시작되어 예수 그리스도의 십자가에서 절정에 이르러, 다시 교회를 통하여 발전적으로 확대된다고 이해한다. 이들에게 선교의 목적은 교회가 아니라 하나님의 나라였다. 그러나 구원사적 모델은 하나님의 선교와 인간의 선교가 어떤 관계를 가지는지가 불투명하고, 역사와 세계의 문제가 싱실된다는 문제를 안고 있다. 또 이스라엘과 교회가 중심이 되는 구원역사에 대

---

38) 위의 책, 20-23.

한 관심은 역사 일반과 세계의 문제에 대한 관심을 약화시킬 수 있다는 문제가 있었다.[39]

둘째로, 필자는 우리 개혁교회 후손들이 칼 바르트의 선교론을 한국적으로 수렴통합하기 위해서는 칼 바르트와 휘체돔으로 이어지는 종교개혁전통의 선교론을 에큐메니칼적으로 계승하고 있는 박근원의 선교론에 귀를 기울일 필요가 있다고 생각한다.

박근원의 선교론은 '교회론의 전환'에서 시작된다. 종래의 수직적 교회관은 교회 자체를 하나님께 속한 것으로 보고 세속과는 철저하게 구분시켰다. 그래서 역대 교회의 신학은 교회를 그리스도의 몸과 동일시했고, 교회도 제도 자체를 성례전화하였다. 이 교회만을 통해서 하나님께서는 이 세상에서 역사 하시는 것으로 믿었고, 이 교회와 성례전적인 관계를 맺음으로써 개인 영혼의 구원이 보장되는 것으로 가르쳐 왔다. 성령의 역사까지도 이 교회 안에서만 가능한 것으로 생각하였다. 이 교회라는 제도를 떠나서는 개인적인 신앙생활이 불가능한 것으로 여겨 왔다. 개 교회나 개체 교회의 신학은 자기네 교회만이 구원이 있는 것으로 강조하기도 했다. 박근원은 이런 수직적인 교회론을 수평적인 교회론으로 바꾸어야 한다고 주장한다.[40]

박근원의 이런 선교론적 쟁점을 좀 더 교역실천론적인 관점에서 들여다보면 '선교하는 교회'로 그 구조를 변경하는 문제가 부각된다.[41] 그에 따르면, 교회의 참 사명은 인류와 세상을 섬기는 일에 있다. 이런 교회는 모이기만 하는 교회가 아니라 '보내는 교회'가 되어야 하며,

---

39) 박근원, 『현대신학실천론』, 340-41.
40) 박근원, 『오늘의 선교론』 (서울: 전망사, 1986), 56-57.
41) 박근원, 『현대신학실천론』, 343.

세상에 군림해서 영광을 받는 교회가 아니라 '세상을 위하여' 고난을 받는 교회가 되어야 한다. 선교하는 교회의 구조는 교회 자체가 선교 일체를 주관하는 것이 아니라, 세상이 제공해 주는 선교 항목에 따라 반응을 보여주고 참여하는 것이다. 좀 더 유연성 있고, 세상을 향하여 개방적이어야 하며, 평신도를 중심으로 하는 교회 구조이어야 한다.[42] 교회 안에서의 교역의 모든 활동은 "성도들을 준비시켜 섬기는 일을 하게" 하는 데 그 목적이 있다(에베소서 4:12). '선교하는 교회'를 위한 '교역실천'의 형태는 이런 교회 구조를 전제로 한 것이어야 한다.[43]

이렇게 볼 때, 박근원의 선교론은 앞에서 말한 휘체돔의 '구원사적' 모델을 뛰어넘어, 호켄다이크(Johannes Christiaan Hoekendijk)의 '약속사적'(Das verheißungsgeschichtliche Modell) 모델과 같은 지평에 서 있다고 할 수 있다.[44] 약속사적 모델에 따르면, 아들의 보냄과 성령을 통한 교회의 보냄이 중요하지 않다. 하나님 자신이 바로 선교하시는 하나님이기 때문이다.[45]

> '하나님의 선교'에 참여한다는 것은 인류 역사 안에서 하나님의 동역자가 된다는 것을 뜻한다. 교회는 세상을 지배하기보다 세상을 섬기는 역할을 감당해야 한다. 이 점에서 재래적인 교회구조를 전복하는 셈이 된다. 일반적으로 하나님은 교회를 통하여 세상에 관련된다고 믿어 왔다(구원사적 모델: 하나님→교회→세상). 그러나 선교하는 교회는 더 이상 이런 논리를 받아들일 수 없다.

---

42) 박근원, 『오늘의 목사론』 개정증보판 (서울: 대한기독교서회, 1992), 85-94.
43) Keun-Won Park, "Evangelism and Mission in Korea in Ecumenical Perspective," *From East to West* (University Press of America, 1997), 93-106.
44) 위의 책, 341.
45) Gerald H. Anderson, *The Theology of The Christian Mission* (Abingdon, 1961) = 박근원 옮김, 『선교신학서설』 (서울: 대한기독교서회, 1988), 359.

'하나님의 선교'라는 입장에서 보면, 교회와 세상의 위치가 뒤바뀌어야 한다(약속사적 모델: 하나님→세상→교회). 이 공식이 뜻하는 바는, 하나님은 우선적으로 세상과 관계를 맺으시고 세상이 그 관계의 초점이 된다는 것이다.[46]

필자가 보기에, 박근원은 호켄다이크가 약속사적 모델에서 내보이는 교회구조의 이런 역발상을 매우 높이 평가한다고 생각된다:

> 하나님의 선교란 하나님의 역사참여를 의미하며, 하나님의 아방가르 곧 전위대로서 교회가 선포와 복지와 친교적 사명을 감당함으로써 하나님의 선교에 동참하는 것이며, 교회의 본질적인 사명으로서 케리그마와 디아코니아와 코이노니아는 하나님의 선교를 위해 결코 서로 떨어질 수 없는 것이다.[47]

박근원도 호켄다이크의 이 말에 공감을 하고 있다는 것이 필자의 판단이다. 그렇기에 전통적인 '교회의 선교'(missio ekklesia)와 '하나님의 선교'(missio dei)를 구별할 필요가 있다고 본다. 교회의 선교는 세상 사람들을 교회로 불러 모아 교회를 확장함으로써 세상 위에 군림하는 '모이는 교회'에 관심을 두는 반면에, 하나님의 선교는 세상 사람들이 사는 세계에 흩어져서 세상을 위해 지금도 일하시는 하나님의 선교에 참여함으로써 세상을 섬기는 '보내는 교회'에 관심을 두기 때문이다.[48] 박근원은 호켄다이크가 교회의 선교는 모이는 교회로서 '방

---

46) 박근원, 『현대신학실천론』, 344.
47) Johannes Christiaan Hoekendijk, *The Church Inside Out* (Philadelphia: The Westminster Press, 1966) = 이계준 옮김, 『흩어지는 교회』(서울: 대한기독교서회, 1975), 76.

주'로 비유하고, 하나님의 선교는 세상으로 흩어지는 교회로서 '구조선'으로 비유하는 것을 주목한다.[49] '오늘의 구원'은 바로 거기에 있다는 것이다.[50]

결국 박근원의 선교론의 핵심은 오늘의 선교 현장에서 교회는 "타자를 위한 교회, 세계를 위한 교회"여야 한다는 것이다.[51] 그것은 칼 바르트가 그토록 부르짖었던 "교회를 위한 신학, 세상을 위한 교회"라는 말과 일맥상통한다. 그것은 또한 사도 바울이 "하나님께서 사람들의 죄과를 따지지 않으시고, 화해의 말씀을 우리에게 맡겨 주심으로써, 세상을 그리스도 안에서 자기와 화해하게 하신 것"(고린도후서 5:19)이라고 말한 것과도 궤를 같이 한다. 박근원의 이런 선교론적 관점은 억압받고 가난한 민중과의 연대에서 구체화됨으로써 민중신학이나 여성신학이나 해방신학 등과도 맥락을 같이한다.[52] 그는 선교사 역시 특별한 소명을 받은 인물이나 성직자보다는 평신도 교역자의 실천적 선교를 강조한다. 그러나 박근원은 이런 약속사적 모델이 가지는 문제는, 이것이 극단화될 경우 선교의 핵심이 역사 발전을 위한 활동 자체라는 결론에 이르게 된다는 데 있다고 경고한다. 또 인간의 역사 안에서의 삶이 교회의 삶과 선교에 우선하게 되어 교회의 의미를 상대화시킬 우려가 있다고 말한다.[53]

---

48) '교회의 선교'(missio ekklesia)와 '하나님의 선교'(missio dei)의 차이를 좀 더 심층적으로 이해하려면 김은수, 『현대 선교의 흐름과 주제』(서울: 대한기독교서회, 2001)를 참고하라.
49) Johannes Christiaan Hoekendijk, 『흩어지는 교회』, 77-98.
50) Arne Sdvik, *Salvation Today* (Augsburg Pub. House, 1973) = 박근원 옮김, 『오늘의 구원』(서울: 대한기독교서회, 1980).
51) World Council of Churches, *The Church for Others and The Church for the World* (World Council of Churches, 1968) = 박근원 옮김, 『세계를 위한 교회』(서울: 대한기독교서회, 1979), 13.
52) 서남동, "두 이야기의 합류," 『민중과 한국신학』(서울: 한국신학연구소, 1982), 271. 한국의 민중신학의 과제는 그리스도교의 민중 전통과 한국의 민중 전통이 현재 한국교회의 '하나님의 선교' 활동에서 합류되고 있음을 증언하는 것이다.

셋째로, 필자는 칼 바르트, 휘체돔, 박근원으로 이어지는 종교개혁 전통의 선교론을 더욱 계승 발전시키기 위하여 다음과 같은 질문을 스스로 던져볼 필요가 있다고 생각한다: "앞으로 이 땅 한반도에서 우리의 선교론은 어떤 모습이어야 하는가?" 그것은 다름이 아니라, 칼 바르트가 그토록 부르짖었듯이, '화해'를 향한 선교론이어야 한다는 것이 박근원의 부르짖음이다. 이 화해를 향한 교역실천으로서 한국 그리스도교 선교론의 정립이 미래 후학들에게 너무나 절실하게 요청된다는 말이다. 그런 의미에서, 필자는 화해의 교역실천을 위한 미래 한국 그리스도교의 선교론에서는 곳곳에 '화해'라는 주제를 충분히 담아내야 한다고 생각한다.[54] 특히 선교론에서는 '화해의 선교'라는 관점에서 향후 '이슬람'과 어떻게 종교간 화해를 이룰 수 있을지 심각한 고민이 필요하다고 본다.[55]

잘 알고 있듯이, 이슬람은 그리스도교가 적대시했던 종교들 중에 가장 심하게 왜곡되고 또 비난받은 종교이다. 이슬람과 무슬림을 유럽인들에게 중대한 위협을 끼치는 최대의 적으로 보았기 때문이다. 또 이슬람은 그리스도교의 이단 종파 중 하나로 보았다. 이는 쿠란 번역이 제대로 이루어지지 않았기 때문이기도 하다. 쿠란의 내용이 아주

---

53) 위의 책, 341.
54) Jasjit S. Suri, ed., *You are the Light of the World: Statements on Mission by the World Council of Churches 1980-2005* (OCSL Press, 2005) = 김동선 옮김, 『통전적 선교를 위한 신학과 실천』 (서울: 대한기독교서회, 2007), 81. '하나님의 선교'에 관한 신학과 '화해'에 관한 주제의 결합은 이미 세계교회협의회 캔버라 총회를 준비하는 과정 중, 1989년 열린 샌 안토니오 세계선교대회 직후에 나온 개념이기도 하다.
55) 물론 한국 내에 있는 가톨릭이나 불교나 원불교 같은 재래종교와의 대화도 중요하다고 본다. 그러나 필자는 군목으로서 한국 내 종교간의 갈등과 화합, 그 축소판이라고 할 수 있는 교역실천 한복판에서 나름대로 그런 재래종교들과 화합을 위한 의미 있는 훈련을 받아 왔기에, 여기서는 그런 시야를 좀 더 확대하여 향후 전세계적으로 가장 큰 쟁점이 될 수 있는 이슬람의 문제를 주목해 보고자 한다.

조금씩이나 소개되면서 계몽주의 시대에는 이슬람을 긍정적으로 접근하기 시작했다. 여기에 제2차 바티칸 공의회도 한몫했다.

이슬람 신앙의 다섯 기둥은 증언(Shahadah), 예배(Salat), 희사(Zakat), 단식(Saum), 순례(Hajj) 등이다.[56] 좀 더 구체적으로 살펴보면, 이슬람의 창시자는 무함마드이다. 그의 주요 사상은 한분 하나님에 대한 것이었다. 이슬람의 근본은 쿠란이다. 쿠란은 하나님의 말씀 그 자체이다. 무슬림들은 쿠란을 가능한 한 훌륭하게 낭송하고 싶어 했다. 어떤 지식인들은 무슬림 사회가 취약해진 주요 원인의 하나로 아랍어로 쓰여 있는 쿠란을 정확히 이해하지 못함을 꼽았다. 쿠란을 낭송하는 것은 기본이고 무슬림 신자로서 해야 할 종교의식들이 있다. 한 달 동안의 단식이 있고 하루 5번 예배를 드려야 한다. 예배당은 이슬람의 훌륭한 예술품이다. 특별히 이슬람의 예술을 가장 잘 표현한 분야는 서예와 장식공예인데, 이를 아라베스크라 한다.[57] 후기의 무슬림 가운데 철학적 사상가로서 자랑스럽게 내세울 만한 인물은 이븐 할둔(Ibn Khaldun)이다.[58] 국가의 흥망성쇠에 대한 그의 사고는 통찰력이 있었다. 657년 시핀 전투는 이슬람 교리가 발전하는 출발점이었을 뿐만 아니라 여러 종파가 출현하는 분기점이 되었다. 이슬람 사회에는 많은 당파가 존재했다. 그런데 쉬아파에 속한 모든 종파는 일반적으로 초대부터 3대에 이르는 할리파를 모두 거부했다. 교리적 규정과 현학적 방법의 그물 또는 외형적 의례와 법조문 속에 우려가 있을 수 있다. 그러나 하나의 새로운 경향, 즉 신비주의가 나타나 이슬람 세계의 여러 분

---

56) 김승혜 외, 『유다교·그리스도교·이슬람교의 순례』(서울: 바오로딸, 2004), 12-20.
57) Annemarie Schimmel, *Islam* (State University of New York Press, 1992) = 김영경 옮김, 『이슬람의 이해』(경북: 분도출판사, 1999), 70.
58) 위의 책, 130.

야에 각별한 모습을 안겨 주었다. 이 비의적 경향을 수피주의(Sufism)라고 한다.[59]

필자는 이 세상 그 어떤 대화이든, 모든 대화의 핵심은 상호존중에 있다고 생각한다. 그리스도교와 이슬람의 대화도 거기서 시작되어야 할 것이다. 종교다원주의적인 관점에서 역지사지의 심정으로 눈높이를 상대방 종교에 맞추어 이해하려고 노력하다 보면 우리의 무지와 편견이 드러날 것이고, 배타주의가 얼마나 무서운 죄인가도 알게 될 것이다.[60] 그리스도교와 이슬람 간에 대화가 가능한 영역은 무엇보다도 두 종교가 비폭력을 지향하는 종교라는 점이다.[61] 이러한 지형에서 반전 평화와 종교 간의 대화를 실천하고 평화를 위한 하나된 의지를 모아서 비폭력 무저항 평화주의 정신을 나누는 것은 의미 있는 일일 것이다. 또 하나 두 종교 사이에 대화가 가능한 부분이 있다면, 그것은 두 종교 공히 책의 종교라는 공통점이다.[62] 아브라함의 자손들로서 신적 계시를 중시하는 책의 종교로서 그 공감대를 넓혀가노라면, 더욱 더 깊은 상호 이해에 다다를 수 있지 않을까? 다른 것을 찾기보다 같은 것을 찾는 노력이 대화에 훨씬 더 도움이 된다. 그런 의미에서 책의 종교로서 얼마든지 대화가 가능한 부분을 탐구해 갈 수 있다고 확신한다.

그러나 대화가 기본적으로 불가능한 영역도 있을 것이다. 그것은 아마도 각 종교의 독특한 정체성 때문이 아닐까? 대화를 한답시고 자신의 독특한 정체성을 숨기거나 타협하는 것은 서로에게 불행이다. 필자는 군 선교 현장에 있다 보니, 이런 문제에 부딪힐 때가 많다. 지휘

---

59) 위의 책, 147-75.
60) 최창모, 『기억과 편견: 반유대주의의 뿌리를 찾아서』(서울: 책세상, 2004), 47-72, 129-99.
61) Annemarie Schimmel, 『이슬람의 이해』, 9, 27, 149-56.
62) 위의 책, 45-75.

관이 자신의 종교를 신실하게 지켜나가면 타종교인도 그 점을 더 존경한다. 그러나 지휘관이라는 점 때문에 너무 정체성을 숨기거나 너무 타협하면 오히려 타종교인들이나 수많은 장병들에게 불신을 주게 되고 존경도 잃게 된다. 교회에 나가든지 성당에 나가든지 법당에 나가든지, 그 신실한 정체성을 부하들은 더 존경하고 바란다는 것이다. 그런 의미에서 그리스도교와 이슬람 사이의 대화에도 서로의 독특한 정체성을 더욱 명확히 표현함으로써 불필요한 오해를 없애야 하지 않을까? 상대를 다 알고 있는 것처럼 허튼 아량을 베풀기보다, 자신의 정체성을 상대방 앞에서 더욱 겸허히 표현함으로써 이해와 신뢰를 쌓아가는 것이 더욱 더 깊은 대화가 될 것이다.

사실 이슬람의 세계화에 대한 그리스도교의 대응은 무엇보다도 먼저 '교회의 회심'이다. 우리 자신이 만들어 놓은 신앙과 구원의 환원주의와 선교의 환원주의를 극복하기 위해서는 예수께서 말씀하신 하나님의 통치가 우리의 온 삶을 지배하도록 우리 자신을 내어놓아야만 하며, 초대교회가 추구했던 성서적 정열인 사도적 신앙으로 돌아가야만 할 것이다. 선교는 타락한 인간에 대한 하나님의 사랑에서 시작되고, 그 사랑은 예수 그리스도의 십자가에서 드러나며, 선교의 감격과 희망은 그의 부활을 통해서 나타난다. 회심한 교회에게 하나님과 그 아들 예수께서는 성령을 선물로 주신다. 선교는 하나님의 선교(missio dei)이며, 교회는 하나님으로부터 파송된 선교사이다. 교회는 다양한 선교전략을 구상하여 적용할 수 있으나, 선교의 성공과 실패는 얼마나 우리가 자신을 비워 종의 형체를 가지고 이 땅에 내려오신 예수 그리스도의 성육신(Incarnation)의 본을 따라 그분이 우리에게 분부하신 지상 명령(the Great Commission)을 사랑으로(the Great Commandment)

실천하는가에 달려 있다. 선교는 무슬림들을 서구적인 신앙의 형태로 인도하는 것이 아니다. 선교는 하나님의 사랑으로 그들을 긍휼히 여기며, 그리스도 앞으로 인도하는 것이다. 하나님의 통치를 그들의 문화 가운데 실현하는 것이다. 여기에서 우리는 이슬람에 대한 그리스도교의 선교 방향과 다양한 선교 방법들을 발견할 수 있을 것이다.

종교 간의 대화를 통한 화해는 이 시대 절체절명의 과제다. 이 종교 간의 대화를 통한 화해가 잘 이루어져야만, 오늘 우리 그리스도인들도 더욱 더 성숙한 선교를 할 수 있을 것이다. 에큐메니칼 정신 가운데 "교리는 우리를 나누어지게 하고, 봉사는 우리를 하나 되게 한다."는 말이 있지 않은가? 그리스도교와 이슬람 간의 종교적인 대화를 통한 화해도 마찬가지 아닐까? 서로 교리적인 부분을 너무 따지다 보면, 더욱 실망하게 되고, 골만 더 깊이지게 되어, 결국 물과 기름이라는 식으로 자포자기하고 말 것이다. 그러나 세계 평화와 인류 복지와 이웃 사랑을 위하여 봉사하고 연합하다 보면, 금새 우리 사이가 멀지 않은 곳에 있음을 깨닫게 될 것이다. 하나님께서 우리들에게 지금 바라시는 것은 바로 이런 것이 아닐까 생각해 본다.

그렇다! 교회는 선교 공동체이다. 따라서 선교가 교회에 앞선다. 선교가 모든 조직과 신학을 만들어 낸다. 또 선교는 그리스도의 명령에 따라, 성령의 능력을 통하여, 하나님을 위하여 이루어지는 하나님의 선교이다. 그러므로 선교는 언제나 하나님의 목적과 필요, 그리고 하나님의 방법에 따라 수행되도록 한국적인 상황에 적중한 자기 갱신을 해가야 한다.[63] 세상을 향한 교회의 섬김은 삶의 온 영역에서 구체적인 사랑과 평화와 정의의 일로써 이루어진다. 그리고 그 궁극적인 목적인 화해에 있다. 칼 바르트, 휘체돔, 박근원으로 이어지는 이 선교론의 맥락 속에서 우리 후학들이 이 화해의 선교에 더욱 매진할 수 있어야 할 것이다.

2. 그리스도교 '복지론'

나눔과 치유와 화해라고 하는 교회의 교역실천으로서, 복지(Diakonia)는 교회의 본래적 성격에 속한다. 복지는 제도적 틀에만 매여 있을 수 없고, 제도적 교회들이 갖는 기존의 구조들과 울타리들을 뛰어넘어 세계에서 그리고 세계를 위한 하나님의 백성 공동체를 통하여 이룩되는 성령의 나눔과 치유 행위가 되어야 한다.[64] 교회는 세상에 대한 하나님의 사랑을 예수 그리스도를 통하여 모든 사람에게 증언할 위탁을 받았다. 복지는 이런 증언의 모습이며, 특히 신체적 곤궁, 영성적 곤궁, 그리고 사회적 곤궁에 처한 사람들을 대상으로 한다. 복지는 이런 곤궁을 야기한 원인을 제거하는 일도 해야 하며, 온 세계적으로 그리스도인이나 비그리스도인을 가리지 않고 도와야 한다. 하나님으로부터 떠나 있는 것이 인간의 가장 심각한 곤궁이고, 또 인간의 구원과 복지는 불가분리의 관계에 있기 때문에, 복지는 말씀과 행위를 통하여 총체적으로 인간을 섬기는 데서 완성된다.[65] "교리는 교회를 분열시키

---

63) 특히 한국적인 선교유형 개발에 대해서는 최성일, "일제 박해시대의 선교유형에 관한 연구: 상동 김재준의 신사잠배 문제에 대한 선교신학적 이해를 중심으로," 『신학사상』, 제129집, 2005년 여름호 (천안: 한국신학연구소, 2005), 191-229; 동 저자, "한국 개신교 선교유형과 미래의 선교방향," 『신학연구』, 제41집, (서울: 한신대학교 한신신학연구소, 2000), 499-528; 동 저자, "한국기독교장로회의 선교 유형과 미래 과제," 『신학연구』, 제44집, (서울: 한신대학교 한신신학연구소, 2003), 283-309를 참고하라.
64) 박근원, 『현대신학실천론』, 359. 이것은 1984년 세계교회협의회 중앙위원회가 채택한 문서 "현대교회의 복지적 과제" 가운데 일부이다.

지만, 복지는 교회를 일치시킨다!"는 명제도 일치를 위한 기능적 요청이 아니라, 교회의 본질로 이해해야 한다. 그러므로 복지는 그리스도인 개인의 실천만이 아니라, 조직으로서 교회 공동체의 교역실천이어야 한다. 그럼, 이제부터 칼 바르트 이전까지 전해 내려온 복지론의 역사적 전통을 살펴보기로 하자.

그리스도교 '복지론'의 역사적 전통

첫째로, 구약성서의 복지론에서 이자놀이에 대한 금지(레위기 25:35-38), 저당 잡은 외투를 밤에는 되돌려 주라는 이스라엘의 법 정신(레위기 17-26장) 등은 가난하고 약한 이들의 권리를 지키기 위한 하나님의 정의가 기본적인 사회원칙임을 보여준다. 하나님은 사회적 약자들(병자, 불구자, 과부, 어린이, 나그네 등)의 보호에 관심을 기울인다. 이스라엘 종교개혁의 근간이 된 신명기는 빚진 노예의 해방과 일반적인 부채의 탕감을 규정하였고(신명기 15:1이하), 레위기의 희년법은 임금노동자로 고향을 떠난 이들과 노예들의 귀환, 빚의 탕감, 토지의 휴경, 토지의 하나님 귀속성을 선포한다. 이스라엘 법 정신의 최고의 목적은 정의의 실현에 있었으며, 안식년법, 희년법 등은 상이한 소유관계에 기초한 사회적 불평등을 정기적으로 극복하기 위하여 제정되었다.[66]

둘째로, 신약성서에서 복지론의 원형은 예수 그리스도의 삶과 활동에서 찾을 수 있다. 나사렛 회당에서 행하신 예수의 첫 선포는 예수 그리스도의 복지가 무엇을 지향하는지 분명히 제시한다(누가복음 4:18-19).

---

[65] 위의 책, 358. 독일종교개혁교회협의회는 1957년 '내지 선교회'를 개편하여 '독일교회복지회'(Diakonisches Werk in EKD)를 구성해 지금까지 조직적으로 복지활동을 해오고 있다. 이것은 독일교회복지회의 헌장 서문 가운데 일부이다.
[66] 위의 책, 359-60.

신약성서는 교회 공동체 안의 형제애만이 아니라 이웃사랑과 원수사랑(마태복음 5:43-48)도 말하고 있다. 여기에 그리스도교 복지가 교회의 울타리를 넘어서 교회 밖의 사람들, 심지어는 적대자들까지도 복지의 대상에 포함시켜야 할 전거가 있다. 신약성서에서 복지는 그리스도의 사랑 안에서 제자직을 수행하는 그리스도인이 가난한 사람들, 고통 받는 사람들, 도움을 필요로 하는 사람들에게 도움을 주고 배려하는 행위를 뜻하였다.[67] 예수 그리스도의 사랑의 행위 안에서 인간에 대한 하나님의 인자하심이 드러났다(디도서 3:4). 인간에 대한 그리스도의 복지는 아버지에 대한 순종(요한복음 4:34)이셨고, 동시에 민중에 대한 자비(마태복음 9:39)이셨으며, 그것은 그분의 죽음에서 완성되었다(마태복음 10:45). 예수 그리스도의 생각과 행위에 대한 증언 속에서 드러나는 복지의 기준은 수고하고 무거운 짐을 진 사람들 자신이었다.

셋째로, 초대 그리스도인들의 복지론은 예수의 사랑에 바탕을 두고 있었다. 초대교회의 복지교역이 지녔던 영성적 성격은 감독의 직무와 밀접하게 관련하여 요구되는 특성들에 잘 나타나 있다(디모데전서 3:1-13). 감독과 집사의 선택 기준과 조건으로 제시된 항목, 특히 일곱 집사의 선택 조건(사도행전 6:7)은 이 점을 잘 보여준다. 복지는 모든 그리스도인의 의무였다. 복지는 병든 이들, 과부들, 고아들, 옥에 갇힌 사람들, 이방인들, 죽은 이들을 돌보는 것이었고, 또 교회의 재정을 관리하는 것도 포함하고 있었다. 그리고 성례전의 준비와 떡을 떼고 나누어 주는 일, 특수한 경우 애찬을 주관하는 일과 같은 예전적 과제들도 복지에 속했다. 여집사 제도는 디모데전서 5:3-16에 근거를 두고 있는

---

67) 위의 책, 361.

데, 특히 과부의 신분을 귀하게 평가해서 이들은 교회 안에서 기도, 목회, 교육, 병자 심방 등의 일을 맡아 했다. 시리아에서는 교회 안에서 복지교역을 실천하는 여인들을 전문 복지사로 불렀다.[68] 그 뒤 금욕주의와 수도승 제도가 발전되면서, 수도원과 병원들이 복지교역의 과제를 담당하게 되었다.[69] 조직화된 복지 외에도 개인적으로 위대한 복지를 실현한 인물들이 많이 등장한 것도 이 시기의 일이다.[70]

넷째로, 종교개혁은 복지론을 신앙의 뿌리에서부터 갱신하였다. 신앙의인론을 철저하게 적용함으로써 개혁자들은 보상사상이나 업적사상으로부터 복지를 정화했다. 루터는 "그리스도인은 신앙을 통하여 그리스도 안에 살고, 사랑을 통하여 이웃들 안에 산다."고 말함으로써 복지의 새로운 신학적 근거를 마련했다. 멜랑히톤도 "사랑은 신앙의 결실"이라고 해서, 그것이 공적이 될 수 없음을 분명히 하였다. 칼빈은 직제를 목사, 교사, 장로, 집사 등 네 가지로 구분했는데, 집사는 구제하는 일과 예배에서 중요한 역할을 담당했다. 경건주의자, 재세례파, 성령주의자들의 공동체 안에서도 복지는 특별한 복지기구를 통해서, 또는 교회 공동체 자체를 통하여 지속적으로 전개되었다. 종교개혁이 얼마나 미래지향적이고 사회적으로 정당한 복지모델을 제시했는지는 1523년에 제정된 라이스니거 공금고 규칙에서 전형적으로 드러난다.[71]

다섯째로, 19세기 복지론은 '내지 선교'의 모습을 갖추고 새로운 전기를 마련했다. 실천적이고 조직력을 가진 카리스마적 인물들이 등장해서 수많은 복지활동 기관과 시설들을 세웠다. 팔크(Johannn

---

68) 위의 책, 363.
69) 위의 책, 364.
70) 위의 책, 같은 곳.
71) 위의 책, 365.

Daniel Falk, 1768-1826), 비헤른(Johann Wichern, 1808-1881),[72] 플리드너(Theodor Fliedner, 1800-1864), 보델슈빙(Friedrich von Bodelschwingh, 1831-1910)[73] 등이 대표적 인물이다. 이들은 산업자본주의의 발흥기에 제기된 문제들을 보고 교회가 이 문제를 해결해야 한다는 깊은 확신 가운데 이 일을 해나갔다. 19세기 복지는 선원교회나 식당선교회 등 개별적인 선교단체들을 조직하고, 개혁교회 병원들과 보호소, 다수의 지원기관들을 조직하는 쪽으로 발전되어 갔다. 이런 형식의 조직된 복지는 국가와 사회 안에서 중요한 사회정치적 도구가 되었다. 이 시기의 복지가 현대사회 복지국가의 형성에 가장 중요한 뿌리가 되었다는 것은 의심할 여지가 없다.

칼 바르트의 교역실천에 나타난 '복지론'의 광맥

칼 바르트에게 복지론은 단순히 그리스도교 공동체 구성원들이 하나님을 섬기고 또 인간을 섬기는 것을 뜻한다. 좀 더 구체적으로 말하자면, 복지론이란 병든 이들과 연약한 이들과 정신적으로 장애가 있는 이들을 위협받고 있는 이들을 돌보고, 고아들을 보살피며, 죄수들을 돕고, 피난민들에게 새로운 집을 주선해 주고, 좌초하고 실패한 온갖 동료 인간들에게 도움의 손길을 내미는 그런 일들을 나타낸다.[74]

바르트는 사람 안에서는 어떤 영속적인 곳도 발견할 수 없는 세상 속으로 예수가 개입해 들어오신 것은 전적으로 하나님의 은혜라는 사

---

[72] 위의 책, 366-67. 목포에 있는 한국의 디아코니아 자매회도 비헤른의 영향을 받은 '카이저스베르트 협회'의 회원 단체로서 결핵 환자와 장애 어린이를 위한 복지, 지역 의료활동 등을 하고 있다.
[73] 위의 책, 367. 보델슈빙은 "자비 대신에 일자리를"이라는 주장과 함께 베텔에 가난한 이주민들을 위한 최초의 노동자 도시를 만들었다.
[74] Karl Barth, CD IV/3, 891.

실에 주목한다. 그것은 온 인간 세상 안에서 발견되는 그분의 총제적인 연약하심을 뜻한다. 이런 점에서, 예수 그리스도 안에서 선택되고 그분의 증인이 되라고 부르심을 받은 하나님의 백성들은 세계적 사건 속에서 그리스도교 공동체의 소외된 이들에게 가장 효율적이고 가장 밀접하게 다가가기 위하여 그분의 연약하심을 나누어야 한다. 다시 말해서, 하나님의 백성들이 집이나 쉼터가 없거나, 하나님이나 이웃이나 자신과 평화롭게 살지 못하는 그런 인간 상황의 참상을 목격하고 인지했을 때, 하나님의 강하심은 이런 연약함 속에서 그들과 사랑과 연대감을 나누는 일에 효과적일 것이다.[75] 바르트에게 그러한 교역실천은 "가장 작은 이들"(ελάχιστοι, 마태복음 25:40, 45), 곧 볼 수 없는 어둠 속에 있는 이들, 변두리에 있는 이들, 부분적으로 인간 사회의 가장자리로 밀려났고 이로써 이 사회에서 잠정적으로, 아마도 지속적으로 성가시게 하거나 방해하지는 않을지라도, 무의미하고 무익하게 된 인간 동료들과 생생한 연대감을 나누는 것이다.[76]

그리스도교 공동체는 마침내 굶주리고 목마르고 벌거벗고 집 없고 옥에 갇힌 사람들을 보며 그들을 향한 예수 그리스도의 음성을 다시 한 번 상기하게 된다.[77] 그러므로 그분의 공동체는 설교, 전도, 영혼의 치유, 선교의 형태로 그러한 교역을 실천해야 한다. 그래야 그분 안에서 성취된 화해의 우주적인 성격이 드러나기 때문이다. 화해뿐인가? 하나님의 나라, 하나님 사랑과 이웃 사랑, 그리고 궁극적으로는 증거의 내용까지도 그런 교역실천 속에서 다 드러나게 되어 있다.[78]

---

75) *CD* IV/3, 744-47.
76) *CD* IV/3, 891.
77) *CD* IV/3, 같은 곳.
78) *CD* IV/3, 891-92.

바르트는 그리스도교 복지론의 이론과 실천에서 세 가지 시급한 문제들을 지적한다. 첫째, 각 개인의 곤경은 결정적으로 인간의 공동체적 삶 전체의 일정한 무질서에 근거한다. 그리스도교 공동체는 압도해 오는 사회적, 경제적, 정치적 상황을 무시할 수 없으므로, 그것에 대한 부분적인 책임을 피하려고 해서는 안 된다. 그리스도교 공동체는 인간 사회 한복판에 있기 때문에, 복음 선포를 통하여 사회적 불의를 반성하도록 호소해야 할 것이다. 이러한 상황에서, 그리스도교 공동체는 그리스도교 행위에 새로운 여지와 새로운 의미를 주기 위해서 그리스도교적 사회비평이라는 열린 말을 필요로 한다.[79] 둘째, 한 때 그리스도교 복지론에서 수행했던 과제들을 지금은 복지 국가가 떠맡고 있다. 이럼에도 불구하고, 그리스도교 공동체가 자신의, 예나 지금이나 특별한 가능성을 다시 떠올리고 그 주변에서 새로운 가능성을 모색하는 것은 반드시 필요하다. 그러므로 그리스도교 공동체는 이런 가능성들을 찾아내는 감각과 필요한 상상력을 제공해 주어야 할 것이며, 이런 것을 추적해서 적중한 새 길과 방법들도 발견해 가야 할 것이다. 그리스도교 복지론은 적합한 그리스도인들이 이런 특별한 방법으로 국가 안에서 활동할 수 있도록 조치해 줌으로써 국가를 도와야 할 것이다.[80] 셋째, 선교가 교회 공동체의 교역인 것처럼, 복지도 교회 공동체의 교역이다.[81] 복지에 대한 책임 없이 진정한 그리스도교 공동체라고 할 수 없다. 그리스도교 공동체 안에는 이러한 책임을 완수하도록 복지에 관하여 소명을 받고 딱 어울리도록 타고난 남녀 일꾼들이 있다. 그들은

---

79) *CD* IV/3, 892.
80) *CD* IV/3, 892-93.
81) *CD* IV/3, 893.

자신들이 특별한 성품과 성향에 어울리도록 독특한 삶의 양태와 질서를 개발해야 한다. 그러나 이것이 복지에 힘쓰는 이들의 존재가 이 특별한 목적을 염두에 두면서 특별히 훈련된 보통의 그리스도인보다는 특별한 신분이나 위치에 있는 특별한 사람을 나타낸다는 치명적인 착각을 불러일으키도록 해서는 안 된다.[82]

바르트에게 복지론은 온 그리스도교 공동체에 부여된 섬김의 문제를 책임지는 것이다. 그리스도교 공동체는 구체적인 복지교역을 활발하게 실천해야 한다. 그런 의미에서 복지교역에 헌신하는 이들이 갈수록 줄어드는 현실을 두고 바르트가 제기하는 문제들이 우리의 가슴을 아프게 한다:

> 도대체 무엇이 문제인가? 젊은 세대의 악명 높은 세속적 욕망과 급히 확산되는 명예욕이 문제인가? 아니면 특수한 복지 공동체들이 여전히 복음 자체로부터, 그러므로 자유롭고 즐겁게 복음을 섬김으로써 사람들이 복음에 직접 참여하도록 효과적으로 이끌어 내는 데 성공하지 못했기 때문인가?[83]

이런 사실에 대하여 바르트는 너무 성급하게 양편을 비난해서는 안 된다고 자제시킨다. 필자도 바르트의 그런 자제를 따르고 싶다. 어쨌든 이 문제가 그리스도교 공동체 전체를 심각한 불안으로 내모는 문제가 될 것이라고 보기 때문이다.[84]

---

[82] *CD* IV/3, 894.
[83] *CD* IV/3, 같은 곳.
[84] *CD* IV/3, 895.

칼 바르트 '복지론'의 한국적 수렴통합

위에서 우리는 칼 바르트 교역실천론에 나타난 '복지론'의 광맥을 탐구해 보았다. 그렇다면 이러한 칼 바르트의 복지론을 한국교회의 교역실천 현장에 적극적으로 수렴통합할 수 있는 길은 무엇일까?

첫째로, 필자는 우리 개혁교회 후손들이 칼 바르트의 복지론을 한국적으로 수렴통합하려면 반드시 칼 바르트의 종교개혁적 복지론을 이어받은 '몰트만'(Jürgen Moltmann)의 복지론도 함께 주목할 필요가 있다고 생각한다.[85] 몰트만은 1926년 독일 함부르크의 세속적인 교육자 가정에서 출생하였다. 18살에 히틀러 군대에 이끌려 제2차 세계대전에 참전하였는데, 영국과 벨기에에서 3년 동안 포로수용소 생활을 하면서 고난과 죽음을 생각하였다. 삶과 죽음의 순간에 성서연구를 통하여 "하나님은 어디 계시는가?"라는 신정론(神正論)의 문제로 고심을 하였다. 인간 고난의 실존적 한계를 경험하면서 '희망'(希望)이라는 주제를 발견하고 신학을 하게 되었다. 1948년에는 괴팅겐에서 신학수업을 받았고, 1953년에는 브레멘-바서호르스트 개혁교회에서 5년간 목회하였으며, 1959년에는 부퍼탈 신학대학교 교수로 취임하였다. 그리고 취임 후 첫 신학저서인 『그리스도의 통치 지평 안에 있는 공동체』를 출판하였고, 1964년에는 『희망의 신학』을 저술하였다.

몰트만은 칼 바르트의 복지론을 이어받아서 "하나님 나라의 지평 안에 있는 복지"(*Diakonie im Horizont des Reiches Gottes*)를 주장하였

---

[85] 칼 바르트의 복지론을 이어받은 사람으로 파울 필리피도 빼놓을 수 없다. 필리피에 따르면, 그리스도 중심의 복지는 그리스도께서 증거하신 하나님 나라가 오도록 사랑과 정의와 평화를 실천하는 모든 행위를 다 포함한다. 그의 복지론 가운데 중요한 것은 복지도 목양처럼 '교회의 훈련'이어야 한다는 것이다. Paul Philippi, *Christozentrische Diakonie: Ein theologischer Entwurf* (Stuttgart: Evangelisches Verlagswerk, 1975), 5-17.

다. 그에 따르면, 하나님 나라의 지평 안에 있는 복지는 십자가에 달리신 예수를 따르는 것으로서의 복지이지 어떤 다른 이름으로서가 아니다. 그러나 십자가에 달리신 예수를 따르는 것으로서의 복지는 이제 나타나기 시작한 하나님 나라의 지평 안에 있는 복지이지 어떤 다른 지평 안에 있는 것은 아니다.[86] 만일 우리가 예수의 보내심을 인식하고 그 보내심에 응답한다면, 만일 우리가 자유의 부르심을 듣고 그것을 실천함으로써 하나님 나라의 미래를 우리에게서 시작한다면, 우리는 예수에게서 하나님 나라를 인식하게 된다는 것이다.[87]

몰트만은 하나님 나라의 지평 안에 있는 복지는 그렇기 때문에 포괄적이고 통전적인 복지이어야 한다고 주장한다. 그렇지 않으면 복지는 하나님 나라에도, 창조주에게도 상응할 수 없다는 것이다. 통전적인 복지는 구원받지 못한 인간의 혼란이라는 관점에서 볼 때 구원하고 치유하는 교역실천 행위이다. 몰트만에 따르면, 복지는 인간 자신의 내부에서, 인간들 사이에서, 그리고 인간과 하나님 사이에서 장애를 극복하고 제거하는 것이다. 하나님 나라의 지평에 있는 복지는 화해를 위한 현실적인 섬김이다(고린도후서 5:18): 모든 분리는 다시 만난다—평화는 투쟁 가운데 있다.[88]

몰트만은 십자가 아래에서의 복지는 고난을 나누는 것이고, 고난을 받아들이는 것이며, 고난을 떠맡는 것이라고 본다. 그것은 불안에 떠는 자아를 날마다 죽이는 것을 포함한다. 그래서 십자가 아래에서의

---

[86] Jürgen Moltmann, *Diakonie im Horizont des Reiches Gottes: Schritte zum Diakonentum aller Gläubigen* (Neukirchener Verlag, 1997) = 정종훈 옮김, 『하나님 나라의 지평 안에 있는 사회선교』 (서울: 대한기독교서회, 2000), 29. 여기서 옮긴이는 독일어 Diakonie를 '사회선교'라고 번역하고 있지만, 필자는 박근원의 표현대로 '복지'라고 고쳐서 표기하기로 한다.
[87] 위의 책, 31-32.
[88] 위의 책, 35.

복지는 부활하신 분의 현존과 능력 안에서 일어난다. 부활을 향한 희망만이 비로소 이 기적적이지 않은 사랑과 죽음을 준비시킨다고 몰트만은 말한다.[89] 그는 또 병든 이에 대한 특수한 복지는 복지적인 교회 공동체 안에 그 뿌리를 갖고 있다고 본다. 특수한 사제직이 보편적으로 모든 신앙인들의 사제직을 설정하듯이, 특수한 성격의 복지는 보편적으로 모든 신앙인들의 복지적인 교역을 설정한다는 것이다.[90]

몰트만에 따르면, 복지는 치유적인 공동체성 안에서 그리고 그것을 통하여 일어난다. 개방적인 공동체성은 고립, 멸시, 소외라는 사회적인 고통을 치유하며, 이로써 신체적인 고통을 줄이고 치유하는 전제가 된다.[91] 그러기에 몰트만은 복지단체들과 복지시설들을 통한 복지는 다른 곳으로 떠넘기려는 위탁의 원칙을 거부해야 한다고 힘주어 말한다. 이런 원칙은 건강하지 못한 사회에다 병든 사람들과 희생자를 무책임하게 떠넘기는 것이기 때문이다. 따라서 오늘 가장 중요한 과제는 지교회 공동체의 복지를 강화하는 것이고, 복지적인 지교회 공동체를 사회 한 가운데서 건설하는 것이다. 그래서 절망하는 이 사회에 '희망의 씨앗'을 뿌리는 것이 진정한 그리스도교 복지론이라고 몰트만은 말한다.[92]

둘째로, 필자는 우리 개혁교회 후손들이 칼 바르트의 복지론을 한국적으로 수렴통합하기 위해서는 칼 바르트와 몰트만으로 이어지는 종교개혁전통의 복지론을 에큐메니칼적으로 계승하고 있는 박근원의 복지론에 귀를 기울일 필요가 있다고 생각한다. 필자가 보기에 박근원의 복지론은 크게 세 가지로 나누어진다. 곧 교회 공동체적인 복지, 지

---

89) 위의 책, 40.
90) 위의 책, 42.
91) 위의 책, 48.
92) 위의 책, 48-51.

역 공동체적인 복지, 그리고 세계 공동체적인 복지가 그것이다.

박근원이 말하는 '교회 공동체적인 복지'는 형제자매애적인 복지로서 교회 안에 있는 어려움에 처한 이들과 환자들을 돕는 심방과 목양적 돌봄을 내용으로 한다.[93] 특히 환자들을 목양적이고 복지적인 차원에서 돕는 것은 교회 공동체의 의무이다. 집에 있는 환자들이나 병원에 입원해 있는 환자들을 정기적으로 방문하고 대화하며 기도하는 것은 환자 자신에게만이 아니라 건강한 교인들을 위해서도 서로 도움이 된다. 환자를 위한 복지를 전문화하고 지속적으로 수행하기 위하여 교회 안에 교육 받은 자발적 복지 소그룹을 만들어 운영하는 것도 바람직하다. 교회 공동체의 복지는 선포와 마찬가지로 보냄의 위탁을 포함한다. 교회 공동체 안에서 사랑을 일깨우고, 교회 공동체를 통하여 세계 안에서 사랑을 일깨우는 결정적인 사건은 매주일 선포되는 설교이다. 특히 예배에서 광고는 세분화된 또 하나의 선포다. 광고를 중보의 기도와 연결시켜 교회 안과 세상에서 일어나는 사건들을 신앙의 눈으로 파악하게 하고, 복지의 가능성을 모색하게 해야 한다. 가능한 한 모든 교회 행사에 모든 교인들이 참여할 수 있는 길을 열어 놓는 것도 교회 공동체를 복지 공동체로 육성하는 방법이다. 어린이와 청소년을 대예배 순서에 동참시키고, 공동식사 후에는 남신도들이 설거지를 하는 것도 좋은 방법이다.[94]

박근원이 주장하는 또 하나의 복지론은 '지역 공동체적인 복지'이다. 여기에는 복지가 교회의 울타리 안으로 후퇴하거나, 교회 안에서

---

[93] 박근원, 『현대신학실천론』, 368-69. 박근원은 교회 공동체적인 복지와 관련하여 비헤른의 복지론을 다시 주목한다. 비헤른의 복지론이 성숙한 교회 공동체의 형성에 그 목적을 두고 있었기 때문이다.
[94] 위의 책, 371-72.

만 실천되는 것으로 축소되어서는 안 된다는 그의 생각이 짙게 깔려 있다.[95] 교회의 복지는 복지국가를 지향하는 국가정책과 상호 밀접한 협력 관계에서 추진될 수 있다. 국가가 복지정책을 통하여 아무리 많은 문제를 해결할 수 있다고 해도, 국가 주도의 정책의 효율성에도 불구하고 민간 차원에서 교회가 담당해야 하고, 또 할 수 있는 사업이 있기 마련이다. 청소년 문제, 노인 문제, 장애인 문제, 마약 문제 등 아직도 국가의 손이 미치지 못하는 부분에서 교회가 하고 있는, 또 해야 할 일들이 많이 있다. 중앙정부나 자치단체가 재정을 지원하거나, 인력과 공간을 지원하는 형식의 협력 사업이 있을 수 있다. 그러나 이런 지원이 지나친 간섭으로 확대되어, 교회 복지의 자율성을 침해하는 사태가 벌어져서는 안 된다. 진정한 상호 관계는 국가 기구와 교회 사이에 신뢰가 형성되었을 때, 더욱 효과적일 것이다. 교회 복지는 교회가 직접적으로 실천하는 길을 통해서만이 아니라, 다른 사회조직과의 협력과 연대를 통해서도 할 수 있다. 다양한 시민운동 단체들과의 연대가 그것이다. 교회가 회원이 되거나, 교역자와 교인들이 회원이 되어 시민단체에 자발적으로 참여하는 길이 있을 수 있다. 조직으로서의 교회도 하나의 비정부기구(NGO)이기 때문에, 또 지역성을 가지고 있기 때문에, 지역 문제를 중심으로 한 연대와 참여적 복지도 분명 그리스도교 증언의 한 방식이다.[96]

박근원의 복지론에서 가장 중요한 것은 '세계 공동체적인 복지' 곧 '에큐메니칼적인 복지' 이다. 그가 칼 바르트의 신학에 따른 종교개혁

---

95) 위의 책, 같은 곳. 박근원은 지역 공동체적인 복지와 관련하여 옌센(H. H. Henssen)의 '정치적인 복지론' 을 주목한다.
96) 위의 책, 372-73.

적-에큐메니칼적 전통에 서 있기 때문에 그의 복지론도 에큐메니칼적인 성격을 띠는 것은 어쩌면 당연한 귀결인지도 모른다. 사실 박근원이 말하는 세계 공동체적이고 에큐메니칼인 복지 개념은 1967년 제네바에서 열렸던 '교회와 사회' 협의회, 1968년 웁살라에서 열렸던 세계교회협의회 총회, 1970년에 열렸던 루터교세계연맹 총회를 통하여 내보인 원칙과 방법에 기초해 있다. 여기서 세계 공동체적인 복지는 '온 세계'에 구원과 치유와 화해를 제공하는 데서 성립된다. 세상의 인간화에 본질적으로 기여하기 위하여 온 세계를 관심과 행동의 대상으로 삼는 것이다. 세계 공동체를 위한 복지는 하나님의 창조와 성육신, 예수 그리스도의 교훈과 삶을 기초로 하고 있다. 굶주림과 억압, 착취와 인종차별 등 가난한 나라들의 곤궁이 구조적인 문제임이 드러나면서 단순히 재난에 대한 원조를 넘어서 세계적 불의에 대한 투쟁을 돕는 것을 목표로 하는 것이 바로 세계 공동체적인 복지, 또 다른 말로 하면 정치적인 복지이다. 그런데 세계교회협의회의 '반인종주의 투쟁 프로그램'에 대한 찬반 논쟁에서 볼 수 있듯이, 과연 정당한 목표의 성취를 위하여 폭력을 사용하는 것이 정당한가 하는 것이 이 세계 공동체적인 복지의 뜨거운 쟁점이 될 수 있다. 이것이 과연 그리스도 중심적이냐 하는 딜레마에 빠지게 되는 것이다. 여기에 대해서 어떤 이들은 폭력을 억압적 폭력과 대응적 폭력, 국가권력의 폭력과 민중의 폭력 등으로 구별하여 정당성을 논하기도 하지만, 박근원은 전략적 뜻에서만이 아니라 예수 그리스도의 영성에 비추어 보더라도, 비폭력 저항을 세계 공동체적인 복지의 표준으로 채택해야 한다고 말한다.[97]

---

97) 위의 책, 373-75.

셋째로, 필자는 칼 바르트, 몰트만, 박근원으로 이어지는 종교개혁 전통의 복지론을 더욱 계승 발전시키기 위하여 다음과 같은 질문을 스스로 던져볼 필요가 있다고 생각한다: "앞으로 이 땅 한반도에서 우리의 복지론은 어떤 모습이어야 하는가?" 그것은 다름이 아니라, 칼 바르트가 그토록 부르짖었듯이, '화해'를 향한 복지론이어야 한다는 것이 박근원의 부르짖음이다. 이 화해를 향한 교역실천으로서 한국 그리스도교 복지론의 정립이 미래 후학들에게 너무나 절실하게 요청된다는 말이다.

그런 의미에서, 필자는 화해의 교역실천을 위한 미래 한국 그리스도교의 복지론에서는 곳곳에 '화해'라는 주제를 충분히 담아내야 한다고 생각한다. 잘 알듯이, 신약성서에서 헬라어 디아코니아(diakonia)는 신약성서에서 세 가지 의미로 쓰이고 있다. 곧 식탁에서 시중들기(누가복음 10:40; 사도행전 6:1), 사랑에 찬 '섬김'(고린도전서 12:4이하), "화해를 위하여 섬기는 일"(diakonia tes katallages, 고린도후서 5:18)이다.[98] 여기서 필자가 주목하는 부분은 세 번째 의미이다. 예수 그리스도께서 화해를 위하여 섬기신 일이 디아코니아 복지론의 절정이기 때문이다. 이처럼 "사람이 사람을 섬기는 일"은 그리스도의 '화해의 사역'에서 비롯되었다. 우리가 말하려는 화해의 복지교역도 그래서 바로 여기에 근거해야 할 것이다. 이렇게 그리스도께서 자기 자신을 많은 사람을 위하여 화목제물로 내놓으시기까지(마태복음 26:28), 곧 "한 사람이 다른 사람을 위하여 목숨을 내놓기"까지 우리에게 섬김의 본을 보여주심(Indıkativ)은 우리들도 그렇게 다른 사람을 섬기라는 명령(Imperative)이다.

---
98) 위의 책, 180.

이웃을 사랑하고 섬기는 일(Menschendienst)과 하나님을 사랑하고 섬기는 일(Gottesdienst)은 별개의 것이 아니다. 초대교회의 그리스도인들은 그리스도께서 자신의 행위와 말씀으로 보여주신, 특히 이 사랑의 이중계명을 지키기에 최선을 다했다. 그들은 치유의 능력을 행사했으며, 모든 물건을 서로 통용하고, 또 재산과 소유를 팔아 각 사람의 필요에 따라 나누어 주고, 가난한 사람들에게 식사를 공궤하며, 날마다 마음을 같이하여 성전에 모이기를 힘쓰고 전심으로 기도하며, 기쁨과 순전한 마음으로 음식을 먹고, 하나님을 찬미하는 일을 했다. 이것이 바로 초대 그리스도인들이 보여준 아름다운 디아코니아 복지의 모습이다(사도행전 2:42-47). 이렇게 그리스도께서 디아코니아 복지의 본을 보여 주셨고, 또한 초대교회가 그리스도의 삶을 닮고 그분의 명령을 실천하기 위하여 디아코니아 복지의 삶을 살았으므로, 그리스도교의 본질은 디아코니아 복지라 할 수 있으며, 그리스도의 몸인 교회 공동체의 존재양식 역시 디아코니아 복지라고 할 수 있다.

이제 우리가 해야 할 일은 "가서 너도 이와 같이 하라!"는 주님의 명령을 따라 사마리아 사람처럼 그 같은 선한 일을 실천하는 일이다. 이것이 바로 이 시대에 교회가 감당해야할 시대적 사명으로서 그리스도교 복지론의 과제이다. 그렇다면 우리가 향후 지향해야 할 그리스도교 복지론의 과제와 궁극적 목표는 무엇일까? 무엇보다도 먼저, 교회론과 복지론에 대한 인식의 전환이 있어야 할 것이다.[99] 교회론에 대한 인식의 전환이란 교회를 세상 위에 군림하는 거대한 제도적 조직체로 인식하는 것이 아니라, 교회를 하나님 나라의 임재를 기다리며, 그 나

---

99) Peter Hodgson, *Revisioning the Church* (Philadelphia: Fortress, 1988) = 박근원 옮김, 『교회론의 새 지평』 (서울: 도서출판 진흥, 1997).

라의 임재와 통치를 방해하는 모든 세력과 싸우며 세상을 섬기는 '종말론적 하나님 백성 공동체'로 인식하는 것을 말한다. 복지론에 대한 인식의 전환이란 교회의 사회복지를 '교회의 본질적인 사명'으로 인식하는 것을 말한다. 그리스도교 복지론은 '각성된 신앙인'의 디아코니아적 삶의 존재양식이고, 주님의 몸된 교회공동체의 디아코니아적 존재양식이며, 하나님의 나라를 지향하는 '종말론적 공동체'의 존재양식이다. 이 일을 위하여 그리스도교 복지론은 '자선사업'을 극복하고 '사회변혁'과 '사회복지'를 지향함으로써, 자기를 비우신 그리스도처럼 교회의 기득권을 포기하는 '자기부인'을 선포하고, 성령의 생각을 따라 '성령론적 사고'를 실천할 수 있어야 한다.[100]

지금 한반도는 생태계 파괴, 조류독감, 북한 핵무기, 빈익빈 부익부, 계층갈등, 정당갈등, 동서갈등, 남북갈등, 집단이기주의 등 화해와는 정반대 조짐들로 좌절을 겪고 있다. 이러한 역사적 현실 속에서 한국교회가 진정 이 민족의 희망이 될 수 있을까? 필자는 한국교회가 민족을 섬기는 디아코니아 교회로 다시 태어날 때 분명 이 민족의 희망이 될 수 있다고 본다. 필자는 그 가능성을 우리 민족의 두레 공동체,[101] 그리고 최근 한국교회 전체가 주목한 '태안반도 살리기 운동'[102] 등에서 분명히 목격할 수 있었다. 칼 바르트가 말한 '희망으로 보내는 교회'의 모습이 이런 것들 속에 표현되고 있었다. '화해의 복지론'이 바로 이것이라고 확인할 수 있었다. 그렇다. 아직도 한국교회는 이 민족의 희망이다!

---

100) Rudolf Bohren, *Predgitlehre* (München: Chr. Kaiser, 1974) = 박근원 옮김, 『설교학 실천론』 (서울: 대한기독교서회, 1980), 302-303.

3. 그리스도교 '증인론'

칼 바르트는 자신의 교회교의학 화해론에서 신학은 교회를 위하여 존재하고 교회는 세상을 위하여 존재한다고 언급한 바 있다.[103] 그렇다. 우리 교회는 모여서 서로를 세우고 이제 그 힘으로 세상으로 보냄 받는다. 그렇다면 교회는 누구로부터 보냄을 받는가? 두말 할 것도 없이 그것은 예수 그리스도이시다!

> 성령이 너희에게 임하시면 너희가 권능을 받고 예루살렘과 온 유대와 사마리아와 땅 끝까지 이르러 내 증인이 되리라(사도행전 1:8).

필자는 많은 그리스도인들이 이 말씀을 예수의 증인이 '되라' 는 말 보다는 예수를 증거하라는 말로 해석함으로써, 증인의 삶을 살면서 증인의 품성을 갖추는 대신에 증거하는 행위를 강조하고 있다고 생각된

---

101) 박근원, 『현대신학실천론』, 375; Gerald G. May, M.D., *The Dark Night of the Soul: A Psychiatrist Explores the Connection Between Darkness and Spiritual Growth* (New York: HarperSanFrancisco, 2004) = 신선명·신현복 옮김, 『영혼의 어두운 밤』 (서울: 아침영성지도 연구원, 2006), 19-20. 박근원에 따르면, 테오 순더마이어는 라틴 아메리카의 바닥 공동체에서 실천되는 일종의 잔치 공동체 곧 '콘비벤츠' (Konvivenz)를 발견했다. 한편, 정신의학자 제랄드 메이는 본디 16세기 스페인에서 유대인과 그리스도인과 무슬림이 진정으로 조화를 이루며 함께 살아간 일종의 낙원 곧 '콘비벤시아' (convivencia)를 주목한다. 필자는 이 두 말이 서로 연결점이 있다고 생각된다. 그리고 '콘비벤츠'와 비슷한 잔치 공동체의 전통은 우리 문화 속에서도 얼마든지 찾을 수 있다고 본다. 그것이 바로 '두레' 공동체가 아닐까? 그러므로 한국의 그리스도교 복지론은 이런 문화적 전통과 맥을 잇는 복지의 양식을 발전시킬 과제를 가진다.
102) 『국민일보』, 2008년 4월 15일자("한국교회 희망을 말하다……교회 나아갈 길 태안에서 찾다"); 2008년 1월 19일자("하나 되어 섬김으로 희망을 만듭니다"); 2007년 12월 22일자("기독교 비판 섬김과 봉사로 수용하자"…"한국교회 이젠 나눔이다-김삼환·오정현 특별좌담").
103) Karl Barth, *CD* IV/3, 762-95. 바르트는 화해론의 보냄 부분에서 "세상을 위한 공동체"를 한 장으로 다루고 있다.

다.[104] 분명 차분히 반성해 보아야 할 부분이다. 아무튼 교회는 세상에 나아가 보내신 이 곧 예수 그리스도를 드러낼 수밖에 없다. 자신을 보내신 분을 증거할 수밖에 없다. 그분의 증인이 될 수밖에 없다는 말이다. 이것이 바로 우리가 다루려는 그리스도교 증인론이다. 칼 바르트도 바로 이 증인론에 대해서 말하고 있다. 그럼, 이제부터 칼 바르트 이전까지 전해 내려온 증인론의 역사적 전통을 살펴보기로 하자.

그리스도교 '증인론'의 역사적 전통

첫째로, 구약성서의 증인론은 창조 이야기에서 시작된다. 하나님은 손수 지으신 세상의 모든 것을 축복하시고 아름다워하셨다(창세기 1:31). 특히 인간을 하나님의 형상(imago dei)대로 만드시고 그를 사랑하시고 그와 깊은 사귐(Koinonia)을 나누셨다. 처음 하나님이 축복하신 인간의 삶의 영역은 아름다움 그 자체였다(창세기 2:8-14). 인간의 삶 역시 기쁨이 넘치는 삶이었다(창세기 2:18-25). 그러나 우리가 살고 있는 세상과 우리가 만나는 사람들의 모습은 많은 면에서 처음 하나님이 지으셨던 때의 아름다운 모습을 유지하지 못하고 있다. 자연은 파괴되고 깊이 오염되어 있고 정의는 깨졌고 평화는 깊이 훼손되었다. 모든 세상이 신음하고 고통 받게 된 것은 인간이 하나님 앞에서 지켜야 할 자기 존재의 위치를 지키지 못하고, 하나님과 맺은 관계를 파괴했기 때문이다. 성서는 이렇듯 하나님의 주권을 거부하고 이에 대항하여 싸우려는 세력을 '악마'라고 부르고 있다(에베소서 6:11; 로마서 1:21-22).

---

104) Charles Colson and Ellen Vaughn, *The Body* (Nashville: W Publishing, 2003) = 김애진 외 옮김, 『이것이 교회다』 개정판 2쇄 (서울: 홍성사, 2006), 519.

무엇이나 악마로 변할 소지가 있다. 하나님의 형상인 자아(自我)의 악마적 자기 숭배, 곧 인간이 이제 더 이상 지배할 수 없는 성, 기술, 권력, 민족주의도 악마로 변질될 수 있다. 종교적 심성도 악마가 될 수 있고, 기도도 악마적 발작으로 떨어질 수 있다. 성령의 은사조차도 우리가 성령운동에서 경험했듯이 악마화될 수 있다. 그런데 여기에서 중요한 것은 이 악마적 세력이 하나님과 그분이 창조하신 것에 전적으로 의존하고 있다는 점이다. 곧 악마의 세력은 하나님에게서 나온 것이 아니면 어떤 것도 사로잡지 않는다. 악마화되고 하나님께 적대하는 것은 언제나 하나님의 영광의 왜곡된 모습이다.[105]

그러나 하나님은 인간이 타락한 뒤에도 자신이 지으신 세계와 자신의 형상대로 지음 받은 인간을 사랑하신다고 필자는 생각한다. 하나님은 타락한 뒤에도 인간을 피조물로 간주하신다. 이 때문에 하나님은 반역적인 지배욕을 보존하려고 했던 죄된 인간을 쉽게 파멸시키지 않으시고, 오히려 피조물과 관련하여 그 자신에 대한 신뢰를 계속 유지하시며, 인간이 타락한 뒤 관용과 인내로서 심판과 은총을 통하여 인간을 다시 얻고자 하시고, 인간에게 그 나라의 분깃을 주려고 하신다.[106] 온 인류가 악마의 세력을 극복하고 인간을 다시 하나님과 바른 관계 속에서 살아가도록 죄로부터 해방시키는 것, 그래서 모든 피조물을 탄식과 신음으로부터 구해 내는 것, 이것이 하나님의 마음이요, 뜻이요, 계획이시다. 그리고 하나님은 이 일을 몸소 실천하신다. 이것이 하나님의 구원의 역사이다. 구약성서는 이러한 하나님의 구원 의지로

---

105) Georg F. Vicedom, 「하나님의 선교」, 35.
106) 위의 책, 32.

가득 차 있고, 또 그 구원의 역사를 증언하고 있다. 하나님은 모든 사람을 구원하시기 위하여 특정한 사람을 택하시고 그를 세상 사람들 앞에 증인으로 세우셨다. 예컨대, 아브라함을 택하시어 그와 언약을 맺으시고 사람들 앞에 증인으로 세우셨고(창세기 12:1-4), 모세를 택하시고 바로와 이집트 군대 앞에 증인으로 세우셨으며(출애굽기 3:1-12), 각 시대마다 적중한 예언자들을 택하시고 세상 앞에 증인으로 세우셨다.[107]

둘째로, 신약성서의 증인론은 예수 그리스도에게서 그 정점에 이른다. 세상 앞에 증인으로 세움을 받은 하나님의 백성 이스라엘이 그 책임을 다하지 않고 하나님과의 언약을 스스로 파괴할 때, 그럼에도 불구하고 하나님은 신실하시고 그 사랑이 영원하시어 구원의 계획을 포기하지 않으신다. 그래서 자신의 아들을 세상에 보내시고 그분을 세상 앞에 증인으로 세우심으로써 세상을 구원하신다(누가복음 20:9-18; 요한복음 3:16). 그 아들 안에서 하나님은 모든 사람에게 주시기로 약속하신 구원을 현실이 되게 하시며, 하나님과 화해하는 화평의 길을 열어 주셨다. 그분 안에서 성령은 새 역사를 시작하신다(골로새서 1:15-20). 하나님의 구원 역사는 예수 그리스도 안에서 성취된다. 아무도 이를 거역하지 못한다. 그러므로 구원의 역사는 늘 예수 그리스도의 선포에서 증언되기 시작하였고, 이에 대하여 인간은 회개로 응답함으로써 그 나라를 누리게 되며 그 나라는 종말에 그분이 다시 오심으로써 완성될 것이다. 세상을 향하신 하나님의 뜻은 아들이신 예수께서 세상에 계시는 동안 몸소 증언하셨던 일에서 분명해진다.

---

[107] 박근원, 『교회와 선교』 (서울: 종로서적, 1988), 134-37.

가장 높은 곳에서는 하나님께 영광이요, 땅에서는 주께서 기뻐하시는 사람들에게 평화로다. 주의 영이 내게 내리셨다. 주께서 내게 기름을 부으셔서, 가난한 사람들에게 기쁜 소식을 전하게 하셨다. 주께서 나를 보내셔서, 포로된 사람들에게 자유를, 눈먼 사람들에게 다시 보게 함을 선포하고, 억눌린 사람들을 풀어 주고, 주의 은혜의 해를 선포하게 하셨다(누가복음 2:14, 4:18-19).

이렇듯 "하나님께 영광," "그분이 사랑하시는 사람들에게 평화," 이것이 하나님께서 예수 그리스도를 보내신 목적이요, 그분을 통해서 이 땅에 증언된 구원의 현실이라는 점에서 필자도 깊이 공감을 한다.[108]

셋째로, 그리스도교 증인론에서 반드시 언급해야 할 사람들은 '제자'들이다. 특히 열두 제자들은 주님의 권위와 능력을 위임받아 곳곳에 복음의 증인으로 보냄을 받았다. 그리고 그들이 증인으로 가는 곳마다 주님께서 행하셨던 것같이 악한 세력들을 이기는 승리의 소식을 가져왔다(누가복음 9:1-6). 주님은 나중에 다시 일흔두 사람을 자신의 증인으로 뽑으시고 몸소 가시려던 마을과 여러 곳으로 둘씩 둘씩 앞서 보내시며 하나님의 구원의 역사를 증언하게 하셨다(누가복음 10:17-20). 이것이 주님께서 자신의 사람들을 세상에 증인으로 보내신 첫 번째 보냄이다. 주님이 세상에 계실 동안은 증인으로 보내신 사건은 계속되지 않았다. 아직도 연약한 상태였기 때문일 것이다. 두 번째 증인으로 보내신 사건은 주님께서 고난을 당하시고 부활하신 뒤에 있었다(누가복음 24:47). 그런데 여기서 '증인'으로 보냄 받은 이 제자들에게 맡겨진 책임은 예수 그리스도께서 제자들에게 명하신 복음의 증언, 곧 예수 그

---

108) 위의 책, 137-38.

리스도를 통해 선포된 하나님의 평화를 증언하는 것이었다. 그러나 하나님의 평화는 그분의 온 삶을 통하여 선포되었기 때문에, 복음의 선포는 곧 예수 그리스도 그분을 '증언'하는 것이었다(마태복음 28:20). 또 증인으로 보냄 받은 제자들이 보내신 이가 맡기신 일을 성취할 수 있었던 것은 철저하게 보내신 이의 능력에 근거해서만 가능했다(요한복음 20:26). 그리고 증인으로 보냄 받은 제자들의 하나님 나라에 관한 복음의 증언은 세계를 향한 도전이었으며(에베소서 3:9-10, 6:12), 세계를 향하여 회개를 요구하는 것이었다.[109]

넷째로, 그리스도교 증인론의 역사를 일일이 다 열거하기는 어렵다. 스데반과 사도 바울, 어디 그뿐이던가! 초대교회 예수 그리스도의 복음의 증인들, 특히 로마 브리스가와 아굴라의 집에서 모였던 복음의 증인들(로마서 16:5; 고린도전서 16:19), 라오디게아 눔바의 집에서 모였는 복음의 증인들(골로새서 4:16), 그리고 그 뒤에도 계속되는 그리스도교 역사에서 예수 그리스도의 복음의 깃발을 내리지 않았던 무수한 증인 공동체. 어디 한둘인가! 속사도시대의 교부들 같은 순교적 증인 공동체들, 프란체스코회(Ordo Fratrum Minorum)와 퀘이커교(Quakers)와 메노나이트교단(Menonites) 같은 평화적 증인 공동체들,[110] 루터와 칼빈과 쯔빙글리와 부쳐 같은 개혁적 증인 공동체들! 시대마다 하나님께서 들어 쓰신 이런 그리스도의 증인 공동체들은 자신이 드러나기를 원치도 않았고 자랑하거나 나타내려고도 하지 않았다. 단지 그리스도를 따르는 깃만으로도 기쁨에 가득 찼던 그리스도의 삭은 증인들이었다. 이 증인들은 구체적인 삶의 자리에서 하나님의 영광을 드러내며 하나

---

109) 위의 책, 138-42.
110) 위의 책, 182-83.

님의 평화를 이루어가는 화해의 증인들이었다. 오늘도 주님께서는 우리가 이 화해의 증인으로서 그 아름다운 역사를 이어쓰기를 고대하고 계신다.

칼 바르트의 교역실천에 나타난 '증인론' 의 광맥

첫째로, 칼 바르트의 증인론은 '예언자적인 행동'과 관련이 깊다. 잘 알고 있듯이, 그는 교회가 세상을 위하여 존재해야 한다고 누누이 역설하였다.[111] 그런데 교회가 세상을 위하여 존재한다는 말은 교회의 교역실천 가운데서 예언자적인 행동을 통하여 동시대에 복음의 증인이 된다는 의미이다.

> 하나님의 말씀이 하나님의 행동이라는 것은 일차적으로 그때그때 동시대성안에 있음을 의미한다……교의학자는 특수한 시대와 상황에서 말하는 것이며, 동시대성의 이름 안에서 역사적 해명과 개인의 신앙고백은 이러한 목적을 위한 수단에 불과할 수 있다.[112]

그런 의미에서 필자는 바르트의 신학이 동시대성의 신학이었다고 확신한다.[113] 바르트는 오늘 이 시대에도 예언자들의 필요하다는 것을 간과하지 말라고 촉구한다. 증인교역은 이론이 아니라, 예언자적 행동

---

111) Karl Barth, *Letzte Zeugniss* (Zurich: Evz-Verlag, 1919) = 정미현 옮김, 『마지막 증언들』(서울: 한들, 1997).
112) Karl Barth, *CD* I/1, 145, 281.
113) 정승훈, 『칼 바르트와 동시대성의 신학』(서울: 대한기독교서회, 2006). 정승훈은 바르트가 인식한 그 동시대성의 문제는 그 당시 당면과제로서 로마 가톨릭 신학의 중요한 화두였던 '존재의 유비'에 대한 종교개혁교회 신학의 '신앙의 유비'가 어떤 차별성이 있는지 그리고 그 당시 개혁교회 내부에서 급속도로 파급되던 '인문주의'를 어떻게 극복할 것인지였다고 분석한다.

이 되기 때문이다. 여기서 '예언자적'이라는 말은 그 때마다 현재적인 사건, 자신의 역사와 또 주변 세계의 관계와 형태들이 그리스도교 공동체가 증언한 오고 있는 하나님 나라와 적극적이고 소극적인 관계에서 지니는 의미를, 그러므로 이 증언의 구체적 모습에서 그것들의 유효 범위를 인식하는 데 바탕을 두고 있다.[114] 또한 그 예언자적 행동은 과거로부터 미래까지 연속적이다. 그리스도교 공동체는 우리와 함께 계시는 예수 그리스도 안에서 활동하시고 말씀하시는 살아 계신 하나님의 음성을 듣는다. 그분께서는 자신의 공동체 안에서 어제도, 오늘도, 그리고 내일도 함께 계실 것이기 때문이다.

바르트는 '오늘 여기서'(here and now)라는 말은 그분의 일하심 속에서, 곧 그분이 현재적 형태로 신적으로 지배하시는 그리스도교 공동체와 세상의 역사 속에서를 의미한다고 말한다.[115] 그런 의미에서, 예언자적인 행동은 다른 사람들에게만큼이나 그리스도인들에게도 수수께끼일 것이다.[116] 새로운 약속과 방향으로서 하나님의 말씀이 그리스도인들과 그리스도교 공동체만을 위한 것일 수는 없다. 예수 그리스도는 자신의 공동체의 주님이실 뿐만 아니라 세상의 주님이시기도 하다. 확실히 그리스도교 공동체는 "항상 개혁되어야 할 교회"(ecclesia semper reformanda)로서 늘 자신을 점검하고 자신을 고쳐나가야 한다. 그리스도교 공동체는 세상을 적어도 한걸음이라도, 아니 반걸음이라도 앞서가야 한다. 그리스도교 공동체는 예언자적 증인이 되는 것으로부터 결코 자유로울 수가 없다. 그 증인으로서 부여받은 예언자적 요소

---

114) *CD* IV/3, 895.
115) *CD* IV/3, 896.
116) *CD* IV/3, 같은 곳.

와 특성 때문에, 전체 복음은 세상에 대해서뿐만 아니라 그리스도교 공동체에 대해서까지도 메시지를 전한다.

바르트는 그리스도교 공동체가 예언자적인 행동을 충분히 해낸다면, 그 결과로 공동체 자체가 분리될 것이라고 내다본다. 다른 말로 하면, 그리스도교 증언과 세상 사이의 갈등이 이러한 명령에 집중될 경우, 그리스도교 공동체의 찬양과 기도와 설교와 목양과 복지, 그리고 공동체가 하는 전도와 선교까지도 의심을 받게 될 것이다. 더욱 심각한 것은, 한편에서는 제사장들과 거짓 예언자들이, 다른 한편에서는 통치자와 백성들이, 구약성서의 예언자들에게 결정적으로 저항을 했듯이, 아주 효율적으로 동맹을 맺을지도 모른다는 사실이다.[117] 바르트에 따르면, 그리스도교 공동체의 예언자적인 행동은 그 밖의 다른 교역실천이 정말 순수한지 안 한지를 판가름 짓는 시험과 같다. 구체적으로 말해서, 설교와 기도와 복지와 신학 등에서 우리의 교역실천은 그 결과가 어떨지를 떠나서 이러한 예언자적 성격을 띠어야 한다. 그래서 이러한 소명이 저 앞으로 전진할 수 있도록 생생한 증인이 되어야 한다.[118]

둘째로, 칼 바르트의 증인론은 '제자직'과 관련이 깊다.[119] 바르트에 따르면, 우리가 그리스도의 제자로 소명을 받는 것은 단순한 인간의 복종의 행동만이 아니고 예수 그리스도의 실존, 그분의 삶, 고난, 죽음, 부활에서 선포되고 성취된 하나님의 '나라' –바르트의 표현에 따르면, '하나님의 쿠데타'(coup d'é-tat)–에 참여하고 증인이 되기 위해

---

117) *CD* IV/3, 897.
118) *CD* IV/3, 같은 곳.
119) Karl Barth, *Call to Discipleship* (Minneapolis: Fortress Press, 2003), 35.

서다.[120] 그리스도를 본받는다는 것은 단순히 그리스도가 사신 것과 같이 사는 것만이 아니고, 자기를 부정하고 예수 그리스도의 실존 안에서 선포되고 성취된 하나님의 쿠데타에 참여하는 '증인'이 되는 것을 의미한다. 예수 그리스도가 세상 나라에서 사신 것처럼 그리스도의 제자들은 세상으로 보냄을 받아 세상과 대결하고 항거함으로써 하나님의 나라에 참여하고, 삶으로 '증인'이 되는 것이다.[121]

바르트에 따르면, 하나님의 나라는 하나님의 혁명이고, 예수 그리스도는 승리자이다.[122] 만일 우리가 그분의 제자들이라고 하면 우리는 반드시 이 '사건'의 증인들이다. 예수 그리스도 안에서 일어날 하나님의 혁명은 '역사'로 '실증' 되지 않으면 안 된다. 예수가 자신의 제자들을 부르시고 세상으로 내보내시는 것은 이 때문이다. 그것은 하나님 나라의 문제요, 하나님의 세계 구원, 세계 혁신의 문제이다. 그리고 이런 하나님의 고난에 참여하는 자가 된다면, 그것은 그의 개인적인 성취가 아니고 하나님의 '허락'의 은총, 성령의 은혜다.[123]

바르트는 예수의 제자가 되는 것은 세상에 대해서 귀찮은 존재가 되는 것이라고 말한다. 만일 그가 예수의 제자라고 하면서 '공적 책임'을 받아들이지 않는다고 하면, 그는 자신의 영혼을 잃고, 자신의 영원한 구원을 잃을 것이라고 경고한다. 만일 그의 실존이 그의 주변 사람들, 그의 이웃을 생각하지 않는다고 하면, 그가 그리스도의 제자인가 의심스럽다는 것이다. 그러나 설혹 그가 세상 속에 들어간다고 해도, 그리스도의 제자와 세상 사이에 아무런 차이가 없고, 다만 세상과

---

120) Karl Barth, *CD* IV/2, 543.
121) 박봉랑, 『신학의 해방』(서울: 대한기독교서회, 1991), 492.
122) Karl Barth, *CD* IV/2, 544.
123) *CD* IV/2, 545.

의 '일치'만 있고 세상과 다른 것이 없고 제자의 삶에 따라 세상이 불안하게 되고 귀찮게 되지 않는다고 하면, 그가 비록 자신의 신앙에 따라서 살고 내적인 곳에서 경건하게 살고 사적인 기쁨과 자랑 속에 있을지 모르지만, 그는 하나님의 나라의 증인으로서는 무용할 것이라는 게 바르트의 생각이다.[124] 제자직으로 부름 받은 사람은 사자굴 속의 다니엘과 같이 사자의 꼬리를 잡아당기지 않도록 조심할 것이지만, 만일 예기치 않게 그에게 하나님의 명령이 온다면, 그는 맞서야 할 것은 맞서야 할 것이다. 그는 그것을 해내야 할 것이다.[125]

바르트는 제자를 '투사' 또는 '병사'로 표현하지 않았으면 했다.[126] '제자직'의 바른 의미를 생각하는 예수의 제자라면 자신을 그렇게 생각하지 않을 것이라고 말하기도 하였다. 제자란 '일치'와 '적응'으로부터 나와 다른 사람들에 '반대해서' 자신의 길을 가는 사람이 아니고, 다른 모든 사람들을 '위하여' 그들에게 이미 일어난 '해방'을 보여주지 아니하면 안 되는 이로서 자신의 길을 가는 사람이라고 바르트는 말한다. '그리스도의 전투'(militia Christi)까지도 사실 다른 사람들에 대한 '투쟁'에 있는 것이 아니라, 결정적으로는 자신에 대한 '투쟁'에 있다는 것이다. 그렇다. 바르트의 말처럼, 분명 다른 사람들에게 고난을 가하라고, 그래서 그들과 싸우라고 우리가 보냄 받은 것만은 아니다. 우리가 섬기도록 명령을 받은 하나님의 나라를 위해서도, 다만 우리가 하는 것과 하지 않는 것에서 하나님의 나라가 지금 여기에 일어나고 있다는 사실, 하나님의 나라가 옛 세계를 뚫고 들어왔다는 사실을 지시하

---

124) *CD* IV/2, 같은 곳.
125) *CD* IV/2, 546.
126) 박봉랑, 「신학의 해방」, 494.

는 싸움만이 필요하다고 하는 바르트의 말이 왠지 가슴을 파고 든다.[127]

셋째로, 우리는 칼 바르트의 증인론을 온몸으로 생생하게 드러내 주는 '바르멘 신학선언'에 대해서 살펴볼 필요가 있다. 바르트는 사실 증인론을 신학적으로 서술한 것이 아니라 교역론적으로 실천했던 사람이다.[128] 바르트가 자신의 온 생애를 통하여 그토록 실천하고자 했던 것은 이 옛 진리, 곧 예수 그리스도의 복음의 증인이었다. "그분은 흥해야 하고 나는 쇠해야 한다." 그가 늘 사랑했던 그뤼네발트의 '십자가형'에서 힘 있게 십자가를 지시하는 세례 요한의 '손가락'은 바로 이 증인 자신이었던 것이다. 그 스스로가 본(Bonn) 대학 교수 시절에 나치스 히틀러에 대항하여 항거와 투쟁을 벌임으로써 그리스도의 복음의 증인임을 만방에 드러냈던 바르트! 그 증인의 길에서 집대성된 바르멘 신학선언! 그래서 그의 신학이 힘이 있는 것일까?

1933년 9월 히틀러의 친구이며 종교분야 고문역할을 했던 군목 뮐러(Ludwig Müller)가 프러시아의 감독으로 피택되고, 이어서 전국회의에서 프러시아의 감독으로 당선이 되자, 프러시아 총회는 독일교회는 진짜 독일사람 피를 가진 민족교회에야 한다는 '아리안 입법'을 받아들였다. 여기에 대하여 교회 안에서 투쟁과 항거가 일어났는데, 그 결과가 '고백교회'의 탄생과 '바르멘 신학선언'이었다.[129]

바르멘 신학선언에서 주목할 만한 것은 두 가지였다. 하나는 이 신

---

127) Karl Barth, *CD* IV/2, 546-47.
128) 바르트의 신학에서 실천에 대한 강조를 들여다보려면, Karl Barth, *Evangelical Theology: An Introduction.* trans. G. Foley (New York: Doubleday, 1969), 특히 "공동체"라는 제목의 장, 37-47; Tim Dakin, "The Nature of Practical Theology, Repeating Transformation: Browning and Barth on Practical Theology," *Anvil* 13/3 (1996), 203-21을 참고하라.
129) Arthur Frey, Introduced by Karl Barth, Translated by J. Strathearn McNab, *Cross and Swastika: The Ordeal of the German Church* (London: Student Christian Movement Press, 1938), 153-56.

앙고백을 일관되게 관통하고 있는 자연신학에 대한 거부(Nein!)와 예수 그리스도의 계시의 유일성을 강조한 점이다. 이 신앙고백은 자연신학에 대하여 한 치의 자리도 허락하지 않았다. 독일교회의 투쟁에서 이 자연신학의 문제는 그리스도교의 치명적인 급소였다. 만일 자연신학에 대하여 조금이라도 틈을 열어 놓는다면, '민족적' 신학이나 '민족적' 그리스도교가 전반적으로 들어올 것임이 분명하였기 때문이다. 또 하나는 나치스 이데올로기와 히틀러의 독재와 우상화에 대한 성서적인 거부였다. 바르트는 그것을 '제1계명'의 근거 위에서 전적으로 '우상'이라고 규정하고 거부한 것이다.[130]

이렇듯 바르트는 바르멘 신학선언을 통하여 하나님과 우주와 인간을 이해하는 유일한 열쇠는 예수 그리스도 한 분뿐이심을 강력히 천명하였다. 그의 그리스도 중심의 신학과 교역실천이 이 선언에서도 여실히 드러난 것이다.[131] 또 바르트는 이 바르멘 신학선언을 통하여 그리스도교 공동체의 가장 중요한 과제는 하나님의 '긍정'(Yes)에 생생한 반응을 보이도록 부름 받았다는 사실과, 그렇게 함으로써 사람들 사이에서 하나님의 '증인'이 되는 것이라는 사실을 명확히 하였다.[132] 그렇다. 그리스도교 공동체는 모든 민족에게 예수 그리스도 안에서 구원의 기쁜 소식을 전하는 '증인'으로 살도록 세상으로 보냄을 받는다. 그런 의미에서 바르트는 이론과 실천이 겸비된 진정한 그리스도의 '증인'이었다.

---

130) 박봉랑,『기독교의 비종교화』(서울: 대한기독교서회, 1998), 57-63.
131) George Hunsinger, *How to Read Karl Barth: The Shape of His Theology* (New York: Oxford University Press, 1991), 특히 "Christ the Center"라는 제목의 장, 225-33.
132) Eberhard Busch, "Deciding moments in the life and work of Karl Barth," *Grail 2* (Dec, 1986), 59.

칼 바르트 '증인론'의 한국적 수렴통합

위에서 우리는 칼 바르트 교역실천론에 나타난 '증인론'의 광맥을 탐구해 보았다. 그렇다면 이러한 칼 바르트의 증인론을 한국교회의 교역실천 현장에 적극적으로 수렴통합할 수 있는 길은 무엇일까?

첫째로, 필자는 우리 개혁교회 후손들이 칼 바르트의 증인론을 한국적으로 수렴통합하려면 반드시 개혁전통에 깊이 뿌리를 내린 증인론, 특히 그런 의미에서 동시대의 아픔을 공유하며 칼 바르트의 영성지도를 받았던 '본회퍼'의 증인론을 주목할 필요가 있다고 생각한다.

이미 앞에서도 언급했지만, 칼 바르트는 신학은 교회를 위하여 존재해야 하고 교회는 세상을 위하여 존재해야 한다고 말했는데, 이 주장을 고스란히 본회퍼도 반복하고 있는 것이 놀랍기만 하다.[133] 아마도 증인론적인 핏줄(DNA)이 그렇게 흐르고 있나보다. 그렇다. 우리 교회는 모여서 서로를 세우고 이제 그 힘으로 세상으로 보냄 받는다. 그렇다면 그 보냄 받은 공동체의 역할이 무엇인가? 보내신 이 곧 예수 그리스도의 '증인'이 되는 것이다. 본회퍼는 그렇게 예수 그리스도의 증인으로 살다가 나치 치하에서 사형수로 죽었다. 본회퍼의 비문에는 다음과 같이 적혀 있다. 그리고 우리는 본회퍼의 증인론을 바로 이 비문에서부터 시작할 수밖에 없다:

> 디트리히 본회퍼,
> 그의 형제들 가운데 서 있는 예수 그리스도의 증인![134]

---

[133] 본회퍼는 신학자들에게는 "여러분의 주제는 교회입니다."라고 말한 반면, 교회를 향해서는 "여러분의 주제는 세상입니다."라고 힘주어 말하였다. John D. Godsey, *The Theology of Dietrich Bonhoeffer* (Philadelphia: Westminster Press, 1960) = 유석성·김성복 옮김, 『디트리히 본회퍼의 신학』 (서울: 대한기독교서회, 2006), 21, 92.

이 한 마디에서 극명하게 드러나듯이, 필자는 본회퍼가 교회가 세상에서 갖는 임무의 핵심적인 요소를 두말할 것도 없이 '증인'으로 규명하였다고 생각한다.[135] 필자가 볼 때, 증인은 말과 행동 모두로 증거해야 한다는 것이 본회퍼의 지론이다. 본회퍼는 교회가 정부에 관여해야 할 세 가지를 규정하였다. 우선, 교회는 성서에 나타난 국가의 책임을 선포해야 한다는 것이다. 교회는 정부가 선한 사람들에게 보상하고 잘못된 행실을 처벌하는지 살피며, 국가의 불의를 성서의 가르침에 따라 경고하고 권고하는 하나님의 사자로서 예언자적인 역할을 해야 한다는 말이다. 본회퍼는 또 교회가 가능한 범위 안에서 정부의 잘못된 행동과 잔혹행위의 희생자들을 도와야 한다고 말한다. 유대인들이 스위스로 몰래 탈출하도록 도와준 '작전 7호'에 가담했던 본회퍼는 그리스도의 증인으로서 그 임무를 다하려고 애를 썼다. 그럼에도 불구하고 그리스도의 증인으로서 살아가는 삶에는 희생자들을 돕고 편안하게 만들어주는 것 이상이 요구된다고 본회퍼는 보고 있다. 곧 정부가 저지른 범죄행위에 저항하는 것이다. 이 점에서 마크 디바인은 본회퍼가 원칙적인 태도로 판단했음을 우리가 주목해야 한다고 말한다.[136] 본회퍼가 서로 상반된 이야기를 하면서도, 히틀러 암살공모에 관하여 전혀 양심에 거리낌이 없었던 것처럼 보이지는 않는다는 것이 마크 디바인의 견해다.[137] 본회퍼는 국가에 대한 교회의 세 번째 임무로 저항을 인

---

134) 이 비문은 Eberhard Bethge, *Dietrich Bonhoeffer* (Reinbek bei Hamburg: Rowohlt Taschenbuch Verlag Gmbh, 1976) = 김순현 옮김, 『디트리히 본회퍼』 (서울: 대한기독교서회, 2006)를 펴면 눈에 확 들어오도록 소개되어 있다.
135) Mark DeVine, *Bonhoeffer Speaks Today: Following Jesus at all Costs* (B&H Publishing Group, 2005) = 정은영 옮김, 『본회퍼의 삶과 신학』 (서울: 한스컨텐츠, 2007), 225.
136) 위의 책, 226.
137) 위의 책, 같은 곳.

식해야 한다고 점점 확신하게 되었다. 일단 두 번째와 세 번째 임무를 구분하고 난 뒤, 본회퍼는 교회가 "국가의 부당한 처사로 바퀴 밑에 깔린 희생자들의 상처를 싸맬 뿐만 아니라, 바퀴 자체가 지나가지 못하도록 막아야 한다."고 주장하였다.[138]

그런 의미에서 본회퍼의 극적인 삶은 그 자체가 그리스도의 증인임을 몸소 보여주는 본보기였다. 특히 1933년 7월 23일, 교회선거에서 히틀러 정권에 우호적인 독일 그리스도인들이 승리를 거두자 본회퍼는 에를랑겐 대학의 헤르만 잣세(Hermann Sasse) 교수와 함께 '벧엘 신앙고백'(Bethel Confession)으로 알려진 고백문 초안을 다듬어 내놓았다. 그리고 이것이 모체가 되어, 1934년 5월 고백교회는 본회퍼의 스승이었던 칼 바르트의 지도를 받아 '바르멘 신학선언'이라는 신앙고백적인 성명서를 내놓았다.[139] 히틀러 정권의 위협에 맞서 복음 자체를 지켜야만 하는 최전선에서 예수 그리스도를 증거하고자 하였던 본회퍼! 그는 직접 바르멘에 있었던 것은 아니지만, 바르멘 신학선언문을 작성하고 채택하고 배포하기까지 쉴 새 없이 이 일을 도왔다. 바르멘 신학선언은 본회퍼의 꿈이 실현되었음을 말하며, 그가 높게 평가하는 그리스도의 증인된 삶을 보여주는 놀라운 본보기라고 할 수 있다. 절친한 친구이자 본회퍼 전기를 집필했던 베트게는 이렇게 쓰고 있다: "본회퍼가 오랫동안 자기 언행의 기준으로 삼았던 내용을 바르멘 회의를 통하여 선포하고, 이를 고백문으로 제정하였다."[140] 바르멘 신학선

---

138) 위의 책, 227.
139) 위의 책, 225. 이 성명서의 초안은 목회자 모임과 특히 본회퍼의 스승이자 멘토였던 칼 바르트의 영향을 받아 이루어졌다.
140) Eberhard Bethge, *Dietrich Bonhoeffer* (Reinbek bei Hamburg: Rowohlt Taschenbuch Verlag Gmbh, 1976), 232.

언문은 본회퍼가 생각하는 세상에서 그리스도의 증인으로 살아가는 것이 무엇인지, 그 깊은 신앙고백적 특성을 살짝이나마 보여주는 창문과 같았다.[141]

둘째로, 필자는 우리 개혁교회 후손들이 칼 바르트의 증인론을 한국적으로 수렴통합하기 위해서는 칼 바르트와 본회퍼로 이어지는 종교개혁전통의 증인론을 에큐메니칼적으로 계승해 그것을 교역실천론적으로 발전시켜 온 박근원의 증인론에 귀를 기울일 필요가 있다고 생각한다. 박근원은 이미 1965년에 미국 신학계의 저명한 바르트 신학자 코크레인(A. C. Cochrane, *The Church's Confession under Hiltner*, Philadelphia: Westminster, 1962의 저자)과의 세미나 발제 논문으로 "Church and State in K. Barth, 1930-1942"를 발표한 바 있다.[142] 그리고 또 하나 주목할 만한 점은, 그가 『리마문서』(*BEM*)에 나오는 '교역'(Ministry)의 내용을 한국교회에 소개하면서, 자신의 증인론이 그 연결선상에 있음을 피력하고 있다는 사실이다:

> 성령께서는 예수 그리스도를 따르는 이들을 한 몸으로 묶어 세상에 '증인'으로 내보내신다. 교회는 자유롭게 하시며 새롭게 하시는 성령의 능력을 통해서 살아간다. 또한 성령께서는 그들이 복음을 증언하며 희망과 사랑 안에서 섬길 수 있는 힘도 주신다. 성령께서는 교회의 지체들이 연약한데도 그 교회가 늘 진리 안에 있도록 해주시고 그 교회들을 이끌어 주신다. 교회는 세상에 복음을 '증언'함으로써 그리고 그리스도의 몸이라는 바로 그 존재로써

---

141) Mark DeVine, *Bonhoeffer Speaks Today*, 231.
142) 이 글은 전경연박사회갑기념논문출판위원회, 『성서의 주제와 역사』 (서울: 한신대학출판부, 1979), 251-73에 실려 있다.

이 일을 이루어 낸다.[143]

이러한 자료들에 근거해 볼 때, 필자 생각에 박근원은 이처럼 모든 부분에서 에큐메니칼적이고 교회 공동체적인 교역실천을 강조하고 있다고 확신한다. 증인론에서도 그것은 결코 예외가 아니다.

무엇보다도 박근원의 증인론은 '섬김'의 증인론이다. 예수 안에서 하나님의 나라가 우리 가운데로 왔다. 예수께서는 죄인들에게 구원을 베푸셨다. 예수께서는 가난한 이들에게는 기쁜 소식을, 포로 된 이들에게는 자유롭게 됨을, 눈먼 이들에게는 다시 볼 수 있음을, 눌린 이들에게는 해방을 선포하셨다(누가복음 4:18). 그리스도께서는 아버지께로 나아가는 새로운 길을 트셨다. 교회에 속한 모든 사람은 이렇듯 하나님과 친교를 나누며 살아가는 가운데 자신들의 믿음을 고백하고 자신들의 희망을 증언해야 한다. 그들은 보살펴 주는 사랑 안에서 자신들이 증언하고자 하는 모든 사람의 기쁨과 고통을 함께 해야 한다. 그리스도의 몸에 속한 사람들은 하나님의 나라가 오고 있다는 것과 함께 약속된 자유와 존엄을 차지하기 위하여 눌린 이들과 함께 투쟁해야 한다. 갖가지 정치와 사회와 문화의 맥락 속에서 이러한 증언을 해낼 필요가 있다. 이러한 증언을 충실히 해내기 위하여, 그들은 저마다 처한 상황에서 거기에 알맞은 '섬김'의 증언을 추구해야 할 것이다.[144]

또 박근원의 증인론은 '사랑'의 증인론이다. 교회가 보냄 받은 증인으로서 오늘이라는 삶의 현장에 깊이 들어가면 갈수록 이 시내를 장악하려는 많은 악의 세력들과 부딪치게 된다. 가난, 질병, 무지, 악한정

---

143) 박근원, 『오늘의 교역론』(개정증보판), 318-19.
144) 박근원, 『오늘의 교역론』(개정증보판), 318-19.

치, 권력의 횡포, 잘못된 사회 구조, 악의 도구가 되는 문화와 이념들 등이다. 보냄 받은 증인으로서 교회는 이러한 문제들과 대결하지 않을 수 없다. 이러한 문제들의 변화 없이 하나님의 평화는 선포될 수 없기 때문이다. 이러한 세계 속에 복음을 증언하도록 보냄을 받은 교회는 교회의 머리이신 주님께서 하셨던 것처럼 보냄 받은 구체적인 삶의 자리에 합당한 복음을 증언하기 위한 최선의 방법을 선택할 수 있는 자유가 있다. 교회는 언제나 그리스도 안에서의 구원을 선포하여야 하며, 다양한 증언의 방법들은 이의 도구로 또는 한 부분으로 사용되어야 한다. 그러므로 모든 증언의 길에서 힘을 '사랑'에 종속하지 않으면 안 된다.[145]

또 박근원의 증인론은 '평신도' 증인론이다. 오늘 교회의 '평신도'들은 세상 최전선에 보냄 받은 증인들이다. 구체적인 삶의 현장에서 하나님의 평화를 구현해 가려 할 때 가장 중요한 것은 일상적인 삶의 현장에서 복음이 증언되는 일이다. 여기에서 평신도의 중요성이 새롭게 인식된다.[146] 평신도는 세상에 대하여 하나님의 백성의 대표자이다. 그는 증언의 전위대요 돌격대이다. 하나님의 평화의 징표가 상황 속에서 나타나야 한다는 것은 재론할 여지가 없다. 평화는 세계 속에서 실현되어야 하고 구체적인 어떤 장소에서 구체적으로 곧바로 실현되어야 한다. 평신도는 구체적인 현실 속에 살고 있고, 저마다의 삶의 현장에 보냄 받은 이로서 맡은 책임을 감당해야 할 거룩한 자리가 되는 것이다. 평신도가 저마다 몸담아 일하는 직업의 자리에서 예수 그리스도

---

145) 박근원, 『교회와 선교』, 141-42.
146) 강영선, "평신도 활성화를 위한 동기부여에 관한 연구." 『신학연구』, 제39집, (서울: 한신대학교 한신신학연구소, 1998), 291-326.

에게 속한 자유인으로서 하나님 나라와 그 의를 추구하는 봉사자가 될 때 삶의 현장은 곧 증언의 현장이 되는 것이다.[147] 그러므로 예수 그리스도의 증인인 '평신도'를 훈련시키는 일이야말로 증언 공동체인 우리 그리스도교의 가장 중요한 교역실천 과제라는 것이 박근원의 평생 일관된 주장이다.[148]

또 박근원의 증인론은 '공동체' 증인론이다. 역사적으로 그리스도교 증인의 사명은 개 교회가 아니고 교단이나 그보다 큰 그리스도교 신앙집단의 과제였다는 것이 박근원의 일관된 주장이다. 한국 근대사의 역사적인 위기에서 한국 그리스도교 신학자의 증인 공동체적인 선언이 한두 번 있었다. 그것은 그 중요성으로 볼 때 독일교회의 바르멘 신학선언과 맞먹는 성격의 것이었다. 특히 한국기독교장로회는 그 출범 이후 줄곧 교단적으로 주기적인 교단 공동체의 개혁 문서를 발표하였다. 그 가운데 한국기독교장로회의 '개혁' 모티프였던 '4대문서'[149]는 1969-73년에 '하나님의 선교'(missio dei) 신학에 근거하여 발표되었고, 그 후 '제5문서'[150]는 1987년에 '정의·평화·창조세계의 보전'(JPIC) 신학에 근거하여 발표되었다. 그리고 새천년 '신앙과 신학'의 지표가 되었던 '희년문서'[151]는 2003년에 '희년'(Jubilee) 신학에 근거

---

147) 『국민일보』(2008년 4월 27일자. "'일+믿음' 일터교회가 온다: 주일예배에 그치지 않고 '월화수목금토' 영적 삶").
148) 박근원, 『교회와 선교』, 142-43. 종교개혁자들은 직업도 소명이라고 보았다. 그런 의미에서 평신도들이 직장생활 속에서 그리스도를 증인으로 살아가는 것은 매우 의미가 깊다고 볼 수 있다.
149) 4대문서는 교회교육정책(1969년), 사회선언지침(1971년), 신앙고백선언서(1972년), 선교정책(1973년) 등으로 발표되었다.
150) 한국기독교장로회총회, 『제5문서: 신앙선언, 교회선교, 사회선교, 교회교육정책』(서울: 한국기독교장로회총회 출판부, 1987).
151) 한국기독교장로회총회, 『희년문시: 은총, 생명, 섬김의 희년』, 새역사년기념문집 제1권 (서울: 한국기독교장로회총회 출판부, 2003).

하여 발표되었다. 물론 이런 역사적인 주요 문서들은 그 때마다 세계 교회의 가장 중요한 신학적 쟁점들을 수렴하는 문서로서 그 기능을 탁월하게 발휘하였고, 교단은 그 때마다 다함께 모여 이 문서들을 한 목소리로 채택하며 예수 그리스도 안에서 시대의 증인 공동체가 되고자 다짐을 하였다. 그런 선 자리에서 사회선언지침(4대문서), 사회선교정책(제5문서), 희년선교와 지침(희년문서) 등을 계속 발표해 오고 있다. 여기서 이 글의 증인론과 관련하여 필자가 발견한 중요한 사실은 이 수렴문서 채택의 주역으로 박근원이 주도적인 역할을 해왔다는 것이다. 특히 제5문서 이후 희년문서에 이르기까지 한국교회의 공동체적 증인론 형성을 위한 박근원의 헌신적인 노력은 자타가 공인하고 있다. 박근원은 한국교회 100년의 역사 속에서 시대의 증인이 되고자 했던 그 노력의 끝틈을 문서화 작업을 통하여 그리스도교 증인론으로 자리매김하려고 했던 것이다. 특히 그가 심혈을 기울여 펴낸 희년문서는 한국 민중신학과의 관련성 속에서 그리고 교단 문헌들의 발전적인 역학 속에서 길이 남을 역작임이 틀림없다.

셋째로, 필자는 칼 바르트, 본회퍼, 박근원으로 이어지는 종교개혁 전통의 증인론을 더욱 계승 발전시키기 위하여 다음과 같은 질문을 스스로 던져볼 필요가 있다고 생각한다: "앞으로 이 땅 한반도에서 우리의 증인론은 어떤 모습이어야 하는가?" 필자가 보기에, 그것은 다름이 아니라, 칼 바르트가 그토록 부르짖었듯이, '화해'를 향한 증인론이어야 한다. 이 화해를 향한 교역실천으로서 한국 그리스도교 증인론의 정립이 미래 후학들에게 너무나 절실하게 요청된다는 말이다. 그런 의미에서, 필자는 화해의 교역실천을 위한 미래 한국 그리스도교의 증인론에서는 '화해'의 주제를 충분히 담아내야 한다고 말한다. 특히 '화해의 증인'이라는 관점에서 '용서, 해방, 생명, 평화'라는 네 개의 창문을 열어놓을 필요가 있다고 본다.

그 가운데서 '용서'는 화해의 증인이 되기 위하여 열어야 할 첫 번째 창문이다. 우리는 인간에게 이웃이 되고 친구가 되고 협조자가 되어야 하지만, 대부분 냉담한 타인이 되고 적이 되고 훼방자가 된다. 인간이 인간에게 이리가 되기도 한다. 신자들의 이러한 삶은 화해의 역사를 훼손하는 괴물이라고 바르트는 본다. 한국교회의 수치스러운 분열과 갈등은 이 괴물의 산물이다. 같은 그리스도를 믿고 고백하면서도 독선과 편협, 명예욕과 탐욕으로 분열된 한국교회는 하나님의 이름을 수치스럽게 만든다. 분열 때문에 생긴 한국교회의 상처는 깊고 물질적·정신적 낭비는 심대하다. 이러한 상황에서 그리스도교적인 용서를 통한 화해는 죄를 없는 것처럼 덮어 놓거나 갈등이 없는 것처럼 가려놓고 일을 처리하는 것이 아니다. 하나님이 우리 죄를 예수 그리스도의 십자가에서 폭로시키고 처리하듯이, 인간의 죄와 갈등의 원인도 밝은 화해의 빛 속에 드러나야 한다. 포로수용소에서 살아난 유대인의 말처럼 "우리는 잊을 수 없다. 그러나 용서할 수 있다." 이 그리스도교적인 용서를 통한 화해는 값비싼 은혜로 존중되어야 한다. 우리 그리스도인이 저마다 자신의 삶에서, 그리고 예배 공동체 속에서, 그리고 교회의 공적인 증언과 사회적 실천 속에서 이 용서를 통한 화해의 증인이 되어야 할 것이다.[152]

'해방'은 화해의 증인이 되기 위하여 열어야 할 두 번째 창문이다. 하나님은 그리스도의 사역과 십자가를 통하여 억압된 인간을 위해 결

---

152) 오영석, 『신앙과 이해』 (서울: 대한기독교서회, 1999), 376-81.

정적인 일을 하셨다. 그분은 우리를 노예로 삼는 악의 세력에서 해방시키시고 죄의 무거운 짐을 벗겨 자유롭게 해주셨다. 그분은 우리 자신만이 아니라, 이웃을 불행하게 하고 비참하게 만드는 불의와 간교한 거짓의 함정에서 우리를 해방시키셨다. 구원이란 뜻을 지닌 예수의 이름은 모든 비인간성에 맞서 인간성을, 거짓과 불의에 맞서 정의와 진리를, 억압에 맞서 자유와 해방의 편을 들고 있다. 그리스도의 십자가 수난에 나타난 하나님의 아픔과 고통의 상징으로서의 십자가는 불의한 고통에 맞서는 하나님의 항거이다. 그리스도의 부활은 불의한 심판에 대한 하나님의 혁명이며, 이 세상은 변할 수 없는 숙명의 세계가 아니라 전적으로 포괄적으로 변해야 하고, 하나님의 의가 궁극적으로 승리한다는 것을 분명하게 나타냈다. 그러므로 그리스도를 통해서 하나님과 화해된 신앙인과 교회는 불의한 현 세계에 안주할 수 없고, 하나님의 해방을 통한 화해의 역사에 참여하고 그 증인이 되어야 할 것이다.[153]

'생명'은 화해의 증인이 되기 위하여 열어야 할 세 번째 창문이다. 화해의 증인이 되도록 위임받은 교회는 인간의 생명만이 아니라 모든 생명체의 창조적 신비를 회복하고, 생명의 인위적 조작과 자연계에 대한 인간의 착취와 폭력을 거부하며 생명을 보호해야 한다. 믿음을 통하여 하나님과 화해하게 된 그리스도인은 바울이 날카롭게 느낀 것처럼, 피조물이 고통에서 해방받기 위하여 탄식하는 소리를 들어야 한다. 하나님과 화해하지 못한 인간이 그리고 자신과 화해하지 못한 인간이 자연과 화해할 수 없다. 자신의 삶의 거룩함을 인식하지 못한 사람이 동물과 식물과 곤충들의 생명의 가치와 존엄성을 인정할 수 없

---

153) 위의 책, 381-85.

다. 하나님의 생명의 빛 속에서 자신의 삶이 가치 있고 아름다우며 선하다는 것을 인식할 수 없기 때문에 다른 생명들이 선하고 가치 있다는 것을 인지할 수 없다. 그래서 창조는 은총의 외적 근거라고 바르트는 말한다. 은총의 언약은 창조의 내적인 근거이다. 그러므로 하나님의 은총의 언약의 동반자인 인간은 은총으로 창조된 창조세계와 화해하고 다른 생명체를 보호하고 존중할 수 있는 증인이 되어야 한다. 그러므로 하나님과의 화해는 인간의 세계에만 제한되지 않고 온 피조물과의 화해까지 포함하고 있다. 생명을 통한 화해의 증인이 필요한 이유가 바로 여기에 있다.[154]

'평화'는 화해의 증인이 되기 위하여 열어야 할 네 번째 창문이다. 우리는 구약에 약속된 하나님의 평화를 예수 그리스도의 삶과 십자가 사건에서 경험한다. 예수 그리스도가 우리가 바라는 평화라고 고백할 때(에베소서 2:4), 평화이신 그리스도는 구약에 담긴 정의로운 평화의 실현자이심을 스스로 증언하신다. 그리스도께서 공생애를 시작하시면서 선포하신 복음의 내용, 곧 이사야 62장 1-2절에 담긴 평화의 비전이 바로 그 증거다(누가복음 4:18). 여기서 말하는 주님의 '은총의 해'는 이스라엘이 꿈꾸며 바라던 평화의 해다. 정의로운 평화, 정의가 깃든 평화가 곧 예수 그리스도께서 선포하시고 동시에 자기 몸에 구현하신 하나님 나라의 평화다. 그리스도의 몸은 곧 하나님의 평화의 몸이다. 따라서 그리스도의 몸 된 교회는 그리스도에게 충성하는 한 평화의 공동체일 수밖에 없다. 이것은 기본석으로 교회가 있는 곳에는 반드시 평화가, 곧 정의가 깃든 평화의 역사가 일어나야 한다는 말이다. 그리스

---

154) 위의 책, 385-86.

도가 있는 곳에 교회가 있기 때문이다. 그러기에 평화 공동체인 교회는 세상에 살고 있으나 세상에 속하지는 않는다(요한복음 17:16).[155] 그렇다! 우리 그리스도인들이 평화를 통한 화해의 증인으로 살아가야 할 이유가 바로 여기에 있다.

　

이상으로 '교회의 보냄'과 화해의 교역실천을 다루었다. 이 일을 위하여 여기서는 화해의 교역실천을 위한 그리스도교 '선교론'과 '복지론'과 '증인론'을 살펴보았다. 먼저 칼 바르트 이전까지 전해 내려온 저마다의 '역사적' 전통과 칼 바르트의 교역실천에 나타난 선교론과 복지론과 증인론의 '광맥'을 탐사해 보았다. 그 다음에는 칼 바르트 교역실천론의 한국적 수렴과정을 분석하기 위하여 박근원이 추천하는 칼 바르트 교역실천론의 개혁적 계승자들, 곧 선교론에서는 '휘체돔'을, 복지론에서는 '몰트만'을, 증인론에서는 다시 '본회퍼'를 살펴보았다. 그리고는 실제로 '박근원'이 한국교회를 향하여 평생을 전개해 온 에큐메니칼적이고 개혁적인 선교론과 복지론과 증인론을 칼 바르트의 교역실천론적 자리에서 들여다보았다. 그리고 나서, 필자는 박근원의 이런 개혁적 계승 작업을 이 땅에서 더욱 더 발전시키기 위하여 각 분야별로 대안적인 화두를 던져 보았다. 다시 말해서, 칼 바르트 교역실천론의 신학적 주음인 '화해'에 초점을 맞추어 희망으로 교회 공동체를 보내기 위하여 선교론에서는 '이슬람과의 대화' 문제를, 복지론에서는 '한국교회의 섬김' 문제를, 증인론에서는 '한반도의 용서와

---

155) 박근원, 『교회와 선교』, 175-78.

해방과 생명과 평화' 문제를 제시해 보았다. 이제 이러한 이해를 바탕으로, 다음 장에서는 이 글의 결론을 제시해 보고자 한다.

나가는 말

칼 바르트, 그리고 그 이후

이 글의 목적은 '칼 바르트 교역실천론의 한국상황적 이해'를 모색해 보는 데 있었다. 이 일을 위하여 먼저 '들어가는 말'에서는 이 주제를 연구하게 된 '동기와 목적,' 그리고 이 글의 '구성과 방법'을 미리 그려보았다. 무엇보다도 20세기 세계 최고의 신학자요 종교개혁 전통의 거목인 '칼 바르트'가 그 동안 서구신학계에서는 교역실천론적으로 다루어진 적이 없음을 확인하고, 그 수렴통합의 작업을 한국에서 외롭게 펼쳐 온 '박근원'의 독창적인 교역실천론적 이해를 조명해 보는 데 초점을 맞추었다.

제1장에서는 칼 바르트 '교역실천론'의 신학적 미학을 다루었다. 그 일을 위하여 칼 바르트의 대작 『교회교의학』을 중심으로 그의 교역실천론적 생애와 작품과 주제를 '신학적 미학'이라는 관점에서 살펴보았다. 특히 마찬가지로 세계 최고의 음악가였던 모차르트와 다양한 대화를 통하여, 칼 바르트의 교역실천론을 리듬과 선율과 화음 순으로 조명해 보았다. 곧 그의 교역실천론적 '리듬'은 시대적, 음악적, 미학적 리듬으로, 그의 교역실천론적 '선율'은 『로마서 강해』, 초기 강의들, 『교회교의학 Ⅰ』, 『교회교의학 Ⅱ』, 『교회교의학 Ⅲ』, 모차르트 평론, 『교회교의학 Ⅳ』 등으로 나누어 살펴보았다. 그의 교역실천론석

'화음'은 고음, 저음, 주음으로 나누어 보았다. 신학적 고음은 하나님의 말씀, 하나님의 주권, 하나님의 은총, 하나님의 현존, 하나님의 나라 등 다섯 가지로, 신학적 저음은 현실주의, 특수주의, 객관주의, 인격주의, 사실주의, 합리주의 등 여섯 가지로, 그의 신학적 주음은 '화해'라는 관점에서 분석해 보았다.

제2장에서는 칼 바르트 '교역실천론'의 교회 공동체적 존재양식을 다루었다. 그 일을 위하여 『교회교의학』 제IV권 '화해론'의 구조를 세밀하게 살펴보면서, 그가 왜 '교회'를 '공동체'라고 표현하는지, 왜 화해의 교역실천을 위한 교회 공동체적 존재양식으로서 믿음으로 '모이고' 사랑으로 '세우고' 희망으로 '보내는' 교회를 말하고 있는지 그 사고의 과정을 역추적해 보려고 하였다. 먼저 화해의 교역실천을 위하여 '모이는' 교회 공동체에서는 '그리스도의 몸'으로서 모임 공동체의 신학적 4중주를 아름답게 연주하기 위하여 칼 바르트가 사용한 '믿음, 참 하나님, 교만, 신앙의인'이라는 악기를 살펴보고, 모임 공동체의 교역실천 속에 '말씀, 십자가와 부활, 시간, 성령' 등이 표현되어야 함을 재확인하였다. 또 화해의 교역실천을 위하여 '세우는' 교회 공동체에서는 '성도의 교제'로서 세움 공동체의 신학적 4중주를 아름답게 연주하기 위하여 칼 바르트가 사용한 '사랑, 참 인간, 태만, 성화'라는 악기를 살펴보고, 세움 공동체의 교역실천 속에서 '신앙고백, 성서, 질서, 세례, 성만찬' 등이 표현되어야 함을 재확인하였다. 또 화해의 교역실천을 위하여 '보내는' 교회 공동체에서는 '하나님의 백성'으로서 보냄 공동체의 신학적 4중주를 아름답게 연주하기 위하여 칼 바르트가 사용한 '희망, 화해의 보증인, 거짓 증인, 소명'이라는 악기를 살펴보고, 보냄 공동체의 교역실천 속에 '찬양, 복음의 명시적 선포, 교육, 전

도, 선교, 신학, 기도, 영혼의 치유, 그리스도교적 존재와 행위의 모범, 복지, 예언자적인 행동, 친교' 등이 표현되어야 함을 재확인하였다.

제3장에서는 '교회의 모임'과 화해의 교역실천을 다루었다. 이 일을 위하여 여기서는 화해의 교역실천을 위한 그리스도교 '소명론'과 '신앙론'과 '생활론'을 살펴보았다. 먼저 칼 바르트 이전까지 전해 내려온 저마다의 '역사적' 전통과 칼 바르트의 교역실천에 나타난 소명론과 신앙론과 생활론의 '광맥'을 탐사해 보았다. 그 다음에는 칼 바르트 교역실천론의 한국적 수렴과정을 분석하기 위하여 박근원이 추천하는 칼 바르트 교역실천론의 개혁적 계승자들, 곧 소명론에서는 '본회퍼'를, 신앙론에서는 '뚜리앙'을, 생활론에서는 다시 '본회퍼'를 살펴보았다. 그리고는 실제로 '박근원'이 한국교회를 향하여 평생을 전개해 온 에큐메니칼적이고 개혁적인 소명론과 신앙론과 생활론을 칼 바르트의 교역실천론적 자리에서 들여다보았다. 그리고 나서, 필자는 박근원의 이런 개혁적 계승 작업을 이 땅에서 더욱 더 발전시키기 위하여 각 분야별로 대안적인 화두를 던져 보았다. 다시 말해서, 칼 바르트 교역실천론의 신학적 주음인 '화해'에 초점을 맞추어 믿음으로 교회 공동체를 모으기 위하여 소명론에서는 '탈근대사회의 소명' 문제를, 신앙론에서는 '세례교육' 문제를, 생활론에서는 '영성지도' 문제를 제시해 보았다.

제4장에서는 '교회의 세움'과 화해의 교역실천을 다루었다. 이 일을 위하여 여기서는 화해의 교역실천을 위한 그리스도교 '예배론'과 '설교론'과 '목양론'을 살펴보았다. 먼저 칼 바르트 이전까지 전해 내려온 저마다의 '역사적' 전통과 칼 바르트의 교역실천에 나타난 예배론과 설교론과 목양론의 '광맥'을 탐사해 보았다. 그 다음에는 칼 바

르트 교역실천론의 한국적 수렴과정을 분석하기 위하여 박근원이 추천하는 칼 바르트 교역실천론의 개혁적 계승자들, 곧 예배론에서는 '폰 알멘'을, 설교론에서는 '보렌'을, 목양론에서는 '투르나이젠'을 살펴보았다. 그리고는 실제로 '박근원'이 한국교회를 향하여 평생을 전개해 온 에큐메니칼적이고 개혁적인 예배론과 설교론과 목양론을 칼 바르트의 교역실천론적 자리에서 들여다보았다. 그러고 나서, 필자는 박근원의 이런 개혁적 계승 작업을 이 땅에서 더욱 더 발전시키기 위하여 각 분야별로 대안적인 화두를 던져 보았다. 다시 말해서, 칼 바르트 교역실천론의 신학적 주음인 '화해'에 초점을 맞추어 사랑으로 교회 공동체를 세우기 위하여 예배론에서는 '화해의 의례' 문제를, 설교론에서는 '파라칼레오 입체설교' 문제를, 목양론에서는 '영혼의 치유' 문제를 제시해 보았다.

제5장에서는 '교회의 보냄'과 화해의 교역실천을 다루었다. 이 일을 위하여 여기서는 화해의 교역실천을 위한 그리스도교 '선교론'과 '복지론'과 '증인론'을 살펴보았다. 먼저 칼 바르트 이전까지 전해 내려온 저마다의 '역사적' 전통과 칼 바르트의 교역실천에 나타난 선교론과 복지론과 증인론의 '광맥'을 탐사해 보았다. 그 다음에는 칼 바르트 교역실천론의 한국적 수렴과정을 분석하기 위하여 박근원이 추천하는 칼 바르트 교역실천론의 개혁적 계승자들, 곧 선교론에서는 '휘체돔'을, 복지론에서는 '몰트만'을, 증인론에서는 다시 '본회퍼'를 살펴보았다. 그리고는 실제로 '박근원'이 한국교회를 향하여 평생을 전개해 온 에큐메니칼적이고 개혁적인 선교론과 복지론과 증인론을 칼 바르트의 교역실천론적 자리에서 들여다보았다. 그러고 나서, 필자는 박근원의 이런 개혁석 계승 작업을 이 땅에서 더욱 더 발전시키기

위하여 각 분야별로 대안적인 화두를 던져 보았다. 다시 말해서, 칼 바르트 교역실천론의 신학적 주음인 '화해'에 초점을 맞추어 희망으로 교회 공동체를 보내기 위하여 선교론에서는 '이슬람과의 대화' 문제를, 복지론에서는 '한국교회의 섬김' 문제를, 증인론에서는 '한반도의 용서와 해방과 생명과 평화' 문제를 제시해 보았다.

그러고 나서 '나가는 말'에서는, 이 글의 '요약과 한계'를 다루고, 앞으로 이런 종류의 주제에 대하여 더욱 심층적인 연구를 지속해 갈 수 있도록 '발전과 제언'도 담았다.

한계를 뛰어넘어

첫째로, 칼 바르트에 대한 교역실천론적인 접근에 한계가 있었다. 무엇보다도 칼 바르트의 신학에 관한 자료는 서구신학계나 한국신학계 모두 다 무수히 많았지만, 그의 삶과 신학을 통째로 교역실천론적인 관점에서 접근한 자료는 거의 전무한 상태였다. 그런 현실 속에서 필자가 창조적인 논문을 쓴다는 것은 여간 만만치 않았다. 그래서 이 글을 쓰는 데도 조직신학 분야의 자료들을 다시 가져다 인용할 수밖에 없었고, 그 때마다 안타까움과 씁쓸함으로 필자의 한계를 느끼지 않을 수 없었다. 또 실천신학을 전공하는 필자에게 칼 바르트의 조직신학적인 용어나 체계가 한눈에 들어오지 않았던 것도 한계였다. 한 페이지가 다가도록 마침표 하나 없는 바르트의 원서에 기가 질려서 내가 너무 무모한 도전을 한 것은 아닌가 자꾸만 자책이 되기도 하였다. 바르트의 신학을 풀어놓은 헌싱거 부부의 신학은 더 까다로워서 헷갈리기 일쑤였다. 그렇다. 솔직히 필자는 칼 바르트를 잘 모른다. 그럼에도 불구하고, 조직신학적인 자리에서 교역실천론적인 자리로 그를 끌어다

앞히려니 좀 억지춘향식 논문이 되지 않았나 부끄러움이 앞선다. 그리고 소명론, 신앙론, 생활론, 예배론, 설교론, 목양론, 선교론, 복지론, 증인론 등, 아홉 개의 세부적인 각론마다 바르트를 너무 인위적으로 갖다 꿰맞춘 것은 아닌지 마음이 쉽지만은 않다. 특히 목양론 부분에서는 바르트를 영혼의 치유자라고 해버렸는데, 너무 앞서 가버린 것은 아닌지 비판이 두려워진다. 그리고 보니, 이 글을 칼 바르트 교역실천론의 완성판이라고는 도저히 할 수 없을 것 같다. 이제 다만 그 시작의 발걸음을 조심스럽게 내디딘 것뿐이라고나 할까. 그렇다고 결코 포기할 수는 없는 노릇이었다. 너무나 소중한 교역실천론의 광맥이 이 언저리 어딘가에 확실히 있다고 기대하였기 때문이다. 그래서 비록 많은 한계가 따르는 작업이기는 하였지만, 나중을 기약하면서 이제라도 그 미약한 시작을 내보이려 했던 것이다.

둘째로, 모차르트에 대한 미학적인 접근에 한계가 있었다. 무엇보다도 필자는 평소부터 음악에 소질이 없다고 느끼곤 했었다. 더군다나 서구 클래식에는 늘 주눅이 들어 있었다. 그런데 모차르트라니! 그것도 미학적 접근이라니! 박근원 교수가 던져주신 신학적 미학에 관한 책들은 도무지 용어도 생소하고 그림도 그려지지가 않았다. 음악도, 미학도 문외한인 필자가 장님 코끼리 만지듯 신학적 미학을 운운한다는 것은 너무나 어불성설이었다. 그러나 그렇다고 마냥 포기할 수만은 없었다. 다행히 인터넷에는 모차르트 음악에 대한 풍성한 자료들이 들어 있어 필자를 흥분케 하기에 충분했다. 필자는 새벽기도가 끝나면 곧바로 서재에 앉아 600곡이 넘는 모차르트의 음악을 하나씩 하나씩 틀어놓고 바르트의 책을 동시에 읽어 나갔다. 그리곤 모차르트 음악의 흐르는 선율 따라 때론 빠르게 때론 느리게 한 장씩 한 장씩 논문을 완성해 갔다. 왜 바르트가 그토록 모차르트의 음악에 천사도 흠모할 찬사를 보내고 있는지, 그 당시 음악과 신학 양대 산맥의 대가들이 느꼈던 하늘의 영광과 땅의 탄식을 필자도 함께 호흡해 보려고 서툴지만 흉내를 내보았다. 피가로의 결혼, 돈 조반니, 요술피리 등 모차르트의 오페라 구조를 따라 그 작품의 배경과 장르와 제목과 빠르기 등을 떠올리며 바르트의 미학적 운치를 최대한 신학적으로 감쳐 보려고 하였다. 아직은 미완성이다. 그러나 이것이 소중한 씨앗이 되어, 좀 더 아름다운 신학적 미학으로서 바르트의 교역실천론을 완성해 보고 싶은 기도가 간절하다.

셋째로, 박근원에 대한 심층적인 접근에 한계가 있었다. 무엇보다 이 글이 칼 바르트에게 주목이 되고 있어서, 박근원의 교역실천론을 따로 자세하게 다루기가 어려웠다. 다만 칼 바르트의 교역실천론을 한국 상황에 적중하게 수렴통합하는 과정에서 박근원의 역할과 고민이 무엇이었는지를 수박 겉핥기식으로 처리해 버린 것은 아닌지 마음이 무겁다. 또 평소에 그는 생존 인물에 대해서는 설교 비평도 하지 않는 것이 예의라고 필자에게 여러 번 조언해 주셨다. 전체를 볼 수 없는 숙명적인 한계 때문이라고 늘 말씀하셨다. 그럼에도 불구하고, 이번 논문에서 박근원을 직접 운운한다는 것이 여간 죄송스럽지 않을 수가 없었다. 사실, 한국신학계에서 실천신학의 선구자요 세계신학의 안테나 역할을 성실히 수행해 오신 분이기에 칼 바르트 교역실천론의 한국적 수렴통합 과정에서 박근원을 빼면 실천신학 논문 자체가 성립이 안 된다는 것은 삼척동자도 다 아는 현실이다. 또 필자에게는 1985년 신학교에 입학해서 교역실천론적 정체성 때문에 갖은 방황을 하다가 1987년 '현대교역론'이라는 그분의 수업을 듣고서야 비로소 나의 소명이

어디에 있었는가를 다시 다잡을 수가 있었기에, 나아가 1992년 '한국 전문화 목회연구원' 초창기부터 지금까지 가장 지근거리에서 그분을 모시고 수많은 인격적 만남과 신학적 대화를 나누었기에, 어찌 보면 박근원을 빼놓고는 필자의 생각이나 논문 자체가 집대성될 수 없음은 부인할 길이 없다. 그런 까닭에 박근원을 곳곳에 언급하면서도, 그럼에도 불구하고 혹시라도 필자가 잘못 보고 간과한 것은 없는지, 그분에게 누가 되는 부분은 없는지 조심스러울 수밖에 없었다. 다른 한편으로는, 이 글이 마냥 박근원에 대한 찬사로 도배되는 논문은 아닌지 따가운 비판도 염려가 되었다. 최근 무용계에서 번진 논문 표절과 스승에 대한 찬사일색 논문이 집중 포화를 맞은 것도 필자에게는 적시적절한 도전이 되었다. 그렇다! 분명 박근원에 대한 통전적인 접근에 필자의 한계가 지적될 수 있다. 비판을 위한 비판이 도가 지나칠 수도 있고, 아니면 찬사를 위한 찬사가 볼썽사나울 수도 있는, 그래서 이래저래 누가 될 수밖에 없는 논문일 수도 있다. 그렇다고 하더라도 박근원에 대한 언급을 회피하고서는 이 글 자체의 완성도가 떨어질 수밖에 없는 실천신학계의 현실 속에서, 필자는 소중한 선택과 결단을 하지 않으면 안 되었다. 실천신학 논문에는 필자의 삶 자체가 논문 속에 녹아들어가야 한다는 신학실천적인 고백을 담아서. 그리고 박근원의 교역실천론을 후학들이 어떻게 계승하는 것이 좋을지 필자 나름의 대안들을 조심스럽게 제시하면서.

화해의 교역실천은 가능한가?

첫째로, 필자는 이 글을 쓰면서 칼 바르트 교역실천론의 신학적 주음(主音)이 '화해'(Reconciliation)에 있음을 직시하였다. 이것은 개인적이고 교회적이고 국내외적인 여러 가지 갈등 상황을 고려해 볼 때 앞으로도 매우 중요한 키워드가 될 수 있다고 생각되었다. 그래서 박근원의 교역실천론을 계승한다는 차원에서 필자는 각 세부 분야에 '화해'의 관점을 투여해 보려고 시도하였다. 곧 소명론에서는 '탈근대사회의 소명' 문제를, 신앙론에서는 '세례교육' 문제를, 생활론에서는 '영성지도' 문제를, 예배론에서는 '화해의 의례' 문제를, 설교론에서는 '파라칼레오 입체설교' 문제를, 목양론에서는 '영혼의 치유' 문제를, 선교론에서는 '이슬람과의 대화' 문제를, 복지론에서는 '한국교회의 섬김' 문제를, 증인론에서는 '한반도의 용서와 해방과 생명과 평화' 문제를 화해의 교역실천 과제로 제시해 보았다. 그러나 아직은 이 글의 세부항목들에서 '화해'라는 관점이 성서적으로나 신학적으로나 교역실천론적으로 충분히 녹아들지 못한 느낌이 없지 않다. 역사적 전통을 분석하는 것도 단순한 흐름이 아니라 화해의 교역실천이라는 관점에서 분석했더라면 하는 아쉬움이 있고, 칼 바르트나 개혁적 계승자들이나 박근원의 교역실천론이나 필자의 향후 대안적 연구과제들도 이런 화해의 관점에서 좀 더 일관성을 유지한 독창적인 연구가 되었으면 했는데……. 따라서 이런 고민을 부여잡고 앞으로 이 연구를 더 발전시켜 갔으면 한다.

둘째로, 필자는 칼 바르트 교역실천론의 세부 분야로 아홉 가지 틀을 내보였다. 곧 믿음으로 모이는 교회에서는 소명론과 신앙론과 생활론을, 사랑으로 세우는 교회에서는 예배론과 설교론과 목양론을, 그리고 희망으로 보내는 교회에서는 선교론과 복지론과 증인론을 제시하였다. 이것이 다분히 인위적인 구분이 될 수 있다. 충분히 보완되고 발전될 필요가 있다는 것이다. 특히 소명론과 증인론의 구분이 명확하지 않다는 느낌을 감출 수 없다. 그것은 소명과 사명의 차이에 관한 혼돈 때문이다. 필자는 하나님으로부터 부르심을 입은 소명자가 이 땅의 교역실천 현장에서 어떤 사명을 감당해야 할 것인지에 초점을 두고 이 둘을 구분해 보려고 하였으나 미진한 부분이 없지 않음을 고백한다. 그리고 박근원의 교역실천론을 이 아홉 개의 틀로 다 감치지 못했다는 아쉬움도 남는다. 특히 교회행정에 관한 언급이 빠져 있다. 서론에서 교회를 공동체로 풀면서 약간 스치고는 지나갔으나, 세부 항목에 정식으로 반영되어야 온전한 교역실천론이 성립될 수 있지 않을까 반성도 해본다. 또 칼 바르트는 보냄 공동체의 교역실천 과제 속에 '찬양, 복음의 명시적 선포, 교육, 전도, 선교, 신학, 기도, 영혼의 치유, 그리스도교적 존재와 행위의 모범, 복지, 예언자적인 행동, 친교' 등 열두 가지 항목을 뭉뚱그리고 있는데, 이것들 가운데 일부는 모임과 세움 부분으로 옮겨가야 그 기능을 더 효과적으로 발휘할 수 있지 않을까 생각도 해본다. 예컨대, 찬양은 예배론으로, 복음의 명시적 선포는 설교론으로, 영혼의 치유는 목양론으로, 교육은 신앙론으로, 기도는 생활론으로 옮겨가야 제 목소리를 내면서 현대적인 교역실천론적 틀로 자리매김할 수 있지 않을까 고민이 되었다. 아무튼 이 틀이 다가 아니기에, 또 우리 한국인들에게는 칼 바르트도 뛰어넘어야 할 산이기에, 앞으로 이런 아쉬움을 가슴에 품고 연구를 더 발전시켜 갔으면 한다.

셋째로, 필자는 실천신학 전공자로서 논문도 실천신학적으로 쓰려고 노력하였다. 몇 개의 책에만 의존하지 않고, 서구신학의 앵무새 역할을 탈피하여, 그래도 필자의 교역실천 현장의 숨결이 잔잔하게 삶의 이야기 식으로라도 투영되기를 줄곧 바랐다. 필자가 군목으로 들어간 지도 이제 이십여 년이 다 되어간다. 본회퍼의 독백이 가슴을 파고든다. 나는 누구인가? 필자 또한 군인이냐 목사냐 정체성의 혼돈과 폐쇄적이고 반복적인 일상의 답답함 때문에 몇 번이나 좌절을 겪고 옷을 벗을 위기에 직면하곤 하였다. 그러나 그런 속에서도 필자를 붙잡은 것은 자살을 시도하는 장병들에게서 들려오는 영혼의 탄식들이었다. 예수께서는 스스로를 생명이라고 하셨고, 또 생명을 주되 풍성히 주려고 왔다고 하셨는데, 나는 안타깝게 사라져가는 이 생명들의 울부짖음 앞에서 무엇을 해야 한단 말인가! 어제까지 필자와 얼굴을 맞대고 이야기했던 장병들이 갑자기 자살해 버리는 것을 보고 엄청난 충격과 배신감, 그리고 그를 위하여 아무것도 할 수 없었다는 무력감 때문에 눈물로 밤을 지새워야만 했다. 도저히 그대로 있을 수만은 없었다. 그래서 무언가라도 필자가 받은 은사를 최대한 살려서 도움을 주어야겠다는 생각이 번쩍 들었다. 그 결과 나온 것이 '비전캠프' 프로그램이었다. 그 반응은 실로 대단하였다. 2003년 전방사단에서 필자가 보인 시범을 보고받은 육군참모총장은 당장 전 사단에서 확대실시할 것을 지시하고 예산과 부사관을 늘려줌으로써, 지금은 육군의 전 부대에서 실시하는 핵심 군종활동이 되어 발전에 발전을 거듭하고 있다. 실제로 많은 장병들을 자살 위기로부터 구해 내었다. 통계가 그것을 드러내 준다. 그러나 필자로서는 늘 아쉬운 구석이 있다. 그것이 너무 심리치료에 치우쳐 있다는 자성 때문이다. 따라서 그 프로그램에 신앙과 영성적인 대안들을 불어넣어 더욱 통전적인 '영혼의 치유' 프로그램으로 발전시켜 갔으면 한다. 그리고 이 글에서 밝힌 길 마르트 교역실천론의 교회 공동체적 존재양식 곧 믿음으로 모이고 사랑으로 세우고 희망으로 보내는 교역실천론적 구조가 앞으로 비전캠프에 더욱 더 심도 깊게 반영되어 거듭 발전되는 모습을 보여줄 수 있었으면 한다.

한국적 교역실천론 정립을 꿈꾸며

필자가 이 글을 마무리하면서 한 가지 제언하고 싶은 것이 있다. 그것은 다름이 아니라 '디트리히 본회퍼의 교역실천론'을 이런 식으로 발굴해 보는 것이다. 사실, 칼 바르트의 교역실천론을 발굴해 내는 것도 여간 쉽지 않았는데, 본회퍼의 교역실천론 연구는 더욱 더 어려운 작업이 될 수도 있을 것이다. 그만큼 그의 생애가 짧았고 순교로 끝이 났기 때문이다. 그러나 그 짧은 인생행로 속에서도 본회퍼는 우리에게 교역실천론적으로 많은 암시와 통찰을 던져주고 있음이 분명하다. 그래서 이미 서구신학계에서는 본회퍼의 목회신학이라는 책들이 나오고 있기도 하다. 필자는 그런 자료들을 토대로 본회퍼의 교역실천론을 충분히 접근할 가치가 있다고 보고 그 가능성도 어느 정도 내다보고 있다. 또 칼 바르트의 영성지도를 받은 본회퍼이기에, 나치에 항거하여 바르멘 신학선언을 발표하고 인격적 만남과 신학적 대화를 전개하는데 두 사람은 도저히 뗄 수 없는 관계이기에, 칼 바르트의 교역실천론에 이어 본회퍼의 교역실천론을 연구해 보았으면 하는 마음이 간절하다. 어디 본회퍼뿐이겠는가? 사도 바울, 칼빈, 칼 바르트, 본회퍼로 이어지는 종교개혁적 계승자들의 교역실천론의 숨어 있는 자료들을 더 심도 깊게 찾아내서 파헤쳤으면 한다. 그리고 그것이 한국적 수렴통합 과정에서 어떻게 녹아들었는지, 박근원의 교역실천론도 또 하나의 독자적인 연구논문으로 세밀하게 분석될 수 있었으면 좋겠다는 생각이 든다. 이런 제안들에 선뜻 나설 수 있는 실천신학계의 후학들이 더욱 더 많아졌으면 하는 작은 바람과 함께.

참고문헌

1. 교역실천론에 관한 문헌

박근원. 『교역의 전문화 교육』. 서울: 대한기독교출판사, 1997.
박근원. 『교회력과 목회기획』. 서울: 쿰란출판사, 2003.
박근원. 『교회와 선교』. 서울: 종로서적, 1988.
박근원. 『목회와 교회예식』. 서울: 도서출판 진흥, 1997.
박근원. 『오늘의 교역론』. 서울: 대한기독교출판사, 1982.
박근원. 『오늘의 교역론』. 개정증보판. 서울: 대한기독교서회, 2004.
박근원. 『오늘의 목사론』. 개정증보판. 서울: 대한기독교서회, 1992.
박근원. 『오늘의 선교론』. 서울: 전망사, 1983.
박근원. 『오늘의 설교론』. 개정증보판. 서울: 대한기독교서회, 1998.
박근원. 『오늘의 예배론』. 서울: 대한기독교서회, 1992.
박근원. 『한국교회 성숙론』. 서울: 대한기독교서회, 1986.
박근원. 『현대신학실천론』. 서울: 대한기독교서회, 1998.
박근원 외. 『에큐메니칼 운동과 신학』. 한국기독교교회협의회, 1999.
박근원 외. 『주님의 교회 일구기·가꾸기』. 서울: 아침영성지도연구원, 1999.
박근원 엮음. 『기독교와 관혼상제』. 서울: 전망사, 1984.
박근원 교수 정년퇴임 기념문집 편집위원회 엮음. 『한국교회와 신학실천』. 서울: 대한기독교서회, 1999.
신현복. 『목회의 성서적 전통이해: 맬러비의 데살로니가 목회론을 중심으로』. 신학석사논문, 1990.
위형윤. 『실천신학의 이해』. 서울: 호석출판사, 2006.

위형윤. 『기독교의 선교사역』. 서울: 호석출판사, 2007.
은준관. 『실천적 교회론』. 서울: 대한기독교서회, 1999.
이기춘. 『한국적 목회신학의 탐구』. 서울: 감리교신학대학출판부, 1997.
정용섭. 『설교와 선동 사이에서』. 서울: 대한기독교서회, 2007.
정용섭. 『속 빈 설교, 꽉 찬 설교』. 서울: 대한기독교서회, 2006.
정태기. 『나는 치유하는 목회자인가?』. 서울: 크리스챤치유목회연구원, 2000.
정태기. 『내면세계의 치유』. 서울: 규장, 2000.
정태기. 『숨겨진 상처의 치유』. 서울: 규장, 2002.
강영선. "교회공동체에서의 지도력 개발을 위한 연구: 지도력 기초이론을 중심으로." 『신학연구』. 제38집. 서울: 한신대학교 한신신학연구소, 1997.
강영선. "이야기설교론 연구: 민중설교의 커뮤니케이션을 중심으로." 『신학연구』. 제29집. 서울: 한신대학교 한신신학연구소, 1988.
강영선. "평신도 활성화를 위한 동기부여에 관한 연구." 『신학연구』. 제39집. 서울: 한신대학교 한신신학연구소, 1998.
권명수. "관상기도 집중 수련의 효과에 대한 경험적 연구: 자기 개념과 하나님 이미지 변화를 중심으로." 『신학연구』. 제45집. 서울: 한신대학교 한신신학연구소, 2004.
권명수. "머턴의 '내적 체험'에 나타난 관상사상의 발달: 관상과 행동의 관계를 중심으로." 『신학연구』. 제47집. 서울: 한신대학교 한신신학연구소, 2005.
권명수. "존 패튼의 목회신학 방법론." 『신학연구』. 제49집. 서울: 한신대학교 한신신학연구소, 2006.
김윤규. "목회적 설교 유형과 설교 실연 연구 I: 교리적 설교, 본문(주석)설교, 강해설교 실연 및 분석과 평가." 『신학연구』. 제42집. 서울: 한신대학교 한신신학연구소, 2001.
김윤규. "별세의 삶을 위한 기도: '주의 기도'의 측면에서." 『신학연구』. 제44집. 서울: 한신대학교 한신신학연구소, 2003.
김윤규. "주 2일 휴무제를 대비한 '역동적 예배' (dynamic worship)의 역할: '예배 갱신' (liturgical movement)을 중심으로." 『신학연구』. 제45집. 서울:

한신대학교 한신신학연구소, 2004.
박근원. "21세기 한국교회 예배 갱신의 과제," 『하늘과 땅의 해후』. 정용철 목사 고희문집. 서울: 쿰란, 1999.
박근원. "21세기 그리스도교 예배와 음악의 전망," 『말씀과 교회』. 2002.
박근원. "동북아시아 에큐메니칼 교역형성의 가능성," 『기독교사상』. 1996년 12월호. 서울: 대한기독교서회, 1996.
박근원. "동아시아의 근대화와 종교의례," 『말씀과 교회』. 2006년 1월호. 서울: 기장신학연구소, 2006.
박근원. "코이노니아 교회형성의 실천적 과제," 『기독교사상』. 1993년 8월호. 서울: 대한기독교서회, 1993.
박근원. "한국가락 찬송으로 드리는 예배," 미간행 자료.
박근원. "한국 개신교의 하나님 예배," 『이성과 신앙』. 수원: 수원가톨릭대학교, 1999.
박근원. "한국교회 예배의상 개발을 위한 제안," 미간행 자료.
박근원. "한국 그리스도교 죽음의례의 재정립," 『말씀과 교회』. 서울: 기장신학연구소, 2004.
박근원. "한국 실천신학의 어제와 오늘, 그리고 내일," 『한국기독교신학논총』. 제50호. 서울: 대한기독교서회, 2007.
손운산. "상처 입은 한반도적 자아치유를 위한 상담목회," 『기독교사상』. 제469호. 1997년 5월호. 서울: 대한기독교서회, 1998.
신명숙. "헬무트 타케의 목회상담의 특성회복을 위한 목회신학적 시도," 『한국기독교신학논총』 Vol 53, 279.
신현복. "목회의 역사적 전통이해," 『신학연구』. 제47집. 서울: 한신학술원신학연구소, 2005.
신현복. "칼 바르트의 신학실천과 교역론: 개혁전통의 목회신학적 관점에서 바라본 '영혼의 치유' 교역," 『신학연구』. 제49집. 서울: 한신학술원신학연구소, 2006.
신현복. "가정 같은 군대이야기," 『새가정』. 2001. 2-2002. 12월호. 서울: 도서출판 새가정, 2001.

신현복. "설교비평의 본질과 기준," 『신학연구』. 제50집. 서울: 한신학술원신학연구소, 2007.
신현복. "영혼의 치유 시리즈," 『한국기독교장로회총회 회보』. 2004. 1-12월호, 서울: 한국기독교장로회총회, 2004.
위형윤. "교회일치를 위한 성례전 연구," 『신학지평』. 제10집. 서울: 안양대학교신학연구소, 1999.
위형윤. "노동과 휴식에 관한 실천신학적 고찰," 『기독교사상』. 제524호. 2002년 8월호. 서울: 대한기독교서회, 2002.
이금만. "하나님 나라와 영성교육에 관한 한 연구," 『신학연구』. 제48집. 한신대학교 한신신학연구소, 2006.
이형기. "칼 바르트 신학에 있어서 '세례론'에 관한 연구: BEM 문서의 '세례론'에 조명하여," 『장신논단』. 제17집. 서울: 장신대출판부, 2001.
채수일. "자살은 죄인가," 『기독교사상』. 제537호. 2003년 9월호. 서울: 대한기독교서회, 2003.
채수일. "화해의 크리스마스," 『기독교사상』. 제396호. 1991년 12월호. 서울: 대한기독교서회, 1991.
채수일. "경제적, 사회적 갈등과 화해의 신학," 『신학연구』. 제42집. 서울: 한신대학교 한신신학연구소, 2001.
최성일. "일제 박해시대의 선교유형에 관한 연구: 장공 김재준의 신사참배 문제에 대한 선교신학적 이해를 중심으로," 『신학사상』. 제129집. 2005년 여름호. 천안: 한국신학연구소, 2005.
최성일. "한국 개신교 선교유형과 미래의 선교방향," 『신학연구』. 제41집. 서울: 한신대학교 한신신학연구소, 2000.
최성일. "한국기독교장로회의 선교 유형과 미래 과제," 『신학연구』. 제44집. 서울: 한신대학교 한신신학연구소, 2003.
홍주민. "종교개혁과 디아코니아," 『신학연구』. 제46집. 한신대학교 한신신학연구소, 2004.
Allmen, Jean-Jacques von. *Célébrer le Salut: Doctine et Pratique du Culte Chrétien*. Geneve: Labor et Fides, 1984 = 박근원 옮김. 『구원의 축제』.

서울: 도서출판 진흥, 1993.

Allmen, Jean-Jacques von. *Essai sur le Rapas du Seigneur*. Neuchâtel: Delachaux et Niestlé, 1966 = 박근원 옮김. 『주의 만찬』. 서울: 양서각, 1986.

Allmen, Jean-Jacques von. *Preaching and Congregation*. translated by B. L. Nicholas. No. 10 of "Ecumenical Studies in Worship," J. G. Davies, and A. Raymond, Gen. Eds. Richmond: John Knox, 1976.

Allmen, Jean-Jacques von. *Worship: Its Theology and Practice*. New York: Oxford Press, 1965 = 박근원 외 옮김. 『예배학원론』. 서울: 대한기독교서회, 1979.

Anderson, Gerald H. *The Theology of The Christian Mission* = 박근원 옮김. 『선교신학서설』. 서울: 대한기독교서회, 1988.

Anderson, Ray Sherman. *The Soul of Ministry*. Louisville: Westminster/ John Knox Press, 1997.

Anderson, Ray Sherman. *The Shape of Practical Theology: Empowering Ministry With Theological Praxis*. InterVarsity Press, 2001.

Anderson, Ray Sherman. ed. *Theological Foundations for Ministry*. Edinburgh: T. & T. Clark, Ltd., 1979.

Armstrong, John H. eds. *Reforming Pastoral Ministry: Challenges for Ministry in Postmodern Times*. New York: Crossway Books, 2001.

Bell, Catherine. *Ritual: Perspectives and Dimensions*. New York: Oxford University Press, 1997.

Bloth, Peter C. u.a. Hrg. *Handbuch der Praktischen Theologie*. 4 Bände; Gütersloh: Gütersloher Verlagshaus, 1981-1987.

Bohren, Rudolf. *Daβ Gott schön werde: Praktische Theologie als theologische Ästhetik*. München: Chr. Kaiser, 1975.

Bohren, Rudolf. hg. *Einführung in das Studium der evangelischen Theologie*. Ch. Kaiser, 1964 = 박근원 외 옮김. 『신학연구총론』. 서울: 한국신학연구소, 1975.

Bohren, Rudolf. *Predgitlehre*. München: Chr. Kaiser, 1974 = 박근원 옮김.

『설교학 원론/실천론』. 서울: 대한기독교서회, 1979/80.

Banner, David. *Care of Souls*. Grand Rapids: Baker Books, 1998.

Bonhoeffer, Dietrich. *Gemeisame Leben*. Auflage: 26. Gütersloher Verlagshaus, 2001 = 문익환 옮김. 『신도의 공동생활』. 제2판. 서울: 대한기독교서회, 2006.

Bonhoeffer, Dietrich. *Spiritual Care*. Translated by Rochelle, Jay C. Philadelphia: Fortress Press, 1982.

Bosch, David. *Transforming Mission: Paradigm Shifts in Theology of Mission*. Maryknoll: Orbis, 1991 = 김병길·장훈태 옮김. 『변화하는 선교』. 서울: 기독교문서선교회, 2000.

Browning, Don. S. *A Fundamental Practical Theology*. Minneapolis: Fortress, 1991.

Browning, Robert L. and Roy A. Reed. *Forgiveness, Reconciliation, and Moral Courage: Motives and Designs for Ministry in a Troubled World*. Grand Rapids: William B. Eerdmans Publishing Company, 2004.

Brueggemann, Walter. *Biblical Perspectives on Evangelism: Living in a Three-Storied Universe*. Abingdon Press, 1993 = 최성일 옮김. 『복음전파에 대한 성서적 전망』. 오산: 한신대학교출판부, 2007.

Clebsch, William A. and Charles L. Jaekle. *Pastoral Care in Historical Perspective*. Englewood Cliff, N.J.: Prentice-Hall, 1964.

Clinebell, Howard J. *Basic Types of Pastoral Care & Counseling* = 박근원 외 옮김. 『목회상담신론』. 서울: 대한예수교장로회총회출판국, 1987.

Clinebell, Howard. *Well-Being* = 이종헌·오성춘 옮김. 『전인건강』. 서울: 성장상담연구소, 1995.

Clingan, Ralph G. *An Action Preaching*. Seoul: Preaching Academy, 2005 = 허정갑 옮김. 『입체설교』. 서울: 프리칭아카데미, 2001.

Craddock, Fred B. *Preaching*. Nashville: Abingdon Press, 1985.

Dodd, C. H. *The Apostolic Preaching and Its Developments*. Reprinted. Baker Book House, 1980.

Ebeling, Gerhard. *Studium der Theologie: Eine enzyklopadische Orientierung.* Tübingen, 1975 = 박근원 옮김. 『신학연구개론』. 대한기독교출판사, 1982.

Gerkin, Charles V. *Prophetic Pastoral Practice.* Nashville: Abingdon Press, 1991.

Hiltner, Seward. *Preface to Pastoral Theology.* Nashville: Abingdon Press, 1958 = 민경배 옮김. 『목회신학원론』. 서울: 대한기독교서회, 1968.

Hodgson, Peter. *Revisioning the Church.* Philadelphia: Fortress, 1988 = 박근원 옮김. 『교회론의 새 지평』. 서울: 도서출판 진흥, 1997.

Hoekendijk, Johannes Christiaan. *The Church Inside Out.* Philadelphia: The Westminster Press, 1966 = 이계준 옮김. 『흩어지는 교회』. 서울: 대한기독교서회, 1975.

Holland, DeWitte T. *The Preaching Tradition:* A Brief History. Nashiville: Abingdon Press, 1980.

Hunsinger, Deborah van Deusen. *Theology and Pastoral Counseling.* Grand Rapids: W. B. Eerdmans Pub. Co., 1995 = 이재훈 · 신현복 옮김. 『신학과 목회상담』. 서울: 한국심리치료연구소, 2000.

Jones, Cheslyn, Edward Yarnold, Geoffrey Wainwright and Paul Bradshaw. eds. *The Study of Liturgy.* New York: Oxford Univ. Press, 1978/1992.

Josuttis, Manfred. *Der Weg in das Lebens: Eine Einführung in den Gottesdienst.* Güttesloh, Ch. Kaiser, 1991.

Leech, Kenneth. *Soul Friend: Spiritual Direction in the Modern World.* New Revised Edition. PA: Morehouse Publishing, 2001 = 신선명 · 신현복 옮김. 『영혼의 친구』. 서울: 아침영성지도연구원, 2006.

Leith, John H. *Introduction to the Reformed Tradition: A Way of Being the Christian Community.* Westminster John Knox Press, 1981.

Lester, Andrew. *Hope in Pastoral Care and Counseling.* Westminster/John Knox Press, 1995 = 신현복 옮김. 『희망의 목회상담』. 서울: 한국심리치료연구소, 1997.

Lutzer, Erwin W. *Reforming Pastoral Ministry: Challenges for Ministry in*

Postmodern Times. Crossway Books, 2001.

Maxwell, William D. *A History of Christian Worship: An Outline of its Development and Forms.* Grand Rapids: Baker Book House, 1935/1982 = 정장복 옮김. 『예배의 발전과 그 형태』. 서울: 쿰란출판사, 1998.

Maxwell, William D. *The Liturgical Portions of the Genevan Service Book: Used by John Knox While a Minister of the English Congregation of Marian Exiles at Geneva,* 1555-1559. London: Faith Press, 1931.

May, Gerald G. M.D. *The Dark Night of the Soul: A Psychiatrist Explores the Connection Between Darkness and Spiritual Growth.* New York: HarperSanFrancisco, 2004 = 신선명·신현복 옮김. 『영혼의 어두운 밤』. 서울: 아침영성지도연구원, 2006.

McArthur, A. Alan. *The Christian Year and Lectionary Reform.* London: SCM Press, 1956.

McArthur, A. Alan. *The Evolution of Christian Year.* London: SCM Press, 1953.

McNeill, John T. *A History of the Cure of Souls.* New York: Harper & Brothers, 1951.

Micks, Mariaane H. *The Joy of Worship.* Seabury Classics, 2004 = 김윤규 옮김. 『기쁨이 넘치는 예배』. 오산: 한신대학교출판부, 2008.

Moltmann, Jürgen. *Diakonie im Horizont des Reiches Gottes: Schritte zum Diakonentum aller Gläubigen.* Neukirchener Verlag, 1997 = 정종훈 옮김. 『하나님 나라의 지평 안에 있는 사회선교』. 서울: 대한기독교서회, 2000.

Nagel, William. *Geschichte des christlichen Gottesdienstes.* Berlin: Walter de Gruyter, 1970 = 박근원 옮김. 『그리스도교 예배의 역사』. 서울: 대한기독 교서회, 2006.

Nagel, William. et al. Hg. *Handbuch der Praktischen Theologie.* 3 Bände; Berlin, Evangelische Verlagsanstalt, 1974-1978.

Niebuhr, H. Richard & Daniel D. Williams. eds. *The Ministry in Historical Perspectives.* New York: Harper & Raw, 1956.

Newbigin, Lesslie. *The Open Secret: Sketches for a Missionary Theology.* SPCK,

1979 = 최성일 옮김. 『선교신학개요』. 천안: 한국신학연구소, 1995.

Nouwen, Henri J. M. *Behold the Beauty of the Lord: Praying With Icons*. Revised Edition. Ave Maria Press, 2007 = 심영혜 옮김. 『묵상의 영성』. 서울: 아침영성지도연구원, 2002.

Nouwen, Henri J. M. *Out of Solitude: Three Meditations on the Christian Life*. Indiana: Ave Maria Press, 1977 = 신현복·홍은해 옮김. 『고독의 영성』. 서울: 아침영성지도연구원, 2001.

Nouwen, Henri J. M. *The Way of the Heart: Desert Spirituality and Contemporary Ministry*. HarperOne, 1991 = 신현복 옮김. 『사막의 영성』. 서울: 아침영성지도연구원, 2002.

Noyce, Gaylord. *Pastoral Ethics: Professional Responsibilities of the Clergy*. Nashville: Abingdon Press, 1988 = 박근원 옮김. 『목회윤리』. 서울: 도서출판 진흥, 1992.

Oden, Thomas C. *Pastoral Theology*. San Francisco: Harper & Row, 1983 = 이기춘 옮김. 『목회신학』. 서울: 한국신학연구소, 1986.

Patton, John. *Pastoral Care in Context: An Introduction to Pastoral Care*. Louisville: Westminster/John Knox Press, 1993 = 장성식 옮김. 『목회적 돌봄과 상황』. 서울: 은성, 2000.

Philippi, Paul. *Christo-zentrische Diakonie: Ein theologischer Entwurf*. Stuttgart: Evangelisches Verlagswerk, 1975.

Poling, James Newton & Donald Eugene Miller. *Foundations for a Practical Theology of Ministry*. Abingdon Press, 1985 = 박근원 옮김. 『교역실천론』. 서울: 대한기독교출판사, 1987.

Presbyterian Church (U.S.A.). *Services for Occasions of Pastoral Care: The Worship of God*, Supplemental Liturgical Resource 6. Louisville, KY: Westminster/John Knox Press, 1990.

Purves, Andrew. *Reconstructing Pastoral Theology: A Christological Foundation*. Westminster/John Knox press, 2004.

Robert-Stützel, Sabine. *Dietrich Bonhoeffers Pastoraltheologie*. Chr. Kaiser

Verlaghaus, 1995.

Rössler, Dietrich, *Grundriβ der Praktischen Theologie*. Berlin: Walter de Gruyter, 1994.

Schleiermacher, F. *Kurze Darstellung des theologischen Studiums zum Behuf einleitender Vorlesungen*(1811/1830) = 박근원 옮김. 『신학연구입문』. 서울: 대한기독교출판사, 1983.

Second Vatican Council, The. *Sacrosanctum Concilium*. 1963 = 한국천주교중앙협의회 옮김. 『제2차 바티칸공의회 문헌』. 한글개정판. 서울: 성바오로출판사, 2002.

Senior, Donald & Carroll Stuhlmueller, *The Biblical Foundations for Mission*. Orbis Books, 1983 = 최성일 옮김. 『선교의 성서적 기초』. 서울: 다산글방, 2003.

Song, C. S. ed. *Doing Theology Today*. Madras: Christian Literature Society, 1976.

Sovik, Arne. *Salvation Today*. Augsburg Pub. House, 1973 = 박근원 옮김. 『오늘의 구원』. 서울: 대한기독교서회, 1980.

Strand, Robert. *365 Moments to Cherish*. New Leaf Press, 1997 = 박근원·신현복 옮김. 『영혼의 친구 365: 매일기도서』. 서울: 아침영성지도연구원, 1999.

Stoltzfus, Philip. *Theology as Performance: Music, Aesthetics, and God in Western Thought*. New York: T & T Clark, 2006.

Taft, Robert E. *The Liturgy of the Hours in East and West*. Collegeville: The Liturgical Press, 1993.

Talley, Thomas. *The Origins of the Liturgical Year*. Collegeville: The Liturgical Press, 1991.

Thielicke, Helmut. *Leiden an der Kirche*. Hamburg: Furche-Verlag, 1965 = 심일섭 옮김. 『현대교회의 고민과 설교』. 서울: 대한기독교서회, 1982.

Thurian, Max. *L'essentiel de la foi*. Taizé: Les Presses de Taizé, 1978 = 박근원 옮김. 『그리스도교 기초신앙』. 서울: 대한기독교서회, 1993.

Thurneysen, Eduard. *Die Lehre von der Seelsorge*. Zollikon-Zürich: Evangelischer Verlag A.-G., 1946 = 박근원 옮김. 『목회학 원론』. 서울: 한국신학연구소, 1975.

Thurneysen, Eduard. *Seelsorge im Vollzug*. Zollikon-Zürich: Evangelischer Verlag A.-G., 1968 = 박근원 옮김. 『목회학 실천론』. 서울: 한국신학연구소, 1977.

Turner, Victor. *The Ritual Process*. New York: Aldine de Gruyter, 1995 = 박근원 옮김. 『의례의 과정』. 서울: 한국심리치료연구소, 2005.

Vicedom, Georg F. *Einführung in Theologie der Mission*. München, 1968 = 박근원 옮김. 『하나님의 선교』. 서울: 대한기독교출판사, 1980.

Viladesau, Richard. *Theological Aesthetics: God in Imagination, Beauty, and Art*. New York: Oxford University, 1999 = 손호현 옮김. 『신학적 미학: 상상력, 아름다움, 그리고 예술 속의 하나님』. 천안: 한국신학연구소, 2001.

Worley, Robert C. *Change in the Church: A Source of Hope*. Westminster Press, 1971 = 박근원 옮김. 『교회의 조직갱신』. 서울: 한신대학출판부, 1977.

Winkler, Klaus. *Seelsorge*. Walter de Gruyter, 2000 = 신명숙 옮김. 『목회상담: 영혼돌봄』. 서울: 학지사, 2007.

Woodward, James and Stephen Pattison. *The Blackwell Reader in Pastoral and Practical Theology*. Blackwell Publishers Ltd, 2000 = 권수영 옮김. 『목회신학과 실천신학의 이해』. 서울: 대한기독교서회, 2007.

World Council of Churches. *Baptism, Eucharist, and Ministry* = 박근원 옮김. 『세례·성만찬·교역』. 리마문서. 서울: 한국기독교교회협의회, 1993.

World Council of Churches. *The Church for Others and The Church for the World*. World Council of Churches, 1968 = 박근원 옮김. 『세계를 위한 교회』. 서울: 대한기독교서회, 1979.

2. 칼 바르트의 저서, 이와 관련된 국내외 문헌

Barth, Karl. *Call to Discipleship*. Minneapolis: Fortress Press, 2003.
Barth, Karl. *Church Dogmatics*. Edinburgh: T. & T. Clark, 1956-1974.
Barth, Karl. *Credo*. Munich: Kaiser, 1935; Wipf & Stock Publishers, 2005.
Barth, Karl. *Die Kirchliche Dogmatik: Die Lehre von der Versöhnung*. Zürich: Theologischer Verlag, 1989.
Barth, Karl. *Einführung in die evangelische Theologie*. Zürich: Theologischer Verlag, 1962.
Barth, Karl. *Evangelical Theology: An Introduction*. trans. G. Foley. New York: Doubleday, 1969.
Barth, Karl. *Fifty Prayer*. Westminster/John Knox Press, 2008.
Barth, Karl. *Homiletik: Wesen und Vorbereitung der Predigt*. Zürich: EVZ-Verlag, 1966 = 박근원 옮김. 『설교학 원강』. 서울: 전망사, 1981.
Barth, Karl. *Letters, 1961-1968*. ed. Jürgen Fangmeier and Hinrich Stoevesandt. trans. and ed. Geoffrey W. Bromiley. Grand Rapids; Eerdmans, 1981.
Barth, Karl. *Letzte Zeugniss*. Zurich: Evz-Verlag, 1919 = 정미현 옮김. 『마지막 증언들』. 서울: 한들, 1997.
Barth, Karl. *Prayer*. Westminster/John Knox Press, 2002.
Barth, Karl. *The Preaching of the Gospel*. S.C.M. Press Ltd., 1963
Barth, Karl. *Wolfgang Amadeus Mozart 1756-1956*. Zürich: TVZ Theologischer Verlag Zürich Publishing Co., 1956 = 문성모 옮김. 『칼 바르트가 쓴 모차르트 이야기』. 서울: 예솔, 2006.
김명용. 『칼 바르트의 신학』. 서울: 이레서원, 2007.
김재진. 『칼 바르트 신학 해부』. 서울: 한들출판사, 1998.
박봉랑. 『기독교의 비종교화』. 서울: 대한기독교서회, 1998.
박봉랑. 『신의 세속화』. 서울: 대한기독교서회, 1983.
박봉랑. 『신학의 해방』. 서울: 대한기독교서회, 1991.

오영석. 『신앙과 이해』. 서울: 대한기독교서회, 1999.
이신건. 『칼 바르트의 교회론』. 서울: 한들출판사, 2000.
정승훈. 『칼 바르트와 동시대성의 신학』. 서울: 대한기독교서회, 2006.
이후천. "칼 바르트에 있어서 선교와 신학의 관계규정 문제," 『기독교사상』. 제461호. 1997년 5월호. 서울: 대한기독교서회, 1997.
정승훈. "'칼 바르트와 자연신학'의 논쟁을 보면서," 『말씀과 교회』. 제28호. 서울: 기장신학연구소, 2002.
최 영. "의인론의 관점에서 본 치유," 『말씀과 교회』. 제31호. 서울: 기장신학연구소, 2003.
최 영. "칼 바르트의 화해론 연구: 그리스도의 삼중직론을 중심으로," 『신학연구』. 제37집. 서울: 한신대학교 한신신학연구소, 1996.
Balthasar, Hans Urs von. *The Theology of Karl Barth*. translated by John Drury. New York: Holt, Rinehart and Winston, 1971.
Biggar, Nigel. *Reckoning with Barth*. London & Oxford: Mowbray, 1988.
Bromiley, Geoffrey W. *An Introduction to the Theology of Karl Barth*. T. & T. Clark Publishers, 1991 = 신옥수 옮김. 『바르트 교회교의학 개관』. 중쇄. 서울: 크리스챤다이제스트, 2005.
Busch, Eberhard. *The Great Passion: An Introduction to Karl Barth's Theology*. Wm. B. Eerdmans Publishing Company, 2004.
Busch, Eberhard. *Karl Barths Lebenslauf: Nach seinen Briefen und autobiographischen Texten*, 1978, trans. by John Bowden, *Karl Barth: His Life from Letters and Autobiographical Texts*. Wipf & Stock Publishers, 2005.
Casalis, Georges. *Portrait of Karl Barth*. Doubleday & Company, Inc., 1963.
Frey, Arthur. Introduced by Karl Barth, Translated by J. Strathearn McNab, *Cross und Swastika: The Ordeal of the German Church*. London: Student Christian Movement Press, 1938.
Hunsinger, George. *How to Read Karl Barth: The Shape of His Theology*. New York: Oxford University Press, 1991.
Jaspert, Bernd and Geoffrey W. Bromiley. *Karl Barth-Rudolf Bultmann Letters*

1922-1966. Grand Rapids: Eerdmans, 1981.
Kim, Young-Gwan. *Karl Barth's Reception in Korea: Focusing on Ecclesiology in Relation to Korean Christian Thought*. Berne: Peter Lang AG, 2003.
Mangina, Joseph L. *Karl Barth on the Christian Life: The Practical Knowledge of God*. New York: Peter Lang Publishing, Inc., 2001.
Müller, David L. *Karl Barth*. Hendrickson Pub, 1991 = 이형기 옮김. 『칼 바르트의 신학사상』. 서울: 도서출판 엠마오, 1996.
Price, Daniel, J. *Karl Barth's Anthropology in Light of Modern Thought*. Wm. B. Eerdmans Publishing Company, 2007.
Torrance, T. F. *Karl Barth: Biblical and Evangelical Theologian*. T. & T. Clark Publishers, 1991 = 최영 옮김. 『칼 바르트』. 서울: 한들출판사, 1997.
Weber, Otto. *Karl Barths Kirchliche Dogmatik* = 김광식 옮김. 『칼 바르트의 교회교의학』. 서울: 대한기독교서회, 1992.
Willimon, William H. *Conversations with Barth on Preaching*. Nashville: Abingdon Press, 2006.

3. 한국교회의 교역실천 자료와 문헌

박근원 엮음. 『해 뜨는 언덕에 올라/은총의 해를 누리며/생명을 빚어가는 해/하늘에서 부는 바람/온 땅의 새 바람으로/바람 몰고 온 사람들』. 교회력에 따른 예배와 설교자료. 전6권. 서울: 대한기독교서회, 1998-2003.
박근원 엮음. 『교회 예배서/믿음 예식서/사랑 예식서/희망 예식서/축복 예식서』. 새로운 예배자료. 전5권. 서울: 도서출판 진흥, 1994.
박근원 엮음. 『어린이 기도서/푸른이 기도서/젊은이 기도서/새가정 기도서/공동체 기도서』. 새천년 영성기도자료. 전5권. 서울: 대한기독교서회, 2001.
박근원 엮음. 『새로운 교회예식/새로운 가정예식/새로운 예배기도/새로운 예배찬송/새로운 예배시편』. 예배자료 21. 전5권. 서울: 대한기독교서회, 1998.
박종화. 『경동교회 신앙고백 해설서』. 서울: 한국기독교장로회 경동교회 60주년 기념사업추진위원회, 2005.
한국기독교장로회총회. 『한국기독교장로회 예식서』. 서울: 한국기독교장로회 총회 출판부, 1964.
한국기독교장로회총회. 『예식서』. 서울: 한국기독교장로회총회 출판부, 1978.
한국기독교장로회총회. 『희년문서』. 새역사희년기념문집 제1권. 서울: 한국기독교장로회총회 출판부, 2003.
한국기독교장로회총회, 『장로교 신조모음』. 새역사희년기념문집 제2권. 서울: 한국기독교장로회총회 출판부, 2003.
한국기독교장로회총회, 『희년예배서』. 새역사희년기념문집 제3권. 서울: 한국기독교장로회총회 출판부, 2003.
한국기독교장로회총회, 『새역사 50년사』. 새역사희년기념문집 제4권. 서울: 한국기독교장로회총회 출판부, 2003.
한국기독교장로회총회. 『희년예배서-교역자용』. 서울: 한국기독교장로회총회 출판부, 2006.
한국기독교장로회 총회교육원. 『하나님의 초청: 신앙교육교재』. 서울: 한국기독교장로회 총회교육원 출판부, 1985.
한국기독교장로회 총회교육원. 『하나님의 백성: 신앙교육교재』. 서울: 한국기독교장로회 총회교육원 출판부, 1985.
한국기독교장로회 총회교육원. 『하나님의 백성: 신앙교육교재-교육지도자 안내서』. 서울: 한국기독교장로회 총회교육원 출판부, 1985.

4. 그 밖의 참고문헌

강영선. 『기독교에 관한 대학생들의 질문 60가지』. 서울: 한신대학교출판부, 2004.
강원돈. 『동서양 생명사상과 21세기 대안문화 형성』. 서울: 다산글방, 2003.

강원돈. 『인간과 노동: 노동윤리의 신학적 근거』. 서울: 민들레책방, 2005.
구미리암. 『치유 공동체 신학』. 서울: 쿰란출판사, 2000.
김경재. 『그리스도인의 영성훈련』. 서울: 대한기독교서회, 1988.
김남일. 『안병무 평전: 민중신학자—성문 밖에서 예수를 말하다』. 서울: 사계절, 2007.
김승혜 외. 『유다교·그리스도교·이슬람교의 순례』. 서울: 바오로딸, 2004.
김예식. 『생각 바꾸기를 통한 우울증 치료』. 서울: 한국장로교출판사, 1998.
김주한. 『마르틴 루터의 삶과 신학 이야기』. 서울: 대한기독교서회, 2002.
서남동. 『민중과 한국신학』. 서울: 한국신학연구소, 1982.
신현복. 『건빵』. 서울: 영일콤, 1998.
신현복. 『강하고 담대하라: 장병기도서』. 서울: 아침영성지도연구원, 2000.
신현복. 『내 마음의 그림자』. 서울: 아침영성지도연구원, 1999.
신현복. 『목마른 사슴의 노래』. 서울: 아침영성지도연구원, 1999.
신현복·변상규. 『네 안에서 나를 보다』. 서울: 아침영성지도연구원, 2007.
신현복 외. 『비전캠프』. 충남: 육군본부, 2003.
안병무. 『시대의 증언』. 서울: 한길사, 1982.
최창모. 『기억과 편견: 반유대주의의 뿌리를 찾아서』. 서울: 책세상, 2004.
손호현. "몰트만의 놀이의 신학," 『신학사상』. 제137집. 서울: 한신신학연구소, 2007.

Calvin, John. *Institutio Christiane Religionis*. trans. by Henry Beveridge. *Institutes of the Christian Religion*. rev. edition: Hendrickson Publishers, 2008.

Colson, Charles and Ellen Vaughn. *The Body*. Nashville: W Publishing, 2003 = 김애진 외 옮김. 『이것이 교회다』. 개정판 2쇄. 서울: 홍성사, 2006.

Küng, Hans. *Die Kirche*. Verlag Herder KG Freiburg im Breisgau, 1967 = 정지련 옮김. 『교회』. 서울: 한들출판사, 2007.

Gennep, Arnold van. *The Rites of Passage*. Chicago: University of Chicago Press, 1996 = 전경수 옮김. 『통과의례』. 서울: 을유출판사, 1985.

Maaz, Hans-Joachim. *Der Gefuhlsstau: Ein Psychogram der DDR*. Argon, 1990 = 송동준 옮김. 『사이코의 섬』. 서울: 민음사, 1994.

Meissner, W. W. *Psychotherapy and the Paranoid Process*. Jason Aronson Inc., 1998 = 이재훈 옮김. 『편집증과 심리치료』. 서울: 한국심리치료연구소, 1998.

Menninger, Karl. *Whatever Became of Sin?* Hawthorn Books, 1973.

Mitchell, Stephen A. & Margaret Black, *Freud and Beyond: A History of Modern Psychoanalytic Thought*. Persues Books Group, 1995 = 이재훈·이해리 옮김. 『프로이트 이후』. 서울: 한국심리치료연구소, 2000.

Moltmann, Jürgen. *Kirche in der Kraft des Geistes: Ein Beitrag zur messianischen Ekklesiologie*. Mchn: Chr. Kaiser, 1975 = 박봉랑 외 옮김. 『성령의 능력 안에 있는 교회』. 서울: 한국신학연구소, 1980.

Moore, Thomas. *Care of Soul: A Guide for Cultivating Depth and Sacredness in Everyday Life*. New York: HarperCollins, 1992 = 김영운 옮김. 『영혼의 돌봄』. 서울: 아침영성지도연구원, 2007.

Naylor, Thomas, William H. Willimon & Magdalena R. Naylor. *The Search for Meaning*. TN: Abingdon Press, 1994 = 박근원·신현복 옮김. 『삶의 의미를 찾아서』. 서울: 아침영성지도연구원, 1999.

Schimmel, Annemarie. *Islam*. State University of New York Press, 1992 = 김영경 옮김. 『이슬람의 이해』. 경북: 분도출판사, 1999.

Schneidman, E. S. *The Suicide Mind*. New York: Oxford University Press, 1996.

교회를 위한 신학자
칼 바르트의 신학과 실천

지은이 | 신 현 복
펴낸이 | 길 청 자
펴낸일 | 2011년 3월 1일
펴낸곳 | 아침영성지도연구원
등록일 | 1999년 1월 7일(제7호)
홈페이지 | www.achimhope.or.kr
총 판 | 선교횃불
전 화 | 02)2203-2739
팩 스 | 02)2203-2738
홈페이지 | www.ccm2u.com

* 파본은 교환해 드립니다.

이 출판물은 저작권법에 의해 보호를 받는 저작물이므로
무단전재와 무단복제를 금합니다.

ISBN 978-89-8876-442-8 (03230)